Liu Haisu Zhuan

刘海粟传

石楠 著

GUANGXI NORMAL UNIVERSITY PRESS
广西师范大学出版社

·桂林·

图书在版编目（CIP）数据

刘海粟传 / 石楠著. -- 桂林 : 广西师范大学出版社，2023.4

ISBN 978-7-5598-5879-5

Ⅰ. ①刘… Ⅱ. ①石… Ⅲ. ①刘海粟（1896-1994）— 传记 Ⅳ. ①K825.72

中国国家版本馆 CIP 数据核字（2023）第 045107 号

广西师范大学出版社出版发行

（广西桂林市五里店路 9 号　邮政编码：541004
网址：http://www.bbtpress.com）

出版人：黄轩庄

全国新华书店经销

深圳市精彩印联合印务有限公司印刷

（深圳市光明新区白花洞第一工业区精雅科技园　邮政编码：518108）

开本：710 mm × 930 mm　1/16

印张：31　　插页：11　　字数：365 千

2023 年 4 月第 1 版　　2023 年 4 月第 1 次印刷

定价：89.00 元

再版前言

海粟不朽

艺术大师刘海粟是当代中国书画界的泰斗级人物，他的百年人生像沧海一样浩瀚和神秘。他17岁创办上海美专，现当代名家多出自他门下。蔡元培、郭沫若、徐志摩、傅雷等当代文化巨擘与其交谊深厚。他曾遭批斗、抄家，又三度中风，93岁还十上黄山，他在生命的最后岁月，将他一生价值连城的珍藏无偿捐赠给国家。他为捍卫新兴艺术，与杀人如割韭的军阀孙传芳论战，为中华民族文艺的复兴，经历了数不清的苦难。

他是中国艺坛的一颗巨星，他一生创作了无以数计的珍品，光耀着中国艺坛，也为世界艺坛增添了异彩。他30岁就被法国艺评家称作中国文艺复兴的大师。他的成功和他艺术的超前意识，很难为所有的人接受，误会像影子一样跟随着他，他成了现当代艺坛上备受争议的人物，获得了“艺术叛徒”之誉。不管是毁是誉，他一向坦然处之，不与之辩驳。他能忍人所不能忍，方为人所不能为。苦难造就了他的辉煌。

在近30年的时间里，我以他的人生故事为素材，用不同的体裁、从不同的角度写了五种书。多次再版，备受读者青睐。现已由广西师范大学出版社出版我的新著《艺术大师刘海粟的朋友圈》，并将1995年12月首次出版的《刘海粟传》为蓝本重新编辑装帧再版，以飨读者。我将这个消息告知海公爱女刘蟾女士，她便授权予我，同意在我写她父亲的著作中刊插她父亲的影像图片和作品图片。

在新版《刘海粟传》即将付梓之际，我对广西师大出版社编者的远见卓识和所付出的辛劳，刘蟾女士一如既往的鼓励和支持，心怀感激。谢谢你们！

石楠于石楠书屋

2022年5月18日

序

刘海粟乘坐的小飞机悠然地盘旋在大峡谷的上空。

以世界奇景著称的美国大峡谷国家公园，位于亚利桑那州的西北部。科罗拉多河流过谷底，犹似一把利斧，劈开了幽深、不同地质年代的地层，悬岩、陡壁、绝巘，山峰耸立两岸，不同色泽的岩层仿佛不同版本的亿万册图书，层层叠叠垒在两岸一般。在阳光的沐浴下，不同色泽的岩层随着光照的移动、强弱变化，时而缥缈、时而迷离、时而明丽，宛如绚烂难懂的现代绘画画廊一般。

海粟老人游历过大半个世界，他十上黄山，足迹遍及东洋西洋，诸多世界奇观奔腾于他的笔底，尽入他的画卷。他 17 岁创办中国第一所艺术学府，首创人体模特儿写生，被封建伪道学们斥为“艺术叛徒”“蟊贼”，视为名教罪人。他而立之年就被日本著名画家桥本关雪喻为“东方画坛之狮子”，被法国著名艺术评论家称作“中国文艺复兴大师”。90 岁时他才发现自己学问之不够，决心从头学起，开始新的艺术征程。到美国大峡谷国家公园游览，描绘这一世界奇观，是这位 95 岁老人的一个小小心愿，他终于在 1990 年 5 月如愿以偿了。

大峡谷的风和阳光都是举世闻名的。阳光在峡谷间恣意地流淌，穿过飞机上的玻璃窗，泻了海粟和夫人夏伊乔满头满身。他头大嘴阔，满头银发，红光满面，双目像年轻人那样熠熠生辉，仿佛有两簇永不熄灭的火焰在里面跳动，细碎的汗珠从他那大艺术家宽阔的、才华四溢的前额涔涔渗出，他自感体内正溢荡着生命的勃勃活力。他抬手松开了红黑交织的英格兰领带，解开了乳白和奶黄相间的阔格子衬衣的领扣，夫人帮他脱下了夹克。他把眼睛贴在舷窗上，双目炯炯望着窗外的风光。大峡谷雄浑恢宏的气势震颤着他。

这是怎样的奇观啊！他只觉得从眼前流过的仿佛是马蒂斯、凡·高、马奈、莫奈、毕沙罗、西斯莱、贝尔特·摩里索、塞尚、德加、吉约曼……的色彩，原红、原黄、原蓝在盘旋、在回荡，没有平整的表面，没有感情的节制，丰富的颜色粗粒在强烈的阳光中颤动，耀得他眼花缭乱，他感受着它们溢放出的炽热光圈、空气和蓬勃的生机……他似乎听到了大自然的心脏在搏动着浓浓的热血……

突然，金光辉煌的峭壁间有簇绿跳进了他的眼帘。他的心怦然一动。绿使没有生命的陡壁悬岩倏地活了起来，他急切地想看清它！

飞机刚一在山顶着落，伴随他同来的崇拜者们，就推着轮椅迎了上来。他急不可待地指着泛着生命之绿的峭壁说：“我要就近去看看那棵顽强的植物！”

哦，它竟是一棵脱了皮、折了筋的柏树，几乎枯干的树干上，缀着簇簇新绿。他兴奋得像个天真烂漫的孩童，情不自禁地叫喊起来：“奇迹！

奇迹！这真是生命的奇迹！”他挥舞着双手向它欢呼致意，“多美的一棵古柏啊！我要把它画下来！”

他举笔凝望着古柏，他的心弦激动得阵阵战栗。在别的植物无以生根立足的陡壁间，它活着，默默扎根向上，给大峡谷高唱生命之歌，数百年的风霜、雨雪，也未能动摇它生存的信念，它屹立在那里，这是何等伟大和顽强的精神啊！

油画布布上了辉煌的阳光。

你的生命为何如此倔强？你一定是在寂寞冷落的历程中孕育了如此顽强的生存意志，才不畏风沙、烈日，而悠闲地奉出新绿！你是在以满腔的爱回报阳光的抚爱，以挚情答谢岩石的养育之恩吧？……

大峡谷特有的风沙呼啸着。

海粟老人眼里漾着泪花，心潮汹涌澎湃。画笔在他手里不停地飞动。夫人给他穿上夹克。观看他作画的游客越来越多，不同肤色的仰慕者在他的身后围就了一道半圆形风墙。他纵情地画着，没在意愈刮愈烈的风沙，完全忘情在色彩飞腾之中，那些吹打在画布上粗粗细细的砂粒和着强烈浓郁的原色颜料，在画面上造就了一种意想不到的艺术效果，给大峡谷平添了一种粗犷、原生态的魅力。他一口气画了两幅，意犹未尽，又突然想画国画。可宣纸和毛笔还远在数十公里外的旅舍中。伴他同来的崇拜者中立即有人驱车去取，纸笔取来了，两张油画也修整好了。

他兴致勃勃，右手握笔，左手掀起夹克衫的衣襟，挡住风沙，毛笔在被吹得哗哗响的宣纸上飞动，很快，一幅气势磅礴的写意山水画就成了。

他又在画的上端即兴题上了：

天下奇观大峡谷，
笔墨淋漓刘海粟。
九十五岁何尝老，
兴来往往欺造化。

围观者中响起了各种语言的叫好声和掌声。他又拿起宣纸，想继续作画，夫人拦住了他："风沙太大，不能再画了，吃不消的！"同来的朋友也帮着夫人劝他："您可是我们中国的国宝啊！我们得为您的健康负责。"

他无可奈何地放下画笔，扶着轮椅缓缓地站了起来，对着大峡谷赞叹不已："啊！大峡谷，鬼斧神工！站在你面前，我才真正感受到大自然的伟大，人的渺小，真真沧海之一粟也！"

围观者中有人用英语、日语祝他"健康长寿"，他转过身，也用英语、日语潇洒地答谢他们。

风鼓起他们的衣衫，掀动着他们的须发，砂粒抽打在脸上，麻辣麻辣，围观人群仍依依不肯散去。一位朋友请老人坐好，推起轮椅，他们这才让开一条路，慢慢散开。

老人被扶进车里，就在车门快要碰上时，有人向他的小车飞奔而来，大声地说："刘大师，请您等一等，我有话跟您说！"

老人的耳朵听力虽已减退了许多，但他的目力很好。他连忙伸手推开车门，倾身向外，微笑地望着因跑得快而有些微喘的青年同胞问：“你认识我？”

青年摇摇头说：“我不认识您，但我知道您。我参观过您的画展，很喜欢您的书画，也算您一个神交知音吧！我上月从祖国来，国内有关您的传说很多，我不知是真是假，很是困惑……”他看看前后，小车上的人都下来了，遂停住了话头。

“哦？”老人一惊，他诧愕地拉住那青年的手，“关于我的传说？进来吧！搭我的车回城，车上我们慢慢说。”

“不，我是访问学者，就要回去了，刚刚到这里，大峡谷的风光还没看呢！”

老人拉住那人的手不放，急切地问：“都说了我些什么？请您告诉我。”

关于那些传说，他们从台湾飞到洛杉矶没几天，夫人就有风闻。她深知那是些别有用心的人散布的谣言，她最了解老人那颗赤子之心，为了保护老人精神不受刺激，她对他封锁了消息。此时她慌了，绝不能让那些“传说”去伤害老人，她连忙对那青年说：“这里风大，老人在风中待了整整半天了，我们借住在洛杉矶蒙特娄公园，请您经过洛杉矶时，就便上家里谈。我们很想听您说说国内的近况。”

那人立即领悟了夫人的意思，连忙道歉：“请大师原谅我的冒昧，打扰了。”就要从老人手里抽出手来。

老人却紧紧握住他的手不放说：“既然您是我的神交知音，为何不坦率地告诉我？”

那人被他的真情打动了，近乎喃喃地说："我只是想知道，您还回不回国去？"

老人这下真正地震惊了，从他眼里猛然迸发出两簇痛苦夹着愤慨的光柱："难道有人怀疑我不爱我的祖国？……"他哽咽得说不下去了，委屈的泪水像两条小溪无声地从多皱的眼窝里流了下来。

那人吓慌了，他没想到他的这个问题如此震撼了老人，他又伸出一只手，双手抓住老人的手，连声说："对不起，对不起，这我就放心了，那些传说你就别去理睬了！"那人使劲抽回了手向他扬了扬，"保重！"转身跑开了。

老人像只受了重创的狮子，郁闷回游在他心头，久久不肯散去，困惑和痛苦困扰着他。他的同胞，或许还有他的朋友都"传说"他些什么呢？他们为何要"传说"他呢？

蒙特娄公园，阳光灿烂，碧草如茵，宁静又温馨，是休息疗养的好所在。可老人就是不能从那沉重的阴霾中解脱出来。他总是被人误会，在他的一生中，有许多时日都是在他人的误会中度过的。也许就是那些误会给他造就的痛苦，使他获得了艺术的灵感和创造的力量，也许，又被误会了！

他挪动着轮椅，从书架上抽出他读过多次、总带在身边的奥地利著名批评家里尔克撰的《罗丹论》，又读了起来，他的目光又一次久久停留在曾多次引起他强烈共鸣和深深感叹的那段文字上："罗丹未显著以前是孤零的。光荣来了，他也许更孤零了吧。因为光荣不过是一个新名字的四周发生的误会的总和而已！"

他又发出一声深长的叹息。他的名字已蜚声宇内，已不孤零了，他也深深铭记一切美好的东西都得以痛苦为代价，但是，他想象不出那些“传说”的内容，难道有人对他近年的游历、画展产生了误会？1989年，刘海粟重访西德，到欧美游历，他孜孜不倦地为弘扬中华民族文化在奔走、呼号，他希望世界上多一些人认识、了解中国文化艺术的灿烂和伟大，若不是自谦，他敢说自己是弘扬民族文化的功臣。他这样评判自己，也问心无愧。他爱中华民族，爱生他养他的祖国，尽管他的人生有坷有坎，有祸有福，有笑有泪，受过委屈，可他爱得如诗如画，无怨无悔。他的爱，就是他自己超乎一切的选择，他不能忍受对他这种爱的怀疑。他不允许，不允许，那是对他那颗赤子之心和人格的亵渎！他在心里呼喊着，他已是近百岁的老人，就要走到人生的终点，为何有人还是不放过他？还要在他心上再捅一刀！误会！他已经不起误会了，他的心战栗着，眼里渗出了串串委屈的泪花。

石楠于楠木书屋

2020年7月3日

目　录

第一章　逃婚

一

秋天，总是和呼啸的风、蒙蒙的雨、瑟瑟的寒意连在一起的。

1911 年 10 月的一个黄道吉日，也下着蒙蒙细雨。江南小城常州轻笼着沉沉的烟雨，城里名胜红梅阁的翘檐裹着一层湿漉漉的雾气，溢渗出大大小小像汗滴的水珠。梅的叶子已经凋零，留在枝头的只是少数不屈的顽强者，香雪海的景致还很遥远。肉红色的石板街道很溜滑，泛着惨白的光亮，低凹处积着污水。落叶零零落落，有的被风卷成了堆，浸泡在雨水里，行人恣意踩踏着它们，但它们已失去了呻吟的力气了。小摊上到处是常州产的梳子、篦子，撑着赭红色油纸伞，拖着沉重油靴的小贩，操着水乡好听的声音吆喝着“梳子、篦子要哦！”天宁寺的钟声悠远而沉重，震得空气似乎都打着战栗。唯有地处闹市的青云坊 28 号刘家，洋溢着一派喜气，他们家的小少爷季芳（刘海粟原名）这天娶亲。

刘家祖居安徽凤阳。明朝洪武三年（1370），他们的远祖随朱元璋的爱将汤和南下，镇守常州，落户西营，人称“西营刘氏”。后来季芳的曾祖父刘运帷在青云坊购置房屋，才迁居城里。青云坊是条热闹的街，有座很气派为表彰烈女节妇的青石牌坊。大运河就从身边流过，站在刘氏家门口，就能看到架在河上的浮桥和穿梭往来于运河上的船舸，听到此起彼落的捣衣声。

刘运帷虽只做过小武官，但他具有名士的修养和风雅。他在府内修建了两个楠木大厅，取诸葛孔明“非宁静勿以致远”之意，请华亭书法家许威题写了“静远堂”三字，制成金字大匾，悬挂堂上，很是气派。这在常州是绝无仅有的。刘家到了季芳父亲刘家凤的青年时代，家境开始衰落，但仍不失丰衣足食。

刘家凤幼读诗书，受过很好的教育，他拥护洪秀全的主张。13 岁时，太平军护王陈坤书攻占常州，他毅然投了太平军，随军转战经年，军败回到故乡，娶了著名学者洪亮吉的小孙女为妻。他鄙薄功名，无意仕途，甘于经营族中钱庄以维持生计。

这天，刘府从大门起，每一进都布置得焕然一新。每进的回廊上都悬挂着红绸宫灯，每扇门扉上，都贴了洒金红喜联。大门上的喜联：

> 右为：三星在户，百年琴瑟，关雎志喜；
> 左为：鸾凤和鸣，鸳鸯福禄，天作之合。

新房门上的喜联：

> 右为：绰约佳人，夸咏雪奇姿，黛写远山人似玉；
> 左为：风流才子，快乘龙壮志，花迎小阁梦初香。

祖宗堂里，铜烛台上插着印金的巨型红烛，八仙桌上摆满了精美丰盛的果品，正中祖龛上陈列着刘氏祖先的牌位和穿着朝服的画像。

新房是一明一暗两个房间，陈设着新娘家前一天送来的妆奁。桌上铺着手绣的桌布，床上挂着手绣的凤穿牡丹图案的帐沿，叠放着整齐的锦衾和绣枕。桌上摆着玲珑精致的小摆设和巨型红烛，显得花团锦簇。

正中大厅全作招待宾客的处所，摆满整齐的桌椅和杯筷。厨房里堆满了各种食材和佳肴，热气蒸腾，散发出诱人的香味，刺激着宾客们的食欲。

这常州城里的大户人家，叙起来和刘家大都非亲即故。因此道贺的人熙熙攘攘，川流不息。

细雨蒙蒙，如烟似雾，秋天的日子越来越短。新娘乘坐的火车还没到站，迎娶的花轿早已在火车站等候。“呜——！”一声悠长的汽笛有如报喜的钟声一般响起了，刘府立刻忙活起来了。倏然间，彩灯齐放，红烛高烧，早就卷在竹竿上的数万响喜鞭扛出了大门，喇叭、唢呐一齐奏起了喜庆的曲调。青云坊欢动了，前后几条街也欢动了，看热闹的人像沸腾的潮水推涌方舟似的簇拥着披红挂彩的四人花轿，向着刘府缓缓而来。深红的枣子和白胖的花生果，随着轿帘的掀起，撒向欢乐的人群。人们抢着这象征吉祥和早生贵子的喜果，欢笑着。

祖堂上，高烧的红烛漾闪着酩醉般辉煌的光焰，回荡着欢乐。

新娘进了祖堂，就要行三跪九叩合卺大礼了，却发现新郎官不见了。

刘家凤的心一下提拎起来，紧张地拽了司仪一把，小声地说：“盘官（新郎季芳的乳名）不见了，怎么办？”

司仪也感到了麻烦，向人群掠了一眼，突然灵机一动，像唱诗一般地宣布：“新娘长途跋涉，辛苦了，先请新娘休息一会儿，再行合卺大礼！”

合情合理，谁也没有发现破绽。新娘不由心里一热，刘家人如此善体人意，慰藉了她远嫁的悲伤，让她感到了一种温馨。

刘家凤感激地看了司仪一眼，小声地说：“我去寻他！”

二

季芳，光绪二十二年（1896）农历二月初三生，出生时因脐带盘在腹上而得名曰盘官。他又因排行第九，又叫刘九。父亲一早就叮嘱他，鼓乐一响，就去前堂迎接花轿，可鼓乐却使他的心剧烈地痛苦起来。那炮仗哔哔剥剥的炸裂声就像炸裂在他的心中，他的心仿佛炸成碎片一般，在流着血，抗拒着。他不想去前堂，不想再听到那撕心裂肺的鼓乐声和震耳的炮仗声。他捂住双耳，逃到了后院，掩上了门。

后院不住人，是旧时的花园，已经荒芜，几间矮屋，几丛海桐，几簇寒菊，还有一株蜡梅，清凄零落。可它是另一个天地，听不到令他心烦的声音，静得又叫人心头发颤。他像一个长途跋涉在热天沙漠中的人突然走进了树荫一般，依着门廊，合上眼睛，怎么办？怎么办？他连连自问。

“九儿，”半月前，父亲把他叫到面前，“你该结婚了！”

顷间，他心中荡起了蜜一样幸福的涟漪，脑海里猛然浮起了一个可爱姑娘的影像：容光照人的面庞，又亮又黑的大眼睛，秀气的鼻子，樱红的唇，一根乌黑油亮的辫子春风摆柳一般荡在她身后，羞涩又脉脉含情地望……

“九儿，你怎么啦？发什么呆？为父的话你听到没有？”

他羞得满面红云，低下了头，他等父亲说出那个让他心颤的名字。

“我已给你提亲，女方是丹阳林知府的千金林佳……”

“啊？丹阳林家小姐？不是玉表妹？”他的脸像突然遭了霜打的芙蓉，顿时变得又灰又白。

“九儿，你阿爸不是不知道你的心事，我也喜欢玉儿这个孩子，她聪明、贤淑，又能绣一手好花，我和你妈生前也想到过她，请人为你们合过八字，可你们八字相克呀！”

“什么八字相克？我喜欢她，她也喜欢我，我们就能过得快乐，我不信那些鬼话！”

“孩子呀，有些事你信也得信，不信也得信！”父亲耐着性子劝着他，“生死有命，富贵在天！林小姐与你八字相合，林家又是丹阳的大户，她母亲是她父亲最宠爱的如夫人。你阿爸和林家钱庄合作多年，也算世交，门当户……”

“我不结婚！”他霍地往前一站，打断了父亲的话，“阿爸，我再说一遍，我不结婚，你去回掉这门亲事，就说我还小，我才十五周岁呀！阿爸！我还是个孩子呀！”说着转身就走了。

“你给我站住！”

父亲的震怒使他站住了。刘家凤是个性格刚烈的人，儿子也遗传了他的基因，他一向宠爱这个小儿子。还是第一次用这样的语气来呵斥他，因此他的语调立即缓和下来，走到儿子身边，握起他的一只手，轻声细语地说：“按照我们刘家祖上的规矩，男儿十六就已成年，应该完婚，为父给你择好了吉日，就在月底！”

“不，不，我不！”他像一个绝望的落水者，明知上岸无望还要高声呼救一般。他从父亲手里挣脱出手，大声说：“我非玉表妹不娶！”

父亲长长地叹了口气，落座在身旁的矮几上，喃喃自语：“九儿，你怎么就这么不理解你父亲？自你母亲去世后，我的身体已一天不如一天，这家的担子就压在我一个人身上，里里外外，我又做父亲又做母亲，这家里没有个当家理事的女人，哪里还像个家哟！你成了家，你阿爸就去了一桩心事，你父的心就安了，你母在九泉之下也可瞑目了啊！九儿，你应该体谅一个父亲的苦心哪！”

父亲的每一句话，都犹似一把铁钩，撕扯着他的心。父亲爱他，这是真的，他不忍心父亲过于伤心，就不再和他争辩了。父亲以为说服了他，可他怎么会甘心认命呢！他心里只有玉表妹的影子。他们从小一起玩，一起在绘画传习馆学习绘画，虽然从没说破彼此的心意，但彼此在眼神中早已会意。他要表妹！去找她，说他爱她！待父亲一转身，他就飞跑了出去。

表妹家的大门紧闭着，他擂鼓般拍打着大门。但任他如何使劲擂打，也没人应声。一个邻人听到声音走出来告诉他：“杨家人送小姐到外地求学去了！”

“外地？什么地方？”他急不可待地问。

邻人摇摇头。

他这才发现门上那把大铁锁，一种悲哀弥漫在他心间，他垂下了头，失魂落魄一般，痴痴地站在石铺的台阶上……

虚掩的院门被轻轻推开了，他惊觉地转过了头，见是父亲，潜意识地往后退了一步。

“九儿，”刘家凤虽然又急又气，很想训斥儿子一顿，但他还是压住了怒火，一来他舍不得申斥他，特别是这个时候，他缓缓走近儿子，语重心长地说，“你已是大人了，不要耍小孩子脾气了！父亲完全是为了你，成了家，就可以立业了！林小姐已进了刘家门了，就等着你行三跪九叩大礼，你可得给父亲这个面子啊！”

季芳愠着脸，大声嚷嚷起来：“我早跟你说了，我不要结婚，更不愿跟一个不认识的女人结婚！”

刘家凤急了，但他又怕逼急了儿子会出事，但又不能依着儿子的性子，他不得不求儿子："九儿，你让老父怎么办？新人娶进了门，宾客满堂，不举行合卺大礼，如何向众人解释？如何向林家交代？儿子，阿爸求你了！”说着就要跪下。

季芳震惊了，父亲枯萎的白发，眼中饱含的悲怆，软化了他的倔强。他慌忙拽住父亲说："阿爸，我去！”

三

雨，不知什么时候停了，夜，渐渐深了。贺客们陆陆续续离去，远道的客人也到客房歇息了，劳累了一天的家人也上床休息了，历经百年兴衰的青砖老屋，静阒得仿佛一座叫人心颤的坟茔。未睡的只有一对新人。喜烛摇着瑟缩的红光，晃得大红喜字有似血染的一般。新郎像尊木雕站在窗前，纹丝不动，目光哀伤而凝滞。他痴痴地看着窗外的院子。天井里有棵铁杆海棠，已脱光了叶子，月亮刚从云层里探出头，吐出一地的清辉，把海棠的枝干投在了湿漉漉的地上，仿佛一地莹莹白雪，他又看到了表妹那洋溢着青春的面庞……

“这是我的陪嫁！”

“什么！”仿佛是从酣梦中被人唤了回来，他转身四顾茫然。突然，他的目光落在一个陌生女人的身上。她的脸红得似初开的桃花，微低着头，站在他面前。他这才想起房里还有另一个人——他的新娘，便打断了幸福的回忆。他没好气地说："什么？什么陪嫁？”

新娘有些茫然不知所措。她把那只装着箱笼钥匙的荷包放到他身旁的桌上，小声地说：“这些都给你！”钥匙落在桌上时发出了一叠金属碰撞声响。他这才从往事的回忆中完全清醒过来，心里随之打了个冷战，好像突然遭冰水浇了一般。他看都没看新娘一眼，就把荷包推了过去，说：“我不要你的东西！”

沉默，像夜一样的深沉。

“咚——！咚——！咚——！”更鼓敲响了三下。远嫁的新娘被疲倦裹挟了，已抵抗不住困倦，一连打了几个呵欠。她还蒙在鼓里，完全不知新郎根本未接受她，还以为只是出于羞怯。她再次走到他的身旁，用温柔的声音：“我困了，先去睡了。”就走进了里间，她以为新郎很快会跟着进去的。

他仿佛什么也没听到一般，玉表妹的形象又回到他的脑海，她在不断变换着姿影。他心里只有她，不会再容得下别的人了。他心里又泛起了内疚的浪花，觉得很对不起他的新娘，她有什么过错，奉父母之命远嫁过来，她是无辜的。可就是跟她结婚，他心里仍想着别人，她又怎么会幸福呢？她会痛苦一辈子的！我既不爱她，就不应该跟她结婚，误了她的幸福，她应该有她的幸福，不能叫她为他的不幸去牺牲！他们还未成婚，现在还来得及。

他一口气吹灭了红烛，轻轻拉开了门，走了出去，他要把自己的想法告诉父亲，请父亲帮他解开这不幸的枷锁，把自由还给林佳和他。

他伫立在父亲卧室外。

夜，静极了，室内传出了父亲粗重的鼾声，他突然清醒了，父亲既然给他们带上了枷锁，绝不会又为他们打开的！他这是幻想！唯一的办法只有自己救自己！走得远远的！

他静静地站了片刻，在心里对父亲说："阿爸，原谅你儿子的不孝吧！"就迈开大步向大门口走去。他轻手轻脚抽开门闩，拉开了沉重的铁皮泡钉大门，走进洒了淡淡月光的夜色。

第二章　少年校长

一

“好呀！季芳，是你呀！”乌始光拉开家门见是相别了一年多的盟弟，高兴得一把抱住了他，“何时到上海来的？快进屋！”

他走进门第一句话就说：“我是从家里逃出来的！”

乌始光惊诧地望着他：“为什么？”

他淡淡一笑，把出逃的始末详详细细告诉了他。

乌始光到底年长他十岁，没有立即表态，他沉吟了一会儿，抬眼打量着他，问：“你对未来将作何打算？”

“我正在想呢！”

突然，乌始光拍了下脑袋：“你看我这做兄长的！不先为你接风洗尘，倒先问起这个来了！别急，别急，天无绝人之路，我们现在去填肚子，我也刚下班，也没吃饭呢！”说着就挽起他，“走，还到我俩第一次吃饭的日本菜馆去！”

季芳说：“番菜馆太远，我的肚子早饿了，就近随便吃点什么吧！”

“那就主随客便吧！”乌始光锁上门，“前面弄堂口新开了家川菜馆，正宗的，上那儿吧！”“好！”

川菜馆里热浪滚滚，火锅吐着长长的火舌，锅里翻滚着鲜红的麻辣汤汁，南来北往的食客围着火锅，划拳喝酒，烫着对虾、鳝片、牛肚，油光满面，汗流浃背，谈天说地者有之，久别重逢叙旧者有之，高谈阔论者有之，更多地在传递着时局新闻，南腔北调，一片喧嚷。

他俩也叫了个火锅，配以鱼片、鳝丝、莼菜和鱿鱼，还叫了只冷盘凤爪。这些都是季芳喜欢吃的菜肴。他已饿极了，等不及火锅送来，伸手先抓起只凤爪就啃。啃了一只又拿起一只，津津有味，突然，他停住了手，也住了口，一个湖北口音吸引了他，那汉子正说着一个令他振奋的消息：“哎呀，这样惊天动地的大事，你们还没听说？”他神秘地放低声音，“皇帝就要完蛋了哇！我们湖北人向皇帝老子开战了，胜利了！”

他的同桌惊讶地停住了筷子，纷纷提出问题。

“莫急莫急！听我慢慢道来！”

说也奇怪，闹哄哄的菜馆顿时寂静下来，只有辣汤在火锅里翻滚的声音。

“革命党叫这次起义为武昌起义，是由同盟会的下属组织共进会和新军中的士兵组织文学社发起的，原定公历1911年10月6日起义。事先成立了湖北革命军总指挥部，因为时间太紧迫，准备来不及，就改在10月11日。10月9日，担任参谋长的孙武在江口俄国租界宝善里革命军机关内制造炸弹，不慎爆炸受伤，引起俄国巡捕的搜捕。革命军的领导机关被破坏了，在这种群龙无首的情况下，新军里的革命党人决定自行联络，发动起义。10月10日夜，武昌工程兵营打响了向皇帝开战的第一枪，占领了楚望台军械库，经过一夜激战，清军溃败了，总督逃走了，到12日，我们武汉三镇全部光复了！成立了中华民国湖北军政府，满街都插上了象征汉满蒙回藏五族共和的五色旗！”他兴奋地举起酒杯，“朋友们，为武昌起义的胜利干杯吧！”

他的同桌一齐端起了酒杯。

吃客们经过片刻的寂静之后，猛然惊醒过来，大声欢叫着举起了酒杯，“为革命军的胜利干杯！”“为打倒皇帝干杯！”……

季芳和始光的火锅和酒还未送来，他们抓起凤爪高高擎起，也跟着欢呼起来：“为共和自由干杯！”

老板吓得面无人色，惊慌地奔到门口，伸头向马路两边张望，又慌张地关上了门，跑回厅堂，向吃客们作揖打躬：“诸位先生！诸位先生！求求你们，莫谈国事！莫谈国事！”

许多人这才意识到上海还在皇帝统治之下，欢呼声于是小了下来。

刘季芳却久久无法平息激荡的心潮。这个消息于他，无疑是春天的第一声惊雷，炸裂在他的心头，使他从彷徨和苦闷中惊醒了。透过火锅袅绕的水雾，他看到的仿佛是白云在蓝天中悠荡，百花在吐蕊舒瓣，绿叶在伸展，泛着生命的光亮，浦江涌着欢快的暖涛，海鸥在大海上自由飞翔。

他俩携手走到街上，仍感到满身燥热，于是敞开衣襟迎着秋夜的寒露，感到少有的畅快。啊，赶上春天了！季芳慨叹了一声，苦难深重的中国，血染的土地，经过那么多的失败，义和团，太平天国，戊戌维新，潮州黄冈、七女湖、防城、镇南关、钦廉上思、河口六次武装起义，一次广州起义，徐锡麟、秋瑾领导的安徽、浙江起义，安庆马炮营的起义，都失败了，革命党人终于转败为胜了！

“季芳，你说武昌起义的胜利将会产生怎样的影响？”

季芳如行在无人之境，大声地说：“这是开天辟地的胜利，势必形成燎原之势，皇帝必败，革命必胜！中国必将走向共和！”

始光点点头：“你的见解极是，君主万恶，清朝的君主不仅凶恶而且昏庸无能，中华民族的大好河山被他们弄成了什么样子！国土任其宰割送给外国人，百姓怨声载道啊！”

“顺民者昌，逆民者亡！”季芳接上说，“我拥护共和！”

他们谈到很晚才睡。季芳怎么也睡不着，他在想，中国在变，作为中国人的一分子，该如何为它的富强去努力？他在黑暗中望着天花板，整整一夜都在想，不应只满足于逃出封建婚姻的枷锁，应该对国家的富强、民族的觉醒有所作为！中国地大物博，人口众多，为什么老受英、美、法、日、俄众多帝国主义的欺侮？他们凭什么来欺侮我们？突然，他想到了大哥刘际昌，听他说过，自从开展洋务运动以来，中国大批有志之士为了救国，争相出洋留学。有去英、法的，更多的是到东邻日本求学。大哥此时正在东京读书。实业可救国，科学可救国，教育可救国，让国人分辨美，领略美，发展美术不也可以救国么？他的心头豁然一亮，仿佛有一盆烈火，倏然熊熊燃烧起来。

他猛地坐了起来，双手推着乌始光：“乌兄，乌兄，快起来！”

乌始光因酒的作用，睡得很沉，不知发生了什么事。眯着蒙眬的眼睛说：“天还没亮呢！”又沉沉地滑了下去。他拽住乌始光不放，激动使他一时不知说什么好，好半天才说：“你别睡，我有要紧事和你商量！”

“明天说吧，我困死了！”他又躺下了。

他哪里能把心里那丛火留得到天亮，灵机一动，双手伸到他的腋下使劲搔了起来。

“哎哟呀！”乌始光大声笑着叫了起来，“醒了！”

“乌兄，”他眼里放射出兴奋的光芒，紧紧握住始光的手，“我想去日本学美术！”

“到日本去学美术？”始光惊疑地望着他问。

“嗯！”他连连点头。始光这才真正醒过来，沉吟片刻问道：“你父亲能同意吗？”

“不知道，”他摇了下头，仍然激情满怀，“他不同意也阻止不了我！”

“东渡留学，需要很多钱哪！没有你家里的经济支持，你的理想就是空想！”

“哪有如此严重！”他仍信心百倍，“我大哥正在东京读书，我去找他，他一定有办法帮助我的。”

乌始光微微一笑说：“那也得征得你大哥的同意呀！”

“对！对！”季芳连声赞同，“我这就给大哥写信！”说着就滑下床，坐到灯下，没一会儿，信就写好了。

这时天还没亮，始光说：“你又一夜没睡，上床睡一会儿吧！”

“不，我睡不着。”他从长衫袋里拿出古拓本《玄秘塔碑》，坐进被笼，“乌兄，我出逃时什么都没带，就带出了这个宝贝，是我大哥离家前送我的。他很疼爱我，他一定会支持我去日本学美术的！”

乌始光点点头说：“能这样就好！”

接着两人就着灯光研读起《玄秘塔碑》拓本来。

二

天刚蒙蒙亮，季芳就急不可待地起床了。始光只好跟着起来，陪他去寄信。等信的日子，也是季芳终日处在兴奋中的日子，两周之间，每天都有革命的新消息冲撞着他的心房。“湖南、四川独立了！”他挥舞着报纸大喊，“山西、云南、江西、贵州、浙江、广西、福建、山东、江苏光复了！”他每天都去邮局等大哥的信和看报。这天，他一早又上了街，发现街上有了一种新的气象，家家店门口都挂上了红黄蓝白黑五色旗帜，人们涌上街头，脸上浮动着激动、不安和兴奋的表情，三五成群地聚集在商店外、道路上、弄堂口，仿佛全上海的人都来到了街上，在议论、在聆听。黄包车夫摇着铃，拉着车子在人群中飞奔。发生了什么事？季芳飞快地想，莫非昨夜上海光复了！他突然听到一簇人中有一个兴奋的声音：“昨天夜里，上海革命党人占领了江南制造局！清廷守军和总督吓得连滚带爬逃走了！”果然如他所料，上海光复了！

他的心不由欢跳起来！光复是大势所趋！

一队穿着灰制服的兵士迈着有力的步子扛着枪从大街上走过去，又一队过来了。

他情不自禁地鼓起掌来，人们也使劲为革命军鼓掌。突然，人群像潮水涌动起来，他也跟着人流向前涌去。

十字路口用方桌搭了个高台，有几个穿着西装、秃头的年轻革命党人站在上面，其中一个人手里挥舞卷成筒的报纸，在大声演讲，四周围着黑压压的听众。

“……我们中华民族有五千年的文明史，却落伍到如此田地，根源就是腐败、专制、卖国的清政府。我们要富强，就得彻底革命！彻底推翻帝制，建立民主共和的新政府，此系民心所向，中国的希望之路……”

季芳热血沸腾，他高高举起手臂，激动地呼喊出发自心底的声音：“拥护共和！共和万岁！”人们跟着他也呼起了口号。

“列位同胞！父老兄弟！”演讲人举起一把大剪刀，在空中挥了挥，又向台下扬了下手，台下就跳上一个有辫子的人。他握起那人的长辫，“这是清廷统治者强加给我们的奇耻大辱，我们决不能让它继续玷污我们人格的尊严！”说完举起剪刀，“咔嚓”一声，就将那人的辫子剪下来了。

又有几个人跳上台去，他们夺过剪刀，剪下了自己的辫子。

人群躁动了，往台上挤着，一片声嚷：“我剪！”“我剪！”“帮我剪！帮我剪！”

一把剪刀已不够用了，有人从剪刀店里一下拿来了几十把，只听得一片“咔嚓”之声，辫子飞舞起来，抛向空中，人们欢呼着与旧耻告别。

季芳好不容易挤到一个拿剪刀人面前说：“借我用下，我自己剪！”拿到剪刀，“咔嚓”一声辫子就下来了。他摆了下头，觉得轻松极了，他把辫子也抛向空中。

一个着长衫戴瓜皮帽的老者从他身边走过，不满地“哼”了声，说：“如此光复下去，怎么得了！还不得亡国亡种？！”手杖在地上重重地戳着。

季芳大声驳斥着他：“亡的是旧国，新国必胜！”又追上去，“你别走，我给你剪！”

老者吓得魂飞魄散，抱头鼠窜。

季芳高举起剪刀，大声喊叫着：“谁要剪辫子！快来啊！”他被要剪辫子的人团团围住了。细的、粗的、黑的辫子像条条死蛇被他扔得老远。剪呀剪，他不停地剪着，细碎的汗珠儿从他的额上渗了出来，他心里滚动着奇妙的快感。

突然，有人拉了他一把。他回过头，见是始光，他一把揭下始光的帽子，举起剪刀。忽然他的手停在半空中，不由惊喜地问：“你何时剪的？”

始光快活地摆了摆短发，哈哈地笑了起来，突然想起什么般地问他：“你大哥的回信来了没有？”

“哎哟！”季芳这才记起一早上街的目的，“我还没去邮局呢！”转身将剪刀交给身边的人，拉上始光，“这就去！”

街上辫子狼藉，踩在上面有种别样的快活，季芳不时抬脚像踢皮球一般踢起辫子，完全像是个活泼顽皮的孩童。

他又一次失望了！大哥的回信还没有来。他陷入了沉思，莫非大哥没接到他的信？不赞成他去？“乌兄，我真想插上翅膀飞到东京！”他的目光转移了，几个把辫子牢牢护在怀里的人从他身边慌张窜过。季芳指着他们的背影，摆了摆头，愤慨地说：“这老鼠尾巴样丑陋的东西，还有人不愿割舍！美的教育在我们中国太需要了！学成回国，我要办的第一件事，就是创办一所美术专门学校，传播新兴的美育观念，教国人辨别何谓美丑！当今中国还没有一所这样的学校，你赞成吗？”

“我举双手拥护！有次我去看望周湘先生，他也这样慨叹过呢！”

“周先生，他一定赞同我的观点。”季芳拍了下自己的头，激动起来，“我现在就去看望他！”

“你呀，什么事都是说风就来雨！”始光爱嗔着他。

他竟像孩子般撒起娇来：“乌兄，跟我一道去吧！”

季芳离开背景画传习所后没有来过上海，也没再见过他先生。久别重逢，他竟忘了问安，就急不可待地对他的老师说：“先生，我陷入了婚姻的困境，在家里办的绘画传习馆也完结了，我打算到日本去学美术，回来后创办一所美术学校，它将是中国第一的美术专门学校。我想把它办成兼容并蓄中西绘画的新型综合性美术学校，传播当今世界新兴美术。先生，你支持我的设想吗？”

周湘眼里立时迸发出惊喜的光芒，他打量着季芳，真乃后生可畏啊！“好啊，季芳，有志气，有气魄！中国太需要你理想中的学校了！当今艺坛荒芜而凄凉，虽有提倡美育的先驱在拓荒，但屈指可数，李瑞清先生创办的两江师范学堂有个图画手工科，保定北洋师范学堂有个图画手工科，浙江第一师范李叔同先生办的图画手工科，再算上你的图画专修馆，和我这个背景画传习所，统统加起来，全部毕业生也不过百人。”他说到这儿，长叹一声，“季芳，办学难哪！我这个传习所已经山穷水尽，维持不下去了呀！”

“先生！”这是季芳和始光所没料及的，他们惊诧地望着他问，“先生，为什么？”

周湘尴尬地一笑，自嘲地说：“穷呗！我的一点家产都贴补进去了，还是难以维持，何谈发展啊！校舍要扩建维修，连房租也交不起，房主也没钱来修呀！设备也要添置，连尊像样的石膏像都添不起，学生能向我学到什么？岂不误人子弟！我正在物色一个有志于美术教育的人把它盘出去。”

“盘出去？”他俩又吃了一惊，他们知道办这个传习所的不易，“先生，有这么严重吗？”

周湘有些伤感地说：“没办法呀！”

他俩面面相觑，心情也随之沉重起来。中国的美术，在巨石的重压下，难以伸展啊！季芳打破了沉默：“先生！您一定要坚持住啊！等我学成回国，我一定来协助你！”

周湘苦笑了下说：“谢谢你！”

三

等待，犹似伏在利刃上那般难熬。季芳焦急不安地等待着大哥的复信。

时日越向前延伸，他的心情越发焦躁不宁。半个月过去了，20天过去了，仍无消息。他用画画来消磨孤寂，平息焦虑，拿着速写本，满上海跑。那天，他又来到浦江边，画汹涌的江水和被波浪托起的小船。画着画着，那些困扰着他的焦虑和不安就从笔端流进了画里，动荡的小舟，颠簸的船舸。突然，他抬起了头，一艘外轮如履无人之境一般冲向像鸭群般沿着江岸缓缓行进的舢板，涡轮机掀起的大浪没头没脑地泼向舢板。它们有的被浪头掀撞到岸上，有的倾没到水里。“欺人太甚！”他怒吼一声，紧攥拳头，眼里冒着火焰。中国，多像一个贫病交加的弱女子啊！多么需要自信、自立、自强和振兴啊！这是必由之路！他热血沸腾，呼唤着：“大哥！你为何还不来信呢？我要报国，我急需吸收世界的新鲜营养，来强壮自己的身躯啊！”

他望着小舢板挣扎着逃出波浪，向着宽阔的江面划去。他的心犹似被人刺了一刀，他难过地转过了身，踽踽而回。

他沮丧地推开了盟兄虚掩的门，始光正在画一幅插图，见他回来了，停住手里的工作，问他：“你到哪里去了？我到处找遍了，也不见你人影！”

“是我大哥的信来了？”他大步奔到始光面前，惊喜地问。

“不是，是伯父来了，你姑太太派人到这里来找你，要你快快去见你父亲！”

他惊诧地问：“他怎么知道我在上海？还知道我住在你这里？是不是你给他写了信？”

“没有。”始光摆了下头，“我也觉得奇怪，他怎么知道的！”

季芳突然一拍大脑袋，“我猜着了，是大哥给阿爸写了信，征询他是否同意我去日本！”

“你怎么办？”始光不安地望着他。

"我这就去见阿爸，"他满不在乎地微笑了一下，"阿爸有时顽固，但他也有很多可爱之处，重要的是他疼爱我，不会把我怎么样的！我会争取到他对我的支持和谅解的。"

"这就好，"始光站起来送他到门外，"祝你好运！"

初冬的阳光像月光一样没有热力，过午就移上了东墙。

刘家凤坐在妹妹家的客堂中，和她说着话。他已老多了，头发眉毛皆已花白，岁月和忧伤的铧犁在他宽大的额头犁下了一道道深深的沟壑。他那高大的身躯也萎缩了，挺拔的脊背也有些佝偻了，说话的语调透溢出忧虑。他的目光闪烁不安，虽在和妹妹说着家乡的人和事，可他的心却在心爱的小儿子身上。他的眼睛不时投向门口，心里明明在说，这小孽畜为何还不来？难道他就那么恨我？不愿再见到我了？他的心不由一阵刺痛，像有无数把小刀插在上面。

妹妹见他又走神了，心痛地望了他一眼。他们谁也不提季芳，心照不宣。

冬阳变成了薄薄的蜂蜜色，移上了屋脊，就要结束它一天的行程了。他们的心也随之沉重起来。妹妹又到门外张望去了。她看到了一个熟悉的身影从街口走来，惊喜地转过身，对哥哥说："来了，季芳来了！"她走到哥哥面前叮咛着，"好好说，他还是个孩子！"

"我不会吃了他！"

姑太太又转身到门外去迎接侄儿。

"姑太太，我阿爸几时来的？"

"好呀，小子！"姑太太答非所问，笑眯眯地怪嗔着他，"你眼里还有我这姑太呀！到上海来了，连门都不跨！我要叫你爸好好教训教训你！"

他咧开大嘴对姑太太歉意地一笑。

姑太太慈爱地抚了下他的肩说："还不快进去！你阿爸等急了呢！"她

说完就回避了。

刘家凤的心欢跳着，但他想尽力抑制住就要见到儿子的激动，装出一副对季芳的出逃不可原谅的威严神情。

“阿爸，你来啦！”

刘家凤只哼了一声，没去看儿子。

季芳的眼睛却突然睁大了，他惊喜地叫了起来，“阿爸！你也剪辫子了？这太好了！”

“常州也光复了嘛！”刘家凤仍然没有笑脸，“你去把东西收拾一下，跟我回家去！”

“大哥没写信对你说吗？我要到他那里去上学，学美术！”他急切地说。

“要不是你大哥写信告诉了我，我还不知你逃到上海来了呢！你爸为你担惊受怕，找不到你，忧心如焚哪！”他想起了一个月来的寻找和受到的攻击，他的脸倏地沉了下来，“你不能去日本，明天跟我回家！”他越说越气，数落起他来，“你这孩子，太让我操心了！你怎么就不为你爸想想，你拔腿逃了，叫我如何面对你岳父，如何面对乡邻，又如何跟你媳妇解释。林佳出身大户，哪点配不上你？你一脚蹬了人家，让她怎么见人？你对得起谁呀？你可想象得到，你的英雄壮举轰动了常州城乡，成为远近乡邻笑骂的材料！”他说得更激动了，嘴唇都有些哆嗦，“你这逆子！你气死我了啊！”他又尽力克制住自己，缓和了语气，“人谁无过，过而能改，善莫大焉，你跟我回家，帮我管管钱庄的事，你爸老了啊！林佳那里，回去向她赔个不是，以后相亲相爱过日子，你爸的心才得以安宁啊！”

“阿爸，我不回去！”他态度坚决地说，“现今已是民国了，我是国民的一分子，不能只看到自己鼻子尖下那点地方，热血青年有责任为国家的富强、民族的振兴去努力。我们国家太弱了，空喊要它富强起来又有什么用呢？要实地去做、去干！首要的就需要学习，学习外国富强的经验，吸收人类社会的一切先进成果为我所用。许多青年都这样去做了，你儿子没有系统上过学，但我酷爱美术，自觉在这方面能有发展前景。我要去学习世界先进的新兴美术，带回国来，传授给热爱艺术的人们。请求阿爸支持我，成全我的理想！再者，我大哥也在日本，你尽可放心，他会照顾我的。”

“这不行，你不比你大哥，你还是个孩子！”父亲坚决地说，“我不会放你去日本的！你就死了这份心吧！”

“我也决不回家！”他大嚷着，拔腿转身就走。

“你站住！”刘家凤气得猛地站起身来，大喝一声。

季芳没有停步，愤然而去。

家凤沮丧地顿坐下去，连声感叹：“逆子！逆子！这个不孝的逆子！气死我也！”

姑太太闻声奔了出来：“你呀你，改不了的急脾气！好好说不好吗？孩子少年气盛，性急不得嘛！还没说几句，就崩了！”她埋怨着哥哥，“还不都是你惯的！怪得了谁？”她给哥哥的茶杯加上水，“喝点水，消消气。”

季芳气鼓鼓地回到始光那里，什么也不说，往床上一躺，瞪大眼睛望着天花板。

“你怎么啦？”始光的目光还在画上。他喜欢画画，但他在这方面没有太多天分，可他从不气馁，有空就学习。见没反应，转身望着季芳，“谈判失败，拖枪而回？”

他像没有听到一般，他在想：路在何方？日本去不成，该怎么办？

始光吃了一惊，走到床边，见他目光痴凝，吓了一跳，双手抓住他的双肩，把他拽了起来，大声申斥着他：“什么了不得的事？值得你这样？说呀！”

他这才从种种设想图景中走了出来，自嘲地苦笑了一下："前景黯淡呀！父亲不但不支持我去日本，还要我回家去管钱庄，做他的孝顺儿子，向他给我娶的媳妇赔礼道歉，重归于好！"

"你有什么打算？"

"打算？"他又笑了一下，"去不成日本，我也不回家！"

始光沉默了，他了解季芳的个性，季芳不会向他父亲屈从的。他安慰着季芳："别急，天无绝人之路！总会有解决办法的！"

季芳又躺到床上，他的思绪空前活跃起来，仿佛听到个熟悉的声音："……我正在物色一个有志于美术教育的人，把学校盘出去！"好像有缕温暖的阳光射进了他的心头，他一跃而起："乌兄，我想到了一条路！"

"哦！"始光惊喜地站到他面前，"说来听听。"

"假若父亲让步不坚持要我回家，我也可以做个让步，不去东洋，留在上海，协助周先生把传习所扩创为图画美术院。"

"这是个办法！"乌始光想了想，"这样吧，我先去拜望伯父，试探试探他的口气。"

"好！"季芳抓住他的手，"你真是我的好兄长！"

第二天上午，始光拎了两包点心，去看望刘家凤。老人还在生气，正在叫妹妹"派人去把那个逆子叫来！我要带他回去！"始光正巧在此时到了。他客气地给老人请安问好，落座后寒暄了几句，就进入了正题。他开门见山："伯父，你比我了解季芳，也比我更理解他，看来要他跟你老回家怕是办不到的。他有志于美术，视它作救国的一条路，我有个想法，你看行不行？"

刘家凤想了一下，客气地说："你讲吧！"

"你老和他都作点让步，他放弃去东洋，你不坚持一定要他回家，允许他留在上海。”

“留在上海，他靠什么维系生存？”刘家凤不解地问。

“办学校，帮周湘先生把背景画传习所扩大成图画美术学院。”

刘家凤沉吟了，他了解自己的儿子，他热情、豪爽、重感情、有抱负，硬要他回去会伤了他。但季芳还是个孩子，放他到日本去闯荡，自己确实不放心，那是个陌生的国度，天遥地远，即使有大儿子的照看，他也不敢放季芳去。而且供给两个儿子留洋，他也没那个能力。上海离常州很近，有姑太太和老实笃厚的始光照应，就是有什么事，他还可以赶来。刘家凤下意识地点了点头说："这是个解决办法！我再想想吧，请你叫他来，我要和他谈谈。"

傍晚时分，季芳来了。他站到父亲面前，微微笑着："阿爸，你还在生我的气？"

"好，"刘家凤气已消了，他原谅了儿子，留在他心中的尽是痛爱之情，"我不生气，坐吧！"

季芳在他对面的椅子上坐了。

"我接受始光的建议，不坚持要你回去，你也不去日本，留在上海开创事业。"他抬眼看着儿子，心里注满了怜爱和不安，"九儿，你可想过，上海滩鱼龙混杂，三教九流，要在这种地方立足不易呀！"

"阿爸，我知道！"

"你什么都知道！你爸就是不放心你这个什么都知道！到时碰得头破血流就迟了！"

"爸，不会的！"为了安慰父亲，他笑了笑，"就是触了霉头，吃一堑还能长一智呢！你就放心吧！"

"孩子，你不理解你爸这颗心哪！我怎么能放心，你才 17 岁呀！"

“阿爸，你不是13岁就参加太平军了吗？”

刘家凤无言以对，儿子太像他了，他的心又微微战栗了，掀起了爱的波涛，他颤声地说：“九儿，万一你失败了，无以立足，你就回家来，钱庄里有你做的事情。”

季芳眼里泛起一缕潮雾：“阿爸，不会的，你应该相信你的儿子，刘家男儿16岁就成年了，我已是大人了，就遇到千难万险，我也不会退却的！”

家凤用注满慈爱的目光，久久抚爱着儿子：“今晚陪阿爸睡一夜好吗？”

“好！”

父子俩说了半夜的话。清晨，季芳醒来时，天已大亮了，他发现父亲已走了。枕边放着一只布口袋，他拎起来，发出了一阵哗啦声响，解开扎紧的袋口，全是银圆，他数了数，整整200块。他抱着钱袋，心里翻滚起热浪。爸爸悄无声息地走了，却留下了资助他办学的钱，泪水不禁从眼里奔涌了出来。

四

“先生，这里是200元，你收下吧！”他把银圆袋放到周湘面前，“我父亲不让我到日本上学，留给我这些钱，我想协助先生把传习所扩大成图画美术院。”

这是周湘万万没有料及的，他惊讶了片刻才相信这是真的。他由衷地感动了，但他已对办学失去了信心，不无沮丧地说：“季芳，传习所我不想发展下去了，你有办学壮志，我把教具、设备盘给你，你自己可以去开辟一个新天地，这不更好吗？”他把钱袋往季芳面前推了推，“我的那点东西，值不了几个钱。”他从袋中取出少许银圆放到桌上，“这就够了，你愿意继续承租这里的房子作校舍，下月的房租你交，你如果看上了别处，我就把它退掉。”

这也是季芳所没料及的，他犹豫着：“先生，我不能趁你之危吞了你呕心沥血创办起来的事业！”

“呃，哪里话！我早想盘给人，就是没有找到合适的主顾，你来办，我太高兴了！”

“先生，我一点经验也没有！”

“你有创办绘画传习馆的经验，你有雄心壮志，定会有很好的发展！”

他们就这样成交了。

万事开头难，但他年轻，雄心勃勃。始光辞掉了别处工作，鼎力相助。为了觅到合适的校舍，他们跑遍了上海。1912 年 11 月的一天，他们从一则广告中看到乍浦路有幢西式两层洋楼出租。他俩风风火火赶了去。

这幢洋房坐落在乍浦路桥畔，院内还有一片绿茵茵的草坪，门对风光如画的苏州河。

他立即喜欢上那里的环境：船舸争流，白帆点点，就租了下来。他和始光立即搬了进去。

季芳说：“我们得有个办学宣言，让社会各界了解我们的办学宗旨。”

“这很重要。”始光点头赞同，“你起草吧，明天我送到报馆去。”

季芳坐在灯下，一挥即就：“乌兄，你听听这样写可行？”

“念吧！”始光放下手里的工作，会神地听着。

他大声地朗读起来：

第一，我们要发展东方固有艺术，研究西方艺术的蕴奥；

第二，我们要在极惨酷无情、干燥枯寂的社会里尽宣传艺术的责任。因为我们相信艺术能够救济现代中国民众的烦苦，能够惊觉一般人的睡梦；

第三，我们原没有什么学问，却自信有这样研究和宣传的诚心。

“你看怎么样？”他望着始光。“不错，给我吧！”始光答道。

“等一等！”他按住文稿，“我不想用现在这个名字，想重新起一个。”

“重新起个名字？”始光反诘。

“嗯。”他思索着，自语着，“起个什么样的名字呢？”突然，他忆起那次随姑父去游览东坡书院故址的情景。姑父告诉他，东坡十一次路过常州，最后又病故在常州，说他的《赤壁赋》，初读飘然欲仙，读几百遍后，那如画的风光，就变成了嘲弄人生有限抱负难以施展的冷笑；再读几百遍，才能从旷放散逸中品味到天才无所用的沉痛，以及不能济世、徒有文名的悲伤。姑父大声教训他：“休得目中无人，再有成就，比起前人，也犹似东坡所说，‘渺沧海之一粟’，自大谓之‘臭’。”他的心又猛然受到了强烈的震撼，提笔在宣言后面署上了“校长刘海粟”。

“17 岁的年轻校长，恐怕是古今中外独一无二的吧，”始光兴奋地说，“‘渺沧海之一粟’，好！”他回过头，快活地唤了声，“海粟！”

“呃！”海粟大声地应着，又动手制作了个木框，蒙上白布，将几支笔绑在一起，写上七个大字“上海图画美术院”。

中国艺术史上第一所美术专门学校就这样诞生了。

第三章　美术先河

一

1915 年初秋的一天。

刘海粟大咧咧地走出上海道尹公署。他已不再是初创图画美术院的长衫少年了，如今的他已完全是西洋艺术家的风度气派了。他西装革履，打着大大的黑色领结，长长的头发，鼻上架着金丝边眼镜，手执短小的斯提克（英文 stick 的音译）。他充满自信地走下道尹公署门前高高的台阶。

美专立案了，别人再也无由攻讦它是黑学校了，他的学生毕业后可以享有和别的学校毕业生同等的求职权利了！他再也不用为他们的前途担忧了。

他舞了下文明棍，这棍仿佛瞬间化成了魔杖，把他拉回到创业的艰难之中。学校好像突然幻化成了一枝才露尖尖角的荷莲，从污泥塘中挣扎而出，散放出独有的清香，引来了成群蜜蜂。辛勤的蜜蜂幻化成了才华横溢的求美学子。他的眼前浮现了首批十二名考生中的徐悲鸿、朱增均（屺瞻）、王济远……

青年刘海粟

青年刘海粟

青年刘海粟

“渺沧海之一粟，

自大谓之‘臭’。”

一位面呈菜色的中年男子拎着一只旧藤箱，偕着一个衣衫破旧，不修边幅，内向谦和的年轻人走进了他的办公室，那青年人向他谦恭地问："先生，报考美术学院是在这里吗？"

海粟被青年那双热烈含情的眼睛感动了，这是一双艺术家特有的眼睛啊！年轻人是那位中年人的儿子。海粟只看了看青年带来的习作和文章就录取了他。首期新生的点名册上出现了一个新的姓名：徐悲鸿，江苏宜兴人，1895 年生。啊，学生长他一岁！

徐悲鸿家贫，但勤奋好学，一开始就显露出艺术天分，古文功底好，写的文章也很出色。他特别器重悲鸿，常常一道外出写生，他作水彩，悲鸿就跟着他画。半年后，悲鸿突然悄悄离去了，在他的宿舍里，只留下了一只旧藤箱。三天没音讯，上海滩被称作冒险家的乐园，什么事不可以发生？他忧心如焚，派人四下寻找、打听，这才得知，悲鸿为父亲生病而离去。如今，悲鸿已结交了不少文艺界、政界名流，有了好的发展环境，但他仍然为悲鸿的离去而惆怅，黯然神伤了好些日子。他的学校太简陋了，留不住人才，但也激发了他的决心，一定要把学校办好，办得好上加好！为热爱美术的青年创造更好的学习条件，留住才华，发挥才华。

猛地，学校仿佛又化作了一艘航船。他和他的同人们驾驶着它在动荡的波涛上逆水而行，浪花飞溅，打湿了他们的衣衫、头发，他们衣冠不整地紧紧握着舵把，扯起远航的风帆，开始了中国艺术革命的远航……

这枝新荷在成长，舒瓣放香。

他们的队伍在航行中不断发展壮大，张辰伯、陈晓江、滕固、张书旗、张弦、萧龙士、吴茀之、李可染……新生一批又一批，纷至沓来。苏州河畔狭小的校舍，已不适应学校发展的需要，学校开始搬来迁去，寻找理想校址。学校先搬迁到爱而近路（今闸北区安庆路），三个月后又迁到北四川路（今四川北路）横浜桥畔的全福里，后又迁到海宁路启秀女校故址，再次迁校到老西门外斜桥路的白云观，租用原务本女校旧址作教室，改名为上海图画美术专科学校。在学校迁来搬去中，他萌生了一个愿望，要在不远的将来，建造一所按照自己的理想设计的适于美术教学的校舍，有宽大明亮的画室。可现在还不行，条件不具备。

海粟把白云观整修一新，在学校大门上贴上了激励奋进的新联；礼堂的门厅挂上了他自撰的“美术先河”特大横匾；他在教室的墙上挂上了他的油画《雄狮》，这张画大得和教室的墙壁一般；添置了供素描写生用的各种模型。美专是他的作品，他要着意表达出他豪放的个性。他心里很明白，他的学校要在上海滩立稳脚跟，办成出类拔萃的艺术摇篮，教学质量是决定性因素。教学质量的高下又取决于师资的高下。初创时，授课主力是他，他废寝忘食地学画、写生、临摹世界名画，提高自己。他很快就请到杨清磬、夏建康、陈抱一（原名陈洪钧）几位画家到校任教。

一天，一位同窗告诉海粟，新舞台出现了奇妙的背景画。他慕名而往，果然名不虚传，他被舞台上的布景、灯光效果吸引了。那是他从未见到过的舞台景象：天上的雷电雨雪，海上的浪涛飞舟，声景交融。李吉瑞《独木关》的山神庙前，有了自升自落的月亮；《洛阳桥》下鱼龙悠游戏水；《斗牛宫》里闪烁着奇妙的星辰。

他戏未看完，就到后台打听布景的设计者。当他知道这些巧夺天工的背景画出自新舞台背景画主任张聿光先生之手时，他就去找张先生。张先生是位资深的漫画家，擅长依照片作油画人物。他开门见山：“张先生，海粟佩服你的独创和奇思妙想！没有想象就没有艺术，想象力是艺术的翅膀。我想请先生出任我们图画美术学院校长，我自愿降为先生的副职，作先生的助手。”他满怀激情地宣传着自己的追求，“先生，我的办学目的，一为研究高深美术，培养专门人才，表现个人高尚人格，发展民族文化；二为造就实施美术教育人才，直接培养及表现国人高尚人格，指导社会文化；三为造就工艺美术人才，改进工业，增进国人美的趣味。”他越说越激动，眼里漾着深情的浪花，“张先生，我拥护、赞赏蔡元培先生的‘注重道德教育，以实利教育，军国民教育辅之，更以美感教育完成其道德’[1]的美育思想，我曾在报上发表文章高喊过‘美术就是人生！’也高喊过‘高尚艺术才是人类文化的象征’，却和者寂然。我并不气馁，我相信新生终将取代腐朽，新兴的美术必将导致艺术复兴。我倾慕先生的艺术功力，有你助我，必将使我们的教学质量迅猛提高。我们将取得更多的成就。”张先生被他的强烈情感所感动，毅然放弃了新舞台优厚的经济待遇，接受了校长之聘。

他又先后聘请了以画时装美女出名的丁悚、学识渊博的吕徵和虔诚于艺术事业的吕凤子为教务长。才华横溢的朱屺瞻、王济远刚一毕业就被他聘为教授。王济远又升任为西画系主任，学校蒸蒸日上。

他又舞了下文明棍，得意地独自一笑，可猛然间，心头又浮上了淡淡的阴云。

“海粟，食堂怕只开得出两天伙食了！”始光包揽了总务，为他分担了许多杂务，“这个月教授的薪金怕也开不出了……”

他猛然一愣，瞪大眼睛望着他的盟兄：“这么严重？离阿爸汇钱的日子还有几天？”

“几天？你是忙昏了头吧？还早呢！现在学校发展了，开支也大了！”

1　原出自1912年中华民国政府教育部公布的《教育宗旨令》，其基本采纳了蔡元培的意见。——编者注他坐在办公桌后，眼睛望着前面的墙，双手搁在桌上绞来绞去，自问着：“怎么办？”突然，他眼里闪过一道亮光，转过面来对着始光，“你别急，我来想办法！”

始光惊喜地反问他：“有什么办法？快说给我听听。”

“你不记得了？”他有些激动起来，“那年我想去日本留学，没去成，我大哥总觉得负疚于我，几次写信来问我办学可有困难。他现在云南蔡松坡将军那里主持财政，向他求援去！”他边说边起草好了电报文稿，递给了始光。三天后，大哥的电汇就来了，解了他的燃眉之急。大哥并在信上写明了：“此乃薪俸的一半，以后每月汇寄同样数目。”

有了大哥的资助，他又开始了新的追求和设计了。

去年，他改革了学制，开设了正科、选科和夜科。按新学制的要求，高年级班应该开设人体模特儿写生课，这是西方美术学校必不可少的课程，但是中国艺术史上开天辟地的创举。校务会议上对此就有争议，他坚持要按新学制进行。可广告登出后没有响应，人们出于封建迷信心理，害怕做模特儿被画去了魂魄，没人敢来应聘。好不容易动员到一个擦皮鞋的小男孩，可当他一走进教室，看到几十个学生拿着画板和笔望着他，还没脱衣，就吓得拔腿逃走了。始光赶到他家做说服工作，他父亲坚决不肯，说：“那么多勾魂的笔，还不立马要了我孩子的命！不行，不行！”

后来，雇到了个叫“和尚”的15岁男孩，他虽然也害怕画走了魂魄，但为了给卧病在床的母亲治病，答应让他们画。第一天，他战战兢兢，第二天，仍然心神不定，一个月下去，他什么事也没发生。他得到五块银圆的报酬，逐渐克服了恐惧心理，他的工薪也加到了六块，他是中国艺术史上的第一个人体模特儿，应该被写入史册！

每天画着一个没有成熟的人体，学生们的求知欲得不到满足，希望画到健康有力的成年人体。这也是刘海粟的心愿。他早从西洋美术史中就已知道，自米开朗琪罗到罗丹，这些艺术大师们塑造人类喜、怒、哀、乐等情感，无不通过肌肉上特定的语言表现出来，这已成为艺术家们的自觉追求。这种追求丰富了西洋绘画和雕塑的表现力。他在上周校务会上再次重申："我们大家都知道，稍有艺术知识的人也都知道，研究绘画最要紧的就是人体。我们虽然已开了人体写生课，可小孩与成熟的人体相差甚远，已不适应教学的要求了，我们急需活泼、健康的成年人体。只有这样的模特儿，才能表现出鲜活的生命力，才能展示出生命之美。我想再次进行公开招聘，除在报上刊登广告，还要把广告贴到大街小巷的墙上，提高聘金，女性应聘，工薪加倍，重赏之下，必有勇者。"

王济远第一个发言支持："我拥护刘先生的提议，我们系迫切需要健康成年的模特儿！"他崇拜刘先生，连他的发型、穿着都紧紧效仿先生，甚至他的领结打得比先生的还大，他的头发蓄得比先生的还要长。"我们一定要下决心雇请适合美术教学的模特儿！这是我们教学的当务之急！"

许多教授都点头称是，只是校长张先生沉默不语。在改革学制制定新的课程时，他就有看法，由于刘海粟的坚持，他对设置人体写生课也就默认了。他也并非反对开设人体写生课，而是对封建军阀统治的社会有更深的了解，考虑问题也比刘海粟周全得多，课堂上画画裸露的童体，问题不会太大，可一旦让成年的男女模特儿在教室里一丝不挂，他担心不能被社会理解和接受。沉默一会儿之后，他才说："招用成年男女为裸体模特儿，能否为国情所容？我们毕竟是封建意识沉积了数千年的国家哟！为学校的前途计，是否再慎重考虑一下？"

张先生虽然是一校之长，刘海粟处处尊重他，他也尊重刘海粟。但在设置模特儿课程上两人意见有了分歧，他觉得张先生太注重社会舆论了。他说："张先生，你的胆子太小了！我们是美术学校，使用模特儿正大光明！如果我们的一举一动都要去迁就朽腐的社会意识，就什么也别想干了！还不如关门大吉呢！我的意见是，只要我们认为是对的，就不要去管他人说什么！美专要走自己的办学道路，走新兴艺术之路！这是不可动摇的。"

招聘广告当天已见报，贴上了大街小巷的布告栏，道尹署也接受了立案，美专又向前迈进了一步！他又下意识地挥了下斯提克，在十字路口拦住了辆黄包车，往上一跳，吩咐："白云观。"

二

校门外的布告栏前站着一对衣着新潮的时髦青年。

他们是谁呢？海粟大声地叫住车夫："到了，到了，停车！停车！"他跳下车，掏出钱塞到车夫手里，"零头不用找了！"就向校门走去。车夫在后面连连躬身道谢，他也没回头。

他的心不由激荡起来，他们在看刚刚贴出的招聘模特儿的启事。他悄无声息地站在不远处听他们如何议论。

"什么叫模特儿呢？"穿着高领旗袍的姑娘闪着困惑的眼睛问身旁贵公子模样的男子。

"模特儿一词来源于英语的 Model 的译音，1573 年意大利修道士马尔柯用木料和黏土做了一具玩偶，给他起名为'玛尼奇诺'。后来，这种玩偶传到法国和美国以后，人们就称它作模特儿了！不过，美专招聘的可是人，作为绘画教学用的有着活泼生命的模特儿。在欧洲，人体模特儿已成为一种职业，哪间画室里都有，没有模特儿的画室就算不得画室……”

海粟仿佛听到了一支悦耳动心的乐曲，这曲子拨动了他的心弦。他用惊喜的目光打量起他。他身着质地很好、款式新颖、做工精细、熨烫得十分挺括的薄呢黑西服，上衣口袋里露出雪白的手帕的一角，雪白的硬领衬衣大红领结，尖头高跟黑皮鞋，长长的头发，黑边眼镜，风度翩翩。人称他有西洋艺术家的派头，可与这位先生相比，他只不过是东施效颦罢了！这位先生是谁呢？刚从欧洲留学回国的画家？

他们还在说模特儿。

“也有女模特儿吗？”

“当然有！”这位贵公子以见多识广的语气说道：“她们多是身材苗条、体态优美的女郎，为了保持优美的身材，每顿饭都得用秤称着吃呢！”

“啊！”那姑娘惊叹着，“她们的家人不反对她们这样做吗？”

贵公子摇着头：“在法兰西，人们视艺术为神圣事业，为艺术奉献青春美色是光荣！”

“啊！真不敢相信！”姑娘好奇地望着他，“你也一定画过模特儿吧？”

“当然！”他没去理会姑娘的惊讶，“学美术不画模特儿还叫什么美术？！我们学校画室请来的模特儿都是绝色的职业模特儿呢！……”

海粟的脑海里飞速地闪过一个念头，要抓住他，聘作教授！为了达到这个目的，海粟不怕冒昧地走上前去，打断了他们的谈话：“先生，你是从法国学成回国的艺术家吧？”双手递上名片，“我就是这所美专的副校长刘海粟，请问先生尊姓大名？”

贵公子礼貌地接住名片，看了一眼，用惊喜的目光回望着他：“啊，你就是刘海粟，这么年轻？”也从口袋里拿出名片，双手送给刘海粟，“在下江小鹈（原名江新），刚从法国归来，早听说国内有个叫刘海粟的人创办了中国第一所美术专科学校，原来就是你？”他向海粟伸出手，“认识你不胜荣幸！”

“我有种相见恨晚之感！”海粟思贤若渴，无比兴奋，紧紧握住他的手，仿佛怕他跑了似的，“江先生，日已近午，我还有事向你请教，我想请你和这位小姐吃午饭，肯赏光吗？”

江小鹣爽朗地一笑，回答得干脆：“好呀！”这时他突然想起了被冷落一旁正用惊异的目光注视着他们谈话的女伴，“哎呀，张小姐，你过来，这位是刘海粟先生，美专副校长，这位是张韵士小姐，神州女校的学生，和我是从小一起长大的邻居。”

“啊！”海粟礼貌地向她一鞠躬，“张小姐，认识你很荣幸！”

韵士羞赧地一笑，回答：“我也一样！”

她那一笑，使海粟的心怦然一跳，在哪儿见过？怎么这样面熟？他蓦地想起了已和他分别多年的玉表妹。这位女士的风韵，那窈窕的身材、姣好的容貌，和她多相像！这些年，他忙于创业，很少想到玉表妹，她从他的心里像空气一样消散了！现在她似乎又回来了。他火辣辣的目光不由盯在了张小姐的身上，她慌忙低下了头。他这才意识到自己有些失态，慌忙转过话题：“张小姐，不知你喜欢中餐还是西餐？”

韵士的脸倏地红了，她看了江小鹣一眼，江小鹣会意地说：“客随主便吧！”

“我们上法国人开的罗莱士吧，那里有种深郁的异国情调。”

餐桌上的水晶玻璃花瓶里插着两枝黄玫瑰，点燃的蜡烛散发出薰衣香草的香味，亚麻布格子花纹的桌布上摆着三份餐具，银制的刀叉和郁金花形高脚杯，在活泼的烛光中闪烁着晶莹的亮光。餐厅四周墙上贴着印花壁纸，挂着西洋油画的复制品。

海粟把菜单递给张韵士，透过柔和朦胧的烛光，他越发想起了她。他又走神了。

她把菜单推回来："您别客气，我这是第一次进西餐馆呢！"

海粟有些慌乱，他把菜单推到江小鹣面前说："这里的行家非你莫属！"

"那好，我就不客气了。"江小鹣把要的菜告诉了侍者。

吃法国大菜，使用刀叉，江小鹣训练有素，海粟算半个内行，只有韵士不会使用刀叉，差点把盘子弄翻，引得三人哈哈大笑。海粟切了块牛排，叉起来，停在手里说："江先生，你在法国主修些什么？"

"我先学了两年素描，才开始学油画和雕塑。"

"你的素描一定相当有功力，学雕塑的都具有深厚的素描基本功呢！"

江小鹣谦虚地说："说不上，说不上。"

海粟把叉上的牛排送进嘴里，细细咀嚼，他在思考如何开口。突然他抬起头，望着小鹣："江先生，我有个请求，不知你可愿意屈尊到鄙校任教授，我们以研究……"他又将他们的办学思想和宗旨宣讲了一遍，"现在还处在艰难的发展阶段，但它代表着中国新兴美术的前途和未来，我急切希望你能来助我一臂之力，把西洋美术的新风带给我们美专！"

"好呀！"江小鹣高兴地放下刀叉，向他伸出手去说，"刘先生，你道出了我的心声，你若不主动请我，我还要毛遂自荐呢！学西洋美术的只有上你那里才能学以致用啊！"

他们的手在融融烛光中紧紧相握。

海粟没有想到他答应得这么爽快，他高兴得连声说："谢谢，太谢谢了，今后望你多多赐教！"

"别谢了，你需要教授，我需要职业，这是互相需要。"小鹣很快活，抬眼凝视着他，"听说，你创办美专时只有 17 岁？真有胆识，了不得呀！"

"17 岁？"韵士惊讶地望着海粟，一种仰慕之情溢于言表，"真不敢相信，那还是少年哪！"

海粟被他们说得不好意思了，他微笑着摆摆头："两位别夸了，我只是凭着一腔救国热情和初生牛犊不畏虎的勇气想在大上海闯荡天地！我的胆子倒是大的，就说使用模特儿吧，别的学校也开了图画美术科，可他们至今不敢问津。去年，我就敢开中国艺术史上使用人体模特儿之先河，公开招聘，可悲的是国人的迷信、愚昧，说供人做模特儿要被勾去魂魄，更没有人愿意在众目睽睽下直现裸体。在西欧，模特儿被视为高尚的职业，我们除了雇用过一个男孩，还没聘到成年人的模特儿呢？更不用说女性模特儿了，我决心已下，用高薪招聘，你已见到了招聘广告，能否有勇敢者前来应征，我这心里还没底呢！"

"落后！落后！"江小鹣愤愤起来，"落后了几个世纪啊！"

海粟豪迈地笑了起来："悲观不得，悲观不得！新兴艺术之风已经吹了起来，艺坛上已有了不少拓荒者了！我很有信心，只要我们艺术界同人携手共进，中国的文艺复兴不是可望而不可即之事，而是希望在即呢！"

江小鹣把酒杯举到他面前："好！文艺复兴，希望在即！"

海粟付过账，拽下餐巾，转身站起来准备离开，他突然被身后墙上的那张画吸引住了，于是他走近过去。

那是一个丰满的裸体少女的半身坐像，她一手端着镜子，一手梳理头发，凝神注视着镜中自己端庄而妩媚的神态。少女微微上翘的嘴角，显露出了一丝满意而羞涩的笑容，有种高贵古典的优雅气质。

"小鹣，"海粟已改用亲昵的称呼了，"你来看看这张复制品。"

他走过来，由于光线朦胧，他把眼睛凑到画上，读着法文的题款，说："这是贝利尼 1515 年作的《照镜子的妇人》，我在卢浮宫里看过原作，那才真美呢！”

“就这复制品也叫我这个没出过国门的人开眼界了，像这样美丽的人体艺术作品，在别处是不可能有的。”海粟从画上移过目光转到小鹣脸上，“小鹣，你教我法文吧！我想在条件许可的时候去法国考察艺术！”

“好！不过我的法文程度也平平。”小鹣点点头说，“卢浮宫是座艺术宝库，一定要去看看！”

他们在罗莱士门外紧紧握着手，约好第二天在学校相见。

海粟很想再见到韵士，于是特地再邀请了她：“张小姐，你和我的表妹长得很相像，今天有幸认识你，我很高兴，欢迎你常到我们学校来玩。”

“谢谢，我一定来拜访！”

海粟回到学校时，已是下午两点钟了，教务主任丁悚和始光正在他办公室等他。见他进来，他们就迎上去。未等他们说话他就大声说开了：“报告二位主任一个好消息，我聘到了刚从法国留学回国的艺术家江小鹣先生来校任教，我们的西洋画系将如虎添翼了！”他只顾自己说话，没去注意他们的表情，“广告贴出去后，有应征上门的吗？”

“有是有，可他们一听说要脱去衣服就吓跑了！”始光回答着，“不过，也有几个人表示愿意试试看。”

“好呀！”他仍然处在兴奋中，“通知愿意试试看的人明日来，我要和他们谈谈……”

“海粟！”丁悚打断了他的话，“出事了呢！”

他打了个寒噤，问：“丁先生，你说什么？出了什么事？”

丁悚没有立即回答，把手里握着的一封信递给了他：“张校长留下的辞呈。”

欢快倏地从海粟脸上消散了，阴霾漫了上来，他颓坐在椅子上，没有说话，他感到意外，又觉似在梦中，好半天他才问："张先生他没说别的什么了吗？"

始光说："说了，新舞台夏氏兄弟要他回去，他还说画家太穷了。"

他下意识地摆了下头，心中有数，张先生并非爱财之辈，这只是个遁词而已。"唉——！"他叹了口气，又霍地站了起来，"这样也好，我更可以我行我道了！乌兄，你给报馆写个启事，即日起，美专校长乃由我刘海粟担任！"

第四章　九溪十八涧

一

天刚蒙蒙亮，刘海粟就起床了。为了不惊醒还在酣梦中的学生们，他悄悄地穿衣，悄悄地洗漱，放轻步子下楼。今天的日程是学生们去西湖写生，他将独自去探寻九溪十八涧的源头。

自 1918 年他倡导野外旅行写生以来，他就经常率领学生走出校门，投身自然，去开阔视野，丰富生活，增进知识。这已成为他们学校的固定课程，并公布了野外写生团规划。他们或登临绝顶，或泛舟清流，或去山村农舍，或到傍水渔村，为得到有趣的理想素材，屐痕处处。每年夏天，他们都浩浩荡荡开车到杭州，车厢上挂着写有“上海美专旅杭写生队”大字的巨型横幅。他们午饭以面包等干粮为食，待晚霞染红了天空，他们方回到住地白云庵。晚餐后，大家欢聚在大殿中，拿出作品，互相观摩，请老师给予评判。他们还多次在杭州教育会堂举办旅行展览会，展览会在杭州产生过很好的影响。他们有时师生联欢，各人拿出自己的绝招进行表演，生活虽艰苦，但其乐融融。

海粟刚刚走出殿门一会儿，王济远就追上来了："校长！"

海粟听到他的喊声，停住脚回过头来问："今天不是该你带学生去柳浪闻莺写生吗？"

济远嘿嘿一笑："我委托江先生带他们去，我陪你上杨梅岭。那里我去过，林茂山险，又没正经的路。"

仿佛有股细细的热流淌进了海粟的心田。他打量着自己的得意门生，事业的虔诚支持者，济远背着画夹，拎着干粮和水壶。海粟不由笑了起来说："赫胥黎自称他是达尔文的'斗犬'，济远，你乃我刘海粟的知音与战友耶！"

"不不，校长，"他说，"我是你的追随者、门徒、走狗！"

"哈哈——！"

他们两人哈哈大笑，把早晨宁静的空气都震得漾起了涟漪。

晨雾淡淡，似轻纱一般袅绕在葱茏的林木间、水面上、山谷中。湿漉漉的空气中浮荡着花香，吸进嘴里都有种甜丝丝的感觉。绿叶边上的细碎露珠，仿佛水晶钻石一般闪亮晶莹，不时滴滑下来，落到脸上，滑进颈项里，冰凉冰凉，也有一种说不清的舒畅。

济远说："我们就近先去十八涧。"

"听你的。"

他们往烟霞的西南方向走去，先在诗人屿、孙文泷和鸡冠泷的合流处，一家地道的竹篱茅舍小店中吃了一碗西湖藕粉羹、几块松软的米粉糕，又喝了一碗葱花豆腐花，就沿着诗人屿和孙文泷间的大涧逆水而上。他大声地吟诵清末学者俞樾描写九溪十八涧的诗句，穿林绕麓，两个钟头以后，他们到了龙井山下的龙井村。

他们在村头路边一户农家门外坐了下来，好客的茶农给他们端来了香喷喷的龙井茶。他们一人喝了两大碗，济远说：“九溪在龙井南面。”

“我知道。”海粟点点头，“白云庵的方丈昨晚已给我做了介绍，他说九溪的源头在杨梅岭山的杨梅坞，下行汇合青湾、宏法、方家、佛石、百丈、唐家、小康、云栖、渚头等九个山坞的细流成溪，再经徐村注入钱塘江……”

“刘校长——！”

“谁在喊我？”海粟惊觉地竖起耳朵。

“在这儿会有谁喊你？”济远笑着说，“莫非校长的耳朵出了毛病？”

“不，你听！”海粟站起来，“好像有几个声音在同时呼喊呢！”他大声地回应着，“呃——！我在这儿——！”

“奇怪！”济远也竖起了耳朵，站起来倾听，“真的有人在喊你，难道他们没去西湖，也撵我们来了？”他也大声地应了起来，“我们在龙井村头——！”

喊声还在继续向他们送来，越来越近。

他们匆忙谢过农家主人，向着呼喊方向，边应边迎过去。

果然是他们的一群学生，他们向校长飞奔而来，扬着手里的报纸，边跑边叫：“校长！不好了！大事不好了——！”他们气喘如牛般跑到了海粟和济远面前。

“出了什么事？”海粟抓住跑在最前面的学生肩头急切地问，“快说呀！”

那学生喘吁着一时说不出话来，这才记起把手里的报纸递给他，指着头版上一个标题《上海县长危道丰严禁美专裸体画》：“您，您看这里！”

不用细看，这标题就已揭示了文章的内容。“污浊的封建气息弥漫了中华，要前进一步，谈何容易！就说这人体模特儿吧，还要准备反复……”果然被蔡元培先生言中了，封建势力又磨刀上阵了！他们又一次向我们进攻了！这是他们发起的第几次围剿呢？！

咚咚咚！咚咚咚！……

海粟正沉醉在色彩的旋律中，画室的门突然被人擂得山响。他惊觉地从画板上抬起头，大声地问："谁呀？什么事？"

"校长！不好了，展览出事了！"

他慌忙丢下笔，奔去开门，一双惊慌的眼睛正望着他。他不解地问："展览会出了什么事？"

"早上，我们开门不久，就有位戴礼帽着长衫的先生，带着太太和小姐来看展览。我们客客气气地把他们迎进门，他们也高高兴兴地走进展室。可不到一刻钟，我们就听到第三展室有人在大发雷霆。我们几个同学连忙赶过去，只见那位礼帽长衫先生铁青着脸，怒气冲冲站在陈列的那几张人体素描习作前，挥舞着文明棍吼叫着骂您，他的太太、小姐双手捂着脸背身站到窗边去了。"

"骂我？"他的心不由紧张起来，"他骂我些什么呢？"

"他骂……他骂……"学生不敢复述。

"哎呀，你怎么这样吞吞吐吐的，大胆说嘛！"他催促着。

"他说：'刘海粟是艺术叛徒，教育界的蟊贼！公然展出裸体画，这是大逆不道，伤风败俗，非严惩不可！'还对我们直叫嚷，'你们去把刘海粟给我叫来，我要当面教训他！'我们不知他的来头，更不知他是什么人，都吓慌了，同学们叫我快来向您报告。"

"哈哈，好一个'艺术叛徒'！这顶帽子令我自豪！还要当面教训我！"他纵情地笑了起来，顺手带上门，"走，我这就去见他。"

"校长，"学生余惊未定，拽住他说，"那人来头不小呢，您还是不去的好，好多人附和着他在起哄。”

“那么，我就更应该去！”他甩开学生的手，大踏步走出学校，边走边对跑步紧跟在后的学生说，“这是我们美专师生第一次成绩展览会，只能成功，不能失败，决不允许他人破坏！这关系到我们学校和新兴美术的前途！”他跳上一辆停在校门口的黄包车，大声对车夫说：“张园！”

他老远就望见悬挂在张园门口的巨幅画展广告牌，粉红底色上书着朱红的字“一九一七年三月二日”，他在心里大声地说：“上海图画美术学校第一次画展开幕的日子。我们应该记住这一天，把这天写进我们的校史！”

广告牌下围了密密麻麻的人群。

他跳下车，直奔园门。

张园的老板不知从哪儿钻了出来，他迎上来说：“刘先生，张园还从未有过这样的盛况呢！”他喜形于色，“看画展的人比蜜蜂还多，展厅里挤得水泄不通，今天，我不得不采取措施，限制购票了，祝贺……”他还要继续唠叨下去，海粟只得打断他，“有人在展厅里等着要见我，失陪了！”说着直奔安垲第大厅。

展厅门外等了好多人，沸沸扬扬。给他报信的学生冲到前头为他开路，大声嚷着：“请让一让！让一让！我们刘校长来了！”

人们立即停止了议论，都围了上来。留守在展览会上的学生闻声就奔了出来，拨开人群走到他的面前说：“校长，你可来了！刚才我们可吓死了！有人在鼓噪，说要捣毁我们展览会呢！”

“谁敢动展览会一根汗毛！”海粟怒吼起来，“你们去把那位要当面教训我的先生请出来，我在等着听他的教训呢！”他激动得嘴唇都有些哆嗦了。

“他走了。”

“走了？”

“他太太把他拉走了。他临走时还叫我们转告你，”说话的学生学着那人的语气声调，“告诉刘海粟，我要上书省教育厅，封闭这道德败坏的展览会！惩办刘海粟！呼吁新闻界口诛笔伐！”

“他是什么人？”

“这里有他的签名。”一个学生把参观留言簿递给他说，“他把骂您的话都写在这上面呢。”

“城东女校校长杨白民！”海粟知道这个人。他不理解，这种人怎么也会是新艺术的先驱弘一法师的门徒？杨白民难道忘了他的恩师在刘海粟之前也组织过浙江师范的学生丰子恺、刘质平等人画过人体模特儿吗？为什么看到公开场合展出了几张裸体画，就如此恼怒呢？他这是代表了一股腐朽的封建思潮，海粟冷冷一笑，骂道：“伪道学！”

“校长，”心有余悸的学生一个个闪动着恐慌的眼睛望着他，“我们的展览会还开不开下去？”围观人群也都把目光投聚到他身上。

“谁说不开？当然开！”

人群中响起了寥落的掌声。

一摞大小报纸放在海粟的面前，刊在小报上那些诽谤他和学校的文字仿佛是涂了污秽的箭矢，急雨般地射向他。他拿起一张《时报》，上面刊有杨白民讨伐他的文章《丧心病狂崇拜生殖器之展览会》。他读着，拿报纸的手都气得瑟瑟发抖。追随在他周围的年轻画家们也从未有过这样的经历，也被这铺天盖向他们的恶浪震呆了。室内空气像铅液一样沉重，谁也不说话，沉默像石磨一样压在他们的心上。

“哈哈——！”他突然大笑起来，“你们这是怎么了？济远、小鹈、乌兄、慕琴（丁悚，字慕琴），”他又掠了一眼也在和他们一起分担焦虑的学生，“还有你们这些孩子！难道都让这封建气息压倒了？抬起头来，挺起胸来，我们要微笑着走向刀丛，走向战斗！”

可谁也微笑不起来，缄默像山一样沉重！

他望望这个，又望望那个，“喂，先生们，怎么啦！像被霜打蔫了的花似的，振作起来吧！人只活一次，就得活得像个样子！”

“海粟！”始光亲切地唤着他，“众怒难犯哪！新生事物在它出生的初期，总是遭人反对的，如果能够策略一些，争取更多的人给予理解、支持，就有可能让新生的东西存活下来，我们最好……”

始光未说完，他就惊喜地叫起好来：“乌兄，你说得太好了，我懂了！”他转向年轻的同道们，“是的，我们要争取社会贤达和进步力量的支持，展览会继续展览，我已有了疏通的办法了，你们该干什么就去干什么吧！不要遇到一点阻力，就垂头丧气，我们决不可退缩气馁！新一定战胜旧，美一定战胜丑，这是真理！”

他当即就给提倡美育，曾任民国临时政府教育总长的北大校长蔡元培先生写了封信，请求支持。蔡先生的回信很快来了，并附有他给江苏省教育会负责人沈恩孚先生的信，请他关照他们。他捧着蔡先生的亲笔信，热泪盈眶，久久说不出话来。

“校长！”济远见他半晌不语，从他手里拿过报纸说：“这次可不比过去呀，来势汹汹，又来自官方，我担心我们的新学制逃不过劫难啊！”

海粟不禁一愣，压制着心底喷涌而出的愤怒，情绪也镇静了许多，不管出现怎样的情况，前途如何，他这一校之长绝不能慌乱，就是天塌下来，他也要用力顶着。他说：“这事由我来处理，你们都回去吧，继续留在杭州完成写生计划。济远，我不用你当向导了，你去火车站给我买张车票，我明天乘早班车回上海。”

济远望望他，有些不懂，出了这样大的事，他为何还能如此镇定！“校长，你和我回驻地歇息吧！”

“不！”他坚定地说，“我还要去杨梅岭，我不想因发生这件事而改变我原定的游览日程。”

“你这样的心情，我怎么能放心你一个人去翻山越涧？”

他又哈哈大笑起来：“放心，你忘了我喜欢莱蒙托夫那首《帆》吗？”他说着就朗声地读了起来：

它下面是澄清的碧绿水流，
它上面是金黄的阳光；
而它，
不安地祈求风暴，
仿佛在风暴中才有安详。

他从济远手里拿过水壶和干粮，向他们扬起手：“你们都去吧！我们各干各的事去。”转过身向着通向幽深林木的小径走去。他的身影很快消失在碧绿丛中。

山岚氤氲，雀鸟啼鸣，经年的积叶散发出一种腐烂气息，没有了路。

他踩着吱呀作响的厚厚积叶，拨开拦路的灌木荆棘，攀着岩石和树木枝丫，寻找着溪泉。地上本没有路，走的人多了便成了路。他在为后来游人开路。

办公室内寂然无声，唯有喝茶的声响和他自己洪亮的声音：“人类社会由男人和女人组成，学校为何要分为男校女校，这是违背自然法则的。马路可以男女共走，为什么学校不能男女同校呢？既然有女学生投书我们，要求到我校深造，我们不能拒绝，应该举起双手欢迎她们。我们的学校会因为有了她们而更加生气蓬勃！”

“男女同校，中国教育史上还从未有过。因为模特儿的事，一些家长强迫他们的子弟退了学。如果我们又要开男女同学之先，恐怕——”乌始光说到这儿停顿了下，“恐怕又要引起沸沸扬扬的物议，对我们学校的发展不利呀！”

“凡是开先河的事，都不可能立即得到大多数人的理解。”海粟坚持着，“人类文明要发展，人类社会要前进，总得有人冒天下之大不韪开文明之先河！有人喜欢大惊小怪，就让他们去惊去怪，这没什么了不得的！”

“刘校长说得太好了！”济远眉飞色舞，“模特儿我们画了，裸体画也展了，他们鼓噪他们的，我们照开人体写生课！”

“招收女生，这在欧洲极为平常。”江小鹣看了一眼与会的先生，“我们没有必要去迁就封建落后势力。”

“我也不是怕伪道学们鼓噪，但物议哗然会影响学生的入学率。”始光一点也不动气，“这样好不好，我们先择优录取部分插班女生，一同上课，把女生宿舍暂时放在校外，林荫路神州法专旧址有幢小平房还空着，租过来作女生宿舍，待没什么议论后，再搬回学校，视情况再扩大招收人数。”

“好！”海粟一向佩服他的盟兄，虽然常和他唱反调，但始光考虑问题的确比他周到，向他赞赏地微微一笑，“既开了先河，又避免了非议。”

美专考场。

洪野先生站在最后一排一位女考生的身后，看她作画。他向海粟招招手。海粟走过去，站在他身旁。洪野示意他看看那女考生的画。她笔下的线条流溢出一股才气，引起了他的兴趣。海粟打量着她。她很少女性的妩媚，却有种男子的粗豪和爽气，年龄和他这校长也不差上下。

他小声对洪野说："她的感觉很好，有股灵气，是哪个学校毕业的？"

"她叫潘玉良，没正式上过学，是我家的邻居，常常看我作画，回去就偷着学。"

"哦？"他不无惊喜地说，"那是你的门生啰？"

"算是吧！"洪野点点头，有些黯然神伤地说，"她是个苦命的女子，父母双亡，被赌棍舅舅卖进了青楼，结识了芜湖海关监督潘赞化，他把她赎出来了，她就做了他的夫人，从夫姓。"

"呵！"海粟不无惜怜地点点头，"不幸的女子！"

"她却不甘命运的拨弄，一心向往着自由独立，对艺术几近酷爱。"洪野继续向他介绍自己的学生，"很有刻苦精神。"

"她的艺术感觉很好。"他立即表态，"这是能否成为艺术家的内在素质。她这几笔画得不错，她能画出来的。"

"刘校长！"洪野急急忙忙地冲进办公室，"潘玉良的考试成绩名列前茅，你也说她有才气，外面榜上为何没有她呀！"

"是这么回事，"教务长连忙解释说，"我了解了她的出身，鉴于模特儿纠纷还没完全平息，再录取她这样的女生，不但要给人以口实，还要吓跑别的女生呢！"

洪野怒不可遏地大声说："这是扼杀人才，这样做太不公平了！她是个不幸的纯洁女子！"

就这瞬间，海粟心潮翻滚，控制不住情绪了："在美专，不论出身，一律以才取人！"他失声大吼起来，"我是校长，这里我说了算！"说着海粟拿起一支大笔，饱蘸墨汁，大步走出办公室，洪野紧跟其后，他们一道来到大门口布告栏前，他挥笔就在榜前添上了"潘玉良"三字，又和洪野一起，把玉良的考卷贴在榜旁。

美专画室。

窗幔低垂，一道紫红的丝绒帘幕遮住了讲台那面墙。

海粟大步走进画室，一直走到丝绒帘幕前，对坐在画架后的学生们说："同学们，今天是这个新学期的第一堂人体写生课。因为有新生，我还得老调重弹。"

他的目光搜寻着学生中的新面孔。有人掩嘴窃笑，有人眼里溢荡着新奇，有的垂下了眼帘。潘玉良双手捂住了眼睛。

"人体是自然界造物主最完美、最和谐、最无瑕、最圣洁的绝作，是大自然最奇妙的创造，人类的这个认识是来源于天性，也是在长期和大自然的斗争中形成的观念。劳动完善了人体的构造和机能，也培养了人们的审美观。云冈石窟、敦煌壁画，以及我们祖先留下的无数宝藏，都展现了人体美。这是我们祖先创造的辉煌文明。世俗的偏见，把以人体为创作对象的裸体画视为洪水猛兽，这种偏见有碍于艺术的发展。艺术的忠实门徒们，我们首先要理解艺术的真谛……"

"这叫什么艺术课？"一副新面孔，戴着眼镜穿着长衫的学生，拂袖站了起来，"大伤风化，我抗议上这样的课！"

这是他始料未及的！只要走进他校门的学生，都是他艺术观的拥护者。即使那些屈服于家长的压力退了学的学生，也正是因为拥护他的艺术思想才走进美专的。在课堂上拂袖而起，拒绝上人体写生课的学生，还从没出现过。他克制着心底上升的怒火，平静地指着画室的大门说："你可以退出去！我决不强制你、挽留你，请吧！"

着长衫的学生悻悻然消失在画室门口。坐在门边的学生"砰"的一声把门关上了。

他继续讲下去："当今的卫道士们，以表现人体为丑事，岂非咄咄怪事！他们的审美观倒退了！倒退了几千年。他们是没有脸皮站在我们祖先创造的辉煌艺术成就面前的！"他又掠了一眼他的学生们，他们都抬起了头，眼里流露的已是神圣的表情，潘玉良仿佛已陶醉在他的演讲中了，她的眼里溢荡着一片圣洁的光辉，完全忘了那个长衫学生演奏的小插曲。

"我校从 1914 年开办人体写生课以来，迄今已有五年历史了，最初我们只聘请到男孩，经我们师生不断的努力，以高薪才请到成年男子为模特儿，却未能觅到愿意献身艺术的勇敢女性，就更别奢望美丽健康的青春女子了。今天，艺术女神终于出现在我们的画室中了！"

他慢慢拉开丝绒帷幕，一个少女裸体呈现在大家的面前。她的肌肤光洁细腻，如脂似雪。她取自然优美的姿势，斜卧在以宽大的讲桌装饰成的写生软榻上，乌黑的秀发随意地飘散在身体的一侧，在她的枕边，还有束刚刚采撷的黄玫瑰。她那犹如牙雕玉琢的胴体，在身下紫红锦被的映衬下，酷似提香创作的《乌尔比诺的维纳斯》那样美丽高洁。

瞬间，画室里被那种圣洁庄严的气氛弥漫了，每一颗纯洁的心脏都在经受这美的震颤和锻造。大家不约而同地起立，向着这美的躯体鞠了三个躬。他也毕恭毕敬地向那里鞠了个躬。

少女的脸上顿时飞起了红云，一串激动的泪水滚了出来。

"姑娘，我们感激你！谢谢你！"他也异常激动地说，"你是中国艺术殿堂中的第一个女模特儿，你书写了中国艺术史的新的篇章，艺术史应该记住你，也要记住今天：1920 年 7 月 20 日！”

三天，他们都沉浸在美的长河中，尽情地搏击着美的流水浪花，用生命的线条描绘着至诚、至真、至美的胴体。第四天，画室里又座无虚席，一双双眼睛投向帘幕，朝阳就要从那里升起，彩霞就要染红天空，他们热切地等待着朝阳和她火红的仪仗。

值日的学生慢慢拉开帷幔，室内仿佛突然失去了光明一般，没有了女神，写生台上只立着一把寂寞的椅子。

她怎么没有来？疑问的目光一齐投向他。他也在自问：“出了什么事？”片刻惊诧，瞬间的面面相觑之后，议论纷然，嗡声四起。为了缓解模特儿缺席引起的纷乱，海粟从后座上站了起来叫了声“同学们！”随后他抬起双手，示意大家静下来又故作轻松地说：“今天的课照上，我早就想体验下模特儿的感受，总因为忙，没有机会，今天我可以试试了。”

他走上写生台，脱下外衫，只留一条裤衩，悠然地坐在写生台的椅子上。

学生们激动地欢呼起来，有人竟喊起了“校长万岁！”女同学们也兴高采烈，师道尊严那堵墙倏然消逝了。

他扬起手，再次示意大家肃静：“开始吧！”他做了个遐想的姿态。

数十双眼睛投向他。画室蓦地静寂下来，他的思维立刻进入了一个最活跃的意境。

那个完美圣洁的女孩微笑着向他走来，那微笑似朝雾里的花，溶溶月色下的荷莲。她为他摆了个舞蹈女神的姿势，他挥舞着画笔，在一张巨幅的油画布上涂抹着羽衣霓裳。啊，奇迹在画布上出现了，五个美丽的少女在歌舞，那是此姿只应天上有的舞蹈！他从没领略过！她们的形体像梦一般变幻着，变幻着……

“刘校长！”

有人轻声地叫唤他，他从遐想的天地里走了回来。传达室的门房站在画室门口，谦恭地探着头，举着一个小纸卷：“一个小男孩送来的，说是要交给……”

海粟不等他说完，就已猜到是谁写来的。他跳下写生台，接过纸卷，急急地展开，急急地读：

刘校长：

真对不起，今天误了先生们的课，只因为父亲发现了我给你们做模特儿，他大发雷霆，打得我遍体鳞伤，把我锁在房里不让出来。我担心你们久等误了课，求我的小弟来给您报信……

他被这颗善良的心深深感动了！她身陷囚笼，却为误了他们的课担忧，这是怎样一颗圣洁的心啊！同时，愤怒的利爪也在撕裂着他的心，他感到心在阵阵作痛。他怒吼着、抗议着！美丑不分、黑白错位，人们啊！何时能区分开它们！何时能理解美育的功能！他恨不得立即去救出她来！可这课不能停！他的学生们不能误课，他得先上完课，再想办法去做她父亲的工作。

他向学生们扬扬手说：“继续上课！”又回到写生台上。

可他怎么也无法回到刚才的宁静、刚才的意境，他的右眼皮在使劲地跳，心在阵阵发怵。如何才能让人们理解他们呢？……

“让我进去！让我进去！……”一个男人的沙哑声音在喊叫。

“这是学校，里面正在上课，你不能进去！”

“……”

校门口传来争吵的喧闹，学生们伫笔竖起了耳朵。

“什么学校？这分明是妓院！”

这声音高得刺耳，学生们仿佛被雷电击中了似的不约而同站了起来，有的奔出了门，有的从窗口探出了身子。他再也坐不住了，也顾不上穿上外衣，拨开学生就往大门口奔去！

“你们伤风败俗，诱骗无知少女，来画春片！”一位五十来岁的男人不顾传达室门房的拦拽，硬要往里冲，“我要找你们那叛徒校长刘海粟去！我要狠狠地揍他一顿！……”

王济远一把拉住了他：“校长，你避避！”

“他不是要打我吗？我送给他打，但我要说服他不要怪罪他女儿，她是圣洁的！她无罪！”他想挣脱王济远。

江小鹣也帮着济远拉住他：“校长，你不能去！理是讲不通的，别吃眼前亏了！要不明天报纸一宣扬，说刘海粟逼良为娼，挨了打，事态一闹大，又要给学校造成损失。我去跟他说，你避一避。”

他被拉回到画室，吵闹声还在继续，犹如无数把小刀，一齐戳进他心中，他只得闷坐在一只画椅上……

“哎哟——！”刘海粟失声地痛叫了一声，后退一步，才知自己撞在了一丛荆棘上了，利刺划破了他的额角，他伸手一摸，鲜血染红了手指。他拨开了这丛荆棘，向前迈了一步，前面又是一簇棘丛。他不停地拨开荆丛棘棵，沿着曲折蜿蜒的溪水逆流而上，要开创一条自然界的路，即使要经过陡壁山川，但比起开创一条人生之新路来说，还是要容易得多哟！

静安寺路环球学生会的小会议室里的墙上挂满了油画、素描，门口贴着的白纸上写着："刘海粟、王济远、江小鹣、丁慕琴联合画展。"

那是一个上午，展室里来了两个陌生人，挺着肚子，仰着头，东张张，西瞅瞅，好像在寻找着什么。他们在室内走了一圈，站在陈列的几张人体素描前，用淫荡的目光打量着。突然转过身，以不可一世的神情环视着展厅问："谁是刘海粟？"

海粟和王济远刚从外面进来，暗暗吃了一惊，包探？海粟一眼就认出了他们。麻烦来了，他迎上去说："我是刘海粟，请问有什么事？"

"你是刘海粟？"包探歪着头，以瞧稀奇动物的目光审视他。

他感觉受到了侮辱，说："有什么，就请说。我刘海粟行不改名，坐不改姓！"

"上海海关监督看了你们的展览，向工部局举报了你们张挂淫画，证据就在这里，我们奉命前来查禁。"

包探那副趾高气扬的神态使他们受不了了，大家一齐围上去抗议、申辩。

"我们奉命行事，命令你们立即关闭展览会！"他们板起面孔，"如若违抗，后果自己负责！"说完扬长而去。

展室里立时沸然起来，观者议论纷纷，人体素描前挤得水泄不通。有人嘴里骂着"伤风败俗"，却赖着不走；有人说他们是"吃饱饭没事干，自找麻烦"；有人还把他们误认为"纨绔子弟""花花公子"。但也有人对工部局十分不满，追在包探后面，骂他们是"斩杀艺术的刽子手""伪道学的走狗！"

他们几个聚在休息室的一角商量怎么办，向卫道者低头，还是对抗下去？他们都用目光询问着海粟。

海粟掏出一包烟，给他们每人扔一支，自己也点上一支，猛吸几口，室内顿时烟雾弥漫。

他又猛吸一口，使劲掐灭了它，仰天长啸起来："封吧！砸吧！风暴、雷电、箭矢、石块一齐朝我们来吧！我们决不关闭！"

"等他们来捣、来砸！我们决不屈服，一定要坚持到闭幕那天！"

"切不可意气用事！海粟兄！"环球学生会的管理员不知何时出现在他们面前，"画展已取得了成功，五天展出，观众盈万，这就够了，况且距原定闭幕时间也就两天。何必要扩大事态呢！你们忍得一时之气，也就免了我面临的大祸了！"

"什么？"这是海粟所没料及的，"他们去威胁了你？责备你借给我们场地？"

他点点头说："刚才有两个包探来警告过我，说你们如若不立即停展，他们就要取缔我们这儿开展的一切活动！"

不能祸及他们，这是海粟此刻首先想到的。"关！关！关！"他连声哀号般说，"决不能影响别校师生的活动！关！我们马上关闭！"

观众们走了，画展牌摘下撕了，门关了，作品堆了一地，他们像一群斗败的公鸡，垂头耷脑地坐在一起，被悲愤和忧伤裹挟着，久久沉闷在烟雾里。他的心上也萦绕着沉重的雾霭，一片迷茫，看不到光明，满眼的黑暗。

难道就这么被黑暗吞噬？就这么被拉到俎上任屠夫们宰杀？人生如不能获得意志的自由，还能算是成功的人生吗？他不甘心败在这些伪道学们的手里！他要冲出去，向他们宣战！让新艺术的风浩荡在中国大地。

他站了起来说："大家不要这样丧气嘛！我们的展览关了，并不说明新艺术在中国就已失败了！这查封一事，就证明它的强大影响。"他在室内踱起步来，“我早就在想，如果我们团结起更多的画家，形成一股强大的势力，就可以和黑暗势力抗衡、较量……”

“对！”他未说完，江小鹈就兴奋地跳了起来说，“我们组织一个美术家的团体，仿效法国的春、秋沙龙和日本的帝国画展，每年春秋两季，征集新的作品，举办展览，选优胜者吸收进团体。”

于是，在海粟等人的努力下，1919 年他们成立了“天马会”[1]。这年冬，天马会在江苏教育会举办了首次展览。

之后，天马会的声势越来越大，蜚声海内外。第六届展览会陈列的作品已扩展到 14 个展室，分为国画和西洋画两个系列。有才华的新画家不断出现，老会员的作品也有新的表现。刘海粟陈列了一幅人体油画，大得占了展室的一面墙壁，画面上是五个变形的裸体女子，蓬头、细颈、大臀，但生命的活力却在油彩中回旋。他把它题为《模特儿到教堂去》，标价 5000 元。这是他的宣战书，掷向伪道学家们的一枚重磅炸弹。他要为新艺术炸开一条血路，冲出去，冲向广阔的原野，让封闭的国土接受它们。

《模特儿到教堂去》果然引起了十级地震般的震动。七天展出时间，观者数万。有人摇头，有人咋舌，有的说：“刘海粟的画，我们看不懂！”有人说：“刘海粟的胆子也太大了！”还有人说：“刘海粟的画画到人家看不懂，便是他的成功！”又有人说：“5000 元的标价，骇人听闻！上海最有名气的中国画家吴昌硕也不过 20 元一张堂幅，冯超然、吴待秋才不过三四块钱一张尺页。刘海粟的身价平白地比中国画家涨了 1000 倍！”全国骇然，有人说：“西洋画家里出了怪人！”

1　关于“天马会”的成立过程，可见《艺术大师刘海粟的朋友圈》中《天马会：招天马自由之魂》一文。

这轰的一次爆炸，包探却意外地没来捣乱，工部局也没有下令查封。这是天马会展示集体力量的结果，是新艺术的胜利。他乐观地认为，中国的新艺术有了一片天地了，任人斩杀的时候已过去了。

可是，他错了！

父亲病故，他和夫人张韵士从常州奔丧回来，就接到学生饶桂举发来的加急电报。饶桂举在南昌举办画展，其中有几张人体习作，江西教育会会长韩志贤，视此为淫风，报请官府查禁，饶桂举说不清，来电报请求他为之伸张正义。

他猛地从丧父的悲痛中惊悟过来，新兴的艺术并没有真正在中国的土地上立足！查封饶桂举的画展，无疑是封建势力向新艺术抡起的屠刀，这关系到新美术的生死前途。韩志贤不过是一种社会思潮和封建势力的代表，对此如不给予迎头痛击，这种思潮就会泛滥成灾！

他放下一切事务，提笔给教育部长黄郛写了封长信，要求他行文江西省长，令警察厅撤销禁令。

当他在写这封信时，几件令他恶心的事又浮上了心头。当他写到那里，不禁停住了笔，几件令人恶心的事撞击着他的心扉。

“先生，要哦？”

他行至白渡桥，突然被几个流里流气的人拦住了，他们争先恐后向他递来裸体女照。这个说：“模特儿照片，要哦？”那个说：“侬晓得大名鼎鼎的艺术叛徒刘海粟哦？这就是伊提倡的光屁股姑娘的照片！”

他一下子气疯了，吼了起来：“一派胡言！我就是刘海粟！你们竟敢拍摄无耻妓女的照片来玷污美专模特儿的声名！”他挥起斯提克一舞，高声喊道：“警察！”

那些社会渣滓才四下逃窜而去。

他和韵士刚刚在电影院里坐下来，银幕上就映出了裸体女像的幻灯片。

韵士深为厌恶地说："这是干什么？"

他愤怒地说："招揽观众，牟取私利，毒害青年！"

观众也议论纷纷。突然一个声音刺痛了他的耳鼓："上海出了三大文妖，他们就是提倡性知识的张竞生，唱《毛毛雨》的黎锦晖，再就是提倡一丝不挂的刘海粟！"

又一个声音说："如今电影院也响应了刘海粟的倡导，放映女人裸体，这无疑是艺术叛徒的'功绩'啊！"

……

说这些话的人虽然都是不明真相的人，但他还是气得肺都要爆炸了！为什么没有人对封建思想发难？为什么没有人出来阻止流氓兴风作浪？他恨得牙齿咬得咯咯响。他坐不住了："韵士，我们不看了，到处乌烟瘴气，没有一块干净地方！"

电影未开映，他就挽起妻子离开了影院。

报纸也来起哄，裸体广告在他眼前飞旋……

因此，他在信中不得不强调指出：

> 近闻各处有少数无耻之徒，假借人体模特儿之美名，摄取淫亵之照片，描写浅陋之淫画以敛钱；上海且有一二流氓，赁置密室，利用模特儿之美名，深藏无耻妇女，装扮亵态，引人观览，骗取金钱者。外界不察，辄与美术上之人体模特儿并为一谈。资人口实，败坏风化，实为痛心。并乞咨情内务部通饬严禁，临陈不胜翘企之至。……

他又给江西省长蔡成勋写了一封信，后来两封信都刊载在上海各报上。

不久，他接到了饶桂举的来电，说黄郛已致电江西省政府，警厅禁令已经撤销，他的展览会继续展出。

新艺术又取得了一次胜利。

溪水潺潺，野绣球花盛情地开放在溪边沿岸上。那由无数的白蝴蝶似的小花组成的雪样般皎洁的大绣球，晶莹似玉，掩映在五月的林木中，有似十五的皓月，丝毫不逊于高洁的琼花，它那种美却是琼花所无法比拟的。它立足于岩缝陡壁石隙间，依着那很少的一点土过活，上面被乔木抢去了阳光雨露，四周都是荆棘，它赖以生存的就只有那捧土，它向自然索取的那么少，花却开得美丽硕大，若不是奉献使它沉醉，若不是不停地搏击，它能有如此蓬勃的生命吗?

蔡元培先生和他隔着茶几坐在沙发上。

时值盛夏八月，他们不停地摇着扇子，喝着茶水，在谈话。

他们从两月前的“五卅”惨案说到罢工、罢课、罢市，又说到美专师生投身这一爱国运动的热潮。“我在六月廿日《申报》上看到了你和潘天寿、诸闻韵五位教授联名刊登的接受订件，举办义卖画展，接济罢工工人和死难者家属的启事。我还听说，你们还请欧阳予倩来校导演爱国历史戏剧，义演收入全部捐赠给了工人。我深感欣慰。”蔡先生递给他一支烟，“我这美专董事会主席，徒有其名，未对学校有多少贡献。”

“先生是我们美专的精神领袖！”

此说并非谀辞。北大曾是死水一潭，教师多是复古派，学生多是官僚子弟。蔡先生任校长后，北平仍在军阀独裁统治之下，没有民主、言论的自由。蔡先生以大无畏的勇敢精神推行改革，采取兼收并蓄的治学方针，大开民主新风，唯才是任，聘请了李大钊、陈独秀、鲁迅、胡适等著名教授，使北大成为新思想的摇篮、五四新文化运动的策源地。1921 年海粟北上时，就目睹了他广泛吸收人才，充实教学力量的革新做法，很受启发。返沪后，他就加以仿效，先后聘请了康有为、梁启超、章太炎、陈树人、沈恩孚、叶恭绰、章士钊、徐志摩、胡适、郭沫若、郁达夫，还有蔡元培先生等著名学人到美专讲学。美专成立了话剧团、歌咏队，对各种画风的教授兼收并蓄。蔡先生为美专新落成的礼堂题了“宏约深美”，为美专办学指明了方向，又为美专作了校歌。在美专的历次困顿中，他总是坚定地给予支持和声援。蔡先生是他的恩师，也是他的忘年知己，于他和美专都恩重如山。他说的是发自内心深处的声音：“我们美专因为有了您的关怀，才有今天的发展，你快别做如此之想，我会深为不安的！”

蔡先生眼里蕴蓄着感情的潮雾，他伸手越过茶儿，轻拍了下他的肩，“海粟，你已成熟了！”蔡先生的手温，通过他的肌肤，传遍了全身，他感到无比的温暖，他说：“先生，您过奖了，我还是幼稚，容易激动……”

蔡先生又拍了下他的肩：“激情是艺术家特有的气质，倘若没有这份澎湃的热情，你还能够成为奋进不息的艺术家吗？激情和幼稚应该区别开来，它是艺术家难能可贵的精神灵魂，我就最欣赏您这个激情！”

“先生偏爱我了！”

“不，不，并非偏爱，中国需要更多像你这样敢于为新思想、新艺术冲锋陷阵的勇士！”蔡先生说到这儿转换了话题，“此次晋中之行，你收获不小，画了晋祠的周柏、唐槐，还有圣母殿 40 尊精美传神的宋塑女像，你太累了，就在我这里多住几日，休整休整，会会朋友，进京一次，也不易呀！”

他真想说："知我者先生也！"可他没有说出来，"我也想在先生这里多住几日，多聆教诲……"

"呃，别这么说！"

工友送进来一摞当天的报纸，他们便不再说话，浏览起报纸来。

他的心不由打了个格愣，报上有条消息说，江苏省教育会召开会议，做出禁止模特儿的决议，他深为诧异。黄炎培先生和他分手回去没几日，他和沈恩孚先生都是具有新思想、真知灼见的学者和诗人，一直支持美专的工作，他们怎么会同意做出如此的决议呢？报纸的消息源于何处呢？一定事出有因，他把报纸递给蔡元培先生说："先生，请看这条消息。"

蔡先生看后也深感诧异，他沉吟有顷说："黄、沈是有头脑有见识的学人，也是新艺术的支持者，决不会同意通过这种提案的。你别着急，写封信去问个究竟。"

"好的。"他站起身，"我这就去写信。"

他一气呵成，又抄了两份副本，拟投《时事新报》《新闻报》，当他从书房出来时，蔡先生唤来为他投寄信稿的工友已等在客厅里了。

送走了工友，他们的心情仍然不能平静下来。好半天，他们都没言语，一种黯然神伤的情绪弥漫着他们的心田。

"污浊的封建气息弥漫着中华，要前进一步，谈何容易！"蔡先生慨叹地打破了沉默，"就说这个人体模特儿吧，也许还有反复，多次的反复哩！你要有思想准备！"蔡先生起身为他的茶杯倒水，坐下后又谆谆地说，"海粟呀，人的富有不是金钱，不是一时的成功，而是那些帮助你认识生活的经历，你应该为你如此年轻就享有如此的经历而自豪，不要因为它们而气馁啊！"

"先生，"他眼里滚动着泪花，"我记住了！"

蔡先生点点头。

他微笑着："先生，这模特儿的事还不知如何了结，我想明天就回沪去。"

"我理解你此时的心情。"蔡先生点点头，"好吧，我让人给你买明天早班车车票。"

刘海粟满头大汗，他揭下遮阳帽，敞开衣襟，右手举起水壶，仰起脖子咕噜咕噜地喝水。他想用以浇灭心中燃烧的火焰。气愤有时能给人一种强大的动力，他丝毫没有感觉饿，只有一种焦渴；他也一点不觉得累，只希望早点寻到这变幻奇妙、时隐时现的九溪十八涧的最初源头。他从云栖溯行到了佛石，又从唐家逆行上到了百丈。方家在山麓的那面，翻过面前这座山，宏法就在望了。

灌丛越来越密，林木愈来愈高，山势也更加险峻了，藤萝交错，野花藏在草木丛中，不时探出淡紫、鹅黄、粉红的笑脸，香气袭鼻，鸟儿自由自在在树木的枝丫间跳跃歌唱，不时有野物的啼号，使他不由胆战，多么诱人神往的自然，却又弥漫着神秘和凶险莫测啊！

江苏教育会的复信来了。他们说，他们从来没有对美术院校开设的人体素描课有过非议，他们所禁止的是淫秽的裸体照和春画。他们同他的主张没有任何分歧，只是措辞不够准确。

可他的信在《时事新报》上见报后，引起了不同的反响。有位王一之先生来信支援他。

他捧有这封读者来信，兴奋得连连呼叫："中国有望也！中国新艺术有望也！"

可仅隔两天，《申报》《新闻报》上刊登了上海市议员姜怀素呈请当局严惩刘海粟的文章，还有上海县长危道丰下令禁止人体写生课的消息，是他的学生丁远最先看到的。丁远买了份报纸，跑步赶到他家。他未进门就急呼："校长，校长，不得了，出大事了！"

海粟从他手里接过报纸，看了标题，镇静一下情绪，读了下去。

……近年来裸体之画，沿途兜售，或系摄影，或系摹绘，要皆神似其真，青年血气未定之男女，为此种诱惑堕落者，不知凡几。在提倡之者，方美其名曰为模特儿、曲线美，如上海美术专门学校，竟列为专科，利诱少女以人体为诸生范本……欲维持沪埠风化，必先禁止裸体淫画：欲禁淫画，必先查禁堂皇于众之上海美专学校模特儿一科；欲查禁模特儿，则尤须严惩作俑祸首之上海美专校长刘海粟……

他微微一笑，看了惶惶然立在他身旁的丁远一眼，用嘲弄的口吻诵起一首儿歌："风来啰，雨来啰，和尚背了鼓来啰！丁远，别吓成这样，没事的。你去上课吧，我来对付他们，我们一定会取胜的！"

丁远怅惘地望望他，转身走了。

他继续读下去：

……今执途人而询以裸体画有益于世乎？则十九必疾首蹙额而答曰："此画败坏风俗。"盖人民视裸体画之为害，甚于洪水猛兽也。素仰执政钧长，关怀风化，体念民情，恳祈查禁，严惩祸首，以维风化，而敦末俗……

这是第几个跳出来的伪道学小丑？！他冷笑一声，决不能由谬言惑众！他即刻研墨挥毫作答，逐条给予驳斥。

刘海粟这篇驳斥姜怀素的文章在报纸上发表以后，他以为姜怀素会要立即反扑，可姜怀素却缄默了。姜怀素没有理由来反驳他，道理越辩越明，模特儿风波可望风息浪平了。可他又错了，上海总商会会长兼正俗社董事长朱葆三向他发难了。朱葆三在致他的公开信中把上海淫靡风俗归咎于上海美专创行的人体模特儿。海粟握着刊载公开信的报纸，愤怒已极，他的心激烈地反抗着，怒吼：黑暗！黑暗！无边的黑暗，四面围向他！流氓、伪道学搅起了一股沉渣泛滥的浊流，淹没了人体艺术，亵渎了人体艺术，加深了不明真相者对人体艺术的误解。各种小报也合围着他，骂声四起，把上海社会的淫靡风气都归咎于他。他倒不怕自己成了众矢之的，可中国的新兴艺术不能夭折！新艺术不能被世俗势力扼杀在摇篮之中。

他振臂而呼，当即作檄，给身兼买办、绅士、巨商、“慈善家”四重身份的上海商业巨头朱葆三以回击。他说：

> 至执事谓鄙人欲以夷狄之恶俗，坏我中国男女之大防。诚如执事言，则欧美美术学校之设置模特儿，胥为腐风蚀俗之器，彼邦宁无明达之士如执事者，展抒崇议，以矫其非乎？呜呼！居今日而尊中国为礼教之邦，鄙欧美为夷狄，闭门造车，坐井自豪，虽三尺童子亦耻之。执事固当世群称为绅士者也，而出言不择，宁不腾笑彼邦，遗国人无穷之羞也！时流鹦鹉学舌，徒获欧美皮毛，摈国故而不究，舍本逐末，鄙人所深疾。稍审历史递变，稍察世界大势者，靡不知欧美学艺，精粹之处，无让中土。吾国深造力追，犹足截长补短，非可以夷狄二字轻之也。

若夫中国礼教，鄙人亦尝钻研，其精神决不在浮文虚仪，衣冠揖让之末。大学言正心诚意者是矣！今之伪道君子，未尝学问，口仁义而心盗跖；言夷狄而行媚外。乡愿者德之贼也，使孔子复生，亦必以杖叩其胫。犹曰名教名教，揽镜自窥，徒暴其丑耳！

艺术上之模特儿，既与中国礼教截然二事……执事言贵社呈部有案，历请华洋官厅，严禁淫书春册，用意辛勤，良佩良佩，欲请禁敝校艺术上之模特儿，则敝校亦呈部有案，历届办理情形，呈报无遗。不但敝校然也，各国立美专，亦有是项模特儿之设置。执事请禁之道多矣，无谓华洋官厅不足以显其威。欲请洋官厅申禁令，则英法国立私立美术学校设置模特儿较中国为先，较中国为盛。执事可请英法当局先禁本国学校,再及于租界之中国学校。如谓中国政府与英法政府，有提倡模特儿之嫌疑，执事更进一步，可请国际法庭惩治之。执事阳鄙欧美为夷狄，阴实效忠洋官厅，前后矛盾，判若两人，是存何心？是存何心？

一种傲于身外之无畏之气回荡于他的心间，他又奋笔疾书下去：

富贵不能淫，贫贱不能移，威武不能屈。鄙人倡艺学之志不能夺。实言之，不因执事以华洋官厅炫众，而易鄙人之初衷。鄙人身许艺学，本良知良能，独行其是，谗言毁谤，无所顾惜。执事名鄙人为艺术叛徒固善，名鄙人为名教叛徒亦善也。真理如经天日月，亘万古而长明，容有晦冥，亦一时之暂耳！鄙人无所畏焉！今之违执事劝告者，执事实违真理，强鄙人不得不重违执事也，惟执事明察之。执事所定进行步骤，究为何者？此种迹近恫吓之辞，而出诸执事之口，窃为执事惜也。丈夫有为，光明磊落，敢乞明布，愿安承教，虽赴汤蹈火，鄙人无辞，谨拭目以待命……

海粟攀上了杨梅岭，登高而望，九溪十八涧而源于足下，汇诸山灵秀之泉而成溪。溪流穿岩凿壁，绕麓穿林，百折不回，奔涌而下，经徐村而注入钱塘江。

再远眺钱塘，烟波浩渺，白浪滔滔，他想起了天下奇观的钱塘潮，突然又联想起了对人类文明科学进步做出过杰出贡献的科学家们。哥白尼、布鲁诺、伽利略、达尔文……除达尔文外，他们的科学发现，生前也没见到被社会承认。可他们的发现至今仍造福后代，荫育着人类。我算什么？沧海一粟！有什么可怕的？我所信仰和倡导的合乎科学，科学必胜！科学就像这九溪十八涧一般，哪怕千难万险，都挡不住它奔涌的潮头，涓涓细流必汇入江水，江流又必然要注入大海！这是自然规律，也是科学规律，它是不以人们意志为转移的。

他登上望江亭，顿感心中升起一股豪气，一种参战前的兴奋激荡着他的心扉。他飞奔而下，向西湖方向去寻找他的学生们。

学生们仍被一种惶惶然威慑着。他往他们中间一站，大声地说："同学们，不要慌。"他跨步站到一块高石上，即兴演讲起来。他从美专开创新艺术的艰难历史讲起，讲他们和封建卫道士的历次斗争，讲他们的新成果。最后，他以大无畏的口气说："此不过封建伪道学们对美专人体艺术的又一次进攻而已，没有什么可怕的！人类必须进步，科学总要被接受的。这是世界发展的趋势，任何人阻挡不了。你们应该坚定新艺术必胜的信念！"

少年学子们刚才还垂头丧气，此刻又被他的演讲点燃了激情。他们高喊："新艺术必胜！""校长，我们支持您！"

他从高高的石块上跳下来，向大家扬扬手："你们安心画画，这事由我去处理，我要先回去了！"

二

他回到住地，心里仍然让亢奋充溢着。那种临战前的兴奋使他激动不安。他在房中走来走去，一会儿跑到阳台上，一会儿躺上床，心里塞满了九溪十八涧的景物：峥嵘的林木，陡壁悬岩，烟霭岚雾，野花的芳香，迷离的色彩，峰回路转，奔腾跳跃，那不屈不挠，不甘不愿，不流入江海，誓不罢休的溪流！他的两耳灌满了那叮叮咚咚、淙淙潺潺的泉声。这是支永不退却的奋进之歌！这支歌在他心里激荡！他要唱，要宣泄出来，它在他心里堵得慌！

他迅疾地在案上铺开一张宣纸，举起画笔在纸上尽情挥洒起来。

画面出现了：三峰巍列，二泉合流，中间主峰上有古树纵横郁勃，掩映着两间古屋；石壁上苍苔藤萝点染，流水哗哗，山岚氤氲。满纸回荡着生命的旋律和浪漫主义激情。他题上了五个字："九溪十八涧"，上面留下了很大的诗塘。

他扔下笔，心里顿觉轻松了许多，跟着疲劳向他袭来。他微微合上了眼睛，向椅背上靠去。

突然，他听到了敲门声，起身去开门。"沫若兄！"他惊喜得高叫一声，伸出双手，握住面前这位戴黑边眼镜的三十来岁的中年人的手，犹如在渺无人烟的广袤沙漠上看到了行人一般的激动，"你怎么来啦？你怎么知道我在这里？”

“这就叫作灵魂感应嘛，哈哈……”郭沫若潇洒地笑着。

“快请进，快请进！”

他把沫若挽进了屋里。

“啊！”沫若第一眼就看到了画案上的《九溪十八涧》，他脱口惊呼起来，奔到画案前，“海粟，你又让我大吃一惊了，想不到你这西画家，中国画也画得这样好！”

海粟笑笑说：“想吓你一跳嘛！”

“哈哈，”沫若笑过，又来看画，“海粟，你的确受了石涛很深的影响，你这《九溪十八涧》，又似石涛又不是石涛，是九溪十八涧，又不是九溪十八涧，有你刘海粟的胆识气魄在画上！笔墨间激荡着一种强烈气流，这是你的独创！海粟，我惊服了！我确实吓一跳了！”

海粟未答，只将搁置一旁的报纸递给他，“你今天没看报？”

沫若不觉奇怪了，他下意识地点了下头，接过报纸问：“发生了什么事？”

海粟指了指那条消息。

沫若几乎是一目十行：“危道丰下令禁止人体写生课？”

海粟点了下头说：“我不会认输的！我要给孙传芳写信，要他下令斥责危道丰！”

“海粟，你可要当心呀！危道丰和孙传芳是日本士官学校的同学，他岂肯帮你？”

“为了中国新兴艺术的生存和前途，就是死，我也豁出去了！”

第五章　模特儿论战

沫若走后，海粟又不安起来。危道丰是新上任不久的上海县长，新官上任三把火，这把火既然烧起来了，他怎会轻易熄灭它？事态将作如何发展？美专的前途如何？海粟心里没有底。他一介书生，只凭着书生的豪气和勇敢，能战胜权势，捍卫住科学和真理吗？他满腹忧愤，烦躁得六神不宁。天近黄昏的时候，他突感周身发麻发冷，心里又仿佛有盆炭火在烧烤。不好了！他意识到自己是病了！在苍茫的暮色中，他躺上了床。他感到唇焦舌燥，手脚冰冷。

"校长，你怎么了？"王济远推门进来，见他房中没有灯火，他躺在黑暗中呻吟，不由吓了一跳。

"没什么，心里不快而已！"

济远划了根火柴，点亮了灯。

他仍然躺着，问："车票买到了吗？"

"买到了，明早八时的。"济远走到床边，伸手摸摸他的前额，惊呼一声，“哎呀，你的头好烫啊！你这个样子，明天不能走！”

“不要紧的，今晚睡一觉，明早就好了！”他从额上拿下济远的手，握在手里，“你坐下，我们商量下教学安排。我走后，这里就交给你了。”

济远点点头，说了他的想法。

他满意地紧握了下济远的手说：“拜托了！”

济远为他打来了一壶开水，倒了一碗让他喝了下去，又问他想吃点什么。

他摇摇头说：“我想睡觉。你走吧，学生们还在等你评画呢！”

济远起身出门，又回过头来说：“明早我来送你！”

济远早晨五时就来到他的房间，进门就问：“你可退烧了？”

他正将最后一件用品装进藤箱，说：“还有点不舒服，但不碍事的！”拎起箱子就准备离开。

济远走到他面前，见他两眼充血，面色潮红，嘴唇起泡，忙拦住他：“你病成这样，不能走的！”

他笑了起来：“我没有那么娇惯，走吧！”

济远伸手夺过手提箱，再次劝阻着：“等一两天吧！”

他坚决地摇摇头：“这是什么时候？火烧到眉毛上了！一刻也不能等了！”说着背起画夹抬腿走出门去。济远拎着箱子跟在后面。

他们走了两三里路才叫到一辆车。两人坐上去，直奔火车站。

王济远担心他在车上支持不住，放心不下，说：“我送你回去，到了上海，我坐末班车再回杭州。”

他连连摇手：“不用，不用，这儿更重要！群龙无首了，学生们会更不安的！”他直把济远往车厢门口推去，“快快下去，我自己知道，没事的！”

火车起动了，他扬起手和济远道别后，就合上眼睛，在车轮和铁轨相撞的轰隆声中沉沉睡去。

他像一棵被烈日烤焦的树站在妻子韵士面前。她盯着海粟看了好几秒钟，方才叫出了声："海粟，你怎么弄成这副模样？"她迅疾地从他手里夺下行李，放到地上，就搀扶着他走进家门，把他安置在沙发上，又去给他冲来了一杯咖啡，"你喝点热的！"

他接过咖啡说："你给李毅士先生打个电话，说我急等着见他们。"

"我就去！"韵士转身打电话去了。

李毅士是位学养很高，在艺术上颇有成就的画家。1907 年留学英国，读完美术学院后，又读了五年物理，回国后，蔡元培先生聘他为北大画法研究会黑白画导师。1921 年，刘海粟应蔡先生之邀，进京到画法研究会讲授"欧洲近代艺术思潮"时和李毅士认识的，他的忠厚笃诚使他们很快成了朋友，蔡先生为他举办画展，李毅士为他画了张全身油画像，挂在展厅入口。在吴法鼎后，他聘李到上海美专任教务长，是海粟倚重的栋梁。

海粟刚喝完杯里的咖啡，李毅士、滕固、俞寄凡诸位教授就来了。

"刘先生，听说你带病回来了，我们就立即赶了来。"俞寄凡满脸关切之情，走到他面前说，"您现在感觉怎么样？"

海粟起身让座，说："我这病是危道丰气来的！"

俞寄凡连忙扶住他："你别起来！"

"学生们的情绪怎么样？"这是他最为关心的。

李毅士回答说："有些波动。"

"我们商量一下，"海粟说，"如何对付目前形势？"

面对严峻形势，大家的意见很不一致。李先生主张"姑避其锋"，滕固主张坚决反抗，俞寄凡说："我们先听听校长的。"

海粟只好说："请你们费心做好学生的工作，安定大家情绪，不要惊慌，我来对付。”他因一天都未吃东西，空腹喝下的咖啡使他心里很不舒服，脸色显得更不好看，“我要给五省联军统帅孙传芳写信，请他斥责危道丰！”

他们面面相觑。孙传芳这赫赫的军阀，又与危道丰有同窗之谊，能支持他们美专吗？搞不好会引来更大的麻烦。大家心里哽塞着疑虑，但他们不敢泼校长的冷水。

“校长，你身体有恙，还是先养好病，再来对付官鬼小人吧！”李毅士说着站了起来，“我派人去给你请医生！”

俞寄凡说：“我去！”

海粟连连摇手：“谢谢你们，请别忙了，现在是什么时候，我还有闲心治病！诸位请回校吧，别惊骇了学生们。”

“校长，”俞寄凡显得格外亲昵和关切，“有事就打电话叫我。”

“好！”

朋友们一走，他就坐在书桌前写信。

韵士给他下了碗鸡蛋挂面，放到书桌上说：“趁热吃点。”

他像没听到似的。

韵士小声地说：“饭总要吃的，你这样要支持不住倒下的！”

他突然抬起头来，把心里的怒火倾到韵士身上：“你有完没完？没看见我有事吗？快快端走！”说完又埋头疾书。

韵士一肚子委屈，但对他毫无办法，只好忍气吞声地把面端了回去。

儿子刘虎放学了，他从窗外望见了爸爸的身影，欢叫着“爸爸——！”奔进屋来。

韵士忙迎了上去拦住他：“虎儿，爸爸正在忙，别打扰爸爸。”

“我就看爸爸一眼。”他挣脱了母亲的手，轻手轻脚走到书房门口，伸进脑袋，看着他爸爸，微微一笑。

海粟已经感觉到了儿子的气息，转过头，向儿子做了一个亲昵的动作后，又向他扬了下手。

刘虎领会了爸爸的意思，快活地缩回了头。

他一连写了几个钟头，直到日近黄昏。把写好的信封好，又给美专校董、《申报》主笔史量才先生写了封便信，请他给予支持。他将两封信都交给工友，叫他送给史量才先生。他这时才感到心力衰竭，处理完这事，人就昏倒了。

5 月 17 日，孙传芳从南京启程，下午 5 时，列车途经上海，去杭州检阅部队。

危道丰接到电报，在做着美梦，想如何乘机奉迎求得晋升。突然手下人给他呈上了当天的《申报》，并指着那赫然的标题《刘海粟函请孙传芳、陈陶遗两长申斥危道丰》请他看。

这是他所没料及的，愤怒随着全身血液的澎湃在汹涌。他恨不能立即把报纸撕碎，但在下属面前他又要保持长官的风度，不好发作。他做了个手势，叫送报纸的人下去。他平息了下自己的情绪，还是耐住性子看了下去。

> 近日报载请禁裸体画之呈文，危道丰之指令，涉及上海美术专门学校，校长刘海粟昨自杭返沪，致函孙传芳云："本月五日《申报》载闸北市议员姜怀素请禁裸体画之呈文，关于敝校各节，含沙射影，砌词破坏，当经敝人辩正在案。复见十三日、十五日《申报》载上海县知事危道丰第七六号指令暨布告称：'本知事自到任以来，即闻上

海美术专门学校有人体标本之事，因其校址在法租界，即拟咨请查禁，惟恐传闻不确，曾经派人前往参观，旋据复称实有其事，种种秽恶情形，不堪寓目，已据情咨请法租界及会审公廨从严查禁，如再违抗，即予发封’云云。案敝校西洋画科高年级人体实习，置人体模特儿资学理之参考，已历八载，呈部有案，其目的在明察人体构造、生动历程、精神体相，表现人类伟大之生命力，事极泛常。远者著诸史册，近者定为学制，稍识文化史者，莫不知有希腊奥林匹亚祀典之裸体竞技，以及艺术家所造之裸体神像。自罗马时代经中世纪至文艺复兴，关于宗教上绘画雕刻之杰作，绍述希腊遗意，亦多裸体之作。盖以男体象征人类刚毅之气概，女体象征人类纯洁之天性，命意深长，令观者肃然起敬，上感神明，下图奋励。近世科学昌明，凡百学理，悉以实事为始基、求是为指归。”

危道丰冷冷一笑，低骂一声：“诡辩！”禁不住看了下去。

自医学学校有人体解剖，美术学校即有生人模特儿，二者久定为必修之学程，备学理之参考，达实事求是之鹄的。且人体作品为艺术上主要部分，欧、美、日本各国美术学校不计其数，美术馆总计有百数十所，陈列先贤近人之人体作品不下万千。其尤著者如法国巴黎之鲁佛尔宫（即卢浮宫），德国柏林之国民艺术院、新艺术院，意大利佛罗伦萨之国民美术馆、古今美术馆，英国伦敦之国民美术院、大不列颠博物馆（即大英博物馆），美国纽约之国都美术馆、旧金山之艺术宫、芝加哥之艺术学院，是或政府拨款建造，或国民踊跃捐输，创为巨观，昭示来兹，盖艺术发达足以提高国家之文化。

这些，危道丰的确不知道，但他认为刘海粟是在卖弄，哗众取宠。

吾国兴学二十年，截长补短，倡言已久。敝校为吾国首创美术学校，求教授上设备之周详，置人体模特儿，数年以来，国人容有误解，必婉辞申说。乃该议员不学无术，不明事理，以敝校学程之设施与市侩营利之事相提并论，每遇新任长官莅临，必招摇造惑递呈虚文，关于敝校各节，历届长官深明黑白，未事铺张。该知事危道丰不揣冒昧，扬长出令，大言不惭，虚张空架……

这些强硬的词语，像颗颗石头般击中了危道丰。他气得面色铁青，握报纸的手，微微战栗着，但又不得不接着看下去：

鄙人办学，明申约束，素主严肃，十五年来履冰临渊，师生肃穆，专心德、艺，此中外人士所见共闻，亦鄙人可告无罪于天下也。而市上流行之裸体淫画及游戏场上之裸体淫舞等，操业卑鄙，莠害良风，可恶之极，鄙人数年前早请严禁，有案可稽。近晤傅道尹、许交涉员等，又请其会同查禁，至再至三，盖与敝校学程设施截然二事也。视美术学校之人体模特儿为导淫、为秽恶情形，无异视医学之解剖人体为盗尸、为惨无人道，揆诸情理，宁有是耶？该议员信口雌黄，轻举妄动，已属不堪造就、不可教训！而该知事从而和之，忘其身处中外观瞻所系之上海，出言无稽，谬妄不伦，腾笑万邦，莫此为甚！此辈不学之徒，谬厕议席，觍颜为邑宰，其贻害地方，遏绝真理，罪不容赦！夙仰钧座明察时势，学有渊源，下车以来，励精图治，值此宏奖学术，整顿吏治之秋，即乞迅予将该议员姜怀素、该知事危道丰严加申斥，以儆谬妄而彰真理。其于市上流行之裸体淫画及游戏场之裸体淫舞等，有坏风化，亦乞迅予传令警厅严加取缔，以杜后患而明黑白……

危道丰的脸，气得由青转白。他长这么大，为官多年，还从未遭人如此辱骂，而且还是当着他的数十万上海子民的面辱骂于他。他被激怒得几乎要发狂了！他扔下报纸，大喊一声："来人哪！"

听差应声赶来，他张了张嘴，正要说："去把刘海粟给我拿来！"可他突然冷静下来了。这个刘海粟并非无名鼠辈，他代表着一股新潮流势，支持者、追求者大有人在，文化教育界的名流像蔡元培、康有为、梁启超、沈恩孚、黄炎培、郭沫若、徐志摩等都是他的朋友，要制服他，不能采用这种简单的方法，他的目光突然落到南京拍来的那份电报上，他想到了同窗孙传芳就要来了，何不借他之手来收拾刘海粟！他想到这儿，心里涌起一种报复的快感。他向听差挥了下手，示意他下去。待他们走了，他弯腰拾起扔到墙角的《申报》，折叠好，将刘海粟致孙传芳那篇文章折在上面，放进挂在衣架上的薄呢大衣袋里。

下午5时，一辆豪华的专列徐徐驶进上海火车站。在月台上等候迎送的上海大小官吏和知名人士像潮水冲向沙滩般涌向专列，争先恐后上车，向号称苏、浙、皖、赣、闽五省联军统帅的军阀孙传芳表示欢迎和敬意。

危道丰一走进专车，就把《申报》捧给孙传芳："联帅，有人在报上给您写信，请看！"

孙传芳眯起眼睛，望着报纸，看过几行后，仰起他那张阔脸问："模特儿是什么东西？"

危道丰一脸谄笑，连忙回答："就是一丝不挂让人画的女人。"

孙传芳似乎明白了，他点了下头，又问："刘海粟是个怎样的人？"

挤在危道丰身后的姜怀素立即回答说："他是个假模特儿骗钱的人！"

孙传芳又点了下头。

他们的对话，使站在一旁的沈恩孚先生深感不安，他了解孙传芳喜欢偏听偏信，又是手操生杀大权、变化莫测的人，他为海粟捏着一把汗，他鼓起胆量为海粟辩解说："联帅，刘海粟是一位艺术家，也是很著名的学者，至少是认真研究学问的人。模特儿……"

"联帅！"危道丰恶狠狠地打断了沈恩孚的话，"上海的事我做不下去了，请另委高明吧！"

孙传芳皱了下眉头，"嗯"了一声。

"联帅，我接任两个星期，决意整治上海的淫风败俗，才开了个头，就遭到刘海粟如此辱骂！联帅如不支持鄙人，给予刘海粟以严惩，群起效尤，那将发展成为何种局面？鄙人可没法收拾了！"危道丰激动得几近声泪俱下，"联帅，鄙人无法从命哪！"

"哦？"孙传芳转了转眼睛，"他敢辱骂长官？"

"此人一向胆大妄为、目空一切，自谓'艺术叛徒'！"危道丰见孙传芳已被触动，立即采取了激将法，"就是联帅您，他也不放在眼里呢！不然，他怎敢如此公开向您施加压力？"

孙传芳嘿嘿地冷笑着："本帅横扫千军如卷席，一个手无寸铁的刘海粟，他敢如此妄为！"他眼中闪射出一道凶光。

沈恩孚先生不敢再谏，孙传芳杀人不眨眼，他担心着海粟的安危，悄悄退出了专车，急急地向美专赶去。

危道丰不由暗自一喜，报仇有望了！他仗着他们的同窗之谊，抓住这个时机不放："联帅，您下令吧，我立刻叫人把刘海粟给您拿来！"

"呃，"孙传芳并非草包，他摆了下手，"无须动干戈！"他以教训的口吻对他的同窗说："我们是政治家，就得讲究一点政治家的风度和策略！"

危道丰心里打起了鼓儿，暗骂一声"这个滑头不上钩！"可他又不好得罪他，嘴上却说："联帅，请教锦囊妙计！"

"本帅给他写封信，婉劝几句，他敢不俯首听命！"

"我，我担……"

"呃！"孙传芳骄横地挥了下手，"老兄，你放心，模特儿从此休矣！"似有送客之意。

危道丰躬身退出车厢。

沈恩孚先生来到美专，才知道海粟病了，在上海郊区的疗养院住院治疗。他焦急万分地对李毅士、滕固几位教授说："孙传芳、危道丰很可能要向刘先生下毒手了！"他把他们在专列上的阴谋告诉了几位教授，"你们得赶快派人把他接回学校居住，以防不测。"

他们立刻赶到疗养院，复述了沈先生的话，要他立即出院回学校休养。

海粟的病虽比前两天有所好转，但仍未退烧。在韵士和他们一齐劝说下，搬回了学校，住在校长办公室，韵士守着他，不让他出校门。

5 月 20 日，他在一家小报上看到一个小标题《刘海粟启事》。

他不觉迷惑了，他什么时候登过启事？为何事登启事？他匆匆看了起来，启事写的竟是他向危道丰赔礼道歉的内容。他首先想到这是一个阴谋！这好似是把一盆污水泼到了圣洁的婚纱上。他狂怒得吼叫起来："这是对我人格的侮辱！我要抗议！我要反抗！"他也不顾自己还在发烧，奔到校园的大钟下，敲起了紧急集合的钟声。

700 多名学生从课堂上蜂拥而出，奔进了大礼堂，礼堂中笼罩着紧张且悲壮的气氛。

他跳上讲台，挥舞着那张报纸，怒吼着："同学们，这上面登着的一则《刘海粟启事》，说我因为一时之愤开罪了危道丰，特登报道歉。这是无中生有！无耻之极！这是封建势力的卑劣伎俩，是对我人格的污辱，我抗议！"他激动得声音都在颤抖着！"残暴的军阀，昏庸的官僚，以社会流氓渣滓利用模特儿美名兴风作浪为借口，不择手段要封闭人体艺术。他们是不理解伟大的艺术的！他们是一批庸人，画裸体模特儿是美术的基本课，决不能废除！"他高高举起双手狂呼，"我反抗！我反抗！我们的学校决不停办！我刘海粟拥护艺术，为艺术而生，也愿为艺术而死！我宁死也要坚持真理，决不为威武所屈！

"抗议！抗议！"学生们挥舞着双手，狂暴地响应着他们的校长，"我们抗议！抗议！"

在山呼海啸的抗议声中，他领头唱起了校歌：

我们感受了寒温热三带变换的自然，
我们继承了四千年建设文化的祖先，
曾经透彻了印度哲学的中边，
而今又感受了欧洲学艺的源泉。
我们要同日月常新，
我们要似海纳百川，
我们现在彻底地受了母校的陶甄，
将来要在全世界发扬我们国光而绵绵。
啊，我爱我的中华万年！
啊，我爱我的母校万年！

歌声犹如雷电般轰鸣，海涛般持久，震撼着校园，也震撼着每一个人的心，久久回荡在空气中，也回荡在大家的心中。

“同学们，我们要有中华民族临危不惧的品格，我希望同学们安心学习！”他一脸的庄严，“不管遇到任何情况，我也决不允许关闭我们的学校！也决不允许查禁我们的模特儿！我愿意用鲜血乃至生命来捍卫艺术的自由！”

会场上响起了呜咽和抽泣之声。

“同学们！”他扬起双手，大声地说，“别这样悲悲戚戚，我们要振奋精神和腐朽、黑暗势力作坚决的斗争！直到彻底胜利！我们决不投降！”他说完就走下讲台。他的身后久久响着学生们同仇敌忾的怒吼：“我们决不投降！决不投降！……”

他回到办公室，很快就写了一份声明，否认启事和所谓忏悔，为了艺术的发展，他表示：“刀斧鼎镬，在所不辞！”他开始收拾东西，要搬回家去住。

韵士坚决反对说：“你这不是认着死道去送死吗？”她从海粟手里夺下文件包，“他们什么事做不出来！”

“鲁迅先生有‘我以我血荐轩辕’之诗句，我刘海粟亦愿以我血来唤醒国人对我艺术的理解！”

“不！”韵士双手拽住他，“你不能蛮来，你若出了事，学校怎么办？我和虎儿怎么办？你的艺术也就完了！”她哭了起来。

他下榻的办公室内外聚集的学生越来越多，他的战友同道乌始光、滕固、李毅士、王济远、江小鹈、俞寄凡、陈晓江等诸多教授拨开一条路挤进他的办公室。

“海粟，”乌始光以老大哥的身份大声劝阻他，“你这是胡来！捍卫艺术，也不一定非要拿生命去作子弹，学校在法租界，你若回家，定是凶多吉少！你听大哥一句话，留得青山在，不怕没柴烧！”

江小鹣、王济远、滕固也一齐劝阻他不要回家，留在学校养病。

“乌先生，校长要回家去住，自有他的道理。”俞寄凡一脸的义愤，“不管我们的对立面如何反动，我相信他们不敢冒天下之大不韪，加害一个新艺术先驱的，除非他们不怕遗臭万年！”

“俞先生！”李毅士扬起手止住了俞寄凡，“我们不能对危道丰之流寄予任何仁慈的希望，还是小心为好！刘先生，你不能回家！”

“李先生，”俞寄凡的脸泛起了红晕，他争辩着，“你误解了我的意思，我是很理解校长的心境的，我只是说，我们不能把自己的想法强塞给校长，他有他的思路！”

学生们也齐声要求他不要回家：“刘校长，您留在学校里，有我们在，您就没有生命的危险！请求您别回家！”

他受到深深的感动，眼里滚出了两串滚烫的泪珠：“谢谢各位先生，谢谢同学们！你们全都出于爱心，我听你们的，留在这里战斗！”

刘海粟的《声明》在《申报》上发表后，没过几天，他收到了孙传芳寄自南京的信：

海粟先生文席：

展诵来书，备承雅意，黻饰过情，抚循惭荷。贵校研精美术，称诵泰西古艺，原本洞悉，如数家珍，甚佩博达。

生人模型，东西洋固有此式，惟中国则素重礼教，四千年前，轩辕衣裳而治，即以裸裎袒裼为鄙野，道家天地为庐，尚见笑于儒者。

礼教赖此仅存，正不得议前贤为拘泥。凡事当以适国性为本，不必徇人舍己，依样葫芦。东西各国达者，亦必不以保存衣冠礼教为非是。模特儿止为西洋画之一端，是西洋画之范围，必不以缺此一端而有所不足。美亦多术矣，去此模特儿，人必不议贵校美术之不完善。亦何必求全召毁？俾淫画、淫剧易于附会，累牍穷辩，不惮繁劳，而不能见谅于全国，业已有令禁止。为维持礼教，防微杜渐计，实有不得不然者，高明宁不见及？望即撤去，于贵校名誉，有增无减。如必怙过强辩，窃为贤者不取也。复颂日祉。

孙传芳启　六月三日

6月10日，上海《新闻报》全文刊登了孙传芳这封信。它犹如一颗原子弹炸裂在大上海的天空，引起了强烈的社会震动。美专更是一片哗然，仿佛末日就要来临。海粟召来了他办校的栋梁们，商议对策。

可大家的意见分歧很大，妥协和不妥协，两种意见相持不下。

乌始光说："孙传芳可是个权可炙手的五省联军司令啊！他给海粟写了信，是婉劝，不是命令，如果我们不给他一点面子、一个台阶下，其结果怕是不敢想象啊！"

"孙传芳代表的是没落封建势力，我们不能投降！"滕固反对着。

"这不是投降！"乌始光大声地反驳着他，"孙传芳手操生杀大权，我们跟他斗，是把血肉之躯往刀口上撞！"

"不管他有多大权势，我们也不能惧怕、屈服，放弃艺术的科学追求！"俞寄凡帮滕固反驳着始光，"我们不能被孙传芳吓倒！"他又激动得满脸绯红了。

"谁吓倒了？"乌始光也激动起来，"我是为了我们学校！学校被封闭了，还有模特儿可言吗？况且，还有海粟的安全更应好好考虑。"

这最后一句，使俞寄凡、滕固都不响了。

海粟两眼含着泪花，他抬起双手，站了起来说："先生们，海粟十分感谢诸位，你们都是为着一个共同目的——美专的生存前途和我刘海粟的安全！"他激动地说，"我决不放弃模特儿，决不向孙传芳妥协！'皮之不存，毛将焉附！'没有新艺术的生存空间，我办这美专有何价值？我要和封建保守势力血战到底！乌兄，你是为了我和美专，但我不想苟活着。"

"校长，您的身体尚未康复，休养几日再处理此事吧！"李毅士站起来，对他的同事们说，"我们走吧，让校长休息。"

海粟送他们出门，这才发现院子里聚集了黑压压一群学生，像一片森林，他们静悄悄地守候在他的门外，像士兵守候着他们的元帅一般。他感动极了，立即走到他们中间说："同学们，你们放心，我们决不屈服！回去吧，安心学习！"

学生们这才依依离去。

海粟回到办公室，他的耳边似有澎湃的涛声，胸中似有壮阔的波涛在汹涌。他铺张纸，给孙传芳复信。

馨远先生麾下：

恭奉手谕，雒诵循环，敬悉帅座，显扬儒术，教尚衣冠，振纪提纲，在兹一举。

粟束发受书，研经钻史。长而问业于有道君子，默识于微言大义，平昔诏戒诸生，悉本儒者之教。赐教各节，在粟固无丝毫成见，荷蒙厚爱，晓喻周详，粟非木石之俦，敢不俯首承命？

惟学术为天下公器，兴废系于历史，事迹在人间耳目，毁誉遑惜一时？吾帅旷世英明，检讨义理，不厌求详，愿从容前席，略再陈之。

现行新学制，为民国十一年大总统率同总理王宠惠、教长汤尔和颁布之者。其课程标准中艺术专门列生人模型，为西洋画实习之必须，经海内鸿儒共同商榷，粟厕末席，亲见其斟酌之苦心也。敝校设西洋画课，务本求实，励行新制，不徒模仿西学已耳。自置生人模型以来，亦既多年，黉宇森严，学风肃穆，与衣冠礼教，从无抵触之处。比读帅座与方外论佛法之书，救世深情，钦迟弥切。夫佛法传自印度，印度所塑所画之佛像类，皆赤裸其体，而法相庄严，转见至道。自传中土，吾国龙门、大同之间，佛像百千，善男善女，低徊膜拜者历千年，此袒裸之雕像，无损于佛法。矧今之生人模型，但用于学理基本练习，不事公开，当亦无损于圣道，此二者等自外来，并行不背，并育不害，盖可必也。吾帅以为不适国情，必欲废止，粟可拜命，然吾国美术学校，除敝校外，宁沪一带，不乏其数，苏省以外，北京有国立艺事，其他各省，恐无省无之。学制变更之事，非局一隅而已也；学术兴废之事，非由一人而定也。粟一人受命则可，而吾帅一人废止学术，变更学制，窃期期以为不可也。伏念吾帅下车以来，礼重群贤，凡百兴举，咨而后行直道秉公举世无匹。关于废止此项学理练习之生人模型，愿吾帅垂念学术兴废之钜大，邀集当世学术界宏达之士，从详审议，体察利害。如其认为非然者，则粟诚无状，累牍穷辩，干渎尊严，不待明令下颁，当先自请处分，刀锯鼎镬，所不敢辞！率尔布阵，伏维明察！肃此敬请勋安！

刘海粟　六月十日

就在这天夜里，美专的画室被流氓捣毁了。刘海粟闻讯赶来时，打手们已经逃遁了。只有那几只雪亮的灯，一览无遗地照着画室里劫后的狼藉。模具、画架断腿少臂，横陈在地，石膏塑像裂成了大大小小碎块，写生台被砸烂了，学生们的作品像秋风里的枯叶一般撒了一地，上面踏了无数个肮脏的脚印。他那张陈列在里面的大油画《模特儿到教堂去》上面的五个女子，无一幸免地被割断了脖子，乳房、大腿、臀部也被刀划得遍体鳞伤。王济远陈放在里面的多幅得意之作，也被刀戳得千疮百孔。

他愤怒地伫立在画室中。李毅士、王济远、江小鹈、滕固、俞寄凡都赶来了，学生们也赶来了，恐惧、愤怒和悲哀裹挟在一起，谁也说不出话来，唯有一两声无语深长的悲叹。

“我们何罪之有？为何总要与我们美专过不去？！”良久的沉默之后，王济远爆发性地怒吼起来，“为什么？为什么？”犹如缄默了几个世纪的火山，突然喷发了一般。

海粟立即意识到，他自己应该冷静，但也不能再沉默了，那会引起学生们的不安和惧怕，气可鼓而不可泄哟！他说：“教授们，同学们，别难过，前天，我收到一位欧洲画家寄来的一份刊物，我在上面读到了毕加索和他一位朋友的对话，我为之深有所感，尚能熟记，我来说给你们听听。他的朋友马雷伯说：‘诗人对国家的作用仿佛一个玩九柱戏的人。’毕加索应道：‘的确如此，为什么柏拉图讲诗人应该被赶出共和国呢？就因为每个诗人、每个艺术家，都是反社会的人。他不是故意反对，而是别无他途。当然国家有权将其流放。不过，如果是位真正的艺术家，他就会知道自己不可能被承认。因为，如果他得到承认、理解和赞同，那就意味着他的作品已经变成了没有价值的人云亦云了。一切新的东西，一切值得做的事，都不可能被承认，因为人们看不见未来。’他们说得多么的好啊！伪道学家们、封建军阀、官僚政客们，他们总和我们美专过不去，就是因为他们是庸人，看不见未来。因为我们美专所从事的艺术研究有价值！”人越来越多，为了不被淹没，他站到一张椅子上继续说，“同学们，不要气馁，我们应相信，我们的工作代表着未来！”他满怀豪情地说，“新总要取代旧！如何才能去取代旧，就要我们不懈地战斗！中国文艺复兴的历史，要用不屈不挠的斗争来写！同学们，都散去吧！打起精神来！”

“海粟，”乌始光推开他办公室的门，把海粟写给孙传芳复信的副本放到他面前的桌子上，“我一连去了数家报馆，见是和孙传芳论模特儿的信，那些小报都噤若寒蝉，不敢接受。”

海粟默然无语，他往椅背上一靠，叹了口气：“权势可恶呀！我也有这个思想准备。但我认为，敢伸张正义的人总还是有的！我再给史量才先生写封信，请他伸张正义。”

“海粟，”始光在他面前椅上坐下，“你听听我的劝告好不好，这个孙传芳一向骄横跋扈、凶狠毒辣，杀人如割韭菜一样轻便，你怎么能拗得过他！你不接受我的劝告，已将复信寄出了，也就算了，就不要再在报纸上发表了！”

“我就是要让天下人知道，我们的事业是正大光明的，可以公之于众的。他孙传芳以权压人，不平则鸣嘛！”他很快就给《申报》的主笔写好了信，“乌兄，我知道，你是为我担心，海粟生命事小，美专生存事大，我顾不得了！”他把信连同给孙传芳信的副本，一齐递给乌始光，“劳驾兄长了！”

乌始光无言地接过信，走了。

“校长！”传达室的门房奔进他的办公室，“沈先生，沈恩孚先生来了！”

“在哪里？快快请！”海粟立刻站起来了。

“已经进大门了！”

海粟大步迎了出去，他们在办公室门外碰上了。“沈先生！”他迎上去，双手握住对方的手，“您这时来美专，对我们是多么大的鼓励啊！也给我增添了力量！”他把沈恩孚扶进屋里，请他在沙发上坐下。

“海粟啊，不妙呀！”他刚落座就急不可待地说，“我刚刚得到消息，孙传芳接到你的信，认为你不识抬举，没给他面子，伤害了他的尊严，大发脾气，当即就下了道通缉你的密令。孙传芳已电告上海交涉员许秋枫和领事团，交涉封闭美专，缉拿你呢！你可得加倍小心哪！”沈恩孚说完就站了起来，“我还有急事要去处理，不能久留了！”

海粟要送他上车，沈恩孚拦住他小声说：“你们得采取一些安全防范措施，大门要派人严密把守，你自己千万别乱跑。”

“谢谢先生！”海粟是个易动感情的人，他眼里又漾起了热雾，“海粟终生不忘先生的爱护！”

沈恩孚拍拍海粟的肩转身走了。

第二天，孙传芳通缉刘海粟和要封闭上海美专的消息就传遍了上海滩。形势非常危急，他的老师康有为担心他的安全，一天内三次来到美专，劝说海粟赶快离开上海。最后一次，他几近乞求了：“海粟，我长期过着流亡生活，同军阀们打过交道，这些人对异己者是无所不用其极的，什么手段都会用上的。当年谭嗣同在北京入狱之前，本可走开，但他一心要用热血唤起同胞，终于壮烈殉难。我每次深夜吟起他的绝命诗，总是悲痛万分，难以入梦，你不能再像他那样，我不愿你也流血！”他抬起焦虑的目光看着他。

海粟的喉头滚动了两下，吞下了上涌的泪水。

“海粟，”康先生深情地望着他，“中国有句谚语：‘留得青山在，不怕没柴烧。’”康先生直起他那有些弯曲了的身子，慢慢站了起来，“听我一句话吧！为了中国的艺术！”就转身离去。

海粟送他，刚到院子里，他就回身拦住他说：“我来的时候，就发现有不三不四的人绕着你们学校游荡，看来你已受到了监视，不要送了！”他把声音放得很低，“听我一句劝，离开上海吧！”说完就转身沿着校园内那条碎石铺就的小径，向大门方向走去。

海粟悄悄跟在后面目送着他，凝视着他渐渐远去的背影，热泪再次浸湿了眼睛。他久久望着老师背影消失的地方，无声地说：“康师，谢谢你，可我不能逃，我逃走了，群龙无首，美专就完了！为了呕心沥血创办的学校，我豁出去了！”突然，他心中油然生起一种悲壮之气，他大步走回办公室。

呜——！呜——！……

警车尖厉的叫声由远而近。

“海粟，快逃！”始光惶恐地奔进门来，“巡捕来抓你了！”

“大丈夫哪有临阵逃跑的！”他浩气凛然地站了起来，诵起了谭嗣同的两句诗，“我自横刀朝天笑，去留肝胆两昆仑！”

“你还是躲一下为好啊！”

“我没犯法，躲什么！”

始光急得直跺脚：“此时可不是讲理的时候呀！孙传芳权倾五省，杀一个人还不像踩死一只蚂蚁？危道丰狗仗人势，这眼前亏吃不得呀！快快躲一下吧！”

“我决不躲，没有了新学制、新艺术，我生有何用？”

“你呀你！”始光无可奈何，“我去找韵士！”

“我主意已定，谁来也说不动……”

“刘先生！”法租界巡捕房探长程事卿、石维两人一前一后走了进来。

师生们也闻讯而来，大家惊恐地注视着事态的发展。

海粟声色不动，始光面色煞白，他慌得有些语无伦次了：“这……程先……生……石……石先生，快，快请坐！”

程事卿见状微微一笑说：“别紧张，我们是奉领事之命来保护刘先生的！”

海粟和始光面面相觑，他俩几乎是同时说道：“保护？”

师生们震惊了。

程事卿点点头，重复了一遍：“孙总司令天天来电催办缉拿你归案，查封贵校，上海县长危道丰也不断电话催促。总领事不以为然，认为你没有犯罪，不能随便抓人，封闭学校，那会贻笑天下。对刘先生维护艺术，提倡西洋画、人体模特儿一事，应给予保护。”

大家紧张的心不由舒松下来。

石维接着说：“刘先生从现在起，就不要走出校门。为了防止意外，校门要紧闭，派身强力壮的人巡夜值班。”

“好，好！”始光激动地说，“我这就去办！”

一种共渡难关的情感把全体师生的心凝聚得更紧了！他们仿佛成了一个人，同呼吸，共命运。

两位探长每日上午 8 时来，夜间去，跟随在海粟前后，也常带宣纸来请海粟作画。

“海粟先生，”程、石两探长在守护了他一周后，那天一进门就说，“总领事那齐先生要见您，请跟我们一道走。”

海粟随两位探长登车到法国领事馆。他一走进具有法兰西风格的客厅，那齐就站起身，客气地请他在沙发上落座。那齐随即拿出孙传芳打来的电报，递给他说："刘先生，此事很严重哪！"

海粟微微一笑回答说："我知道，那齐先生，我并非肇事者，是孙传芳、危道丰要查封模特儿，我是被逼起来辩护！"

那齐点了点头，表示理解。

"那齐先生，模特儿在欧美早已成为一种职业，欧美的美术学校、画室无计其数，模特儿比比皆是，美术馆更是举不胜举，陈列的杰出的人体艺术作品成千上万，特别是贵国的卢浮宫，我虽还无缘亲去观赏，可我知道，那里的人体艺术之富藏无敌于天下。"

"是的，是的！"那齐连连点头说，"我们尊重艺术，"他指了指案头那尊大理石雕的维纳斯，"我们的生活是不能缺少艺术的，"他不无卖弄地说，"巴黎的街头、公共游乐场所，无处不有人体裸雕，我不会去禁止你们的模特儿的！"他话锋一转，"今天我请您来，是想请您接受我的两个条件，不然，我没法保护您了。"

"什么条件？请说吧！"

"第一，"那齐顿了下，"孙总司令叫许秋枫交涉员每天来催促，使我很为难，我请您待在租界里不要出去，我才能保护您的安全；第二，您的人体模特儿尽管继续使用，不必停止，但不能让人家参观，裸体画也不要公开展出，否则又要引起事端，也请您不要再和他们辩论。"

海粟想了想，法国人虽然表面上打着尊重民主、尊重艺术的招牌，但租界也常常出现巡捕杀害志士仁人的事情，他们是决不肯得罪大权在握的军阀的，能如此宽待他和美专，已是破天荒的了。他点了下头说："我可以办到。"

第三天，报上刊出了一条消息说：孙传芳严令各地禁止模特儿，前次刘海粟强辩，有犯尊严，业已自动停止模特儿云云。

海粟读过冷冷一笑，他明白这是法国领事给孙传芳递的台阶。他已答应不再辩论，就闭门教学、作画。

但为其鸣不平的声音还不时响起。

鲁迅在《马上支日记》中写道："这是真的，要证明中国人的不正经，倒在自以为正经地禁止男女同学，禁止模特儿这些事件上。"

王昆仑先生在给海粟的信中说："前天由家里来上海，听说报上有你们的笔墨官司，诚如尼采所说，'从来是弱者压迫强者的'。看了那些流放着毒汁的广告和信件之后，我这样想，至于你，似乎以后不再理也好。"

著名雕塑家刘开渠撰文声援："在这个大宇之内，要比较美的时候，人体怎么也得算第一。但是人体美在中国不唯不为一般欣赏，简直被侮辱了。这在人体美的本身虽然没有多大关系，但有美而不知赏的人，的确再可惜也没有了……现在官厅也出来饬禁了，然而我对此并不感觉到奇怪，因为在礼教统治下的民族，在现在所谓'模范省'之中有此现象发现，是当然的。"

上海《小公报》刊发了署名"摩得乐"的文章，题为《孙传芳两大禁令——旗袍和模特儿》："孙传芳两月前来上海一次，照他的言论，仿佛对上海要行若干善政……其实一样也没做到，就和模特儿过不去，雷厉风行，非将美专学校封闭不可，以五省总司令赫赫威权，与几个穷苦女子，无力文人刘海粟作对，以虎搏兔，胜之不武。来沪的结果如此，总算不负此行了……我记得他从前禁止妇女穿旗袍，可是他那位贤内助，去杭州降香，穿的却是旗袍，人都看见了。这次刘先生纵然被其征服，封禁模特儿，恐怕他尊夫人援旗袍之旧例，给个反加提倡，或者以身作则，本身先作个模特儿，给他一人看不算稀奇，还要供大家赏览，喂！那才好玩得很，看孙大司令还维持礼教否？……"

海粟看完这篇文章，不由笑了。他似乎看到了压迫着大地的漆黑天宇的云层中裂开了一道缝，露出了一丝亮光。

海粟的生活逐渐恢复了正常，继续上课、画画。

一天，他和几位画友在家中作国画，突然，门铃急剧地响了起来。韵士小跑着去开门，她不由怔住了，一个身着法警衣帽的人站在门外。未等她开口，那人就说话了："请问这是刘海粟先生的家吗？"

"是呀，有什么事？"韵士的心提拎起来。

"上海县长危道丰先生控告刘海粟先生毁谤他的名誉！"他将握在手里的传票扬了一下，"请刘先生签收。"

海粟要吃官司了，韵士没有思想准备，她很紧张，连忙跑进屋里，慌乱地说："不得了了，危道丰把你告了，法警送传票来了……"

大家不由愣住了。这事虽出乎海粟意料之外，又在意料之中。他早听人说过，危道丰为人心地狭窄，他不会就这么善罢甘休的！他对朋友们笑笑说："别紧张！"放下笔，走出门去，接过传票签过字，向法警点点头说："辛苦了！我会按时出庭的！"

他拿着传票走回画室，自嘲地说："我突然想起了由达尔文的《物种起源》引起的牛津论战，那是怎样激动人心的场景啊！这法庭不也是个讲坛吗？我没什么可惧的。"他又拿起笔来，"来，画画！"

朋友们都心照不宣地看着他。

丁悚说："海粟，此事不能轻看，得找一个律师为你辩护！"

他这才停笔，看着投给他关切目光的朋友们，问："你们看请谁呢？"

"请吴经熊律师。"王济远说，"他是留欧的，思想开明。"

"就请他。"乌始光立即表示赞成，"我这就去请他。"

两天后，他接到吴经熊律师的电话："刘先生，今天中午有空吗？"

不等他回答就说，“我想请你吃午饭。11 时，我在一品香菜馆二楼雅座恭候您。”

他立刻明白了，这吃饭是为了协商辩护之事，便一口应承下来：“好，我一定按时赴约！”

他一出现在一品香雅座门口，吴律师立即起身迎过来，把他引到席上，向他介绍着也在席上的另一位先生：“我的留欧同学，承审此案的推事郑雯先生。”

海粟向他热情地伸出手去，紧紧握住他的手说：“认识郑先生深感荣幸，请多多指教。”

“坐下谈，坐下谈！”

吴经熊待他们两人坐下后，就招呼上菜。他殷勤地给海粟倒酒搛菜，“我本想请刘先生用西餐，郑推事认为中国菜更合乎中国人的脾胃，就选了这家以正宗江苏风味著称的一品香，这菜不知可对刘先生的胃口？”

“我是常州人，还有不爱吃江苏菜的？”他微笑着回答，“这里的菜很有特色，可谓色香味俱佳呢！”他心里却忐忑着，不知这么热情出于何种用意，他等待着他们先开口。

“中国人有句俗语，‘受人之托，忠人之事’，”吴律师边饮酒边说，“承刘先生愿意，请我做辩护律师，我一定要为这个案子竭尽全力。”

海粟聪明已极，立即品味出这开场白下有文章。“谢谢！”他擎起酒，送到吴律师郑推事面前诚挚地说，“不知需要我做些什么？”

“刘先生，实话对你说了吧！危道丰先控告你侮辱长官，我们认为罪名不能成立，未予受理。接着他又改用个人名义控告你侮辱他的人格，毁谤名誉，要求赔偿损失。”郑雯端起酒杯呷了口酒，“南京联总司令部打来十多封电报，催办此案，危道丰不是打电话就是派人来施加压力，要求严办，唉——！”他叹了口气，“虽说司法独立，其中各种利害关系复杂，隐秽很多，很难办哪！”

“艺术和礼教的冲突与科学和宗教的冲突一样，从来都是水火不相容的！”海粟已听出了话音，他有些激动起来，“在模特儿问题上，我是决不让步的，我没犯罪！”

“你没犯罪！”吴经熊连忙给他斟酒，“你若真犯了罪，我就不会为你担任辩护律师了！我与郑先生反复协商，如何来了结这个案子，我们都感到很棘手，最后我们讨论了一个意见，既然危道丰告你污辱了他人格，那就表面上罚你一笔款子，作为了结。”吴律师表情突然严肃起来，“但您必须答应一个条件！”

“条件？什么条件？”

“请您不要上诉，倘若上诉，必定撞在危道丰之流的手里，你就有理也说不清，要吃大亏。他们的势力很大。有谁能像郑先生这样甘冒得罪孙大帅、危道丰来主持公道，同情艺术家的？！”吴经熊放低声音，“刘先生，你的敌人是操生死大权的军阀和官府啊！请您三思。”

海粟本想反抗说：“我没错，为什么要罚我的款？我要上诉！”可他突然联想到意大利文艺复兴大师米开朗琪罗的遭遇。

1555年，切尔维尼教皇去世，狂热的红衣主教卡拉法（即保罗四世）继位，他的雄心壮志是要在意大利消灭异端邪说，他的宗教裁判所可以任意把人关进地牢，或在鲜花广场上烧死。米开朗琪罗因得罪了一个靠要挟诈骗为生的无赖而面临危险境地，但他坚决不逃走。威风凛凛的教皇当面告诉他：“特伦特委员会要求销毁你的神坛壁画之类的异端作品！”

“销毁《最后的审判》吗？”他的面色突然苍白了。

“很多人都说你亵渎上帝，威尼斯的阿勒丁诺的一篇文章证明了他们的说法……”

他打断了教皇，反驳着：“阿勒丁诺是个敲诈犯！”

“他是提香、查理五世、切里尼和故去的法国国王法兰西斯一世的朋友。”教皇把一张纸递给他，“这就是在罗马流传的一张传单。”

米开朗琪罗接过传单读起来：“你居然在上帝的神圣殿堂、世界上最伟大的教堂里，让天使和圣徒一丝不挂，伤风败俗，全然没有一点天庭的华饰和威仪，这难道能够容忍吗？”

米开朗琪罗气得手抖颤，他抬起委屈的双眼望着教皇，申辩着：“圣座，这篇文章是在我拒绝把我的画稿送给阿勒丁诺之后，他为报复我而使出的手段。”

教皇毫无表情地说：“任何正派的人看到圣徒和殉道者一丝不挂都会感到痛心的，他们认为这是邪恶！”

他激动地申述着：“我的壁画不是邪恶，它充满了对上帝的真情挚爱。”

“好吧，我不要求把墙壁推倒，我只要求把它粉刷掉。”教皇冷漠地说，“那时候，你再在上面画点东西，但要表现出虔诚和信仰。”

米开朗琪罗气得哆嗦，他几乎绝望了。

可他的朋友们发起了一个营救壁画的运动，在他被这个沉重打击快要击倒的时候，他的学生、画家丹尼尔兴高采烈地跑来告诉他：“师傅，《最后的审判》有救了！可以不粉刷掉了！”

他兴奋得一下晕过去了，他醒来第一句话就是：“我感谢每一个帮助过我的人！”

丹尼尔却躲避看他的目光，小声地说：“师傅，我们也要付出一点代价，教皇同意不粉刷掉壁画，但要求我们让每一个裸体都穿上裤子和裙子，把它们从膝盖到腰都要遮掩起来，特别是那些屁股对着教堂的人。”

米开朗琪罗愤怒了："如果我早年去学做红头火柴，现在就不会受这个罪了！上帝呀！"

丹尼尔劝慰着他："我们还是实际一些吧！教皇打算找一个宫廷画师来动手，我说服了他让我来画，我要尽量少伤害这幅壁画，您别生我的气！"

"丹尼尔，你是对的。我们应该把那些隐私部分送给宗教法庭。"他悲痛地嚎叫起来，"我描绘人的美已经描绘了一辈子，不知怎么现在人又突然变得可耻了！又要被放到虚浮的烈火中去焚烧了！我们又只好回到那最黑暗、最愚蠢的过去时代里去了！"泪水从他那深陷枯干的眼里流了出来。

"师傅，你别太悲伤，我只用极薄的一层颜色。"丹尼尔安慰着他，"下一位教皇就可以丝毫无损地去掉那些衣裙大褂。"

海粟想，罚款的处罚大概也就如同涂在《最后的审判》裸体上薄薄的一层颜色吧！米开朗琪罗为了保护他的壁画，不得不委曲求全，做出如此的牺牲，他为了保住在美术学校能使用人体模特儿，也只好同意送给危道丰之流一块遮羞布了。

他微微一笑："如果于真理、于我人格无损，我愿做出这个让步！"

郑雯说："我们这么做，也是为了刘先生和美专，罚款也不用您拿出来，判过就算了！"

他已理解了他们的良苦用心，诚挚地说："我能理解，谢谢你们！"

开庭那天，法捕房探长和一个捕目护送刘海粟到地方法院。在候审室里，法警让他坐在一条指定的长凳上。他西装革履，卓立于一群贼眉鼠眼的候审者中间。他心中突然蓬生起一种受了侮辱的愤怒！在中世纪，布鲁诺说地球绕太阳运转，公开和教会唱反词，被活活烧死在火堆上，让他下地狱。伽利略不收回他的"异端邪说"，终生被监禁……突然，被侮辱感衍化成一种自豪。他的思绪忽地飞向了1860年6月30日的英国牛津大学博物馆礼堂。

牛津大主教威伯福斯和赫胥黎为达尔文的新著《物种起源》在论战。

达尔文在这本书出版之前就说过："我将要受到的打击之多，一定会超过我所得到的便士的数目。"赫胥黎读过这本书后也对他说："如果不是大错特错的话，很多的辱骂和诽谤已经为您准备好了，希望你不要为此而感到丝毫的厌恶和烦扰。你可以信赖这一点，你已博得了一切有思想的人们的永久感激。至于那些要吠、要嗥的恶狗，你应该想到，你的一些朋友无论如何还有一定的战斗性！"他明确地告慰他，"为了您的理论，我准备接受火刑！"他又加强了语气说，"我正在磨利我的爪和牙，以准备保卫这一高贵著作。"

场内，主教正在慷慨陈词，挖苦、嘲弄达尔文和他的追随者，听众情绪激动，主教洋洋自得，似乎他已把达尔文的学说批得像一块百孔千疮的破抹布，但他还不满足又转过身来，要给对方致命的一击："我还想问问坐在对面那个企图把我撕得粉碎的赫胥黎教授，既然人是由猴子变来的，那么请问，跟猴子发生关系的，究竟是你的祖父那一方，还是你祖母那一方？"

赫胥黎不慌不忙地走上讲坛。海粟的心随着赫胥黎也走上了讲坛。

"达尔文的学说是迄今为止对物种起源作的最透彻的解释！"赫胥黎转过话头，直指主教演说中的诸多谬误，予以一一批驳后说，"这说明大主教对生物学一窍不通，对进化论极端无知！"

教徒们像鼓胀的皮球被戳了一刀那样顿时泄了气。

海粟的心跟着赫胥黎的心在跳动。

"至于人类起源于猴子，不能这样简单地直解，这是指起源，是指人类从猿猴那样的祖先经过几千代的演变进化而来的。"他指出主教的提问是某种感情的借题发挥，他说：“人类没有理由为自己的祖先是猿猴而感到羞耻。我认为，如果我们的祖先是那些庸俗的、信口雌黄的人，那倒是应该感到羞耻的。因为这些人对科学不仅愚昧无知，而且还要干涉科学问题。因此他们只能用强词来压倒对方，只能用诡辩的辞令和宗教偏见把听众的注意力引离辩论的真正焦点而企图战胜别人！……”

……

“传被告！”

法警把他引进法庭。

嗬，场内挤满了人，他看到了他的同事、学生、记者和社会各界关心此案的人士。

他的心还处在牛津论战的激动中。虽然他不敢把自己和达尔文、赫胥黎相提并论，但他感到彼此的斗争实质是相同的。他们的敌人是教会，他的敌人是封建礼教、黑暗势力！他们都代表着科学和进步，他们的敌人都代表没落和死亡。不管从米开朗琪罗身上，还是达尔文身上都可看出，毁灭的力量从来也不可能压倒新生和创造的力量！即使敌人暂时取胜，那也是假胜，短暂的胜利！他微笑着走向被告席！

当他的目光掠过原告席，看到危道丰、姜怀素俨然稳操胜券的样子，一股激愤之情油然而生，他暗暗咒恨起这个颠倒是非的世道来。他冷冷一笑，挺起胸背，巍然地挺立着。

郑推事穿着法官的黑色大袍，威严地敲了下铜钟，旁听席上的嗡嗡议论声戛然而止，法庭立即显示出特有的肃穆和庄严。危道丰的律师代表原告对被告提起控诉。他在历数了刘海粟的罪状之后，以教化风俗君子的语气说：“学校乃圣人之堂，刘海粟竟敢冒天下之大不韪，在圣贤之堂中，设置模特儿，众目睽睽之下，令其一丝不挂，名曰人体艺术，实则倡导淫风……”

“推事先生，”吴经熊律师站起来，“我反对议论与本案无关之事！”

“反对有效！”郑推事敲了下法钟。

“好好好！”危道丰的代言人清了清喉咙接着说，“危道丰先生乃堂堂上海县长，整饬上海淫风败俗，提倡礼义廉耻，是其责无旁贷之义务，正大光明，无可非议，而文妖刘海粟，不以其伤风败俗为耻，反自诩为‘艺术叛徒’，公然撰文发于报端，攻击危长官，辱骂其人格，法庭应予以严惩，以儆效尤。”

“被告，”郑推事例行公事般问，“姓名？”

“刘海粟。”

“籍贯？”

“江苏常州。”

“你为什么反对危长官行使整治风化？”

“推事先生，我没有。上海风气的淫靡，由来已久，我亦深恶痛绝，并多次呈请整饬。”刘海粟大声申辩着，“我只是反对取缔美术教学上的使用的模特儿。因为我是上海美术专科学校校长，我有义务、有责任为保证我的学制正常实施而进行辩护。模特儿之于美术，犹如实验器具之于化学、物理，解剖之于医学之教学公器，并非我刘海粟之独创。在西欧、在美国、在日本，美术学校比比皆是，模特儿是一种高尚职业，且不说那些举世闻名的博物馆、美术馆的珍藏中有多少表现人体美的艺术杰作，就以世界最大、最著名的西斯廷教堂的壁画《最后的审判》为例，米开朗琪罗在那幅杰作中画了五百个人物，都是赤足裸身陈于上帝面前，接受善恶的审判，教徒们并未因见裸体而生邪念，而是深感上帝的威严，诚心忏悔。它虽然曾在很短时期被要消灭‘异端邪说’的狂徒教皇保罗四世指责为让天使和圣徒一丝不挂、伤风败俗，全然没有天庭的华饰和威严，而令其给那些裸体穿上裤子和裙子，可没过多久，他一下台，这些裤子和裙子就被脱下了，成为全世界礼拜的艺术珍藏之一。艺术是任何邪恶势力都不能使之消亡的。再说拉斐尔的《西斯廷圣母》，画上那些裸身赤足的天使，使人深感她们是圣洁的象征、无垢的天光，自空中招人向上……”

“被告！”郑雯打断了他旁若无人、滔滔不绝的演讲，“那是在外国，你的学校可是在中国的土地上。”

“推事先生说得对，我的学校是在中国的土地上。”海粟意识到郑推事这样提醒他并无恶意，“我们办校的宗旨就是研究高深的美术。回溯中国艺术的发展史，不难看出，中国最早的绘画，多取材于佛教，佛教自印度传入，佛像亦尽是裸体赤足，像敦煌的壁画，龙门、云冈的石窟，所画、所刻之佛像人物，无不是裸体。这不仅无损于佛法之庄严，也展示着人体艺术的优美。人体结构的和谐完善，早为我们的祖先所认识，没想到时至今日，人体艺术之美却被某些嘴上仁义道德，实则男盗女娼的伪君子所诋毁，认为是倡导淫风恶俗，岂不哀哉！……”

“推事先生！”姜怀素气得脸色泛青地站了起来，“我抗议被告利用威严的法庭散布异端邪说，攻击他人，应予严惩！”

吴经熊反驳说：“这不公平，是你们首先挑起辩论，为什么不准反驳？”

“被告，今天不是学术讨论，是审理你侮辱危道丰人格，毁谤他名誉一案！”

“我并没有侮辱危道丰的人格！也没有毁谤他的名誉，我只是就他无理地把上海滩无赖、流氓兴风作浪的淫靡罪名，强加在我们美专教学使用模特儿身上而进行申辩。伟大的艺术家席勒在《强盗》第一版《序言》中就说过：‘假如有个大家都熟悉的甲虫，把珍珠弄成粪丸，假如也有火烧死人、水淹死人的例子，难道就应该因此把珍珠、火、水都一律查禁不用么？'说得多么的好啊！由于无能整饬上海邪风恶俗，而迁怒、嫁祸于我们美专的模特儿，为什么不准我申辩？难道辩驳就是侮辱人格、诽谤名誉？……"

郑雯唯恐让他继续说下去，会激怒危道丰一伙，不好结案，就敲起了铜钟："被告，你又强辩了！"他扬了扬刊有《刘海粟函请孙传芳、陈陶遗两长申斥危道丰》一文的《申报》，"你在文章里，明明毁谤了他人名誉，危道丰是政府任命的官员，你骂他不学无术和招摇。"他把报纸重重往法案上一放，以示对被告施以压力。

"推事先生，"海粟答辩道，"我认为这两句话用得非常准确，没有恶意。我所说的不学无术，是指艺术。如果危道丰懂艺术，他就决不会要禁止模特儿的，也不会攻讦为破坏风化。他有没有别的学问我不知道，他不懂艺术这是事实。"

"危道丰是上海县长，你为何攻击他招摇？"

海粟辩道："正因为他是大权在握的县长，他就滥用手里的权力，动不动就要抓人，动不动就想查封。如今是民国了，还能如此无视法律，随心所欲，想要开罪哪个就开罪哪个！这不是招摇又是什么？"

"推事先生！"危道丰的律师猛地站了起来，"被告这是强词夺理，他在文章中骂危长官与他人狼狈为奸。狼狈是兽类，是凶恶的东西，这两个字又都从'犭'，这完全是存心侮辱长官的人格！"他愤慨地拍拍报纸，"这是铁证！"

郑推事说："被告，这总是侮辱、毁谤了吧？"

海粟心里暗暗好笑，抠字眼，我可不在乎。他说："并不，推事先生！'狼狈'这两个字是形容词，兽名于人，并无侮辱之意。比如有些人为了让孩子好养，出于爱儿心切，将男孩子取名‘阿驹’、女孩取名‘阿凤’‘阿燕’，皇帝还自称龙种，我就将我的长子取名‘阿虎’，龙、驹、虎皆为兽，凤、燕为禽。这种例子无计其数，是一种爱护，而非侮辱。又如‘麒麟童’，是他自己取的名字，麒麟也是兽，他总不会自己侮辱自己吧！”

旁听席上响起了哄堂的笑声，还有人鼓起了掌。

“肃静！”郑推事敲了下法钟。他正暗自高兴。他还从未审理过这样的案件，真理撕开了伪善的面纱，他这个执法者却被迫要违心地留给伪善者一点面子。滑稽！法律是团泥巴，任有力者将它捏成什么就是什么！这就是当今中国司法的独立！他不得不正色道：“你这话虽然不错，但总是恶意！”

海粟还想辩驳，但被制止了。“肃静！”郑推事缓缓地站了起来，黑色的大袍像蝙蝠展开的黑色翅膀，法庭内外立刻鸦雀无声。他说：“现在宣判审理结果：对被告处以罚款50元。退庭！”

海粟被他的学生和同人簇拥着出了法院，在法院门外的台阶上，他被一群记者围上了。他们争先恐后地向他提出问题。

一个人问：“刘海粟先生，您对这样的审判结果，做如何评价？”

海粟本来想说，50块钱的罚款，就像米开朗琪罗的学生、画家丹尼尔给《最后的审判》上的那些裸体涂上的一层薄薄颜料，决不会遮盖它永久的艺术光华的。但为了兑现对吴律师、郑推事的许诺，他没有说，一笑了之。

“刘先生，”又一位记者拦住他不放，“今天的宣判，是否意味着历时十年之久的模特儿论战已经结束了？”

在此之前，海粟还未想到这个问题，可答案早在他心中了。他禁不住脱口而答：“非也！在我们站立的这块封建礼教沉积深厚的国土上，这不过是乐章的暂停、休止音符而已。艺术和礼教水火不容，这需要长期以至几代人的坚持不懈的斗争，才能摧毁它根深蒂固的根基……”

始光担心他又要口若悬河，引发新的事端，便不顾一切地挤上前去，推开记者，拽住他说：“海粟，走！”

第六章　流亡

海粟真的没有辜负蔡元培先生的希望。他忍受着误解和委屈，重整旗鼓。经他数月的努力，因“朋友”暗箭而丧失了元气的美专开始恢复活力和健康，仿佛一个患了恶疾和毒瘤的肌体，一旦割去了病灶，就会以迅猛的速度勃发出旺盛的生机，第一流的艺术家和学者又出现在美专的讲坛上，有才华的学生纷纷报考美专，那些曾经深深刺伤他的诬蔑和诽谤在蒸蒸日上的教学面前不攻自破了。海粟的信心更足了。

可个人的命运逃脱不了时代的命运，人生的打击像海浪一样，一浪紧跟一浪扑向了他。

北伐军占领武汉后，上海工人为了配合北伐军向长江下游进军，推翻军阀孙传芳的残暴统治，在中国共产党的领导下，于 1926 年 10 月开始先后举行了三次武装起义。前两次都因准备不足未能成功。1927 年 3 月，国民革命军逼近龙华，3 月 21 日，上海总工会发布总罢工令，转为第三次武装起义，以工人纠察队为先锋，广大民众为后援，攻打警察局和兵营，占领了邮局和车站。浦江两岸响起了密集的枪声和喊杀声，在广大民众的支持下，经 30 个小时的英勇战斗，击败了负隅顽抗的敌人，李宝章之流逃走了，上海特别市临时市政府成立。

3 月底，国民革命军总司令蒋介石到达上海，白崇禧所属部队进驻上海。陈群、杨虎得到扶植。蒋介石向上海总工会纠察队亲赠“共同奋斗”的锦旗。4 月 5 日，他与汪精卫发表联合宣言，声称国民党“绝无有驱逐友党摧残工会之事”，要民众“不听信任何谣言”。4 月 10 日，他密令“已克复的各省一致实行‘清党’”。4 月 12 日凌晨，全副武装的青红帮、流氓打手，冒充工人，纷纷从租界出发，向闸北、南市、沪西、吴淞、浦东等地的工人纠察队进攻。这就是杜月笙、张啸林组织的“共进会”。

工人纠察队奋起反击。陈群、杨虎调动大批军队以“调解工人内讧”为名，收缴了工人纠察队的武器，并和流氓一起屠杀工人。工人纠察队仓促应变，众寡悬殊，武装全被解除，死伤 300 多人。

翌日，上海 20 余万工人在总工会领导下举行罢工抗议。上午 10 时，总工会在青云路广场召开群众大会。下午各界群众冒雨举行游行示威，高呼“还我武装！”“打倒新军阀！”的口号。当队伍走到宝山路时，陈群、杨虎早已布置在那里的军队，从四面八方用机枪向徒手群众扫射，大雨滂沱，宝山路上血流成河，当场牺牲 100 多人，伤者无数。在南市游行的示威群众，也遭枪杀，死伤数 10 人。

那天，海粟到济远家去请他重返美专任西画系主任，这是海粟第三次登门请他。济远送他回校，恰好目睹了宝山路上枪杀徒手民众的场面。两人吓得面无人色，仓皇逃进租界。

“校长，”济远仍然沿用他做学生时代对他的称谓，“我理应回校助你一臂之力，可我现在改变了主意，我不敢再睹这血流成河的场面，更害怕有一天会祸及我，我想离开上海。”

“你要去哪里？”海粟的心仍在惊悸之中。济远的话仿佛惊雷在他那不宁的心上又轰击了一下，他瞪大眼睛望着济远。

“还能去哪里，我先去日本，以后再视情况而定。”

海粟默然了，他需要济远，他的美专需要济远，但这血流成河的上海，他怎么好意思挽留济远。好半天他才说：“好吧，我不能勉强你。你何时动身？”

“越快越好，两三天就启程。”

陈群、杨虎解散了上海总工会，查封了一切革命团体，大肆逮捕和枪杀工人领袖、革命群众，仅三天之内，上海就有300多人被杀，500多人被捕，5000多人失踪，上海陷入一片血海之中。

或许，这是命运有意为难海粟，他刚从一个陷阱中爬了起来，又一颗灾难之星就降落到他的身上。

没过几日，陈群、杨虎宣布通缉“学阀”15人，章炳麟、袁希涛、郭秉文、黄炎培、刘海粟……都在其列。

这群教育界的巨擘，逃的逃，躲的躲，被逼只好隐避到地下。黄炎培先生秘密派人来找海粟，约他会面。他在英租界一座僻静的三层楼上见到了黄先生。黄先生说：“上海血光冲天，那些人已杀红了眼，上海很不安全，你不好再留在上海了。”

海粟点点头，又长叹了一声：“美专刚刚有起色，我若走了，群龙无首，恐怕……”

“现在是何种时候？”黄先生打断了他的话，“保命要紧！你是个引人注目的人物，万一出了事，我如何向蔡先生交代？在目前这种形势下，你也不能画画、教学，何必要冒身家性命的危险？你应立即离开上海去日本！”

“去日本？”

“通缉令已发到全国，在国内你无法露面，日本是唯一安全之地。”黄炎培以不可反驳的郑重语气说，“今晚你就待在这里，我已托人给你买船票去了！”

第二天，海粟拿着去日本的船票，潜回家中，对韵士说：“我要去日本躲一躲，你转告毅士、乌兄、滕固、丁远几个一声，学校托付给他们了。”

韵士点头应着：“嗯，我对他们说。出去躲躲也好，免得我提心吊胆，昨晚你没回来，我和虎儿一夜没睡。”她为他拣出几件洗换衣服，拿出家中仅有的钱交给他，“异国他乡，你得自己当心。”

“你放心，我又不是第一次去日本，那里还有朋友，济远去了有半个月了。”他拿上几件旧作，放进皮箱说：“我走了，家中的事都落到你的肩上了，虎儿你要管紧一点，别让他乱跑。”

“你放心走吧！虎儿上学我亲自接送。”她帮着他化装，戴上了头套，粘上胡须，戴上一副宽边黑眼镜，换上长衫，把斯提克递到他手上，把他送到门口。

海粟回过头，对她愀然一笑：“形势有了好转，我就回来。”

韵士的眼睛湿了。

第七章　东渡归来

一

1927 年 7 月，蔡元培先生任中华民国政府大学院院长，负责大学教育和科学研究。他写信给逃亡日本的刘海粟，催他回国。

海粟东瀛之行，时日不长，收获累累。他在东京重逢了好友王济远、画家张善孖和诗人柳亚子。再见了他第一次访日时结识的日本南画界著名画家小室翠云，相识了日本关东画派领袖桥本关雪和收藏家、工农大臣——山本悌二郎。海粟还应邀去他们的别墅做客，观赏了他们的艺术收藏，见到了罗丹的素描，塞尚、凡·高、高更、马蒂斯的原作和从我国流失的古代艺术珍品。彼此交流了对古今绘画艺术的看法，他还应邀到东京朝日新闻社做了“石涛和后期印象派”的演讲，论证了在 200 多年前石涛就发现了塞尚他们所探索的绘画奥秘。听者如潮，汇集了日本绘画界的名流。小室翠云称演讲是“20 世纪东方最伟大的画论”，并译刊在他主编的《新南画》上，同时还刊发了他的数帧山水画。桥本关雪称赞他是“东方艺坛狮子”。刘海粟同日本绘画界进行了广泛且深入的接触，增进了友谊和了解。朝日新闻社为他在社部举办了个人画展，开幕式非常隆重。他的同胞柳亚子夫妇、王济远、张善孖和日本文化艺术界的名流都出席祝贺，展品被订购一空。日皇购藏了《泰山飞瀑》《月落乌啼霜满林》。内阁总理大臣清浦奎吾购藏了《峦树草堂》，日皇奖给他银杯三座。东京出版的《诗·书·画》发表了他的作品，刊载了艺术评论家对他作品的评论。

此次流亡异域，不啻印证了那句古老的谚语："塞翁失马，焉知非福？"他真得感谢新贵们对他的通缉了，若不是在上海没法生存，在重整旗鼓振兴美专之际，他是绝不会东渡的。

7 月下旬，海粟辞别旧友新朋，带着丰收的成果，从东京启程，取道横滨乘船回国。

济远送他。他们到达横滨时刚刚上午 9 时，船要到晚上 10 时才启航。于是他们相携去逛横滨市容。夜幕降临之后，他们并排坐在海岸上，迎着海风凝望着宁静的港湾，灯火灿若无月的星空，不时有悠扬的汽笛响起。

"蔡先生信中告诉你，我的同窗徐悲鸿从法国回来了？"

海粟点点头："蔡先生一心想振兴中国的美育，悲鸿一回来，就推荐他任北平艺术学院院长。"

济远问："蔡先生急着催你回去有什么事吗？"

"他有个想法，把我们美专升格改为国立艺术大学。我想了几天，我以为，升不升级，改不改为国立只是形式上的变化，最重要的是教学质量。杭州山水灵秀，人才荟萃，我想建议他另外创办一所西湖艺术大学或艺专，可以请林风眠先生去主持，我还办我的美专，保持美专原有的私立性质和风格。各种形式并存，可以互相竞争嘛，你说对不对？"

"蔡先生会不会有意见？"

"不会的。我了解蔡先生，他只是想发展中国美术教育事业，他不专断，从来不搞‘顺我者昌，逆我者亡’。”他向济远侧过头去，“我还是希望你回校任西画系主任。济远，这个位置还一直空着，就是等你呀！你何时回去？”

济远沉吟有顷后说：“校长，我对美专的感情不比寻常。我从进美专读书就没离开过它。但我被学生赶下了讲台，我给学校带来了损失，对我个人来说是个抹不去的耻辱。我不能再回到母校去了。请您谅解我！”

海粟不再逼他了，无声地叹了口气，好半天才说：“你有何打算？”

“我再画些画，再办次画展，筹措了足够的旅资，就去美国考察研究艺术。”

“这也好！”那个在海粟心中萌动了多年的愿望被济远的话引动得慨然而言，“我早就想去欧洲考察艺术和美术教育，这次回去我就向蔡先生提出来，我想他会尽力成全我的。”

“我们虽然不能共一个讲台，却可以共着艺术这个大舞台呢！”

“哈哈……”海粟大笑起来，“对，我们永远共着艺术这个大舞台，‘海内存知己，天涯若比邻’……”

呜——！

一声高亢悠远的汽笛打断了他们的谈话。他俩几乎同时站了起来，拎起行李箱向码头奔出。

二

1929年2月25日，没有霜，淡淡的天光，淡淡的云影。海风带着从遥远南国来的一缕春的气息，和煦地爱抚着人们的面颊，轻翻着旅人的衣衫和鬓发。

这天，吴淞口的外轮码头，不似往常。上海文艺、新闻界的许多名流都汇聚到这里来了，给赴欧洲考察艺术的刘海粟夫妇送行。他将乘坐法国商船司芬克斯号去法国。

上客的汽笛拉响了，海粟夫妇和朋友们热烈拥抱告别，他们争相拎起他的画箱、行李，欲送他上船。他从中华书局总经理陆费逵先生手中夺下手提箱，说："伯鸿（即陆费逵）兄，有几位年轻朋友送上去就行了，您留步吧！"他紧握陆费逵的手，"海粟今天能够满怀信心去欧洲考察艺术，得助于您的支持，谢谢您！"

方面大耳的陆费逵朗声地笑了起来："海粟老弟，别客气了，我希望中国艺术复兴，希望出很多大艺术家，我就助你一臂之力，况且，我也不是白送你钱！我将要出你一套《海粟丛刊》！预支稿酬算得了什么，请别放在心上。"他使劲握着海粟的手，"在国外，若再遇到经济困难，你就给我发个电报，只需五个字'陆费逵，寄款！'就行了！"

"海粟兄！"《申报》主笔史量才先生走上来握住海粟的手，"别忘了给我们写些欧游随笔，我定期给你资助。"

海粟的眼睛湿了，心里仿佛灌满友情的蜜水，甜甜的、暖暖的，他唯恐抑制不住上涌的泪水，转过身，迈开大步踏上了通向异国他乡的旅程。

司芬克斯号起航了，海粟一直站在甲板上向朋友们挥着手。海风嬉戏着他的长发，掀起他那钢灰色的呢大衣，舞动着那条灰色的长围巾。码头上的人影渐渐变得模糊了，海岸渐渐远去，最后在他眼里化作了一叠凝固的浪。

"你想去欧洲，这个想法很好。"蔡元培先生当即表示赞同，"欧洲自文艺复兴以来，各种艺术流派像雨后春笋，领骚画坛。浪漫主义、现实主义、印象派、后期印象派、野兽派的真迹原作，你还很少见过，你是该去那儿看看，开阔眼界，探讨一下各种艺术流派形成的环境和奥秘，对你未来的发展会有好处的，还可以吸取人家办学的经验。”

“有先生的支持，我想我的心愿会实现的。”

“我在想，”蔡先生凝神思索起来，“你没有财产，美专经费已很拮据，费用如何解决呢？”

海粟被问哑了，他还没有考虑过这个十分关键的问题，他坦率地说：“先生，我还没想过呢！”

蔡先生的眉峰皱成了川字，他点燃一支烟，吸了两口，微微笑了笑说：“别急，我想到了个办法。”

“先生，”海粟兴奋起来，“什么妙方？”

“大学院拟聘请几位特约撰述员，”蔡先生眼里漾起了笑意，“鲁迅、吴稚晖、马叙伦三位先生和你都可以担任这个职务，每月可以给你汇160元。巴黎这个地方，可以挥金如土，也可以过节俭的日子，再想点别的法子，你和夫人、孩子还是可以生活下去的。”

“先生！”他受了深深的感动，想说几句感激的话，却又说不出来，他怕亵渎了蔡先生伟大的人格。

“艰苦不损害国家的尊严，你要有自信。我相信你一定会有很好的收获。”

许多话语一齐拥塞心头，他想表示下自己的誓愿、决心，可他还是认为任何语言都难以表达他此刻的心情。结果什么都没说，只是点点头。

蔡先生继续着上面的话题：“在考察中，不要局限于自己的喜好，要善于兼收并蓄。师法西人之长，但不能忘记我们自己的艺术传统，要保持中国画的独有神韵，切记不可忘了祖宗。”

“是，先生，我记住了。”

“我这就放心了。”

……

“校长！”

海粟回过头去，见是他的学生张弦。张弦毕业后留法五年，回国后在母校任教。听说他要去西欧考察艺术，要求和他同往，继续深造。他为张弦举办了个人画展，筹了些经费，又送给了他500元，作为旅资。他对张弦微微一笑，做了一个幽默的手势说：“我的向导先生，有何见教？”

“夫人说外面风大，担心你着凉，请你回舱去！”

“好，谢谢，我就回去。”却没有挪步的意思，“张弦，你知道我们的同学，还有哪些人在法国？”

“刘抗、陈人浩、邱世恩。”

“啊，太好了！”他慨叹了一声，“我们美专有多少同学留学法国，我都记不清了！”

“校长，回舱吧！”张弦又催他，“不然，师母要怪我呢！”

“那就遵命吧！”

他一回到舱里，刘虎就抱起他的胳膊，仰起和他长得一模一样的脸，笑着求他：“阿爸，给我讲个故事吧！”

他理解儿子想和他亲近的心情。平常，他不是忙于校务就是教课、作画、读书，几乎没有时间和孩子亲近。难得有这样的机会。他低下头，也回报给儿子一个微笑，伸手抚摸了下儿子的头，坐到铺位上说：“好，我来讲故事。”

他讲了“女娲炼石补天”“王冕学画”“羿射九日”“凿壁偷光”等故

事，可儿子还缠着要他讲。

“虎儿，爸爸累了！”韵士阻止着儿子，“请张弦叔叔教我们法语吧！”

“好好好。”刘虎放开了他爸爸，蹦到张弦面前，“叔叔，我一定比阿爸学得快，学得好！”

张弦把刘虎拉到怀里坐下，教起他们法语的日常用语来了。

海天相接处的那片宽阔的金红、橘黄、绯红的晚霞，慢慢被乌云般的暮色吸去了，溶蚀了，海天迅疾地灰暗下来，海上第一个夜晚降临了。只有微微的风，海像一个贤淑的大家闺秀那样安静优雅。

妻儿都已进入了梦乡，大概正在做着异国他乡紫色的梦吧。海粟却睡不着，他辗转反侧，睁着眼睛，望着天花板。不觉间，有束清亮的光从舷窗中探进头来。他蓦然想起了张若虚那首传唱千古的《春江花月夜》，兴奋起来，心头不由浮起了“海上明月共潮生”的壮观景象。他再也躺不住了，披衣坐起，悄悄下了铺位，蹑手蹑脚开了舱门，悄悄溜了出去。

月亮像一只做工精细、打磨光滑的特大银盘，从暗蓝色的海水中缓缓上升，皎洁、明亮，清辉如水般清凉。他似乎能闻到海水的咸味。海无涯无际，黑里泛蓝，月光照着它那起伏的波纹，就像乌龙在扭身滚动，粼光熠熠。海轮仿佛浮泛在江河中的一片绿叶，是那么渺小，海可以随时吞没它，也可以把它送到任何远方。他被海的恢宏震慑了，真正体会到了沧海一粟的渺小、海的伟大了。

韵士拿着他的大衣悄没声儿地来到他身后，把大衣披到他身上，爱嗔着他：“你怎么不睡觉，外面这么冷，要受凉的！”

他回首感激地看了妻子一眼，说：“你看这海，多么壮阔，这月亮多么皎洁，一尘不染。这样纯净的月色，你见过么？”

韵士不知如何回答，她愣愣地瞭望起海天，点点头，“真美！”

“站在这海天之间，我的心就不由战栗起来，就会联想到一位伟人。”

“谁？”

“蔡先生。”海粟仰起头。月亮似一艘圆舟，正航行在蓝色的天宇中，向着它固有的航道航行着。“他是个有着海天样宽阔胸怀的人，又有着一颗皎月样明洁的心。他打破偏见，唯才是任，爱护人才，又善于识才、用才。”

韵士挽起他的臂膀，说：“我还记得去年冬天，他在宁波同乡会为你主持出国画展的情景。”

“他给我题了‘综采繁缛，抒轴清英’八个字，对我提出了殷切的希望。”他不由想起了蔡先生刚刚为《海粟丛刊》亲作的序文，他在心里默默地念着：

中国习图画之术已数千年，西洋图画之输入，亦数十年，而为有系统之介绍尚少。刘海粟先生素以艺术叛徒自命，所作皆表现个性，迥绝恒蹊。兹应中华书局之请，编成《中国画苑》、《西洋画苑》各两册，记事插图，钩玄提要，虽不能不发挥其个人之特见，而于每一时期中适应时期之名家与杰作，均不没其优点，使读者不至为编者一人之意见所囿，诚善本也。并附有海粟先生作品两册，更使读者得前后互相检证，而悟其得力之所自焉。

“啊，蔡先生，海粟终生也难以酬谢您的知遇之恩哩！”

“只有蔡先生不愧一代师表的称号！”韵士也慨叹着。

“你知道吗？蔡先生任教育部长、北大校长、大学院院长，从没领过薪水，全部尽义务，他也没有产业，生活全靠他给商务印书馆看稿的编辑费来维持。像他这样名位高而不贪的人还有第二个吗？”他赞叹着自问自答，“没有！”一种人格的召唤使海粟激动不已，“蔡先生为帮助我实现欧游的愿望，操了十几个月的心，那天，在他为我饯行的席上，我控制不住对他的感激之情，说了些发自肺腑的感谢之言，他却淡然一笑说：‘这不是为了你，也不是为了我和大学院，而是为了振兴我们中国的美育。我已垂垂老矣，希望寄托在你们身上，为年轻人挺身请命，披荆斩棘，是老年人应尽的义务！’当时，我管不住眼泪，叭叭地落到酒杯里！蔡先生拍拍我的肩说：‘对于后学，我相信你也会这么做的！’”

“海粟，”韵士轻声说，“外面凉，我们进舱睡去吧！”

司芬克斯号沿途停靠，他们沿途上岸观光。新加坡、西贡、锡兰·巴塞里，他们不仅体会了异国风情，还见识了锡兰庙宇的奇观。没有香火，不见僧尼，满墙满壁都是佛祖生平故事的壁画，佛颈、佛臂缠满活蛇，不咬人，也不怕人，成百上千，也不互相争斗咬杀。佛教徒赤足进寺朝拜，不敬香烛，唯奉鲜花。

1929 年 3 月 15 日，司克芬斯号抵达法国第一大港马赛港。

第八章　虎步西洋艺海

一

张弦领着刘抗、陈人浩，走进拉丁区莎蓬街十八号老伦（大学文科）旅馆，急急忙忙跨上从厅堂盘旋而上的木制楼梯，一步两级，踩得油漆斑驳的楼梯欢快地吱吱叫唤。他们走到三楼一扇门前，张弦抬起食指，放到嘴边，示意大家放轻步子。他轻轻地推开了门，悄无声息地走了进去。刘抗、陈人浩仿效着他。

刘海粟背对着房门，坐在窗前的写字台边，全神贯注在笔端。

他们抑制住久别重逢的激动心情，屏息站在海粟的背后。不知是心灵感应还是被他们的气息惊动，海粟条件反射一般回过头，跟着跳起来拉开椅子，说了声“你们来了！”奔到他的学生们面前，一手拉住一个，感慨万千地说：“没想到我们能相聚在巴黎！”

“校长！”刘抗兴奋得脸都红了，“来到巴黎，您还在室内坐得住？”

“临行前，我答应过《申报》主编史量才先生，给他写点欧游随笔，我正在写昨天和张弦游览马赛的观感呢！”

陈人浩大声说："校长，我们陪您先去登埃菲尔铁塔，俯瞰一下巴黎的全景，心里就有个整体印象，再一处一处慢慢地去看。"

"好。"海粟转身收起纸笔，对在内室的妻子招呼道，"韵士，你和虎儿在家，我们出去了！"

"不嘛！"刘虎一下跪在他面前，抱住他的腿，"我也要去上大铁塔！"

韵士走出来了。

"师母，您好！"刘抗、陈人浩向韵士躬躬腰。

"你们坐呀！"

"师母一道去吧！"张弦对韵士说，"埃菲尔铁塔是巴黎的象征。"

"带虎儿去吧，"韵士系着围腰，手里拿着抹布，"我这个家还没收拾好呢！以后有机会再去也不迟。"

他们坐着液压升降机升到最高一层，隔着玻璃窗，俯视着巴黎。

塞纳河宛如一条蓝盈盈的缎带，横贯市区，悠远清扬的钟声从它腰带上钢灰色的巴黎圣母院中传出，凯旋门下的汽车如蚂蚁一般川流不息。四个森林区有如四泓碧绿的湖水，协和广场的喷泉在阳光下晶莹四射……

"啊，太美了！"海粟情不自禁地赞叹着。

"整个巴黎，就是一个庞大而豪华的艺术博物馆啊！"刘抗附和着，"这个铁塔，高耸云霄，如同巴黎这顶精美皇冠上的明珠！"

海粟从巴黎的上空收回目光，仰望着塔顶内部："结构巧妙、优美！"又回首看着手中登塔门票上的介绍。

刘抗知道他的法文还没有达到阅读的水平，看着自己手里的门票念道："埃菲尔铁塔是为纪念法国大革命一百周年，1887 年由法国人古斯塔夫·埃菲尔设计建造的。历时两年，塔高 300 米，重 7000 吨。当埃菲尔把国旗插上塔顶时，曾骄傲地说：‘法兰西共和国是今天世界上唯一能把国旗升上300米高空的国家。’大诗人阿波里内尔把它比作‘云间之女’，约翰·柯克托写过《埃菲尔铁塔的新婚者》，马尔凯、杜飞、毕沙罗为它画过像，可它却遭受到保守派的诅咒。保罗·魏尔伦曾指着它说：‘宁可每天绕个大弯子行走，也要避开这个不伦不类、丑陋可怕的魔王。’布鲁厄捶胸顿足地说：‘我爱巴黎这片天地，却伤心它被一根坚甲利刃威胁着。’连莫泊桑也认为铁塔是一大堆丑恶不堪的骸骨……”

刘抗的声音变小了，海粟的思绪远逸了，由铁塔的历史，想到了他曲折的人生，以及那些委屈、误解……

他们没有注意到他情绪的变化，指着一处建筑说：“你看，那就是卢浮宫！”

“卢浮宫！！”海粟忽地从另一种情绪里跳了出来，“哪里？”

“那！就是那座灰色的宫殿！”

海粟的心猛地狂跳起来，那就是他魂牵梦绕了20多年的地方，他终于能望到它了！“我们现在就去那里吧。”

“您别急。”张弦理解地对他一笑，“大宫下午4点闭馆，今天去看不了一会儿就要出来了。”

“等我给您弄张艺术家专用卡再去吧！”刘抗接上说，“门票太贵。”

“何时能弄到？”他有些急不可待。

“我得去申请，最快一周吧？”

“我等不及了，我买门票。”

他的学生们都笑了起来。

“校长别急，明天我请客。”陈人浩望着变得像孩子样天真的校长，“今天还有半个下午和一个晚上，先去看看市容不好吗？”

“好好好，”海粟连声应着，他恨不得一下就看遍整个巴黎，“到了这里，我就听你们的，你们就是我的老师！”

“哈哈哈……”学生们都笑了起来。

他们先到凯旋门，欣赏了雕刻在上面的著名浮雕，再从凯旋门下乘坐拿破仑时代款式的旅游马车，驶上闻名遐迩的宽阔的田园大街（香榭丽舍大街），来到爱丽舍宫前的协和广场。刘抗环指着围绕广场和爱丽舍宫构成的既艺术又豪华的建筑群介绍说：“这是一世之雄拿破仑当年赏赐给他的功臣八位将军的八座豪华住宅。”

“啊！”海粟的心震颤着，“真漂亮！”

张弦指着那些广场上的人物塑像，“校长，你注意到这里的人物塑像没有？”

海粟把视线从那些瑰丽的建筑物上收了回来，去搜寻人物塑像。他的心还未从建筑艺术的震撼涛峰上落回平谷，又被新的艺术震波掀了起来。他虽然早就听说过巴黎有很多人物雕像，但没想到会有这么多。这个协和广场简直就是一座各种著名雕像的博物馆，立着的、坐着的、骑马的、舞剑的……他们中有帝王将相、民族英雄，有政治家和艺术家……各种流派纷呈，海粟目不暇接。在他的艺术生涯和经历中，还未见过这么多的雕像，更别说一次见到如此多的雕像了。他自感置身在艺术的宫殿里，航行在法兰西历史的长河中，在和许多的历史人物交谈，倾听着他们诉说自己的坷坎人生，抑或辉煌的业绩。

他曾从一篇文章中得知，巴黎的雕像始于亨利四世，1604年，亨利四世的妻子玛丽·德·美第奇，将她丈夫法王亨利四世的雕像模子送给雕塑家波罗尼，请他用青铜浇铸。波罗尼未完成这一工程就去世了，由他的学生塔卡接着完成。1613年，塔卡将铸好的铜像装船运往巴黎，不料船却在海上遇难沉没了。两代人十年的劳动心血就此付诸东流了。不曾料想到，一年后，这座铜像又奇迹般地被打捞上来，亨利四世之子法王路易十三于同年将它竖立在这广场中央。它是巴黎的第一座人物雕像。100多年后法国大革命，这尊雕像于1792年推倒在地，砸成碎块，扔进了塞纳河。18年后保皇党卷土重来，登上王位的亨利四世的五世孙路易十八，命令里昂的雕塑家勒莫，重新铸造了一座骑马的亨利四世雕像。这尊雕像竖在西岱岛（西堤岛）的西侧。

雕像虽然是艺术品，但在漫漫的历史长河中，它们自身也因政治风云的变幻、天灾人祸的侵袭、艺术流派的纷争而遭受兴衰沉浮，烙上了深刻的时代印记。亨利四世的雕像，几度荣辱兴衰的命运，几乎就是法国大革命前后几百年历史的写照。人无法逃脱时代的命运，艺术亦如斯！

海粟摸摸这尊像，又摸摸那尊像，感慨地说："千古兴亡，百年悲笑啊！"

他的学生们仿佛都能透视他的心灵历程。刘抗说："你还没听说过罗丹雕刻巴尔扎克像的曲折遭遇吧？"

"什么，巴尔扎克像？"海粟睁大了眼睛，反诘着他，"在哪里？"

刘抗叹了口气摇摇头说："至今未浇铸，还在罗丹故居里呢！"

"为什么？"

"一言难尽！"

张弦接上说："我听艺术界的朋友谈过此事。1893年，晚年的罗丹承担了制作巴尔扎克纪念像的任务。他阅读了大量有关资料，亲自到巴尔扎克的故乡去考察，倾注了六年的心血探索研究，他以极其夸张和奔放的手法，塑造了一个身披睡衣、头发蓬松、昂首远望的巴尔扎克。但人们认为这尊作品惊世骇俗，首次展出就受到强烈的抨击，连一向维护罗丹的人也无情地否定了它。有的评论尖酸刻薄到了极点，说雕像是‘麻袋里装着癞蛤蟆’。可罗丹自信自己的作品终将立于不败之地，他没有丝毫的气馁和动摇。罗丹谢世已 30 年了，时至今日，它仍未被那些执掌艺术权柄的人接受和理解。”

“这就是罗丹的伟大之处！”海粟心里洋溢着对罗丹的崇敬，“我恨不能立即就去瞻仰那尊绝妙的雕像。”

陈人浩笑了起来说：“我们校长想一口吞下巴黎呢！”

大家又哈哈地笑了起来。

“唉——！人们看惯了平庸之作，一旦出现了超群脱俗的伟大作品，就惊骇了，认为是怪物！”海粟喟然长叹一声说，“一个有创见的艺术家，一个新的艺术流派，要让人们接受，多么不容易哟！”海粟思绪还停留在巴尔扎克雕像上，他慨叹之后，又信心百倍地说，“美总会战胜丑的，我想在不远的一天，它就会竖立在这广场上的！”

“现在艺术界的许多人士也提出了这样的要求。”刘抗说，“但有人仍认为雕像丑化了这位伟大作家的形象。”

“我虽然还未欣赏到这尊杰作，但心里早就喜欢上它了！”海粟继续说，“伟大的罗丹，他塑造的不是巴尔扎克的一个酷似外形的躯壳，而是他伟大的灵魂！这就是不朽之所在！”他询问着他们，“就近有没有巴尔扎克的遗迹？”

“有哇！”陈人浩挥手一指，“那就是以巴尔扎克名字命名的大街！巴尔扎克的故居就在十六区雷努瓦尔路（又译莱努合大街）。”

他惊讶地“啊”了一声：“想不到作家在这里享有如此崇高的地位！”

“巴黎是个特殊的地方，不仅艺术家受到特殊的尊重，作家也同样受到尊重。”陈人浩接上说，“巴黎的许多街道都是以作家、艺术家的名字命名的！像左拉广场、雨果大街等都是。”

“妙妙妙！”海粟赞叹不已，“可他们生前都不同程度地受到过抨击！这生前生后之名有时是难以预料的啊！历史是最公正的法官！”

“唉——！”大家也颇有同感。

他们在广场上一待就是两个多小时。春日的夕阳把雕像和建筑物的那些长长的投影变淡了，又抹去了，广场上出现了昼夜交替瞬间那种特殊的光影。田园大街上汽车、马车、行人如流，淡淡的花香从大街的林荫道上向空气中飘散，黄水仙在花圃和路边微笑吐香。

“我的肚子饿了！”刘抗说，“我们去吃点东西吧！”大家便向吃饭的地方走去。

人们三三两两在宽阔的大街上、夕阳的光影里散步，悠闲自在。每家商店的橱窗都布置得高雅漂亮，许多咖啡馆都把桌椅放置到店门外面，散步累了的人就去喝杯咖啡，坐在面街的椅子上，观望着街景和行人。

刘抗率先走进一家快餐店，选了一个临街的窗口席位对海粟说：“校长，坐这里。”他把海粟让到观景最佳角度的座位上说，“今天我们随便吃点，改日我给校长洗尘。”

张弦、陈人浩快活地笑起来说：“我们沾校长的光啰！”

“不行！”海粟认真地说，“你们都是我的学生，应该我请你们，今天吃什么，刘抗点，我付账！”

刘抗对跟过来的女招待用法语低声说所要的食物，不一会儿，女招待就给他们每人送来一杯咖啡、一份烤牛排和两块三明治。海粟要掏钱，刘抗挡住了，“今天应该我请校长。”

“你俩别争了，由我来裁决！”陈人浩喜欢充大，“今天算我的，改天刘抗请校长去哥尔布亚咖啡座。”

“哥尔布亚咖啡座？”海粟已从陈人浩的语气里感觉出了这不是一个寻常的地方，他好奇地问，“是个什么好地方？”

刘抗点点头说：“就是印象派常常雅聚之所。凡·高、劳特雷克、高更、塞尚、雷诺阿、莫奈、德加、马奈他们都出生在19世纪中叶，最早的是马奈，最晚的是劳特雷克，寿命最长的是莫奈，最短的是凡·高。这八位奇才大部分都在巴黎住过，彼此相识，时常到那家咖啡座相聚，他们又各有惊世骇俗的个性和对艺术、对人生的独特见解，在那里高谈阔论，互相标榜。它因此而闻名，如今那里已成为一处名胜，也成了艺术家们爱去的所在，大家喜欢到那里去坐坐，聊天、会友、发思古之幽情。”

“我们何时去？”海粟又发急了。

“听您的安排。”刘抗笑着说。

“我看还是先去卢浮宫的好！”

“好，您只用说一声就行了，我一定陪您去。”

海粟摇摇头说：“你有学业要修，我自己能找去的。”

“以我之见，”陈人浩站起来说，“校长您不能太性急。既然来了，有的是机会，要想在巴黎出入得自由，先得找个人学法语。我们几个的法语都蹩脚，不能胜任。”

“你们帮我请一个吧！”

“好，我们大家都留心。”

巴黎的夜色，是相当迷人的。它没有五光十色的霓虹灯，它的灯光非常妩媚柔和。街头的喷泉，令人联想到童话中的世界。

“我想去看看塞纳河的夜景。”海粟恨不能一下就把巴黎完全拥抱在怀里，“来得及吗？”

“巴黎是个不夜城，醒着的夜，上流社会的人们，午夜才出来活动呢！”陈人浩率先往门外走，“我们叫辆马车。”

海粟起身跟着。

“校长，”张弦关切地说，“您昨晚坐了一夜的车，还是回旅馆休息吧！”

海粟摇摇头说：“我一点都不累，正兴奋着呢！”

坐马车穿行在灯光掩映的大道上，吮吸着夜来香、春茉莉、黄水仙散发的芳香，不能不是一种美的享受。海粟第一次经历着这种享受，他几乎陶醉了，他的学生们乐而不疲地继续充当着他的导游，介绍沿途名胜和艺术遗迹的来历和故事，每一个故事都使他激动不已，不觉之间就到了塞纳河畔。

塞纳河上那些桥上的灯光远观像是条条玉带镶嵌着金光闪闪的宝石，近看似一串串冬夜的寒星，相系着河的两岸。两岸的灯火，落入河中，犹似天上的银河遗落花都，把巴黎割作两半。起伏的波澜又将灯光晃成了银的溶液，宛似一河溶银。河畔的风显得特别轻柔，草地上情侣对对，喁喁私语，难怪艺术家都向往这里，这里的风带着艺术的潇洒，水漾着艺术的灵气，连草地、花香都洋溢着艺术的魅力，就别说人了。

他们师生沿着河岸，缓缓地迈着步子，沉浸在那种令人神往的意境之中，就那么无声地走着走着，谁也不忍惊吓了塞纳河夜的宁静和安谧。

二

海粟每次走进卢浮宫，他的心总要激动得微微发颤。

这是怎样的一座艺术宫殿啊！

当他还是个少年时，就听周湘老师说起过它。那时他对它就产生了无限的神往！20年了，他终于走近了它，走进了这座辉煌的宫阙，而且可以天天来亲近它，描摹它，临摹它的珍藏。越亲近它，这座灰色的建筑，他就愈加感受到它的恢宏、伟大、浩瀚！246个展厅，世界上还有别的博物馆能与它的规模相比吗？从古希腊－罗马艺术，古代埃及艺术、古代东方艺术到意大利艺术、法兰西艺术……除了二楼的中心陈列厅集中藏有文艺复兴时期艺术大师们的名作外，各种绘画流派都有专门陈列室，据说藏品有40万件之多。在世界上还能找出第二家美术馆有这么多的藏品吗？要看完它，最少要一个星期。每当他走进当今世界这个最大的古典艺术博物馆，步上宽阔、气派的梯形石阶，马内热大厅正面无头断臂、两翅舒展欲飞的《胜利女神》，第一个迎接了他。

这是一件魅力无穷的神品，相传是公元前3世纪为纪念希腊一次海战胜利而雕刻的。1863年，从希腊萨莫色雷斯发掘出来。每天，他都要经过它的身边去二楼临画，每次他都要在它的面前伫立片刻，注视它那雄鹰般展开的翅翼，它总使他激动不安，仿佛他那不羁的心中也长出了一对翅膀，跟着它欲乘风飞去一般。

《米洛的维纳斯》在它左侧楼下长廊的中心。她所展现出的人类体态、智慧、心灵的美，千百次地震撼着海粟的心。她是美的化身。传说德国诗人海涅被她的伤感和完美感动得涕泪滂沱，抽泣不止。

他每天到二楼中心陈列室临摹艺术大师们的作品。那里有伦勃朗、拉斐尔、提香、米开朗琪罗、安格尔、德拉克洛瓦、米勒、柯罗的名作。达·芬奇誉满天下的《蒙娜丽莎》就安置在展厅中央，被坚固的围墙和安装了特殊报警装置的玻璃柜保护着。数百年来，它以永恒的微笑迎接天下游人，可它也经历过传奇般的甜酸苦辣。

《蒙娜丽莎》的画幅并不大，大小为纵77厘米，横53厘米。法兰西斯一世倾慕它，四次派人向达·芬奇购买，都遭到他的婉言拒绝。1518年，念念不忘《蒙娜丽莎》的法兰西斯一世，第五次派出心腹，去达·芬奇寓居地——法国的圣克卢，软硬兼施，出价三万枚金币，逼迫久卧病榻的达·芬奇卖给他。但达·芬奇舍不得和自己的得意之作分离，他移身下榻，跪在买画人面前，久久不起，申述他不卖的原因，乞求宽宥，这才免遭杀身之祸。从此，达·芬奇隐姓埋名，拖着病体漂泊流离。达·芬奇于1519年去世。几经周折，法王路易十三成了《蒙娜丽莎》的主人。

这位国王将它挂在“家训堂”，命令女儿整天模仿画上的微笑，数年仿效，公主们终于获得了《蒙娜丽莎》的真传。

当拿破仑成了它的主人后，他把它挂在卧室中，每日早晚要独自欣赏多次。有时面对着画中人入迷入痴，一站就是一天半日。《蒙娜丽莎》已成为美的偶像。从19世纪以来，它已经收到来自世界各地的求爱信多达7200封。海粟还目睹了它每半年去一次科研部门“检查身体”的场景，那仪仗犹似帝王出巡。

那天，他步行去卢浮宫，就发现大街小巷和十字路口，都有士兵巡逻把守。他以为有外国元首来巴黎访问。当他快走近加尔赛广场，就被守卫在那里的士兵告知：“停止前进。”许多游人和市民都被阻拦在路边。但人们并没有因被阻而出现不耐烦的表情，反而好像碰上了什么好运气般容光焕发。他为之疑惑不解，以为遇上了千载难逢的庆典。他正在困惑时，从卢浮宫正门缓缓开出一辆结构特殊的坚固铁甲汽车，汽车的前后左右簇拥着200多名荷枪实弹的彪形大汉卫士，后面30辆警车压队，穿过加尔赛广场，向他们所在的那条大街行来。

人们情不自禁地激动起来，挥手拍掌，欢笑议论。他听不懂他们在说些什么，很想知道这威风凛凛的队列在护送什么大人物。

他引颈寻找，想找到一位黑头发黄皮肤的同胞。终于在人群中发现了个目标。他挤过去，对那人微笑着问："先生，您好！您也是从中国来的吗？"

他浓重的常州口音引起了那人的热情，他惊喜地回应着他："是呀，我是无锡人，听您的口音是常州人吧？"

两双手欢快地相握在一起："正是正是！"他关心的还是街上正在进行的队列，忙问着，"这是干什么？"

无锡人激动地说："这是护送《蒙娜丽莎》到科研部门去做体格检查呀！"

"啊！"他惊诧得张大了嘴巴，"这真是闻所未闻！"

"您还不知道吧？"无锡人以老巴黎的口吻继续给他介绍说："法国人珍爱这幅画到了极点，人们将 1911 年 8 月 21 日的《蒙娜丽莎》失踪视为国难。据说，当报纸披露了此事以后，有四万多名法国人悲痛欲绝，精神失常。法国成立了数以百计的侦缉小组，连续工作了一年多，才于 1913 年 1 月 26 日在法国与安道尔交界处的迪莫特镇找到了他们的偶像《蒙娜丽莎》。为庆祝此事，法国城乡商品竟然削价百分之四十。您说稀奇不稀奇！"

"法兰西是一个有很好文化素养的民族！"他赞叹着。

他们目送着护送《蒙娜丽莎》的队伍渐渐远去。被拦在道路两旁的行人开始散开，他俩这才记起彼此还没通报姓名。他问："请问先生尊姓大名？"

无锡人哈哈笑了起来，"鄙姓顾，小字咸昌。"

"啊，顾先生，在下刘海粟。"

"刘海粟？"顾咸昌惊讶地抬起头，打量着他，"您就是上海美专校长，被称作‘艺术叛徒’的刘海粟？”

“正是鄙人！”

顾咸昌张开双臂紧紧拥抱了他一下，又突然松开，后退一步，再次打量起他说：“久闻大名，想不到在这异国他乡的街头巧遇先生，可谓三生有幸！”他拉住海粟的手，“走，到我的住处坐一会儿，喝杯咖啡！”

美不美，乡中水，亲不亲，故乡人。本来，每天上午九时，他都是按时去卢浮宫临画的，在这语言不通的地方，邂逅了一位同乡人，而这位同乡人又是可视作神交已久的知音，那种说不出的喜悦，使他改变了那天的日程，他一口答应：“好，去认认门。”

一周后的周日，他们又在巴黎哥尔布亚咖啡座不期而遇。

他携着韵士、刘虎刚刚进门，就听到有人喊他。

“顾先生！”他迎过去。

顾咸昌已离座迎向他。

海粟给他介绍韵士、刘虎。他们都很兴奋，顾咸昌伸手把海粟往他的席上拉：“我们一起坐吧，我给您介绍几位同乡。”

“好。”他们跟着他来到他席上。顾咸昌热情地对同乡们说：“这是刘海粟先生、刘夫人和他们的公子！”

大家一齐站了起来，有伸手向他的，有向他抱拳的。

“这位是傅雷先生！这位……”

海粟被面前这位戴着深度近视眼镜的青年吸引了。

此后，傅雷和他们夫妇成了情同手足的莫逆之交。这时，傅雷正和巴黎少女玛德琳热恋。不久，玛德琳又和别人好上了，傅雷陷入了极度的绝望之中。海粟和韵士悄悄商量：“我们得找点时间陪陪他。”

“你安排吧！”

“陪他去巴黎远郊看看名胜古迹。”

“这个主意不坏。”

他们从闻名世界的凡尔赛宫回来的当天，又去巴黎十六区雷努瓦尔路，瞻仰了他们向往已久的批判现实主义的伟大作家巴尔扎克故居。

晚上，海粟躺在床上，满脑子想的还是巴尔扎克。想巴尔扎克创业失败的痛苦，想那些压得他直不起腰的累累债务，想他呕心沥血的创作，想他为了攀登小说艺术一个又一个高峰，日复一日地只睡三个小时的觉，把自己和繁华的巴黎社会隔绝起来，放弃一切享受的生活，在漫长的孤独和寂寞中构思着一部伟大的人间喜剧！他这是用生命的血肉在建筑不朽的工程！那是刻立在人们精神上的砸不烂、打不碎的丰碑！巴尔扎克不朽！不朽！任何不朽都是以生命为代价的啊！巴尔扎克！巴尔扎克……他呼唤着这个使他心灵发颤的名字在拂晓前睡去！

海粟只睡了一会儿，就惊醒过来，唤起妻子，“韵士，我们得加倍努力，不负此生！从今天起，我们每天五时起床学法语。”

三

这是第几次走进卢浮宫，海粟已记不清了，他在《蒙娜丽莎》前约略停了一下。是它的出巡使他认识了顾咸昌先生，他这才有机会认识了傅雷。他又一次记起了伏尔泰那句名言：“人世间一切荣华富贵，不如一个推心置腹的朋友。”

他回报给《蒙娜丽莎》一个同样的微笑，就走到德拉克洛瓦的成名作《但丁的小舟》面前。它的旁边，就是他花了近三个月还没完成的三米见方的巨幅临摹品。

德拉克洛瓦被称为最典型的浪漫主义艺术大师。他生于1798年，和拉马丁、巴尔扎克、雨果同时代。革命教育了这一代艺术家和作家。他们无不充满了革命的神秘主义思想。时代造就了德拉克洛瓦，传统的古典主义艺术形式已无法满足他浪漫主义的热情，需要一种新的“现代的”形式。需要把感情从真正的，或是假设出来的理性“法则”中解救出来，接受和认识一切躲避理性的东西，洞察他们的一切秘密，承认幻想的权利，放纵自己的幻想。以动态去对抗传统的死板、静止，以不尽工整对抗极端的周密和工整，以强烈的主观性对抗过分的客观性！以空疏对抗严密，以光线效果对抗物体线条，以变化无穷对抗僵化的完美。他极力摒弃造型的雕塑感，以色彩为绘画主要的造型手段。浪漫主义绘画相信艺术感觉和幻想对于艺术创作的不可缺少，强调灵感在艺术创作活动中的作用，完全摆脱“古典主义”法则的束缚。他说：“我认为，只有想象力，或者换一种说法，只有感觉的细腻性，才能使人看到别人所不能看到的东西。”他还认为，艺术家的任务就在于“从自己的想象中抽取出来表现自然及其效果，并且是按照自己的气质来寻找它们的手段……一小点天真的灵感要比什么都更可贵！”他还说：“最美的艺术作品就是表达出艺术家的纯粹的幻想的作品。”他以激情洋溢的形象、悲剧性的真实描写、大胆的构图、色彩的革新，对学院派进行挑战。他的反叛又是以丰富的传统为依据的。这个传统为一些人赞美，而为另一些人攻击。

1822年，德拉克洛瓦24岁，他展出了第一幅作品《但丁的小舟》。这是他对学院派发起斗争射出的第一发炮弹。

梯也尔立即感到一个“大艺术家的出现”。他说：“一个巨大的天才出现了，由于看了其他画家可怜巴巴的那两下子而险些破灭的希望，重又复活了。”而忠于大卫学派的德列·克笛兹对此却回答说：“这幅画只不过乱画一气而已。”

海粟第一次参观卢浮宫，就被这幅画深深震慑了，深暗的色调，人物动作猛然，但丁红帽绿衣，和维吉尔相携在狂风恶浪中渡海泛舟，暗蓝色的大海，像硕大无朋的乌龙在扭身滚动，画面紧张而恐怖，画中的形体塑造由死人的痉挛而僵硬的裸体构成。前景中那个后仰的死者脸部描绘得尽善尽美，僵死的颜色上又加了一些红色的变化。相互对立的亮调和暗调组成了一个完美的和弦，唤起了他心灵的强烈共鸣。

海粟整整在它面前站了20多分钟。若不是跟他同来的儿子不耐烦了，拽着他说：“阿爸，走吧，到别处去看看吧！”他不知还要看多久。

这幅画的印刷品他读过多次，那是无法与原作的魅力相比的。从那天起，他就在心里筹划，要临下它，带回中国去，但他又久久处在犹豫中。那是因为他对德拉克洛瓦了解得太少了，可谓陌生。他得先对德拉克洛瓦做些研究，了解德拉克洛瓦的艺术追求和思想，可他的法文不过关。将这个愿望付诸实施，还是在认识傅雷以后。

那天，他们从巴尔扎克故居回来后，他被巴尔扎克的精神打动得寝食不安，他是靠自学成为艺术家的，没有深造的机会，他认识到自己的薄弱之处，于是下定了决心，花大力气来提高自己的油画艺术修养。他得紧紧抓住欧游的这个机会，扎扎实实来提高。

“傅先生。”早上傅雷来给他上课，见面他就说，“我决心以下地狱的勇气，老老实实地临些使我倾倒的名作，我请你帮助我。”

“我研究艺术，但我不会画画，如何帮助你呢？”

海粟从韵士手里接过沏好的绿茶亲手捧给傅雷：“我想先临德拉克洛瓦的《但丁的小舟》，我非常喜欢它的色调、风格，它所表现的一切，都是对现今仍然统治法国艺术学府的大卫艺术理论的反叛。我喜欢这种反叛。可我不了解他，想先研究他的经历、思想，在比较理解了他的艺术观和创作意图后，再开始这个工程。我还不能很流畅地读懂有关他的传记、评论和他的日记、文章……"

傅雷没等他再次提出要求，就爽快干脆地回答说："这个不难，我每天晚上的时间给你。"

他到卢浮宫的图书馆借来了有关德拉克洛瓦的资料，每晚和傅雷在灯下读到深夜。海粟读了他的几本传记、日记和对他的艺术观的正反面的评论文章。海粟发现，直到德拉克洛瓦去世后，对他截然相反的两种评论仍然继续着，论战到今天。这个事实又证明了他的艺术的革命性质。海粟已从中悟出，对德拉克洛瓦艺术创作的认识之所以有如此的矛盾，是由于人们对古代和当代，对理想和现实，对形和色看法上的分歧造成的。凡是具有革新的尝试，都会招来不同的看法，恐怕这已是一种普遍的规律！他不也是始终生活在这种矛盾的旋涡中吗？海粟觉得自己已基本理解了德拉克洛瓦，也基本认识了这幅所包含的他一切风格、特点的萌芽之绝作！德拉克洛瓦是欲借《神曲》之名，表现善与恶的矛盾。

那天，他起得特别早，五点不到就起来做临画的准备。他边背记法语单词，边拿出一大盒炭条、调色油、画板、画笔、刮刀装进一只帆布口袋。又灌满一壶凉开水，拿出韵士准备的画包装进一只纸袋，又把削笔刀放进口袋里。

刚做好这些，傅雷就来了。他给海粟上的新课就是翻译德拉克洛瓦的文章。他先叫海粟自己读，指出几处不准确之处，然后叫他笔译成中文。傅雷坐在他边上，俨然是严师。海粟边念原文边笔译："伦勃朗画衣衫褴褛的乞丐肖像时，他所服从的是菲狄亚斯用大理石雕凿自己的丘比特神像时所服从的一样的艺术风格法则……”海粟译了一段就停住笔，感慨地说，“德拉克洛瓦是勇士！正是他这种摆脱了有关美的成见而具有的独立性，刺痛了法国观众和一些评论家，所以他们指责他是用醉汉的扫帚来画颜色和用梦游症患者不准确的手法来画素描的！”接着海粟译他对这些攻讦的回答。

傅雷用法文念了一遍说：“它会引起你的共鸣的！”

“不像话！不像话！”海粟仿佛感觉到德拉克洛瓦就站在他面前大声怒吼，于是接着译道，“所有这些都是我们的陋俗，都是我们对伟大而美丽的自然的偏见……”

“好，很好！”傅雷高兴得连声称赞他，“你译得很有感情了，你可以自己看懂研究书籍了！我这个启蒙老师的任务完成了！”

“不行，不行！”他连忙说，“我才学到一点肤浅的皮毛，离毕业还有很远的路程呢！”

“我给你推荐一位法国教师。”

“法国教师？”

傅雷点点头说：“奥格赛夫人，她很有教学经验，做过好几个艺术家的法文老师。要不了多长时间，你们的法语就会提高到一个新水平。”

他也觉得不能再给傅雷太多的负担，他相信傅雷不是为了卸包袱，而为了他能很快地熟练使用法文。“这太好了，何时来？”

“我已同她说好，还是早上你上卢浮宫之前，七时半到八时半。授课费她不会多收的。”

“太谢谢了！”韵士感激地说，“傅先生，今晚来这里吃晚饭，我昨天买了一点新鲜菜。”

“好，我来。”

刘海粟因为来得太早，加尔赛广场人影稀疏，卢浮宫的大铁门还板着威严的面孔，但已有不少人等在门外了，自觉地排成了队列。他们中不少人也是来临画的，他们一样拎着画板，背着画夹，扛着背包，站在这高大的宫门下。海粟又一次感到自己犹似一滴水落进海中一样渺小，他对中国那古老的名言“书山有路勤为径，学海无涯苦作舟”有了更深切的体会。

随着巴黎圣母院清远悠扬的钟声，犹如高高宫墙的大铁门轰然一声敞开了。他们依次往里走，海粟走进临画厅。

那个专门为临画艺术家推画架的工人，立即来到他面前礼貌地问：“先生，需要我的帮助吗？”

海粟微笑着点点头说：“谢谢，请把我租用的画架推到那幅《但丁的小舟》旁边来，还有梯子。”

海粟在画板上固定好画布，就着手起草轮廓。

他又一次凝视着画面，不一会儿，就爬上梯子，挥舞着炭条。两个小时以后，草图画好了，他爬下梯子，对照着比较原作。

他不满地摇摇头，爬上梯子，从腰间取下抹布，几下就擦去炭条留在画布上的轮廓线条，又重新画起来。两小时以后，他又爬下梯子，坐在马扎上，看看原作，又看看草图。

他又摇摇头，爬上梯子，擦掉又画，又擦又画。他忘了面包，也忘了水壶里的水，也不知时间的推移。直到响起了闭馆的钟声，他才惊醒过来。

他颓丧地又坐到马扎上，望着炭条落在画布上的草图，仍然不满意，又叹了口气，又爬上梯子，挥起抹布，把起草的轮廓抹得一根线条也不剩下。

那个推画架的中年人向他走过来，微笑着对他说：“先生，闭馆了，明天再来吧！”

海粟对他点点头，收拾起画具，放进租用的柜子，拎起背包，怏怏地出了门。

回到旅馆，他全身像散了架一般，丢下背袋，无力地坐到椅子上。

韵士拎起背袋，她感到重量未减轻，就打开来看看，面包和水原封未动。她惊诧地叫了起来：“你饿到现在？”

他淡淡地点点头说：“忘了！”

韵士无可奈何地叹了口气，她了解他的脾气，不再说什么了，就进厨房去了，不一会儿，她端给他一盘凉面和一杯温开水：“快吃吧，这样下去要饿出病来的！”

他抬眼望了一眼妻子，微微一笑说：“我壮着呢！”

“嗯，又吹！”韵士爱嗔着他，“明天可不要又忘了哟！”

“好，不会的！”他端起杯子咕噜一阵后，大口吃起面条来。

第二天，他继续起草轮廓图，又是画了擦，擦了画，上梯下梯，折腾一天，又是忘了吃饭喝水，最后又是擦掉了，晚上又是精疲力竭地回到“家”。韵士又心疼又无可奈何：“你这是何苦呢！搞垮了身体，还能搞艺术吗？难道这还要我多说？”

他又大口喝水，大口吞饭，休息一会儿，仍坚持每天晚上去格朗旭米埃画院进修。

他初来法国时，刘抗就对他说：“校长，巴黎的美术院校，对它本国的学生要求很严格的，对外国的留学生就很随便。学好学坏，每年升级，到时照常毕业，许多外国人到巴黎学画都不进美术院校，各自选择画院从事研究，学文学也是如此。”他考察了几个画院后，挑选了格朗旭米埃画院进修。

格朗旭米埃画院位于巴黎十四区的蒙帕纳斯，和哥尔布亚咖啡馆在同条街上。那是座古老的灰色建筑，前面是雕刻工作室，后面是画室，楼上还有两间画室。这里入院作画手续简便，买张票就可以进去，只有一位老太太在管理，画室却收拾得干净整洁。作完画，可以按照票根的号码把画具放进同一号码的窗子，不用带来带去。海粟没开始临画那段时间，每天上午去卢浮宫观摩，下午和晚上都来这里，现在他整天临画，不管多累，晚上他还是坚持到画院深造。

楼上的速写室常年雇着两个模特儿，供来这里的艺术家绘画。这里的裸体模特儿不像通常那样固定做着一个姿势，她们可以在室内自由活动，或行走、或提物、或运动、或舞蹈、或休息。海粟知道，要准确抓住人体运动态势和肌肉的相应变化，不但需要敏锐的观察力，更需要刻苦勤奋的练习。他从不放过她们，哪怕微小的形体动态的变化，手不停地勾画。一晚上至少要勾画二三十幅。有时，他也使用毛笔去勾画速写。他已能熟练准确地表现出人体运动的各种生动形态了。

他喜欢这家画院，还因为那里每天相聚着来自不同国度的不同人种、不同肤色、不同年龄，但都具有相当水平的艺术家。他们一起作画，研究技法，互相观摩、学习、评论、切磋、交流各自的艺术观感，畅所欲言，坦诚相见。在那里，比进真正的美术学院收获还多。他每晚在那里工作到午夜，他不愿把过多的时间消耗在睡眠上，每晚只睡四小时。

海粟一连四天都在起草《但丁的小舟》的轮廓，越画越不满意。他几乎要气馁了，失去信心了。可他又不甘心放弃这个目标，他不怀疑自己的才华、灵感，但他已认识到自己的功力还不够深厚。他从创办美专始，虽然没停止过艺术实践，但大部分时间在忙校务，留给艺术的时间太少了，留给油画的时间就更少了。他的作品凭借的只是灵气，一挥即就。像这样可以整块时间全身心地投入艺术研究，还是破天荒。

他找到了自己的弱点，信心反而增强了。第五天，他采取了一个最累、最苦的方法，他勾勒几笔，就爬下梯子，看看是否准确，若不满意，擦掉再来，直到完全准确了再起草另一个人物的轮廓。这一天，他上下梯子数百次，一个满意的轮廓终于出现在画布上。

终于笑了，可他的两条腿已肿胀得像灌了铅一样沉重。回到旅馆，他都上不了楼梯，只得拽着扶手，一步一步往上攀，进了他的“家”，就瘫倒了一般。

韵士把他扶到床上躺下，就去给他煮咖啡、拿吃的。当她端着盘子给他送吃喝的来时，他已鼾声大作了。韵士心疼地拿块毛毯盖在他肚子上，摇摇头，轻手轻脚退出了卧室。

那鼾声有时悠长，有时短促，起起伏伏，在室内久久地回荡。

突然间，鼾声停止了，韵士走了进去。

他已坐起来了，“我怎么睡着了？”他自问着。

韵士拉亮了灯，“你睡得好香啊！”

“几点了？”

“七点半。”

“啊！七点半？”他大吃一惊，“你怎么不叫醒我？”他一骨碌滑下床。

“我看你太累了，就让你多睡一会。”

“你只知道让我睡！”他不高兴地嗔怪着她，“不劳其筋骨，饿其体肤，怎能取得突破？妇人之见！”他走到自来水边，拧开龙头，把头伸过去，让哗哗的凉水浇到头上脸上，他用劲揉搓着脸。当他擦干了头发上的水珠，感到清醒多了，疲劳感也消散了，两腿也轻了许多。他一口喝干了已凉了的咖啡，抓起夹了香肠的面包，大嚼起来。不到五分钟，他就解决了饥渴，精力又恢复了，又往格朗旭米埃画院去了。

海粟如痴如醉地望着《但丁的小舟》，分析研究德拉克洛瓦处理色调的方法，调动起自己的一切色彩知识，去理解他色彩的创新所在。

他研究了整整三天，仍然不敢贸然动笔。他又花了三天时间去观摩别的艺术家临画，这才开始铺上底色，在幽暗的基调上开始描摹人物。他先从小舟上的人物开始，逐个局部摹写。他给自己定下了目标，要惟妙惟肖地临下这位浪漫主义大师的成名作，要达到乱真的程度。

他每画下一笔，都经过郑重斟酌，他的神经绷得像提琴上的弦，他心里只奏着这同一个曲调。再结实的琴弦也经不住长时间的紧张演奏啊！数天之后，他头晕恶心，眼冒金光，发热发冷，食而无味。

韵士着急了，几乎是哭求着他，他才躺到床上。

他昏睡了两天，感觉刚好一点，又去临画了。他一握起调色板，挥舞起画笔，就忘了身外的一切，仿佛进了另一个世界。他的投入就是这么虔诚。他还是经常忘了吃饭喝水，韵士为他准备的长形面包和开水，常常原封不动带了回来。但丁的面部他画了三天，但丁扬起的手臂他画了四天，维吉尔的大袍子他整整花了五天时间，那些攀附在小舟边的亡命者，他花了更多的时日。他一连工作了三个月，才基本完成，但还需做些润色。

他放下背袋，坐到马扎上。一会儿看看原作，一会儿看看他的摹本。他的脸上泛起了一丝喜色。他边端详着它们，边往调色板上挤颜料。他发现了它们的微细差别。

他急速地爬上梯子。

为临这幅画，他上下了多少次梯子？谁也说不清。推画架的工人来来回回看到他忽上忽下，耸耸肩，摊开两臂，幽默地说：“刘先生，你把我们的梯子踩矮了呢！”

海粟不知他这话是褒是贬，仿效着他的手势，以同样的口吻回报他：“这怨不了我，只怪你们的梯子不经踩！”

他又上上下下了数十回，再次坐下来比较着它们。

他没能找出它们的差异，一种说不出的喜悦从心底往上涌，一直涌到他已消瘦了许多的脸上。他用目光久久爱抚着它，就像爱抚经受了生与死搏斗才产下的爱子一般。它已不是用油彩画就的复制品，而是心、血和爱凝聚成的一个鲜活的生命。

他就那样坐着，看着，直到闭馆的钟声响起。

傅雷在等他。海粟一进门，他就站起来说：“看你的神色，好像是大功告成了？”

海粟笑笑点点头：“对，成功了！”

“感觉如何？”

“自感良好！”

傅雷友善地拍了下他的臂膀：“祝贺你！”

“谢谢！”

韵士为他沏来了一杯茶：“你们坐下说，一会儿就开饭了。”

“有什么好菜招待我们的朋友？”他心情少有的愉快，“我好久没有和傅先生喝两杯了！”

“有新鲜牛排，我按上海的吃法做的。”

“嫂夫人。”傅雷抬头感激地望着韵士，“只有在你这儿，我才能尝到正宗的家乡菜，这也让我想起了母亲。”

“傅先生，”海粟喝了一口茶，“明天去看看我临的那张画，我想听听你的高见。我准备接下来就临德拉克洛瓦的《十字军占领君士坦丁堡》的局部。你看过的，就是画面右前景上两个受伤垂死的妇人。这一细部，虽与整个画面完全脱节，但那两个形体有种无与伦比的魅力。”一谈起德拉克洛瓦的绘画，他就激动起来，“我已研究那幅巨制好久了，他采用中间调子画洪流，洪流中零零落落浮出一些鲜明的红色，战士用的棕色调，城堡使用的是灰色调，海的调子用的蔚蓝，构图采取以明暗对比为基础，以深蓝的环境突出明亮的人体，而围绕人体的深暗色调又为明亮的背景所显现。明亮的背景上那组深暗的十字军又为中间调子包围，中间调呈现了出色的绘画效果……”

“海粟，”傅雷想起了他来此的目的，是给他送一封国内转来的信，他打断了海粟，“我险些忘了，”傅雷从口袋里拿出一封沉甸甸的信递给他，“顾先生让我带给你的，他说是位留学生从国内带来的。”

海粟接过信，一看信封的字，就高兴地跳了起来：“是志摩的信，韵士，志摩来信了！”

韵士两手水淋淋地从厨下走了出来：“志摩来信了？小曼怎么样？”

“我还没看呢！”

“你看吧，我正在做菜呢！”就返身往厨房去了。

他拆信的手激动得微微抖颤着。他和志摩的相识相知仿佛就在昨天。

那是1924年4月12日，印度大诗人泰戈尔访华，住在上海沧洲饭店。徐志摩是全程陪同，海粟去拜望诗人，并为诗人画了两张速写肖像，发表在《申报》和《时事新报》副刊《学灯》上。志摩为他们的谈话做翻译，他的语言流利，译得妙趣横生。志摩的才华横溢给他留下了难以磨灭的印象。他们从此交往甚密，成为知音。那时志摩已是声名远播的新月派大诗人，被誉为“当代第一才子”，但也有人攻讦他是“当代混世流氓”。他的全部诗作，贯穿了一种浪漫主义的人生理想，他终生追求爱、自由和美。他来巴黎快半年了，还未和志摩通过信，可一直惦记着他们。突然接到志摩的信，怎能叫他不激动？他的手指怎么突然有些不听使唤了！好一会儿才拆开信封。他急切地抽出信笺，看了起来。随着志摩的陈述，仿佛有缕淡淡的云雾漫上了心头。信后附了好几份剪报，他接着读了起来。

这几份剪报，是徐志摩和徐悲鸿对5月开幕的第一届全国美术作品展览不同认识的论战文章，还有各自支持者的文章。

悲鸿认为美展中宣扬形式主义作品，拒绝参加，并发表了《惑》和《惑之不解》等几篇文章。他在《惑》中写道："雷诺阿（Renoir）之俗，塞尚（Cezanne）之浮，马蒂斯（Matisse）之劣……借卖画商人之操纵、宣传，亦能震撼一时……美术之尊严蔽蚀，俗尚竞趋时髦，"他又愤激地写道："若吾国革命政府，启其天纵之谋，伟大之计，高瞻远瞩，竞抽烟赌杂税一千万元，成立一大规模之美术馆，而收罗三五千元一幅之塞尚、马蒂斯之画十大间（彼等之画一小时可作两幅），为民脂民膏计，未见得就好过买来路货之吗啡、海洛因……"

海粟继续读下去。

悲鸿在《惑之不解》中写道："形既不存，何云乎艺？"他认为形式之美术"是伪美术"，"真伪不能混淆"。"弟惟希望我亲爱之艺人，细心体会造物，精密观察之……"又写道："以青藤之同宗，来板程朱面孔，无端致人厌恶，但弟以处今日之中国，实不能自已……"

志摩不同意悲鸿对第一届全国美展之评论，也不同意他把中国艺术家新的表现手法的探索一概斥之为形式主义，更不同意他对欧洲新兴的印象派、野兽派艺术大家的评价。

海粟翻了翻另外几份剪报，他看到李毅士的文章《我不惑》。毅士曾是他的合作者，辅佐过他，支持过他，一种油然而生的亲切和好奇使他先抽出他的文章读起来：“……我想悲鸿先生的态度是真正艺术家的态度。……塞尚和马蒂斯的作品，我研究了二十多年的洋画，实在还有点不懂。假若说，我的儿子要学他们的画风，我简直要把他们重重打一顿……”

海粟陷入了沉思。

他原本计划去年初冬启程西来的，船票都已买好了，也已和亲友做过告别。忽然杨杏佛来找他：“海粟，蔡先生在着手筹办第一次全国美术作品展览。这个议案是你5月在全国教育会议上提出来的。政府又不肯多支持，若办不成功，这不仅影响画家们的情绪，蔡先生的面子也不好看。我希望你推迟行期，协助蔡先生筹备好展览。”

他二话没说，就退掉了船票。

蔡先生邀请他和叶恭绰、王一亭、高剑父等40多人在上海沧州饭店召开首次筹备会，也邀请了悲鸿，他没来出席会议。大家在会上各抒己见，就征集作品、编辑会刊、布置场地等具体问题做讨论和安排。大家推选了他和蔡先生、叶恭绰、王一亭、杨铨、杨杏佛六人主持筹备工作。他为之奔忙了好几个月，征集了很多好作品。他们对国画传统做了许多突破，显著的如齐白石的单纯线条和积墨，郑午昌的用生宣纸刷染重色焦墨，贺天健的纵线条，张善孖的动物写生……中国美术开始从沉闷的、僵化的模式中透溢出个性的生机，这是值得欢呼的！

他也有数幅作品入选。出国前夕，“寒之友”画会的朋友小聚，他与陈树人、郑曼青合作的《寒禽瘦石》也入选参展，并发于会刊，他未等及美展开幕就启程了。他没想到这个昭示着中国绘画新生命的画展，会发生这么一场论战。

“怎么？”傅雷见他沉落在一种茫然和惆怅之中，不禁发问：“志摩出了什么事？”

他摇摇头，苦笑了一下，把信和剪报递给傅雷说："你自己看吧！”

傅雷很快看完了，他放下信，转向他问："徐悲鸿在法国学了八年美术，怎么还持这种观念？”他又微微摇了摇头，略有所思地想了想，自我回答着，“他上的是巴黎美专吧！”

“听说是。”

傅雷笑了起来说："这不奇怪了！印象派、野兽派经过数十年的不懈抗争，如今才被公众接受。但法国的美术院校仍受大卫学派古典艺术思想所统治！”

“我虽然写过几篇介绍高更、塞尚、凡·高的短文，那只是粗线条的认识，我还没有认真地研究过他们。”海粟突然站了起来，在房内走了一圈，“傅雷，我想系统地研究下他们。你看如何？”

“好呀！”傅雷高兴地站了起来，“1870 年至 1900 年，是欧洲画坛最活跃的时期。这个时期出了一群大画家，作品风格丰富多彩，是现代美术史上最光辉的时代。这是一个体现了理想并奠定了当代美术一切优秀成就的基础的创作最活跃阶段，揭示出某种文化的多声部合唱的视点，值得你付出代价去研究的。”

“我们中国一般从事美术工作的人不了解世界美术史上这个辉煌时期，就是有相当名望的绘画家对近代美术流派也是人云亦云、拾人牙慧，这就造成认识上的混乱，会遗误……”

“饭好了，”韵士招呼着他，“海粟，帮忙端菜。”

他停住了话头，立即起身帮忙去了。

席间，他们的谈话仍未离开刚才的话题。

傅雷说："海粟，我也想对法国这个时期的艺术做些研究。”

"我正想给你提这个建议呢！"海粟高兴地举起啤酒杯，"酒逢知己千杯少，为我们的心灵相应，喝！"

他们相约一道去寻访法国近代和当代画家的踪迹。

四

他们乘火车到了奥弗。那是凡·高人生最后的一个驿站。同去的还有刘抗和陈人浩。

他们先去拜访凡·高当年的监护人加歇医生和医生的儿子保罗。

保罗的别墅在山坡上。他们走上三段陡峭的石阶，到了台地花园。房子是三层楼的，很坚固。

保罗先生把他们领进起居室。他们各自做了自我介绍，并开门见山地说明了他们的来意。

保罗说："我父亲当年就在这儿接待文森特·凡·高先生的。"

这是间宽敞的大房间，高高的天花板，有两扇窗子对着花园。保罗把他们领到窗前："文森特先生就在这花园里作过画，我父亲叫我将画架搬到花园，他指挥我放在那里。"他指了一处位置，"我还记得当时的情景，文森特先生画画时，我父亲欢天喜地围着他打转，一会儿惊愕，一会儿诧异，一会儿叫好，在他的肩头上不断提出意见，发出无数的欢呼，快活得像个孩子，说：'文森特，你笔下没有静止不动的生命！好好好，不，不，我请求你，务必小心，对对对，妙极了！妙极了！'我父亲看见别人画画，总是这样手舞足蹈，兴奋得冷静不下来。"

保罗先生转过身，指着墙上的画说："这就是文森特先生画的我家花园。这是他为家父画的肖像，那几幅也是他在奥弗的作品。这是他在阿尔作的《向日葵》，是他临终时他弟弟提奥送给家父作纪念的。”

他们走近去，欣赏着。海粟立即被画上那片由黄色、绿色、红色、紫色组成的狂欢般铺展的色彩的气氛震撼了！那是颜料的制品吗？不！那是流动着的一种罕见的生命力！他的心微微战栗着……

“保罗先生，”傅雷的声音把海粟的思绪从审美的历程中拉了回来，“令尊大人是位了不起的艺术鉴赏家。”

说到他的父亲，保罗不由兴奋起来：“我父亲是位认识天才的天才。他早年到巴黎学医时就认识了现实主义画家库尔贝和作家米尔热，经常到哥尔布亚咖啡馆去，同马奈、雷诺阿、德加、迪朗－吕埃尔、莫奈很快成了朋友。还没有印象主义以前，多比尼、杜米埃就到我家来作过画，毕沙罗、西斯莱、吉约曼、德拉克洛瓦全都到过舍下，无不与我父亲一道作过画；塞尚、劳特雷克、修拉当时还不被承认的时候，我父亲就认为他们是天才画家。我不是吹牛，从本世纪以来，没有哪一个重要的画家不是家父的朋友呢！”

海粟边听边浏览着这宽大的起坐间的四壁。现实主义、浪漫主义、印象主义等不同流派代表画家的作品竞相生辉，称之为本世纪重要画家作品的联展也不算夸张。他对加歇医生不由升起一股敬意。他问：“保罗先生，令尊自己作画吗？”

“喏，”保罗把他们领到另一间屋子，“这都是家父的作品。他每年参加‘独立沙龙’展出，用P. 凡・吕塞尔的笔名。”

“我们很想了解文森特在奥弗最后那段时期的生活和创作。”海粟回到起坐间时有些急不可待地说，“你能帮助我们吗？”

保罗快活地回答着：“我很乐意。”他领他们走出那幢乡间别墅，下了三级石阶，边走边说："家父是位精神病专家，文森特先生被疯癫病困扰多年，他的弟弟提奥在经营艺术品的古皮尔公司工作，是位有卓见的画商。他委托家父照看他的兄长。家父早就仰慕文森特，他对文森特在'独立沙龙'展出的作品赞赏不已，他认为文森特画的阿尔夜景是那届沙龙整个展览会中最出色的作品。当看到文森特所画的向日葵镶板画时，他流下了眼泪，对我说：'文森特先生是一位伟大的画家，在艺术史上还没有过像这些黄色的向日葵的画呢！单单这几幅画，就能使文森特先生不朽！'"

"令尊不愧是位认识天才的天才！"海粟脱口而出。

保罗向他们回忆凡·高："家父带着我去火车站迎接文森特先生和提奥，我一眼就看出文森特神经过敏、兴奋、爱冲动，眼里流淌出忧郁，个子又小。家父热情地紧握他的手说了许多热情的话。提奥趁文森特瞭望村头景色之际，悄声对家父说，'你一看到他有不幸的征兆，请马上电告我，我要在他身边……'家父连声'啧啧'，他大概认为提奥太小心翼翼了吧！轮番地跳动双脚，食指不断地捋着山羊胡子，有些不耐烦地说，'他是疯的，你有什么妙法？所有的艺术家都是疯的，那对他们是最好不过的，我就喜欢他们那个疯，我还希望自己也变疯呢！亚里士多德说得好，没有一个杰出的灵魂，不是疯狂的混合体呢！'他的弟弟仍然不放心，一再地说，'他还年轻，还不到37岁……'他没说完，家父就一把从头上抓下帽子，下意识地捋着头发，'我知道如何照顾画家，不出一个月，我就使他变成一个健康的人，你就放心吧！'"

保罗边说边领着他们穿过市府广场，把他们领到正对面的凡·高故居前，说："这是拉武先生开的小咖啡店，文森特先生就是在这里咽气的。"

海粟的心顿时沉重起来，虽然早知道凡·高不在人世。

保罗率先走进咖啡店。

这通常是法国农村农民和劳工休息的那种咖啡店，设备粗陋，粗糙的桌凳，酒柜后有张弹子桌，底端的门通向后院。拉武的儿子见到保罗领进四个黑头发、黑眼睛的中国人，立即从酒柜后迎上来，微笑着问保罗："是来看凡·高先生住过的房间的吧！"

保罗点点头，把海粟、傅雷他们介绍给他。

拉武的儿子向他们伸出双手紧紧握住说："欢迎欢迎！"就领着他们向通向后院的门走去。

他们从后院走上弯弯曲曲的楼梯到了楼上，进了凡·高当年住过的房间。房主人介绍说："凡·高先生去世后，我父亲就没再出租过这间房子。老人临终前还一再嘱咐我，要保持当年凡·高先生临终前的原样。我遵从父嘱，将这间屋子辟为凡·高先生故居，供人参观。"

"谢谢！"海粟情不自禁地张开双臂拥抱着他，"我代表凡·高在中国的崇拜者感谢先生！"

拉武的儿子指着窗外说："从这里可以望见教堂，他的那张《教堂》就是站在窗口画的！"

正值初秋，窗外遍地是明净的阳光。保罗怀着兴奋说："我父亲常常到这间屋子来看凡·高先生作画。那天，他带了我一道来，见凡·高神情黯淡。父亲满怀激动地对他说：'凡·高，当一个画家是世界上最美丽的事，我一生都想自己成为艺术家，可我缺少天才。'他跪了下去，从凡·高床底下拉出一堆油画，举起一张深黄色的向日葵，泪流满面对凡·高先生说：'要是我能画出这样的画，我就认为我这一生没有白来人间。我是医生，多少年我一直在医治病人的痛苦，可他们还是死去了。你的这些向日葵，将医治人们心灵上的痛苦，带给人们喜悦，永远，永远，这就是你的生活是成功的道理。你应该是个非常非常幸福的人了！凡·高！'当时我也流了泪。家父那张肖像，就是第二天凡·高先生到我家去时画的。”

“那是一张杰作！”傅雷赞叹着，“和我曾看到的他那张作于阿尔的自画像很相像呢！”

海粟有个本领，有些画，他只要看上一眼，就能基本记住。他已在记忆的脑纹上烙下了医生的肖像：医生靠在一张红色的桌边，桌上放着一本黄色的书和一盆盛开的紫色指顶花，他头戴白帽，身着蓝色大礼服，衬着钴蓝的背景，头部的色彩鲜明轻快，手是淡淡的肉色。他赞同地说：“是很相像。”

“家父非常欢喜那张肖像。还要求凡·高为他画了张副本。”保罗抬手向窗外的田野指划了一下，又伤感地叹了口气，“他就是在那儿的麦田里把手枪抵着自己腰的一侧扣响了扳机。那天，他还画了麦田上空的鸦群和田野。”

房主人拉武的儿子接上说：“晚上，我母亲来到这间屋里，才看到他衣服上有鲜血，于是急忙去喊来了加歇医生。”

大家又都沉坠在一种悲哀里面。

凡·高和提奥的墓并排坐落在盛开的繁茂的向日葵花影丛中。他们久久默立在墓前，想着凡·高那短暂、不幸、痛苦而又辉煌的人生。他生前贫病交加，不被理解，只卖掉了一张画，依靠爱他、理解他的弟弟供养。他为了不再在弟弟被解雇的困境中增添负担，对自己扣响了扳机。可提奥却又因失去他而沉重悲痛，在他去世半年后的一天也离开了人世。他的弟媳从《圣经》中得到启示，不久，将其丈夫的骸骨移到奥弗，让相亲相爱的两兄弟永远安眠在一起。海粟为这个故事又一次流下了泪。

他们在奥弗住了三天，沿着凡·高的踪迹，他们作了几幅画。傅雷始终在烈日下陪伴着他，他很喜欢海粟画的向日葵，说：“海粟，你的向日葵吸取了凡·高《向日葵》的精华，那黄色，很特别！我很欣赏呢！”

“谢谢，我想是凡·高冥冥之中在助我吧！”

五

海粟一行从奥弗乘早班火车回到巴黎，随着潮涌的旅人出了车站。傅雷站在街边扬起手叫车，却发现海粟不在身边。他昂起头搜寻海粟的身影，发现他正在横穿马路，他喊了起来：“喂，海粟，你到哪里去？”

听到傅雷的喊声，海粟回过头来也大声说：“快来呀，那里像是有家画廊，去看看，找找印象派！”

傅雷当即放弃了叫车的念头，跨着大步跟上了他。刘抗和陈人浩紧紧跟上。

海粟说：“这里我经过多次，过去怎么没发现有画廊？”

“我也没见过，大概刚刚开张吧！”

他们走上了人行道。

“傅雷”，海粟侧过头问他，“你知道巴黎的画廊有多少？”

“说不准，差不多每条路都能遇到，多如牛毛。”

“有人做过统计，说有 1500 多家。”海粟放缓脚步，等傅雷他们走到他身边说，“我已看了 500 多家了，很少见到陈列印象派的作品，取而代之的全是野兽派了。”

傅雷点点头：“是的，印象派的全盛时期是 19 世纪 70 年代到 90 年代的 20 年，此后，便逐渐为后期印象派和接踵而来的其他画派所接替了。如今的巴黎画廊几乎都被野兽派占领了！”

欧游时期的刘海粟

1930 年，刘海粟与张韵士等一行在欧洲考察艺术

1929 年，刘海粟拜访巴黎美术学院院长贝纳尔

我想任何辉煌都由黯淡凝成的！
这是我从这些印象派大师们的
奋斗经历中得出的认识。

“我看了那么些画廊，却很少见到马奈、德加、塞尚、莫奈、雷诺阿、高更、修拉、凡·高、劳特雷克等人的作品，这次奥弗之行，看了凡·高那么多原作，真是大饱眼福！”

“欧洲画坛演变之迅速，用得上一句话：‘长江后浪推前浪，一代新人胜旧人’，体现在艺术流派的更替上就更为突出了。”

他们说着说着就走近了目标。果然是一家画廊，他们驻步在橱窗前。海粟惊喜得瞪大了眼睛，很是兴奋激动，他的心微微战栗着，声音也有些颤抖地叫了起来：“塞尚！塞尚！你看！这是塞尚的《昂希湖》！傅雷，你快看看他的题款和签名！”

傅雷把眼镜取下来揩了揩，又戴上，凑近玻璃窗，也不由兴奋起来：“对对对，是塞尚的《昂希湖》！早就听过他的这张杰作，就是没见着。他的其他作品，我也见得很少。人们对塞尚的评价至今仍然大相径庭。”

“你说说，为什么对他争议这样大？”

“有人称塞尚是后期印象派的魁首，也是立体主义、野兽主义等画派的先锋，有‘现代美术之父’的尊称，是承前启后的伟大人物。但批评界对左拉、丢朗提及其一帮朋友给塞尚臆造出来的传说，仍未消除，成为人们正确理解、认识塞尚的障碍。”

“啊，我知道了！就是左拉那部小说。”

“是的，当时传播很广……”

“可这并没有影响塞尚艺术的声誉！他的声誉有增无减！”有人从他们背后打断傅雷的话。

傅雷和海粟回过头去。一位大约过了知命之年的男子站在他们身后，正用目光在打量他们，未等他们说什么，就自我介绍说：“我是这家画廊的主人，请进来看吧！我这里陈列的全是印象派作品，我为之花了毕生精力。”

海粟的惊喜和兴奋，很难用语言来表达，犹如在沙漠中发现了绿洲！雪野中看到了红莲，茫茫黑夜中望到了灯光，孤独寂寞的长夜中被拥进了爱人的怀抱……快乐和激动都涌到了脸上，他竟忘了致谢就率先走进了画廊。

店主从橱窗里取出《昂希湖》，放到一个适于欣赏的位置，就滔滔不绝地说起这幅画来："这是1896年塞尚在塔露亚尔画的，你们看出没有？视觉效果的统一在这幅画里达到了非常完美的境地。这湖水、树木、房屋、山脉都完全融为一体了，看上去所有的景物都变成了一片蓝色，又同样恰当地表现了明和暗，偶尔变向玫瑰色和绿色，一片混浊的世界已不是由上帝按自然规律安排而是由塞尚这个伟大的艺术家按照绘画的要求安排了！多么美的意境啊！"他说完就转身走进画廊的里间，很快拿出一幅画来，"给你们开开眼界吧！这个作品是塞尚构图最出色的一幅。"

海粟的心仿佛正经历着狂风大浪般兴奋的冲撞："啊！《玩纸牌的人》！"他惊唤了一声，"我见过印刷品，他画过很多这类题材，可从未见过原作！"他的目光顿时亮得似聚光灯，他一下就感受到了，这幅画的色彩效果是通过坐在左边玩牌人上衣的紫蓝色与右边玩牌人的黄色带有蓝色阴影，以及这些颜色同背景、肉体的红调子、桌子的黄调子对比来表现的。这些色调造成了形象的立体感。忽地，他又联想到学院派对印象派强调光色的变化作用的攻击论调。可从这幅画中，他却看到人物形象刻画得非常有力生动，性格特征、情节动作极为准确，整个构图的结实全部表明，色彩的强度非但不妨碍整体的统一，反而还突出了形体。如果采用连贯的轮廓线，就很可能导致人物形象的孤立，而这里不用这样的轮廓线，仅仅由一片色彩组成，再由色彩结成一个组体……

"怎么样？看出了塞尚的奥秘吗？"店主抱着双臂注视着他赏画的沉

迷神情。

海粟脱口而出："塞尚在这里以'变调'代替了'造型'！"

店主吃了一惊，他没想到这位中国人一开口就道出了他研究了数年才得出的认识，不觉狂喜起来，忽地张开双臂拥抱起海粟，连声喃喃："中国的塞尚知音！我的中国知音！"他放开海粟后又紧紧握住他的手说，"你说得太对了！塞尚是以各个色区有节奏的变化代替形象的塑造，那些色块的结合不取决于画面总的结构，而取决于各个景区的相互关系。"他松开紧握的手，"我还搜集到了他的一幅自画像，那是他所有自画像中最富人情味的一幅，我去拿来给你们看看。"

果然名不虚传，肖像面部各个面的接合如此遒劲有力，就好像《圣维克多山》的岩石一般，但又十分准确地表达出了他的善良、能洞察一切的目光，面部刻画与周围空间衔接得非常好。

"是印象主义使塞尚的创作如此丰富！"店主找到了知音，特别高兴，他说，"我从青年时代就喜欢印象派的作品，至今仍是印象派的崇尚者，虽然显得不合时宜，但永不反悔！"他放下塞尚的自画像，环指了下画廊的展品，"不是自我吹嘘，除了卢浮宫专藏印象主义作品的网球场美术馆，巴黎的画廊就没有能和我比肩的了。"

海粟赞赏着他："你是位有卓见的画商！"

他开心地笑了起来说："我开画廊，不单纯以营利为目的，还为研究。"他拿出几本小册子，"这是我研究的成果。我对印象主义大师们做过系统的探讨。"他送给他们每人一本，"如果你们有兴趣，这里的陈列品，你们尽可利用。"

"谢谢！"海粟如获至宝，捧到手里就看。

"拿回去看吧！"店主友好地拍拍他的肩，"可爱的青年人，我再给你们看看雷诺阿、莫奈、修拉的作品。"

一整天，海粟都沉浸在奇遇的兴奋之中。那晚，他同韵士谈了他的感觉。他说站在那些作品面前，就像孩提时代走进了果园那么兴奋。他望着那些红透了的苹果、黄澄澄的柑橘，涎水流淌，恨不能一下把整个果园吞下。

网球场美术馆是卢浮宫美术馆的一部分，专门陈列印象派绘画。美术史家依据印象主义画家的艺术风格，把他们分成早期印象派和晚期印象派。早期印象派之代表：马奈、德加、莫奈、雷诺阿、劳特雷克；后期印象派代表就是塞尚、高更和凡·高。印象派，特别是后期印象派，从根本上破坏了传统，这一革命，反叛了古典艺术的金科玉律，也就意味着对当世社会的批判，遭到评论家无情的攻击，他们在世时，无不遭遇到冷落和不幸，得不到社会的理解和承认，以致穷困潦倒，几乎都郁郁而终。当野兽派取代了他们的时候，他们的作品才得以陈列在美术馆中。

海粟和傅雷一进网球场美术馆大门，迎接他们的就是雷诺阿巨幅的《裸女像》。玫瑰色的肉体在绿色的背景上像是透明的一般，那块洁白的细沙显得晶亮，黝黑的头发闪射出蓝色的光芒，丰富的光和色、优美的画面、欢乐的气氛、构成了活泼泼的色彩生命，一种比美更为精致且明媚夺人的景象。

海粟和傅雷站在距离这幅杰作 20 步远的位置，久久欣赏着它。海粟已读过了那位画廊老板送的《法国印象派绘画》的小册子，他对领骚法国艺坛达半个多世纪的印象派画家有了个系统而粗略的了解，清楚了他们各自的生平、艺术经历，也了解了他们的主要代表作，恍然间，他仿佛看到了雷诺阿这个裁缝的儿子——一个 13 岁的文弱孩子伏在一家陶瓷店的工作台上在各种器皿上画画，伸展了一下疲惫的身躯……

“海粟，看那边！”傅雷碰了他一下，唤醒了他。

“啊！”他和傅雷一同走向另一幅画。

图上是一位少妇半斜身的裸体，坐在海边。她的身体是浅红色的，滑润得犹如一颗珍珠，她的头发是杏色的，背景则为地中海的一片深蓝。傅雷轻声念道：“《浅黄色的浴者》。”

“哎！我们的运气太好了！”海粟欢快地说，“这是雷诺阿以他的妻子为模特儿画的，也是他的成名作。从那时起，他几乎把全部精力都放在裸女像的研究和创作上了。”

“你看，那幅也是他的。”

他们又赶到《三女入浴图》前，虽然还只是一张画稿，但已能充分表现出雷诺阿已将他的裸女像与古希腊维纳斯像冶熔于一炉了。海粟说：“可以看出，雷诺阿选择模特儿是很谨慎的，形体都偏于肥胖，没有优美的曲线条，他着重表现的是肉体美。通观他的裸女，肌肤无不晶莹红润。”海粟近乎自言自语，“他晚年患了风湿病，痛苦异常，但他仍然不放下画笔。他晚年的所有作品几乎都是裸女！”

印象派画家之所以被归成一派，是他们的追求大致相同，技法也大同小异，但他们绝不互相抄袭，题材也各不相同。他们看了马奈的《草地上的午餐》和被称作杰作的《奥林匹亚》、德加的《赛马》《苦艾酒》和他数量众多的舞女题材作品，还有修拉的《马戏团》、高更的《布列塔尼的猪倌》、劳特雷克描绘巴黎社会底层妓女生活场景的《红磨坊的沙龙》和《红磨坊舞会》。

他们徘徊在凡·高的《唐吉老伯》和《傍晚的散步》前。

海粟已看了凡·高的一些作品了。他的作品五彩缤纷，光彩照人，有时像烟花爆发，有时又像万花筒里的图案。他的作品很少有阴晦的画面，他的目的在使他之所见充分暴露出来，使自然的光芒照耀人间。他的技法是独创的，他善于运用粗线条，有时用画笔描绘，有时则直接把颜料从颜料管里挤到画布上，不加修整，色彩奇宕，画面朴拙恢宏，产生一种豪劲端凝的美感。后世评论家因之称他为20世纪表现主义的先锋。

海粟凝视着画面上的唐吉，他是一位老人，正襟危坐，面部、衣服都用重色线条画成，好像用笔着色都不经意，似乎是草草画就的，可每根线条都透溢着过硬的功底，特别是老人背后的墙壁布满了浮世绘版画，凡·高用自己独特的笔法很细致地把它描摹下来，比日本的浮世绘更有趣可爱。海粟慨叹地说：“巴黎的画商千千万，可几人能不朽？！只有唐吉老人！他将和凡·高同在！”

傅雷点点头说：“这是一幅杰作，可算凡·高的人物画代表作。”

“凡·高的风景画也非常有特色，看这幅《傍晚的散步》，他是长于画树的。看得出，他是非常喜爱遍地皆有、枝干虬曲的橄榄树的。他用他独特的涡卷笔触来画它们，使橄榄树的形态非常逼真。”

傅雷应道：“他是近代西方画坛的怪杰！”

海粟哀叹着：“为何当时没有人认识他的才华？以致他穷愁落魄得不得不过早地自己结束自己的生命！”

“千古文章憎命达啊！天才往往不能被当代人赏识！古今中外这样的例子还少吗？这已是一种规律了！”傅雷激动起来，“你是天才嘛！你就别想你的同代人理解你！”

这席话在海粟心底掀起了波澜，触动了他好些沉睡的记忆。他使劲想摆脱它们，可那些痛苦的往事，仍像阴霾一样向他的心头弥漫。他长长地叹了口气。傅雷碰碰他的手臂问：“你在想什么？”

“凡·高的可贵之处，就是他虽然生活在他人难以忍受的痛苦之中，可他却把生活描绘得五彩纷呈，把花花世界搬进他的画中，看他的画，好像能听到他在狂呼：‘看啊，这是多么美丽的世界，你们怎么不来与我共同欣赏？’我想，如果我的人生也像他那样不幸，我会怎么样呢？”

“自杀！”傅雷开玩笑地说。

他摇摇头，没有正面回答，而是自言自语：“寂寞为画，矢志不移，也许是凡·高为后世肯定的奥秘！”

“我们再去看看莫奈的《干草堆》。”

海粟没有再说什么，只是跟在他后面。近些日子，他上午仍到卢浮宫临画，下午参观各种美术馆和画廊，对于莫奈，他倒有些研究。1874年，莫奈组织“独立派”作品展览会是为了摆脱沙龙评议会的势力。他看过莫奈当时展出的油画《印象·日出》，这次是被载入史册的印象派画家的首次展览会，之所以把它称作印象派，就来自莫奈这幅作品的标题。他多次去过坐落在卢浮宫附近的莫奈画院，欣赏过莫奈晚年的组画《睡莲》。那是八幅巨制，陈列在两个展厅的四壁。莫奈是早期印象派的中心人物，出身贫寒，曾因妻子重病无钱医治，一度试图沉海自杀。他笃爱美术，追求光与色的交互作用。他对一堆稻草连续画了32遍，对卢昂大教堂的华表连续画了20遍。他因之受到了人们的诅咒和批评。他发现光有种种不同，空气也有浓淡之分，首倡光的重要，对光进行仔细的分析。日光通过三棱镜即分散为各种颜色。他想到如果以各种颜料，不加调制，直接绘于洁白的帆布之上，光泽便自然产生出来，光即由色组成，光即是色，色即是光。他对光和色做过很深的研究，使光和色糅合起来，五彩缤纷，近看好像有些杂乱无章，很粗糙，远看则景物轮廓清晰、蒙蒙中发出一片幽光。他以风景画见长，全部在户外写生，以求捉住自然光彩。他的画完全以光和色为主体，线条都淹没在一片光芒中，颜色鲜艳、光彩照人，非常可爱。

他们远眺近观《干草堆》，对莫奈矢志不移的精神产生了由衷的敬佩。海粟自语地说："莫奈是个在观察方面极有天才的人。"突然，他拽住傅雷问，"有人说这里还藏有莫奈的《阿尔让特依的帆船》，不知在哪里？"

"这幅是吧？"傅雷走到一幅有船的画前，寻找着莫奈的签名。

"对，就是这张！"海粟发现莫奈在这张画中使用红、绿、灰、白四色把春光明媚的景色表现得非常之美，"评论家们称他的阿尔让特依系列作品是他真正的凯旋曲，很有道理。他的睡莲虽很美，但这幅更美！"

"这是他辉煌时期的作品！"

"一个人能有几个辉煌时期哟！"海粟若有所思地说，"我想任何辉煌都由黯淡凝成的！这是我从这些印象派大师们的奋斗经历中得出的认识。任何一个人，如果想在艺术上有所独创、有所成就，耐不住寂寞、忍受不了清贫，恐怕是难以成功的！你说呢？"

傅雷点点头说："不仅艺术如此，文学、音乐亦如此。说说容易，可要实行之却很难啊！忍受漫长的寂寞和冷落怕是绝大多数人都难以做到的！"

"所以伟大、辉煌、成功都只能属于极少数人啊！"海粟动情地伸手抱了一下傅雷的肩，"我们中国太需要这种忘我精神的人了！"

他们边看边聊，直到闭馆才走出来。傅雷要走另一条路回去，海粟拽住了他："韵士招呼过我，说她学会了一道什么法国菜，今天要请你一道品尝。"于是他们便一同往回路走。"傅雷，我对欧洲19世纪中叶兴起的印象主义已有了个系统的了解，我想写篇介绍性的文章，以澄法国人对这一伟大革命性的艺术流派的误解，也好使我国许多没机会来欧洲实地学习和考察的艺术家对这一流派有个较全面的认识。你看如何？"

“这个主意好！”傅雷兴奋地赞同着，“你还应写更多的文章，把你的学习心得宣传给国人，这也就不负此行了！”

“我还想对当今艺坛最活跃的野兽派做重点研究，写点研究心得什么的。”

“我也正在准备写些艺术随笔，也好为欧风东渐出点微力吧！”

不觉间，他们已回到老伦旅馆。刚才到三楼，就听到刘抗、张弦、陈人浩的声音从屋里飞扬而出。一进屋，他们就迎了上来：“校长，我们都在等您呢！”刘抗抢先说：“秋季沙龙正在征集展品，送应征作品的人在大宫前排起了长龙样的队伍呢！”

“校长，”张弦接着说，“你的油画虽然具有我们民族的特色，但你也是用的原色，这和秋季沙龙追求的艺术风格有异曲同工之妙，您也送两幅去吧！”

他没有表示可否。他早听他们宣扬过上几次秋季沙龙展品如何出色，又如何能从中感受到法国当代艺术的脉搏，代表着当代艺术水平。而且他也知道秋季沙龙的性质——崇尚创新，具有对过去艺术反叛的革命精神。秋季沙龙创始于 1903 年，组创者夏当被当时的社会视为狂人。后来野兽派的著名画家马蒂斯、德朗、凡·东根、弗拉芒克等人也加入进去，他们力求标新立异。经过 20 多年的风雨斗争，终于使秋季沙龙成了当今欧美画家成功的摇篮！他约略沉默了一会儿，淡淡一笑说：“我还没想过这个问题。”

陈人浩跳了起来：“校长，您这个号称‘刘大胆’的人，今天怎么变得谨小慎微了？您的许多油画像《八达岭》《前门》，我看都不比上几届秋季沙龙的入选作品逊色！”

海粟想，他们说的《八达岭》《前门》都是七八年前作的画，他还未见识过秋季沙龙的作品和水平，心里没底，于是摇摇头："等下届吧！"

傅雷直视着他："海粟，你还犹豫什么呢？路还不是闯出来的！野兽派用原色作画，你使用的也是原色，你的油画风格在某些地方与他们的追求不谋而合，为什么不能去与欧洲人一较短长呢！"

他们的话语有如强劲的春风，鼓起了海粟的心帆，他心中的船舸砰然狂奔起来。他激动地往起一跳："好！明天我就把《前门》送去应选！"

作品送出后，海粟并没有寄予多大希望，他仍然按照往常日程安排在工作。10天过去了，没有消息，半个月又过去了，20天过去了，仍然没有讯息传来，他已完全不抱希望了，甚至后悔当时缺乏冷静，朋友们一起哄就心血来潮起来，还损失了75法郎的就征费，得不偿失！但他又自己安慰自己："入选不入选，有什么了不得？重要的是我参与了！况且对艺术作品的评价，向来是仁者见仁，智者见智，何况我一个刚刚从异国来的画家？"这样一想，也就心情平静了。大概是《前门》送出后的第22天，他和往常一样在卢浮宫临画，快近中午的时候，他突然听到有串熟悉的脚步向他走来，不觉回过了头："你怎么来了？有什么事？"

"好消息！"韵士扬了下手里的信函说："《前门》入选了！通知你去整理作品，还附了两张参观券和一张长期参观券呢！"

他竟没立即伸手去接韵士递到面前的信函，他一时真不敢相信这会是真的。

"你怎么啦？"韵士嗔了他一眼，"我还会骗你不成？"

他这才接过信函，急切地看了起来，看了一遍，又看了一遍，这才相信《前门》真的入选了！他的心微微地颤抖着。这样的殊荣，是欧美画家的梦寐所求，他这个刚刚踏上法兰西土地的中国艺术家却轻易地获得了。这象征着巴黎艺坛对他的承认，向他敞开了大门，中国艺术家走进了世界！他激动得手都有些发颤了，已无法继续临画了！他急需让朋友们知道，让他们都来分享这份快乐。他问韵士："你告诉傅雷、刘抗他们没有？"

"还没来得及呢！一接到通知书，我只想尽快让你知道。"

"给他们打电话去！"他转身收拾画具，"若不是他们鼓劲，我还没这份勇气呢！"

傅雷和刘抗等人凑份子在海粟家为他举行了个庆祝会，又一起去参观秋季沙龙的画展。

秋季沙龙的画展吸引了成千上万的观众。巴黎不愧是艺术之都，观者如潮。《前门》和法国当代著名画家的作品陈列在一起，如凡·东根的《某夫人像》、德朗的人体、马尔盖的风景、女画家马伐尔阳刚气十足的作品，还有日本画家石井柏亭的《阳台上饮酒观景的人》。他的画前集聚着一群法兰西男女观众。海粟悄悄地走过去，观众立刻认出了他，并向他竖起拇指，又指指他的作品，为他鼓掌。他向他们连连致意。他和他的朋友们，从心底涌起一种从未有过的快乐。

"哈啰！盘先生（盘是他在《前门》上的署名）！"秋季沙龙的会长邓夏先生和一些艺术家从另一间展厅走来，他们见过一面，认出了海粟，向他走过来，伸出了手，"您好！"又向自己的朋友们介绍他，"《前门》就是这位中国艺术家的作品！"

他们向海粟伸出了手："我是凡·东根，祝贺您的作品入选！"

"马蒂斯也表示祝贺！"

"德朗欢迎你！"

"……"

海粟双眼生辉。幸运，太幸运了！他想也没想到这么容易就认识了当代法兰西画坛的巨擘们。他紧握着他们的手，重复地说着同一句话："认识你们很荣幸！”

他们七嘴八舌地询问起中国的绘画。海粟起先还有些紧张，说到画理，他才侃侃而谈。傅雷的翻译又给他的演讲增添了光彩。他从南齐谢赫六法中的“随类赋彩”说到“经营位置”的构图，又从现代派、立体派与中国绘画艺术的异同说到中国汉代的石雕变形艺术，还讲了他运用原色作画的体会。他口若悬河，自信完全回到了他心中。他绝妙的口才和深厚的艺术文学素养，不仅使巨擘们听得出神，观众也越围越多，一讲就是一个多小时。若不是傅雷主动为他结束这场即兴演讲，他还会继续说下去的。

几位巨擘带头为他的讲演鼓掌。马蒂斯再次握住他的手，给他和傅雷每人一张名片说：“神奇的中国艺术，充满了诱人的神秘色彩，我很想更多地了解她，希望再见到你们，欢迎到舍下做客！”

“你的名片呢？”傅雷小声提醒他，“亮亮你的身份！”

马蒂斯接过他的名片，连连点头，惊喜地对他的朋友们说：“刘先生是中国上海美术学校（即上海美专）的校长，却没有一点学院气，他的艺术观是崭新的！”

他们又一次握手告别。

他们走后，海粟也转身离开他的作品，去别的展室参观。他走出没几步，就听到身后几个观众指着他的背影说：“中国的马蒂斯！”他回过头问傅雷：“他们说我什么？”

“他们称你是中国的马蒂斯！我看很有道理！”

“你别捧我？”嘴上这么说，可他心里充满了快乐，不由有些沾沾自喜起来，激动得好几天都安不下心来临画。喜悦冲昏了他！“中国的马蒂斯！”的声音老在他耳边响起，掌声也老是追逐着他，扰得他日夜不宁。那晚他刚刚入睡又被热烈的掌声惊醒了，就再也不能入梦了，他辗转了半夜，似睡非睡中，突然听到一个非常熟悉而又遥远的声音，威严而洪亮："休得目中无人！再有成就，比起前人，也犹似东坡所说，'渺沧海之一粟！'自大谓之'臭'！"

啊！姑父！他从飘飘然中突然清醒过来。我怎么忘了您的教训！难道我忘了自己对人生的体验！前不久，我还说印象派大师们是苦难造就出来的，我怎么忘了荣誉也和苦难一样，既能激励人奋进，也可能让人忘乎所以而沉沦！我只记住了灾难有时可以扼杀人，荣誉又何尝不一样呢？许多人没在磨难前面动摇意志，却在取得成功获得荣誉后葬送了前程！荣誉比苦难更能考验一个人！我怎么经受不住外国人的几句恭维？难道这就是我刘海粟此行欧洲的目标？海粟呀海粟！你怎么如此浅薄！你在国内，不是声名显赫已久吗？蔡先生、史量才先生和大头先生（即陆费逵），他们支持你来欧洲考察为了什么？你忘了你肩负的振兴中国美术的使命了吗？你呀你，海粟呀，你该清醒清醒！你才刚刚开始工作，就被外国人的几句好听话吹糊涂了！

他霍地从床上爬了起来，随手拿过一张宣纸，铺到画案上，提起毛笔，饱蘸了墨汁，奋笔写道："路漫漫其修远兮，吾将上下而求索！"

六

马蒂斯的乡间别墅，郁金香宛如林立的高脚酒杯，盛满了红色、黄色的琼浆美酒，玫瑰红得娇艳，金盏花好似簇簇金色的阳光，欢跳在路边、树荫下。

海粟和傅雷第三次到他家做客。他们宾主随意地坐在绿茵茵的草坪的白色藤椅上，边享用画家夫人亲手制作的小牛排和甜点心，边随意地聊着有关艺术的话题。他们从现代美术的诸多流派谈到野兽派。海粟说："马蒂斯先生，野兽派因其笔触和色彩狂野而得名，主张绘画的目的不是说明事实，而是表现画家的主观意志，不重形，只表现对客观实物的主观认识，把艺术表现趋向于单纯化、简略化，着重表现画家对客观事物的感觉。在画面上，景物的轮廓和细节被省略了，形象被夸张了，线条粗犷无羁，"他吃了两口布丁，"就这些特色，我联想到独立于我们东方的意象艺术，它与我们中国画中的大写意有相似之处，只求神似不求形似。你认为如何？"他是想说，野兽派的艺术受了东方写意绘画的影响。

马蒂斯用餐巾胡乱地擦了下灰白的大胡须，微笑着点点头说："东西方艺术是相通的，塞尚、高更、凡·高等人从中国的写意艺术和日本的浮世绘艺术得到启示，产生了晚期印象派艺术。我们又吸收了晚期印象派的这些特征，在此基础上突出了夸张、变形、轮廓线条单纯化的形象和强烈的色彩对比。"他呷了口啤酒，"你出展于秋季沙龙的《向日葵》《休息》，出展于蒂勒里沙龙的《森林》《月夜》《圣扬乔而夫之陋室》等作品似乎也具有了野兽派的特征，看来，你很喜欢我作品的风格。"

傅雷唯恐海粟不能准确理解马蒂斯这段话的意思，碰了下他的臂膀，小声告诉他："马蒂斯说你受了他作品的影响。"

海粟哈哈大笑起来说："马蒂斯先生，你说得不错，我很欣赏你的作品，在我未到巴黎之前，就看过你这个欧罗巴第一天才艺术家作品的印刷品，我可谓你的异域知音哪！我很早就试着用原色作画，第一次入选秋季沙龙的油画《前门》，就是我数年前的作品。来到贵国，我观摩了古今各种艺术流派名家之作，可我绝不简单地模仿。我懂得，模仿绝不是艺术！我不拒绝吸收，可我的作品仍然表现的是东方的精神。"他忽然想起了中国艺术长河中那些绚烂的浪花，“我们汉代的石雕，就有许多是表现意象的，比如汉代大将军霍去病陵墓上的许多石雕动物，我最难忘的是那座《马踏匈奴》，美妙无比。变形、夸张很早就出现在我们古代的艺术品中。”他滔滔不绝地说起来，“我以为，艺术家要做时代的前锋、思想的前导者，不是供人鉴赏便可以满足的。中国和世界各国的艺术发展史都有着相似的轨迹。一两千年以来的艺术，误在供帝王和达官贵人的鉴赏而形成一种画院体，帝王喜欢什么样的画，他们就画什么，以画取官，但大多数统治者都是庸碌之辈，不懂艺术，只要表面好看。这种画家一生也走不出那个圈子。可中国宋代有位杰出的书画家米芾和他的儿子米友仁，就不肯依附画院体，他们的书画根据自己的观察，表现自己的认识，完全有悖画院体的摄录准绳。”

他端起啤酒杯，喝了一大口，又继续他的话题：“所谓摄录，就是画一棵树、一块石头，只求表面与其相像，不是表现对它生命的认识，这种表现方法，违背了树木、石块它们的变化规律。画院体有严格的规律，不合规律的一律被排斥。中国明初有个画家戴文进，很有才气，笔力气派都很大，拼命学画院体，他的作品终于进到了画院，性命也因之送掉了。有一次，他画了一幅穿红袍的钓者，皇帝见着很喜欢。有位大臣却说：‘衣冠不能垂钓，而钓者竟穿朝服，这人肯定没有学问。’皇帝于是觉得他画得不对，于是把戴文进贬出院去，他因此而逃。画院体没有自我，没有生命，没有自我的绘画算不得艺术……”

马蒂斯兴奋得满脸发光，他举起啤酒杯站了起来：“刘先生，你说得好！一切革命的艺术都经历过误解和不被承认。你也许已听说过了，我早年在巴黎装饰美术学校和美术学院学习，受学院派影响很深，我的素描基础和写实功力都很坚实。后来我受到了塞尚、高更的艺术和东方艺术的影响，悟出了学院派的死板僵化，没有生命和个性，我就试着创造一种新的东西来代替它。后来我的画风趋向于单纯、狂野和富有装饰趣味。我以为，如果画一个少女的躯体，首先要使她优美，有意义，其余的事就从这上面生发出，依着这个主线把少女躯体的意味尽其所能地表现出来，骤然看去，似乎表面没有什么魅力，但在形体内部，有比人间更大的魅力渐渐潜入观者的心里。”

他复又颓坐下去，喟然一声长叹，往藤椅背上随意地一靠，继续说：“可这新的画风一出现，就遭遇到来自四面八方的围攻。1905 年，我和德朗、弗拉芒克等青年画家在秋季沙龙共同展出了一批崭新风格的作品，在社会上产生了强烈的震动，从前不能接受有悖于过去的新画风，受到了猛烈的抨击。一位评论家把我们这群青年画家称作野兽群，从此我们就被人叫作野兽派画家了！”

他端起啤酒杯，向海粟和傅雷举了一下：“我想这是一种规律，任何新东西的出现，总会经历由反对、不接受，过渡到容忍、被接纳、承认、受到推崇，最后趋向衰亡。”

“就会出现另外一种新的流派来突破它，是这样吗？”海粟率直地问他。

马蒂斯点点头。

海粟接着说：“于是就出现了立体派、未来派、表现派、达达派、抽象派。”

马蒂斯微微一笑，“我以为，将来的艺术向何处去，谁也无法料及”。

他赞同地应着：“总是随着时代的脚步吧！”

“哈哈……”马蒂斯仰脖一笑，起身端起啤酒桶给他们的杯子倒上酒，“好一个随着时代的脚步！”

巴黎拉司巴伊大路一家画廊，回旋着强烈的色彩氛围。马蒂斯六十寿辰大型画展在那里开幕，奇妙而热烈的气氛吸引了成群结队的观者。

海粟和傅雷怀揣着请柬也赶去了。

画廊的入口处陈列的是一幅巨作，前面围着许多观者，海粟踮起脚尖，从人们肩头上望过去，画面上是一个随意地斜倚着卧榻躺着的裸女，线条洗练、色彩明亮，粉红色的肉体熠熠闪光，生命的活力似乎在搏动，富有一种装饰美感。

海粟深深地被这无形的美震撼了，忘情在那无尽的魅力之中，以至观者换了一批又一批，他仍呆呆立在那里。

“哈啰，刘先生，傅先生，”马蒂斯从里边休息室走出来，向他们各伸出一只手，“欢迎光临！”

他们紧握了下手，马蒂斯就把他们拉进休息室，介绍说：“朋友们，这是我的中国朋友刘海粟先生，他在古老的中国画坛上掀起了一场艺术革命！”马蒂斯向傅雷转过身，“这位傅雷先生的法语讲得比我还地道！”

马蒂斯的朋友们纷纷围过来，向他俩伸出了手。马蒂斯逐个给他们介绍说：“我的忠实朋友阿尔培特·马尔凯，你们一定见过他的代表作《涅弗桥》。”

海粟和傅雷高兴地握住阿尔培特的手，连声说：“久仰大名，幸会幸会！《涅弗桥》光焰照人！”

“这位是安德烈·德朗先生，我们年轻时被人共同称作野兽群。”

德朗张开双臂拥抱着他：“中国的马蒂斯，早就听亨利说过您。”

那天来的不仅仅有当年被称作野兽群的画家，还来了立体派的代表人物帕伯罗·毕加索、乔治·勃拉克……

一下子就会见了这么多名画家，他的心被兴奋充溢着，激动得忘了他们是不懂汉语的外国人。

他一见如故地走到毕加索跟前说："帕伯罗先生，您乐意我这样称呼您吗？"不等毕加索回答又说了起来，"早在我创办上海美专的初期，我就从一本杂志上读到了您的高论。那是您和马雷伯先生的一段对话，当时对我捍卫教学模特儿的生存，给了很大的鼓舞。我一来到法国，就想去拜访您，一直未寻到机会，不想马蒂斯先生给了我这个机缘。"

傅雷连忙给他们翻译。

毕加索眯起眼睛打量着他，毫无笑意地说："您赞成我的艺术观吗？"

"我很欣赏！"

"那好，"毕加索携起他的手，"我们谈谈。"

他们走到马蒂斯的新作《青衣女人》（又译《穿蓝色上衣的年轻女子》）面前。

毕加索说："每个题材都包含成千上万个乃至更多的主题。每一个主题就是一种题材内有价值的一个方面。余下的只是逸闻趣事。伴随一个新主题的出现，一个新画派的画家也就应运而生了。"

他认真地听着。

毕加索继续发表着宏论，"绘画史上有所突破的画家就是那些发现新主题的画家。19 世纪初，新古典主义风靡一时，大卫为了赶超罗马时代的杰作，整天关在画室里构思并创作庄严肃穆，但缺少动感的画。有一天，库尔贝对他宣称：'我不想画天使，因为我从没见过他们。'他宁愿画两个躺在塞纳河畔的少女，他把模特儿带到野外去画。通过这种做法，他发现了个新主题。后人把它命名为'现实主义'。在把模特儿带到自然中去的同时，库尔贝在绘画史上揭开了新的一页，给绘画开辟了一个可以持续多年的新方向。"

海粟快乐地应和着："一个一个新题材的发现，便诞生了马奈、莫奈、塞尚、高更、凡·高……"

"我主张，应该给每种颜色留出伸展的余地。我希望我的画，具有自卫能力，能抵抗侵犯！"马蒂斯急不可耐地宣扬他的主张，"就好像画面是用刀片堆砌而成的，谁想摸一下，就免不了割破手指。"

毕加索说："我可是利用我对梦的记忆来破坏人体传统形象的单调感……"

好几位青年画家走过来，也加入了他们的谈话。海粟无比兴奋，他感到面前又打开了一扇窗，一阵一阵新鲜的空气在涌向他。

七

咚咚咚！咚咚咚！

"谁呀？"

"我！"

"哦，刘校长。"张弦从晨梦中惊醒过来，他一骨碌滑下床，披上外衣，趿着鞋去开门。"您怎么起得这么早？"张弦看了下手表，"才六点钟呢！"

"是呀，我也觉得太早了，惊扰你的晨梦了吧！"他慨叹一声，"唉！昨天我从日本美术展览会出来，心情无法平静，在床上辗转了一夜，直到天亮也没法入眠，很想找一个人谈谈，就到你这里来了。"他走进张弦的卧室，在一张木椅上坐了下来，"张弦，不知你的看法如何，我看那个展览，装饰虽然辉煌富丽，可内容枯干，设色取材无不出自我国绘画，少有他们自己的东西，我想不通，这种所谓的艺术，居然能横行宇内，自高于大地！可有五千多年文化之我国，反寂然无闻，怎不叫人感到悲伤！”

“昨天我心里也很不是滋味。”张弦拿起咖啡壶，“我泱泱中华大国，东方艺术之母体，欧人竟只知有日本艺术，而不知有我，更不知日本艺术源于我国，岂有此理！”他点亮酒精灯煮咖啡。

“这不能怪欧人，只怨我们自己不争气。国家不富强，政治又腐败，政府不重视对外宣传。”他约略顿了一下，望着张弦，“我有个想法，我们旅法艺人应该组织起来，成立中华留法艺术协会，承担起弘扬中国艺术的责任。”他两眼生光，“我想听听你的意见。”

张弦不假思索就应道：“这个想法好，大家一定会支持的！”张弦把煮好的咖啡倒进两只杯里，端起一杯递给他，“昨天我们回来的路上，刘抗也闷闷不乐。”

他喝了一口咖啡，“是啊，谁不为自己祖国光辉的文化被埋没难过呢？”他放下杯子，“张弦，我俩分头去联络学艺的同学，下午2时到哥尔布亚咖啡馆相聚，商讨这个问题。”他站了起来，“我找方君璧、汪亚尘几个去，你去通知范年、刘抗他们。”

他和傅雷提前半个钟点来到哥尔布亚咖啡馆，占了一些座位，订了所邀同学的饮料和甜食，等他们。

不同肤色的艺术家都欢喜到这儿来会友、休息，它已成为巴黎艺术界新闻逸事的扩散中心了。他们刚刚坐定，就感受到了今天大家关注的中心是日本画展。

“去看过日本画展没有？”

“去了去了，可让我开了眼界，原来东方艺术如此有趣！”

“哈啰！日本绘画如何？”

“一枝独特的奇葩！”

……

大路上、商店里、马车中，都在谈着同一话题，在这艺术家成堆的地方，热烈的讨论更不足为奇了。可海粟不想听，人们并不理解他，仍然津津乐道，他坐在那里如坐针毡。他心烦意乱，怒火中烧，又无可奈何。他站起坐下，坐下站起。他是一个率直而易动感情的人，那些沸沸扬扬的议论使他实在忍无可忍了。他猛地往椅子上一跃，大声说："朋友们，静一静，听我说。"

傅雷的性格和他一样，也跟着跳到另一张椅子上去了，用流利的法语为他翻译："我是中国的艺术家，也看过日本绘画展，可我不敢与诸位苟同。这并非诸位的欣赏感官出了问题，而是诸位对日本绘画的历史缺乏了解。我去过日本多次，对日本绘画做过研究，我和日本当代的著名画家桥本关雪、小室翠云都有交往，而且共同作过画。日本的艺术史不长，而源头却来自我的祖国，就这次展出的许多绘画作品而言，也多仿自我国宋画、明画和清代的'四王'之作……"他口若悬河地列举了许多作品，谁模仿谁家，"就是桥本关雪先生，也毫无讳言，中国画乃日本画之母，他曾在自己的别墅握住我的手说过，'我多么希望做个中国人！'他每年都到中国来观看名山大川，观临中国绘画，诸君却只知有日本，而不知有我华夏！这是因为诸位对东方艺术历史不太了解的缘故。"他越说越激动，"我中华民族之美德以谦虚为本，不喜张扬，若有哪位先生想了解真正的东方艺术，请到中国去！"他跳下椅子，准备接受论战。不料却引起了一阵热烈掌声，这是他所没料及的。

"说得好！"张弦和同学们不知何时来到了，他们和海粟热烈拥抱。

方君璧说："刘先生，我们不能再作谦谦君子了，我们要大声疾呼，我们中华艺术要走向世界！应为世人所知！"

刘抗大声应和："承担这个重任，我辈责无旁贷！"

咖啡和甜食上来了。他擎起一杯咖啡大声说："海粟今天邀集诸君，就是请大家就此发表高见。来，以咖啡代酒，为我中华艺术弘扬于世界而团结奋斗！"

林立的咖啡杯高高举起来了："为我中华艺术弘扬于世界而团结奋斗！"

于是大家为组建中华留法艺术协会各抒己见。

方君璧说："组建留法艺术协会，我极赞成。要想做成几样事，靠单个人的力量是不行的，就靠我们几个也不行。我们游子在外，应争取驻法公使的支持。你们说呢？"

他点点头："如果能得到高曙青（即高鲁）公使的支持当然好，可我不知道他是否支持，他对艺术一无所知！"

汪亚尘说："有他的支持和没有他的支持很不一样呢！我们如果想举办画展，他的支持就能起关键作用，没有钱不行啊！"

他思索了下说："这样可好？我陪高公使去看一次日本绘画展览，对他进行一次直观教育。如果他能支持我们那更好，他若不感兴趣，我们就自己干。没有钱，我给国内写信，多方呼吁支持，有志者事竟成！我相信我们团结一心的力量。"

海粟一夜没睡。昨晚茶会上，刘海粟和高公使高鲁、汪亚尘、方君璧、张弦、蒋风白等 12 人被选为中华留法艺术协会筹备委员。茶会后，高鲁把海粟留下，他们对今后的远景做了探讨。高鲁首先告诉他："成立一个艺术协会很有必要，扬我中华文化嘛。我挂名只为了支持您，没有精力过问协会的具体事务，一应事宜由你来负责。"

高鲁愿意挂名筹委，就是对他们的大力支持了，为此他已感激不尽了，哪还敢要求他事必躬亲？他连忙说："这当然，具体事务我来做。"他又转过话头，"高公，刚才大家谈到第一届全国美展的盛况，我想请高公出面，正式函请教育部将展览会优秀作品精选百余幅或两百幅运来，会同旅法画家作品，由公使馆主持，在巴黎举行首届中国现代绘画展览。使欧人了解中国现代艺术的现状。"他望着高鲁的眼睛要求着，"要弘扬我中华文化，此举甚善！"

高鲁没有立即表态，他在思索。海粟继续说："我们还可以到瑞典、西班牙、意大利、日本等国去作巡回展出。今后，还可以和法国文化部正式交涉，签一个交流协议，每年各选本国的艺术精品，彼此交换展出，互相观摩，沟通中西艺术，促进彼此的进步！"他满腔激情地敦促着，"高公，此乃弘扬我中华艺术之壮举也，我相信高公一定会为此不遗余力的！"

高鲁吟沉着，没有表情，好半天，才微点了下头，说："好吧，我将去函教育部，促成此项交流。"他漫不经心地从烟筒里抽出一支烟，自己点燃，猛吸了一口，又徐徐地吐了出来，良久后又说："不过，我和教育界很少来往，能起多大作用也不一定，我们共同来做些努力吧！你也给有关方面有威望人士说说，争取多方面的支持，事情就好办一些。"

"好的！"他毫不犹豫地说，"我今晚就给蔡元培先生、教育部长蒋梦麟先生和文化基金会写信。"

他一口气写了三封信，越写越激动，他宛若已看到了中国现代绘画艺术在欧洲、在世界掀起了狂潮，看到了人们惊喜的欢呼，看到了中国画家舒展的眉宇，感受着作为一个中国艺术家的光荣……

他急切等待着国内的回信，每天计算着邮件往返日期。一个月过去了，一个半月过去了，两个月过去了，三封信犹似扔进地中海的三枚石头。但他仍不放弃希望。也许载信的船在海上遇上了风浪，躲到了哪个港湾避风耽搁了，也许他们正忙于别的大事，也许他们正和有关方面协商，也许要等会议做出决定。生活中何事不能发生？信会来的，他会得到支持的。他安慰着自己，别性急，耐心等待吧！他把各种可能出现的情况都想到了。但他仍然坚信，他们会支持这个倡议和要求的。

他仍然每天按照预定的日程工作，每天以期待的心情迎接邮差。他等呀等，终于等到了蔡先生的复信。

那天，他刚完成写生油画《玫瑰村之春》，回到3月前才搬来的巴黎郊区住所。他刚一推开院门，房东太太就举着一封信对他说："刘先生，中国来的！"

他急不可待地奔到老太太面前，接过信，连声道谢，他的心狂跳着，转身激动地向跟在后面的韵士高叫一声："蔡先生的信！"未进自己的屋就撕开了信封，立在院子中就读了起来，突然，他脸上那种抑制不住的惊喜犹如凝冻了一般，笑纹也僵直了，仿佛湛蓝的晴空涌上了云翳。

韵士已觉察出了他表情的变化，忙问："怎么？蔡先生不支持？"

他摇了下头，"不！"就径直走进了他的画室，在画案前坐了下来。

韵士跟进了屋，小心翼翼地立在他身边，等待他的解释。

他把信笺递给她，无语地坐到椅子上。

"蔡先生认为在国外宣传中国文化，非少数人的力量所能办到，以后要视机会而行。"韵士看完信，把信笺放到他面前的画案上自语般地说，"我想，他是经过深思熟虑才这么说的。我早就有这样的担心，果然曲高和寡吧！我了解画坛，有人会以为你这是在扩大自己的影响和知名度，谁乐意？蔡先生虽未把他的感受都说出来，他自有他的难处，孤掌难鸣哪！"

“我理解蔡先生的意思，他是支持我们的。只是没有人支持他。”他冷然一笑，“我是想得太天真了，把事情想得过于简单了点，看来，蒋梦麟和文化基金会不会复信了。”他猛地站了起来，“我们只有依靠自己的力量了！昨天，我和傅雷在秋季沙龙展览会上又见到了马蒂斯，他正和法国艺术巨星巴黎美术学院院长贝纳尔·阿孟琼、巴黎大学教授汉学家路易·赖鲁阿在看我的《向日葵》《休息》。马蒂斯一见到我，就迎上来把我介绍给他们。贝纳尔先生曾主持反对官办春季沙龙，为青年画家所拥戴。他非常热情地握住我的手，称赞我的作品有新意，当即向我发出邀请，要我送些作品去蒂勒里沙龙事务所参加展出，这不是个特大的好消息吗？蒂勒里沙龙只征求欧洲第一流画家的作品，这预示着欧洲画坛对我的接纳和承认！”他自嘲地笑了笑，大声地说：“误解就是艺术，能够任人误解才伟大呢！我以为我们不必要人了解！还是任人误解的好！”

他在室内走来走去，突然立住不动了：“我本来就是传统的叛徒，世俗的罪人，我既不能敷衍苟安，尤其不能妥协因循。我是一个被人讥笑惯了的呆子，但我很愿意做一辈子的呆子。”他又自嘲地摇摇头，无可奈何地长叹了一声，“唉——！现在的中国呀，就是因为有小手段、小能干的人太多了！所以社会被弄得那样轻浮、浅薄！浅……”

八

海粟应邀在德国法兰克福中国学院的讲学和画展，取得了轰动性的成功。他讲的“六法论”引起了德国艺术界和学术界的强烈兴趣。他们联名致函中国驻德公使馆，并派代表去见了中国公使蒋作宾，要求请海粟来柏林介绍中国现代艺术。

4 月 8 日，天气晴好，柏林正是花事繁忙的季节，公使馆的大会客厅就设在花园中，会场就在会客厅内。蔷薇、玫瑰、月季、郁金香和许多叫不出名的花争相吐艳。他怀着快乐和自信在使馆代办梁龙的陪同下穿过花香涌动、石子铺就的花径，走进了会客厅出席茶会。他一眼就看到了陈列在客厅四周墙上的他的 40 余幅近作，宾主都在观看他的作品。被邀请出席茶会的友人滕固、朱偰、俞大维和中国留学生发现他们走进会场，就率先鼓起掌来。德方主人们也都一齐把目光从他的作品上转过来投向了他，跟着鼓掌，表示欢迎。梁龙介绍他说：“这位就是我应东方艺术会之请专程从法兰克福接来的中国艺术家刘海粟先生。”

又是一阵热烈的掌声。“诸位不必多礼，请坐请坐！”

梁龙把他领到主人们面前一一为他介绍说：“东方艺术会会长沙尔武博士”“副会长克伦配雷博士！”“这位是东方博物馆馆长巩威廉博士！”“这位是国家美术图书馆馆长、柏林大学教授克拉苏博士。”“这是东方学者屈梅尔教授，就是他到使馆拜会蒋公使提出要会见您的！”

“啊！谢谢！”

“这位是白舒孟先生……”

他和他们一一握手，礼貌而客气。他落落大方地走到会场中央，微笑着说开了：“诸位先生，诸位同仁，享誉柏林艺坛的学者诸君，不曾想到鄙人在法兰克福中国学院的演讲引起了诸君的注意，要我来柏林与诸君会晤，介绍中国艺术。我非常珍视这个机会，十分感谢你们给了我这样的一个机会。我们中国是个有五千年悠久文化的文明古国，创造过光辉灿烂的文化。”他从中国艺术的起源，汉、魏六朝的绘画和雕塑，说到盛唐艺术的空前繁荣，列数了吴道子、王维、杨惠之；又从宋代广建画院，以画取士，说到明、清绘画之衰落和现代新艺术的兴起。谈到画论时，他先从谢赫之前的庄子、韩非子、刘安、张衡及晋代王微的论画说起，提到顾恺之画论的重心，详细阐说了他在中国画史上的地位，并以现藏英国国家博物馆的顾恺之的《女史箴图》摹本为例，称顾氏集中国人物画之大成。海粟又列数了六朝时期的各家画论：宗炳的《画山水序》、王微的《叙画》、孙畅之的《述画记》、谢赫的《古画品录》、梁元帝的《山水松石格》、姚最的《续画品》。他说到这里呷了一口滕固递给他的中国绿茶，又侃侃而谈。“今天我要讲的是南齐人谢赫的‘六法论’。此乃中国画家所宗之六法。”

他掠了听众一眼，加重语气说：“何谓六法？就是：气韵生动、骨法用笔、应物象形、随类赋彩、经营位置、传移模写。”

他详细论说了“六法论”，重点论说了“气韵生动”。他走到他在意大利创作的一帧中国画《狮》前，“诸君请看，拙作所表现的兽中之王的磅礴气势，可以说是中国画独有的气韵……”

梁龙悄悄来到他身边，悄声地提醒他，“刘先生，请注意一点语言分寸，在座的都是柏林艺界魁首，少说几句，听听他们对中国艺术的高见为上。”

海粟微微一笑，也以小声回答他：“不要对外国人寄予过多希望，弘扬中国艺术，只有靠自己，现在机会来了，就得紧紧抓住。”他潇洒地走回会场中央，又滔滔不绝地地讲起了“后六法论”。

“刘海粟教授，我想问您一个问题。”

他刚刚结束“后六法论”的讲题，有人发问了，他循着这个有些苍老的声音望过去。

梁龙慌忙给他递眼色，并低声告诉他：“他是研究东方艺术的权威学者，谨慎一点。”

他没去理睬梁龙，抬眼再次打量着那位谢了顶，有个宽大脑门的长者，微微一笑说："屈梅尔教授，您请说吧！"

"欣赏了您陈列在这儿的作品，除了那幅《狮》是中国画，余皆西洋画，您是专程来西方研究西洋美术的吗？"

"是的，"他微笑地应着，"我已在卢浮宫临了十多幅大师们的杰作，对当今欧洲的诸多流派都有些涉猎。"

"从刘教授对中国画史画论的介绍中可以看出，您对贵国传统绘画有很深的了解和研究。"屈梅尔的嘴角漾起了一丝不易觉察的自得笑纹，"我还想问阁下一个问题，我多年来一直从事研究东方艺术，知道中国古代大师们创造过许多杰作，刚才阁下也讲述了，我不解的是，阁下为何独对西洋美术感兴趣？"

"非也！"海粟淡淡一笑，"屈梅尔教授，您这个问题正是我下面要说的。"他说，"这是一个推陈出新、继承和借鉴的问题，任何一个民族、一个国家，不管他们的先辈创造了怎样光辉灿烂的文化，都不应该躺在这辉煌上面沾沾自喜，睡懒觉，应该是在继承的基础上，取其精华，去除糟粕，不断地开拓前进，创造出更新更美的艺术。继承只是一方面，更重要的是发展，任何事物停止了发展，它的生命也就终止了，艺术也是这样，停止了更新发展，艺术也就失去生命力了。中华民族的文化之所以有如长江大河般奔腾不息，就是因为我们世世代代的艺术家们不停地追求，又不断地创新、开拓前进。我们这辈艺术家，负有复兴东方艺术的使命，为了东方文艺的复兴，我们不仅要向自己的先辈学习，也要向西方古人和当今画坛学习，取彼之长，补己之短，我们民族的艺术长河才会越来越宽阔，永不枯竭。为了这个目的，我们来到西方，吸取西洋画之营养，养我之肌体。"

"好！"屈梅尔站了起来，走到海粟面前，张开双臂拥抱着他，"刘先生，我把自己一生都奉献给了研究东方艺术，尤其是贵国的古文化。今天，我很高兴，中国有您这样的明智而虔诚的艺术家，中国的文艺复兴有望也！”

“谢谢！”他也很激动，“谢谢您为东方艺术所做的奉献！”

屈梅尔松开手臂，对他的同事佐尔法博士、佛朗克博士说：“我们东方艺术会应该为东西方艺术交流、为东方文艺的复兴尽自己最大的努力哟！”

佛朗克赞赏地点点头说：“过去，我们只是从翻译资料中去了解中国艺术，这很不够，听说中国画家能在很短时间内画出一幅画，我从未见过。刘教授，能让我们见识见识中国艺术家的特技吗？”

“可以！”他满口应承，“可是，这儿没有宣纸和毛笔呀！”

“我这儿有！”滕固像变戏法一般拿出了文房四宝。

朱偰和俞大维抬过一张台子，滕固摆好纸笔就开始磨墨。他感激地问：“你怎么知道他们会要我当众作画？”

“我比你了解他们。他们对中国艺术太不了解，也许还怀有某种成见。您可只能画好，不能有败笔哟！”

他没有回答，只是微微一笑。

他提起笔，约略想了一下，就蘸起一笔浓墨。

观者有如海水冲向海滩一般向他围了过来。

海粟很明白，他下笔的成功与否，关系到祖国艺术的声誉。可就在这时，笔尖滴下一滴墨汁落在宣纸的左上方。同胞们的心不由一齐拎了起来，他从他们紧张的呼吸中已感受到他们剧烈的心跳。

德国学者们一齐盯着那滴浓墨，有的人嘴角漾起了讥讽的笑。为了宽慰同胞们，他淡然地笑了笑，挥笔在墨滴的左前方和右下方各画了三下，苍鹰的翅翼就栩栩如生地展开了。他又将笔伸进笔洗，蘸了笔清水，把那滴浓墨润开，用笔尖勾勒几下，有着一对锐目的雄鹰的头就跃然纸上，他像变戏法一般，没几下，一只展开翅膀搏击着长空的雄鹰就出现了。他又在纸的下方勾了几下，用清水一泼，就成了层次分明的残岩豁谷，几缕淡淡云烟袅绕其间。看得观者眼花缭乱，惊叹不已。

“妙！妙！”屈梅尔带头热烈鼓掌，连声叫好，“中国绘画真是奇妙无比！”

“刘海粟教授，中国像你这样的画家不多吧？”白舒孟教授望着他问。

“很多，就我们学校——上海美专的教师们都是学问渊博、技艺精湛的艺术家。我只不过是他们中的一员，比我懂得多、画得好、学问高的艺术家很多。”他列举了很多名家，并讲起了中国画的意象表现手法、变形夸张和意到笔不到的留白的妙用。

德国学者都听得发呆了，引发了他们对中国的向往和兴趣。东方艺术会会长沙尔武博士站起身来说：“刘海粟教授，您今天的演讲使我对贵国艺术产生了很大的兴趣，特别是您在几分钟内就创作出一幅绝妙的作品，把我们引入了一个奇妙的天地。可我们对贵国的绘画了解得很少，特别是我们的公众，可谓一无所知，他们感到东方艺术非常神秘。我们请贵国公使馆把您请来，是想和您商谈近期在德国举办中国现代画展。先在柏林，以后还可到汉堡等大城市巡回展出，好让我国公众对贵国艺术有更多的认识。我们请贵国使馆和刘教授共同议定一个计划，至于经费，我建议德中各承担一半，你们看可好？”

大家的目光一齐转向了梁龙。他皱起了眉头，嗫嚅着：“这……”支吾了半天，未明确表态。

海粟对梁龙如此有损中国政府面子的表现很不高兴，但海粟也理解他，他只是代办，公使不在，他怎敢越权公使作主？可海粟却用坚决而响亮的声音答道：“可以这样办！”

海粟正要就具体计划继续说下去，梁龙打断了他：“刘先生，还是等请示过公使后再谈具体计划吧！”

他从梁龙的目光中看出了梁的忐忑不安。他在心里不由冷冷一笑，就不难为梁龙了，他转客为主地扬起双手：“诸位先生，今天大家听我讲了半天，一定很累了，关于在德举办中国现代画展的具体计划，明天我们还在这儿详细磋商好吗？”

“好的！”沙尔武点点头，站了起来。

他提笔把那幅即兴作的《鹰击长空图》题赠给了东方艺术协会。

沙尔武双手接过，连声道谢，又拥抱了他和梁龙，说：“明天见。”

德方学者纷纷起身离座。

“屈梅尔教授，请留步。”他复又在台子上铺上宣纸，“我画张小品请您指教。”

屈梅尔向他走过来，说：“太好了！谢谢！我将永远珍藏着。”

“您想要我为您画张什么呢？”

屈梅尔一改学者的威严，突然变得像个孩子，扬起头，眼里充盈着天真和烂漫之情，好半天也未能说出他的希求。

他提着蘸了墨的笔等待着。良久之后，屈梅尔笑着摇摇头说：“随意，画什么都行，我将把它和我的一篇论著一同发表。”

他略微想了下，就在纸上挥洒起来。不一会儿，纸上出现了两只翩翩起舞的仙鹤。

屈梅尔一下看呆了，他站在边上，仿佛也要随着这对仙鹤起舞。

滕固向他解释说：“在中国，仙鹤是吉祥物，象征着延年益寿。刘先生以此相赠，有祝愿您健康长寿之意！”

他用生疏的汉语快活地叫着：“仙鹤！仙鹤！”又向他伸出拇指，用德语连连说：“神奇的中国绘画！……”

第九章　欧游归来

一

香楠沙号轮的船头像一把利斧，迎着翻滚暴怒的海浪艰难地前进着。自它从马赛起航以来，地中海的风浪就没平息过。乘坐这艘船东归的海粟、韵士和傅雷被颠簸得像患了大病一般，躺在铺上爬不起来，阵阵恶心折磨着他们。可摇撼着海粟的，远非这大海的风浪，更多的是来自心头的波澜。教育部为什么急电催他东归？公使为何对举办中国现代画展畏畏缩缩？……蓦然间，他似乎又听到了志摩遥远的声音："兄到欧后，天才横溢，常闻称道瑞士、古罗马之游，更拓心胸，益发气概。偶读游记，想见海翁负杖放眼，光焰自生，未尝不神往心羡，可怜中国，云何谈艺……"

是我刘海粟过于光焰了？耀目了？招致了妒恨？还是闭关自守的老爷们惧怕西风东渐？……为了吮吸外域艺术的精华来滋补我民族的肌体，两年半中，他的翅膀从未歇息过一会儿，也从未停止过攀援的步履。他的翅膀疲惫不堪，他的脚趾打起了血泡，脚板磨起了厚厚的老茧。他遍访法兰西的艺术名迹，对影响过欧洲画坛的不同艺术流派和艺术家做了深入广泛的考察研究，谙悉了西方艺术的发展轨迹，触摸和感受了现代西方艺术的脉搏和生命。

他去过瑞士，在圣乔扬而夫观赏了自然美景；在著名风景区莱梦湖大诗人拜伦徘徊低吟过的地方作过画；在大思想家卢梭亡命的湖畔小屋前踟蹰流连；在大作家维克多·雨果荡漾过的湖面泛舟，最后创作了油画《多变的莱梦湖》。

在瑞士日内瓦，他观赏了日内瓦湖似翡翠般浩瀚无际的碧波，瞻仰了世界著名宗教改革家加尔文的立像，反复吟诵刻在碑座上的铭文："由黑暗而见天日。"在美术馆，他欣赏了 18 世纪以来的瑞士新绘画，和日内瓦美术馆珍藏的德拉克洛瓦、库尔贝、米勒、莫奈、塞尚、高更的作品。在风景秀美的瑞士，作了十数幅写生油画。

他两次到意大利考察艺术，在罗马花岗岩砌成的高大宏伟的美术馆参观了西班牙杰作展，观赏了格列柯、委拉斯开兹、戈雅诸多大师的代表作。他在格列柯的《圣彼得之泪》前面心潮澎湃；在维多利亚马尼纪念广场观摩了林立的雕塑，看了日本装帧精美的画展；他用油彩使罗马古斗兽场凝固在画布上。他觅到了巴黎凯旋门的原型——君士坦丁大帝凯旋门，倾倒在它构图对称、线条流畅的浮雕里。他在能容纳 1600 多人的加拉加拉共同浴场发过思古之幽情，瞻谒过高达 147 尺[1]的德拉亚大帝纪念柱，他为上面 2000 多个人物浮雕而惊叹不已。他乘马车经罗马旧道，抵地下陵寝，参观圣撒白司地下教堂、梵蒂冈圣彼得大教堂、梵蒂冈教皇宫、梵蒂冈美术馆、西斯廷教堂、圣保罗教堂，欣赏了罗马美术院的近代作品，还看了玛利亚马其亚教堂和意大利国家博物馆、波尔盖世画廊。他在梵蒂冈博物

1　147 尺约为 49 米。——编者注

院里看到了亚叶山同（今译为阿格桑德罗斯）和他儿子柏利特、亚德那杜合作的《拉奥孔》和罗马人仿刻的米隆的《掷盘者》(今译为《掷铁饼者》)等世界美术史上的名作。

他又去了米兰、威尼斯、佛罗伦萨，研究考察了那里文艺复兴时期的绘画、雕刻和建筑艺术，并受聘为比利时独立百年纪念展览会的国际美术展览会评审委员。他的《九溪十八涧》在展览会上获得一致好评。他在布鲁塞尔、鲁文、盎凡斯游览的同时，研究了佛兰德斯派绘画，上溯哥特时代发现油画技巧的扬·凡·爱克，下及巴洛克时代的鲁本斯，以及后期画家的作品。他沿途作了20多幅油画和中国画《狮》，并接受德国法兰克福中国学院之聘，讲演中国画学。在法兰克福美术馆举办了他的画展，所到之处，他总是随身带着写生用具，随时用油彩把所见所感记录下来。他无时不想着弘扬中华民族的文化，他无处不在为让世界认识中国、了解中国悠久的文化而努力呀！

两年半中，他除了临摹德拉克洛瓦的两幅杰出巨制，又临了柯罗的《山上》《珍珠少女》、米勒的《拾穗》、塞尚的《缢死者之屋》、伦勃朗的《裴西芭的出浴》和提香的《基督下葬》，还创作了100多幅油画。他在比利时创作的油画《向日葵》《休息》，再次被选入法国秋季沙龙。他在瑞士作的《森林》《月夜》《圣扬乔而夫之陋室》和在巴黎郊区作的《玫瑰村之春》被选进只展出欧洲第一流画家作品的蒂勒里沙龙。巴黎美术学院院长贝纳尔在巴黎克莱蒙画院为他举办了个人画展，展出了他在法国、瑞士、比利时、意大利、德国所作的油画40幅，其中《卢森堡之雪》为法国政府购藏于亦特巴姆国家美术馆，《卢浮宫之雪》为法人莫须氏购藏，《巴黎圣母院夕照》为法人迦蒙氏购藏。法兰西汉学大师、巴黎大学教授路易·赖鲁阿以《中国文艺复兴大师》为题为绘画展作序……

他慢慢地合上了眼睛。

“海粟”，韵士摇着他，“赖鲁阿先生来啦。”

他艰难地睁着困涩的眼睛：“我好像并没睡着呢！”

“刘先生！”路易·赖鲁阿受法国政府的委派到中国考察古文化，和他同舟东渡。“风息了，浪平了！”他做了个幽默的表情，“可否了结为我画像的许诺？”

他们自秋季沙龙相识以来，过往甚密。赖氏学识渊博，对中国古文化有很深的研究，尤精禹域古乐和古画。他们常常在一起纵论中国古代音乐和画论，谈得最多的是谢赫的“六法论”和《淮南子》论乐。海粟早就答应为他画像，总是没有机会。后来他们同乘一条船，他想这下可了结此愿了，可上船后，一直风大浪高。现在他抬眼望了眼窗外，一骨碌从铺上坐了起来，“风平浪静了，上天助我了结心愿也！”

他蹲下身，从铺位底下拖出油画箱，支上画架，把赖鲁阿安顿在舷窗一侧的椅子上。光线从窗外投进来，把他脸部的轮廓勾画得明暗有致。他端详着，兴奋地说：“好！就这样，别动了！”

海粟、傅雷和韵士相携去拜访贝纳尔先生。刚一走进贝氏坐落在巴黎南郊的乡间别墅，他家豢养的卷毛狗就吠着奔了出来，韵士听到狗叫，吓得不由自主地躲到他的身后。

“阿密！”随着主人一声招呼，那狗立即停止了吠叫，它变得非常温良驯顺，望着他们殷勤地摇着尾巴。跟着贝纳尔迎出来的，就是这位研究东方古文化的学者赖鲁阿。他身材高大，灰白的鬓发，深邃有神的眼睛。见到他们，连忙迎下台阶，张开双臂拥抱着他，用中国话说：“贝纳尔先生等候诸君多时了，我们正在谈论中国的汉石刻呢！”

“啊，太好了！”他响应着，“我们的汉代就出现了抽象、变形的石雕艺术，您去过西安吗？”

“很想去。”

“欢迎您去！”

他们相携走上台阶，他上前一步，伸出双手，紧紧握住贝纳尔的双手：“让您久等了！”

贝纳尔虽已 81 岁高龄，身体仍很健朗，思维清晰、敏锐，他说：“欢迎中国的艺术家到我的乡间别墅做客。为了我们谈得畅快，我特地请来了研究贵国艺术的路易・赖鲁阿教授。”贝纳尔把他们请进充满时代艺术气息的客厅。海粟环视着宽大客厅的四墙，真可谓当代艺术作品的展览会。他走近去看那些签名，却都是些陌生的姓氏。海粟正看得出神，背后响起了一个女人的声音：“这些作品都是青年画家们送给我们的！”

海粟一惊，转过了身。一位看不出实际年龄有着一头雪白瀑布般长发的女士端着一盘点心和咖啡在等候着他。她说：“贝纳尔一早就叫我准备茶点，他很高兴你们光临，请用！”

“我的夫人。”贝纳尔介绍说。

他拿了份甜饼和一杯咖啡，满脸欢悦地说：“谢谢夫人。”

贝纳尔又把夫人介绍给韵士。

贝夫人把一碟小点心递给她：“法国的生活习惯吗？”

韵士双手接过：“法兰西是文明古国，我已适应这儿了。”

贝夫人把茶点分送完毕，就拉韵士坐到身边，问这问那。

“你有孩子吗？”

“有，有两个儿子，次子刘豹，留在中国我母亲处，长子刘虎 13 岁，正在这里的枫丹白露上中学。”

“你的先生出去画画，你在家做些什么？”

“我在学习。”韵士唯恐她不理解自己的意思，补充说：“我在白丛女校住读。”

“啊！”贝夫人赞叹地点点头，“一个不甘落后的夫人！”

韵士有些腼腆，报以一个微笑。

四位男士边喝咖啡边谈。他们从中国的当代艺术说到法国艺术流派的繁衍，从日本的浮世绘说到中国绘画的革命，越说越热烈。他们又谈到海粟的绘画。他把带来的《巴黎圣母院夕照》《卢森堡之雪》《卢浮宫之雪》《玫瑰村之春》一张张倚墙置于台子上。

贝纳尔站起身，走到他的画前，眼睛倏然生光。他从这幅画看到那幅画，又从那幅画看到这幅画，反反复复观赏着，自言自语地说：“多数法国人只知中国古代艺术的辉煌，很少有人了解中国当代画家的作品。这是因为中西文化缺乏交流之故！”他突然以青年人那般矫健身姿转过身，脸上流溢着红光说：“刘先生，我想为你举办个人画展，把你的作品推荐给法国公众，让他们也能了解到中国艺术不仅有辉煌的过去，也有辉煌的现在，中国艺术正在复兴！”

举办个人画展，虽是海粟的夙愿，可他不敢奢想，这不仅需要一笔可观的经费，更重要的是要得到法国艺坛的认可和支持。这对于一个来到异国他乡的学者来说，是很难实现的奢望啊！贝纳尔先生，巴黎美术学院院长、青年艺术家拥戴的艺坛巨星，要为他举办个人画展难道是真的？他有些不敢相信！海粟愣愣地望着他，好半天才说：“贝纳尔先生，您是说给我举办画展？是吗？”

“对对。”贝纳尔连连点头，“你手边有多少作品？”

“六七十幅吧。”

“你选出40幅代表你最新水平之作，”说着他就走向电话机，“克莱蒙画院吗？我是贝纳尔。我要在你们那里为中国画家刘海粟先生举办画展，请尽快安排，越快越好。好的，好的！”

他们都兴奋地竖起耳朵听着。

“好，尽快把作品选出来，送去，好的，好的，拜托了！”他放下电话，坐回到沙发上，“刘先生，统统都安排好了，你尽快把选好的作品送去，时间在月底。”

“我来为刘先生的画展写序。”赖鲁阿自告奋勇。

“那就太好了！”海粟激动地望着赖鲁阿，“您精通中国艺术，又了解我的作品，真是感激不尽！”

“别客气了。”贝纳尔开心地笑了起来，“虽说我们住在地球的西边，你们住在地球的东边，我们都住在同一个地球上，又都是艺术家，我们创造的作品属于全人类，你不用客气。”

……

“刘先生，”赖鲁阿的胡须幽默地扬了扬，神秘地一笑，“你在想什么呢？”

海粟这才意识到自己走神了，他下意识地望着赖鲁阿的眼睛：“你猜？”

赖鲁阿哈哈一笑：“用你们中国一句俗话说，我又不是你肚子里的蛔虫，怎么猜得到？”

海粟在调色板上调着色：“我想起了我们的交往、我们的友情，我们第一次相见时你留给我的印象，我还能记得你给我画展作的序……”

赖鲁阿小声地背起来：

这篇序文不会长……美丽的言辞估不了它本身的价值，不论他是识者或是浅学，是欧洲的学者或是亚洲的文人，只要有眼睛而能鉴赏的人，都能认识刘氏素描的气韵、色彩的强烈、性格的鲜明与构图的和谐。

刘氏曾于1929年、1930年出品于秋季沙龙，并被邀参加蒂勒里沙龙，可知巴黎已对他致过敬礼了。但他全部作品的汇集，因为题材的变化与时期的先后，更可令人窥到一个天才的不断努力与升华，他苦心探求的酬报，便是永远的进步……

傅雷不知何时也来到海粟舱中，这篇序文就是他译成中文寄回国内发表的。他还能记得全文，于是接着背着：

欧风东渐之今日，中国艺术，正如中国的全部文化一样，有极大的转变。它是否应该任一种外来的艺术侵略？它能否作一种沟通和融和的工作，使欧罗巴与亚细亚同被其惠？刘先生表示应该肯定后一条路，而他个人努力的成绩，也即给予我们至美的希望。

赖鲁阿抢着背道：

中国画不知有油画的颜色，而轻视远近法。西洋画摹写自然，而不知感应。一幅西洋画是一幅图，一幅中国画是一首诗……中国的思想比我们的更重哲理，它不能容纳没有心灵的物质……

他行云流水般把序文背了出来，最后，他像颂诗一般：

但看看他的静物十分坚实！看他的玫瑰村所观察的风景中，或在塞纳河畔的巴黎埠头上，他的果敢而深有颤动的韵味的色彩！他在比利时所作的大教堂，在光的变幻之下，不难辨出它的坚劲。看他在卢森堡朔风冻云中所写的雪景，枯枝盘错，在力的韵律中表白它的无声的诗意。他是这样一个中国艺术家，拿着画板与画笔，没有遗忘远近法，也不造作三分怪异，能在他的画面上，撷取他祖国传统的精英，达到心与天游的境地。他的丝绢纸帛上的画，除了他本国的先师所传授给他的奥妙的法则以外，也特有一种清新泼辣之气，一扫二百年来中国画坛上的平凡单调、拘囚于法则学派的萎靡之象。刘海粟确是一位"大师"，在这字的真意与古义上的大师，因为他有他的信徒。这不但是中国文艺复兴的先锋，即于欧洲艺坛，亦是一支生力军！

海粟停住了笔，摇摇头，诚挚地说："先生，你过奖了，海粟为之惭愧。大师之誉，一直使我惴惴不安呢！"

赖鲁阿一脸的肃然说："我的为人处世，口发于心，来于识，从不违心溢美他人，你是当之无愧的中国文艺复兴的大师！"

海粟一个劲地摇头说："不敢！不敢！"

"我理解海粟，更了解我自己的祖国，"傅雷淡淡一笑，"赖先生，你没有溢美刘，我也认为他是当之无愧的中国文艺复兴的先锋、大师！可这会给他带来麻烦的！"

"麻烦？"赖鲁阿惊奇地看着傅雷，"我不理解。"

傅雷长长地叹了口气说："我是中国人，我了解中国社会。海粟此次带着丰硕果实和国际荣誉归去，学者名流会以一睹'叛徒'新作为快感，达官贵人也会以得一笔一墨为荣。尽管他已战胜了道学家，战胜了礼教，战胜了社会上和艺术上的敌人，他交游满天下，桃李遍中国，可他仍会被误会，他不但被敌人误会，也被自己的朋友误会。如今他的名字并不陌生，然而世人对他的艺术却更陌生了！我决不为海粟悲哀，我只为中华民族叹息。一个真实的天才，尤其是艺术天才的被误会，是民族落伍的征象。我且不管中国要不要他这样一个艺术家，要不要他这样一个人，但他的艺术不被理解，他的人格就不能被人理解，他曾跟我悲叹过，'国内的艺术以至一切已混乱到不可思议的地步，一般人心风俗也丑恶到不可思议的地步'。在这种以欺诈虚伪为尚，在敷衍妥协中讨生活的社会里，哪能容得他真诚的人格，和他反映在画面上的泼辣性和革命的精神！"

傅雷侃侃而谈，激动得满脸红光。赖鲁阿扬眉竖目，全神地听着，似乎听懂了，又似乎还没完全理解。

"我和海粟可谓朝夕与共，三年的'力学苦读'，把他的精神锻炼得愈往深处去了，他的力量也一变昔日的蓬勃与锐利，潜藏起来，好比一座火山慢慢地熄下去，蕴蓄着它的潜力，待几世纪后再喷发，届时不但要石破天惊，整个世界也要为之震动，个别星球将为之打战。正如他的《玫瑰村的落日》所表现的，落日在金黄的天边将降未降之际，闪耀着它沉着的光芒，暗示着明天还要以更雄伟的旋律上升，以更深厚的力量来照临大地；也正如《向日葵》的绿叶在沉重的黄花之下，挣扎着求伸张、求发荣，宛似一条受困的蛟龙，竭力想摆脱它的羁绊与重压。然而，我们的海粟毕竟是中国人，先天就承受了东方民族固有的超脱心魂，他在画几朵向日葵的花和叶的挣扎与斗争的时候，他连用翠绿的底把黄的花朵轻轻托起来，一霎时就给我们开拓出一个高远超脱的境界，这正是受困的蛟龙终于要吐气排云、行空飞去的前兆。"

傅雷眼里闪动着泪光，他激动的声音都有些嘶哑了："赖鲁阿先生，当我读到您为海粟画展的序文和德、法两国艺术评论家对他作品的批评时，我作为一个中国人，不禁感到惶愧而无地自容。我们现代中国文艺复兴的大师还是你们西方邻人最先认识他的真正价值的！”

赖鲁阿耸了耸肩，笑着说：“一个天才的出现，一时是很难被理解和接受的。你们中国有句俗语，叫‘墙里开花墙外香’，也适合我们法国艺坛。每当涌现一个新的流派，出现一个天才，都会引起风浪，中国这种现象也许突出一些。”他停顿了一下，“傅先生，您是研究美术史的，您不觉得这样更能造就大师和天才吗？”

海粟似乎没有听到他们关于他的对话，他仿佛完全沉浸在色彩的旋律中，赖鲁阿的形象已清楚地出现在油画布上，宽阔的前额，蓬松而个性卓著的胡须，隽智、深邃而神采奕奕的眼睛，宽厚的嘴唇，在强烈的原红原绿的渲染下，像红花和绿叶交映，像火焰和海水交融，艳美无比。海粟眯起眼睛润色，身子不时微微后仰细看着，对于他们的谈话没有一点反应。

“海粟，”傅雷见他的目光仍然痴凝在赖鲁阿的画像上，对他的高论听而不闻，便碰碰他，“你又神游到何处去了？”

海粟回眸一笑：“我突然想起了德国讲学的事。”

傅雷不由笑了起来：“此次回国，你肩负的担子很重啊！”

“是呀！”海粟喟然一声长叹，“我真想不通，国家派出的公使、代办到底肩负何责？德国人主动要求我们去开画展，为何他们不敢承担责任？这是何等的好事？多么难得的机会！蒋作宾反而责怪我不该一口应承，说我应承了就得由我负责任！国内的一应准备，都要我去落实，好像举办中国现代绘画展是我刘海粟的荣誉，是我个人的事，而不是弘扬中国文化，为国争光？蒋作宾还说各半分摊的经费，他无能解决，要我回国疏通、筹措，他们什么事也不想干，什么力也不想出，中国国际地位的低下，就是他们弄的！这些官僚、蠹虫！”海粟边说边在赖氏画像上写上长长的跋文，记叙他们的交谊。

傅雷凝神于他的笔端。

“傅雷，我想我又是被误解了，我要求中法交换展览会，法方都已做好了准备，蒋梦麟对于我的要求不予理睬，如今教育部又急电催我回去，又不说明缘由，我想也许我在德国的演讲过于成功了，引起了某些人心理失衡！我有些困惑，难道我只是为了我刘海粟个人而不是为我们中华民族？我不是中华民族的一分子？我的力学苦读不是为了复兴中国艺术？还不知他们在如何说我呢！”他无可奈何地摇了下头，放下笔，站了起来，目光越过窗口投到大海上，放声笑了起来，“误会！我不怕误会，我总是被误会！让误会的风暴来得更加凶猛些吧！”

傅雷沉默了，两年中，他们几近朝夕相处，傅雷了解海粟，也理解海粟，他为了实现他的复兴中国艺术、美育救国的理想，尽了最大的努力。他除了探求艺术本身的艰苦，还要抵挡物质生活的拮据。傅雷常在午后一两点钟到他的寓所去，海粟那时才从卢浮宫临画回来，一进门就和傅雷谈当日的工作，谈德拉克洛瓦的浪漫主义笔调，伦勃朗用色的复杂、人体的坚实，以及一切画面上的新发现。半小时后，韵士从里面盥洗室端出一锅开水，几片面包，一碟冷菜。他就是在如此清苦的条件下忘我工作的。他节衣缩食，为了看到更多艺术名迹，他第一次去意大利探访文艺复兴大师的足迹，曾多次跟傅雷说过，一走进西斯廷教堂，就产生一种激动的心情：“走进天堂未必像走进西斯廷教堂那样欢乐，走进地狱未必像走进西斯廷教堂那样震撼，那种心灵的颤动只可意会不可言传。”可能因为穹顶的画太高，看不清楚，又因旅资短乏，未能写出翔实札记，他久久为之遗憾，恋恋不舍，又耿耿于心。为了完成《罗马西斯廷壁画》这篇论著，他在接到教育部急电后，还是不甘心就此罢休，又向人借贷旅资，邀他同行，第二次去到罗马。买了面镜子，两人卧在地上，从镜子的倒影中仔细观察每一个细部，写上了翔实的笔记。他对艺术多么虔诚啊！人们为啥总要曲解他，误会他？为何要往他那颗赤诚的心上泼污水？……

赖鲁阿全神贯注在画像的跋文上。他看着看着就从画架上把它取下来，动情地高高举起来，喃喃自语地说："妙！妙极了！妙不可言！"

"起风了啊！"韵士在船舷边朝舱内的他们喊了一声。他们的心弦倏地又被风浪拉紧了，不约而同奔了出去。

他们凭栏而立。天已渐渐黑了下来，远处天边有大块云团在滚动，向他们的头顶上涌来，海水开始起伏、躁动，海轮也开始晃动了。不一会儿，乌云就盖满了天空，蓝色的大海仿佛突然渗进了墨汁变成了乌海。风也发出了低沉的吼叫。突然，一道银蛇样的闪电劈开了浓厚的云层，远处响起了一串沉闷的雷声，空气似乎窒息了一般。

"暴风雨就要来了啊！"韵士最害怕风暴，她拽住海粟的胳膊，"又有罪受了！"

海粟拍抚了一下她的手安慰她："别怕，我们自起航以来，就一直在风浪中，没什么了不得的！"

傅雷凝望着翻滚的海面，突然转身对他们说："我正在构思一篇文章，《刘海粟论》。文章的结尾是这样的：'阴霾满天，烽烟四起，仿佛是产生米开朗琪罗、拉斐尔、达·芬奇的时代，亦仿佛是1830年前后产生德拉克洛瓦、雨果的情景。'"他转身面对着刘海粟，"'愿你，海粟，愿你火一般的颜色，燃起我们将死的心灵。愿你狂飙的节奏，唤醒我们奄奄欲绝的灵魂！'"

他刚一落话音，赖鲁阿的掌声就响起了。

一个响雷仿佛落在船桅上，铜钱大的雨点砸了下来。

香楠沙号摇晃得更厉害了。

二

海粟一回到上海，就给蔡元培先生打电话。

“啊！你是海兄呀！何时回来的？”电话里传来蔡先生惊喜的声音。

“我刚刚进家，”海粟不无激动地说，“先生，您好吗？”

“唉——！”蔡先生叹了口气，“有什么好的，国有难，能好得了吗？”

蔡元培的声音苍老了许多，他不由难过起来，说：“先生，我想要尽快见到您，有许多事需要当面向您报告，我现在能来看您吗？”

“好的，好的！”蔡元培应着，“我等你！”

“韵士，我要去看蔡先生，”他拿起一只手提包，“你把给蔡先生买的那顶帽子找给我，再拿几包雪茄和一听咖啡。”

“现在就去？”韵士望着他没动，“你已很累了，该歇两天，洗个澡，理理发，看你，胡子拉碴的。”

“哎呀！”他不满地叫了起来，“现在是什么时候？还有时间休息？我要向蔡先生报告工作！快快快，别啰唆。”近来他常常对她感到不耐烦，发脾气。

韵士理解他的心情不好，从不跟他计较，她无声地叹了口气，转身准备去了。

蔡宅离海庐不远。他没叫车，从小巷子抄近路穿过去。从码头回家的路上，街上随处可见“打倒小日本！”“九一八事变是日本帝国主义蓄谋已久的阴谋！”等红红绿绿的标语，示威游行的队伍络绎不绝。小巷倒很平静，没有国难临头那种气氛。这与他此时的心情好像不很相合。

他低着头，大步穿弄过巷，不到半小时，他就来到蔡宅那条街口了。老远就望见蔡先生立在门口，向巷口张望。

他加快步子，举起手大声唤着：“先生！”快步向他走过去。

蔡元培微笑着迎上他：“海粟兄，你好啊！”他抓住海粟的一只手，上下打量着他，“海风把你吹黑了，但更显精神了！走，进屋去！”

他们在沙发上坐下。蔡先生揭开茶碗盖子说：“接到你的电话，我就沏好了茶。这茶叶还是一位无锡学生送的碧螺春呢！在外三载，恐怕记不起这种香味了吧！”原来蔡元培早从海粟的眼中读到了他那颗火急的心了，蔡先生了解他的性格，想让他心情轻松下来，缓解一下他的情绪，“喝呀！它可帮助人清心明目呢！”

他听话地端起茶碗，喝了一口，果然有股特别的幽香，直奔他的心肺。他接着又呷了一口，那颗因愤怒而躁动不安的心，倏地宁静了许多，心气也逐渐平和下来，思绪也明晰了许多。他对蔡先生报以微微一笑说：“知我者，先生也！”

蔡元培哈哈地笑了起来。

海粟的心神在这流溢的理解和慈爱的笑声中平衡了，放松了，心的闸门启开了，积蓄了三年之久的话语，奔腾汹涌而下。他先报告了在西欧考察艺术和创作的累累硕果，再说他为弘扬中国文化和宣传中国艺术做出的努力，详细地阐述了与德国就举办中国现代美术展览会协商的经过和拟定的协议，最后说了他对振兴中国艺术的几点建议：其一，建立国家博物馆，搜集、整理、收藏历代艺术珍品；其二，设立国家美术院；其三，改革美术学校学制；其四，城市建设必须统一规划，以艺术为目标。他说：

“欧洲各国艺术设施规模宏大，设备先进完备，收藏丰富，我国有数千年的艺术史，艺术业绩之丰富远远超过他们，只因保存不善，未能发挥它们的作用，有的以至埋没蓬蒿，使后学者无法向前人学习，这些怎不让我们痛心！我要求国家能考虑建设，亡羊补牢，还不算晚！”

他又激动起来，“蔡先生，我之希望寄托于您，请您把我的要求转致政府，以引起政府的重视。我想，只要政府重视，国人勠力同心，就能挽救尚存艺术的命运，不过，当务之急，是我们已和德国政府协议了中国现代美术作品展览会，已商定了展览日期。”

蔡元培始终认真地听着，他为海粟所取得的丰硕成果而深感欣慰，海粟的几点振兴艺术的建议也很好，他从心底里赞成。他也曾留学德国，深恶痛绝某些德国人鄙视中国人，他深知德国人主动邀请中国人去举办画展的难得，特别是当前日本对中国发动侵略的时候，更具有特别重要的意义。可是……国家正处在危难之期，时局还不知向何处发展，他一个学人，就是竭尽全力，又能起到多大的作用？

他从茶几上的烟筒中抽出两支烟，给海粟递过一支，便自划着火柴点着深吸了一口，凝视着从鼻里呼出的带着沉重水汽的烟雾，他想理出一个解决这个问题的头绪。思索良久，他也未能如愿，只好对海粟说：“听了你的报告，我欣慰之至。你应该举办一个欧游作品展，向民众做个汇报。”

“先生，”海粟急需要听到的是他对德国现代中国美术展的态度，他又发急了，“德国画展的事，您看如何进行？”

这把蔡元培逼到墙根去了。他想暂时不说“此事已不行了”，只好说：“海粟，我认为这事不仅对中国艺术界是件有意义的事，对我们苦难深重的祖国也是件有意义的活动。”他又猛吸了口烟，“可当前的形势，这得慢慢来。你先写一个专题报告给教育部，再把你在欧洲考察艺术的活动及成果，也包括对外宣传等等和你对振兴中国艺术的建议写一个系统报告，发挥舆论的作用，引起政府和艺术界的重视。”

海粟点点头，说：“我也有写《告国人书》的想法。”

“我在给你的信中已经说了，此事非少数人的力量所能为之，你得争取更多人的支持，你该抽空去看望看望叶恭绰先生，还有一些政界学界人士，有些人虽然不懂艺术，但对艺术比较热心，可以借用他们的力量发展艺术事业。林森、吴铁城都有此雅兴。”

“谢谢先生的指点。”

蔡元培微微一笑说：“我们这些人都有个脾气，不对脾胃的人，不想理睬，可想干成几件有意义的事，没有这些不对脾胃的人支持，又办不成，有时，我们就不得不随和一些。”他看着海粟，“你刚刚回来，很辛苦，学校还有一大堆的事等着你去处理，待你稍事休整几日，我再为你洗尘。”

“海粟深知先生清廉一生，两袖清风，洗尘就免了吧！”

蔡元培哈哈大笑起来，“你怕我请不起？”

“不是，不是。”海粟连忙分辩。

“那就听我的。”

临告别时，海粟从提包中拿出给蔡先生的礼物，说：“这是韵士为先生选的一顶法兰西博士帽，你看可合适。”

蔡元培把帽子拿在手上欣赏了一会儿，一改他稳重学者的个性，也没顾及天气炎热，走到一面镜子前，把帽子戴到头上，脸上漾出了孩童般天真的笑容，连声赞道：“很好，很好！代我谢谢夫人。”

第十章　百折不回

一

夜幕已垂下了沉沉的面纱，他才回到家里。轻轻推开门，屋里没开灯。他伸手拉亮了灯。

桌上放着一碟螺丝菜，一碟咸萝卜干，一碟面包，一小铝锅稀饭。韵士似乎已精疲力竭，伏在餐桌上熟睡了。

看看室内，行李都已基本各就各位。她是累极了吧，就让她睡吧！

他小心翼翼地揭开锅盖，舀了一碗稀饭，端起来就喝。面包还是船上吃剩的，他吃起来却觉得特别的香。他心里躁动着一种莫名的兴奋，许多想法仿佛种子一样在蠢蠢萌发、伸展。他几口就喝下去一碗稀饭，掀起锅盖来盛第二碗，铝锅盖“砰”的一声碰在桌子上，发出了刺耳的响声。

韵士猛地惊醒了，她爱嗔地斜了他一眼，嘟起嘴说：“稀饭我都热了两回了，你也不来个电话打个招呼。”

“我从蔡先生家回来，在路上刚好碰到我们学校抗日宣传队在游行。那些孩子都是生面孔，我就跟在后面。”他胃口极好，张着阔嘴，呼啦呼啦喝着粥。忽地，他放下碗，慎重地对韵士说："韵士，我在队伍中看到一个女生，堪称'天生的尤物'，除了陆小曼，我还没见过有哪个长得有她好看，她站在椅子上演说的样子，美极了！她嗓子也很好，音色也美，她的宣传京剧唱得也很有韵味呢！"他兴致勃勃，"真是天生做模特儿的材料！"

"真的？这么美？"韵士也来了兴趣，"莫非美专时来运转了，终于出了个美人儿。"

"看来，你也喜欢好看的女孩啊！"海粟放下碗，用手帕擦了下手和嘴，"等我认识了她，我们收她做干女儿好了！"

韵士突然思念起留在异国读书的儿子，她边收拾碗碟边说："虎儿这会儿不知在作啥。把他一个人丢在天遥地远的地方上学，我总有些不放心呢！"

"我们这也是为他好嘛！"他坐到沙发上，用牙签剔着牙。"筹备中国现代画展览会，我是肯定还要去法国的，你不要过于想他，好男儿志在四方，系在腰带上的儿子还能有什么希望！"

韵士鼻子一酸，泪水涌了出来。她连忙走进了厨房。

海粟眯起眼睛，他又何尝不思念儿子呢！他仿佛看到了儿子的身影，从这个房间跑到那个房间，一会儿又跳到他的身后，双手蒙住了他的眼睛，又"喵"的一声跳到他面前，扑到他怀里……

"海粟先生在家吗？"

他立刻辨别出是刘瑞华的声音。他连忙跳起来迎出门。"刘先生，快请进！快请进！"他握住刘瑞华的手，把他让进坐间的沙发上。"韵士，刘校长来了！"

韵士忙拿着雪茄微笑走出来。

刘瑞华起身致意："夫人好！"

“刘校长，您快请坐，抽烟。”她抽出一支递上去，把烟盒放到茶几上，“我去给您煮咖啡。”

“不用，不用！”刘瑞华客气着，“您远道归来，很忙很累！”

“您别客气，没事。”韵士转身走了。

“瑞华兄，”海粟为他点着了烟，“这几年，您辛苦了！我不知如何感谢您才是呢！”

“海公，这您就见外了。古人云：‘受人之托，忠人之事’，我既已接受了您的聘任，理所当然要承担起责任。”刘瑞华约略停了下，“遵您之嘱，筹备建校二十周年纪念活动，一个月之前，我就在全体师生大会上做了动员，不少师生都准备了作品，准备参加纪念展览会。美专话剧团、京剧团也创作了节目。”接着把三年来的校务工作简略地向他做了报告。“海公，您西行考察已经胜利归来，我的历史使命也就宣告结束了！”

“瑞华兄，我刚回来，有很多事等着我考虑筹划，一项艰巨的任务，就是德国邀请中国现代画展去柏林展览。我已代表中国艺术家应邀了，这关系到国际声誉。校务还想请您再代劳几月，如何？”

“海公，当初我们说好的，一俟您归来，我就卸任。说好的，公可不能失信哪？”刘瑞华认真地说，“承蒙厚爱，请谅瑞华不能从命！”

“瑞华兄，海粟深知这几年苦了您，学艺术的学生，各具个性，学校经费又很拮据。”他就不再坚持意见了，“明天我去学校，学生们还都不认识我呢！哈哈……”

他们边品着韵士煮的咖啡边聊。刘瑞华又向他报告了三年中教师职工队伍的变动，海粟又就改革学制的设想征求他的意见。他们谈得很投机。

刘瑞华走后，他就在思考一个问题，物色一个副手，帮助他管理教学和校务。他把教授们都考虑了一遍，最后他的视点落在他的得意弟子、挚友王济远身上。不管从艺术修养、教学经验，还是组织才干，他都是第一流的。他还具有他人所不及的对新兴艺术的热情。过去他就是海粟艺术主张的热情支持者、拥护者，如今他留美五年归来，各方面又该有长足的进步。如果请他任副校长，就可以放心把学校交给他了，济远也会全力支持他学制改革的构想。这样，海粟就可以挪出时间和精力去办欧游画展，去创作，去为中国现代画展赴德展出奔波呼号！

他想到这儿，不由兴奋起来，就给兼任美专校董事会主席的蔡元培先生家拨电话。

韵士奔过来，捺住了电话机："你知道现在几点了？半夜三更的给人家打电话，你不怕吵了人家休息？"

海粟看了下手表，已午夜12点半了。他只好放下话机。

韵士不高兴地拉长了脸："我累得都要倒下去了，你睡不睡？"

他没理睬她，径直走到画室的案前坐下。

韵士逼过去："你听到没有？"

"听到了！"他拉直腔调，"我还有许多事要考虑，你先睡去，别烦我！"

"我烦你？"韵士感到受了委屈，"你这人没良心，我是担心你要累病了！"

"不会的！今天我的精神感觉好极了！"他没抬头，只是不耐烦地向她摆摆手，"你快走吧！"

韵士深深地叹了一口气，无可奈何地退了出去。

他刚在稿笺上写上"东归后告国人书"七个字，就放下了笔。他沉沉地靠到藤椅背上，目光越过台灯的顶部，投向窗外那丛石楠上。往年这个时候，石楠的果子正在变红，还未红透，青紫色的果实，沉甸甸的，压弯了枝头。可此刻，台灯的背影覆盖了它的冠盖，他没法分辨出哪些是油亮的叶子，哪些是未红透的果实。只有窗台上那盆鸡冠花，正开得犹似鲜血一般。猛然间，他的心变得沉重起来，时局！时局！将向何处发展啊！他的那些宏图壮志在这国难降临之际，能否实现？

他的耳畔似乎又响起了那震天动地的口号声。

他久久凝视着鸡冠花鲜红的花冠，又想起了“九一八”中国军人的血，苦难东北乡亲们的血，他心里感到憋闷得慌，向后仰起头，望着天花板，深深地呼出一口气。苦难的祖国啊，你的苦难怎么这样多？怎么办？怎么办？他像在自问，又像在问苍天。鸡冠花的血色触动了他，他站了起来，从尚未来得及整理的行囊中拎出一只箱子，取出笔墨砚、国画颜料、调色盘和笔洗，摆好在画案上，又到厨房舀来一碗清水，倒进笔洗中。他再打开另一个箱子，找出一张六尺生宣，裁成四开，铺上一张，选取一支大红颜料，挤到盘子里。不一会儿，三朵气势磅礴的鸡冠花跃然纸上，犹似三个正气凛然的勇士。陪衬的几片叶子，好像也浸润了缕缕血丝。

他久久端详着这几笔挥就的作品，心气也平和了许多。

二

海粟原本打算一早就去学校，赶到朝会上和学生见面。可韵士没喊他。当他醒来时，已是清晨 8 时了。刚用完早点，王济远领着一群美专教职员进来了。济远进门就说：“校长，同人们听说您回来了，昨晚就吵着要我陪他们来看您。我知道您累了，没敢来打扰您。”

“欢迎！欢迎！”海粟夫妇热情地把认识的和尚未认识的同人迎进客厅。韵士又忙着煮咖啡，海粟殷勤地递烟、拿糖。济远给他介绍着新同事。

他握着他们的手，诚挚地向他们道着辛苦，说着感谢的语言。

“这位是李……”

济远未说完，海粟就已张开双臂奔过去，紧紧抱着对方说：“李淑良（即李金发）先生，你辛苦了！”

“不，不。”李淑良在五四运动前就留法学习雕刻长达七年。美专建校不久，海粟得知他快要学成归国，就去函请他来任教。他为海粟的思才若渴所感动，一直为海粟工作。他激动地说：“我还记得海公当年给我的信，‘粟不学无术，但奢望中国艺术之中兴……上海美专更简陋不堪，急待硕学之匡正。蒙不弃，愿为向导，遏胜荣幸’。”

“哈哈……”海粟感动得眼睛发潮了，“难得先生如此重义，海粟没齿不忘。”

韵士把所有的椅子都搬到客厅。主人热情，客人也就没有了拘束。时间就在自由地喝着、吃着、谈着中流过去了。就在他正准备和他们一同去学校时，傅雷来了。他把傅雷介绍给大家后，就一同往学校去。

临出门时，傅雷返身回头对韵士说：“阿姊，我阿妈说让我问你好，还有我表妹也问你好！”

韵士高兴地说：“谢谢，谢谢，她们都好么？”

“好！”他把嘴凑到她耳边，小声地说，“表妹变得更漂亮了。”

韵士由衷地笑了。

傅雷转身追赶海粟他们去了。

海粟在王济远他们的簇拥下走进了校园。

三年哪，三年，于历史的长河不过短暂的一瞬，于一个人的人生却并非倏忽即逝的浪花啊！

校园依旧，海粟仍然激动不已，游历回到了家园，像久别的母亲见到了爱子，这是何等的心情！于别人习以为常的事，他却能看出它细枝末节的变化。海桐长高了，广玉兰的叶片更绿更亮更茂密了。爬山虎的枝蔓已把高高的灰色围墙覆盖得严严实实，犹似一道碧绿的城墙，给他的心头注入了一派浓荫。他还发现上面挂满了像秤砣样的累累硕果……校园的一枝一叶都在他心中唤起阵阵战栗，演奏出段段欢乐的乐曲。

刚刚打过课间休息钟的校园散落着三五成群的学生。他们一行立即引起了学生们的注意。许多人都停下活动，望着他这个手持文明棍，戴着宽边眼镜，西装革履洋派十足的人。

刘瑞华已得到他来校的消息，迎出了办公室，握住他的手说："不知你何时来，没有事前集合学生列队欢迎。"他说着松开手，"请您等一下，我去敲集合钟。"

海粟一把拉住他的手，"请不要打钟集合学生，那会耽误正常上课的，过天，我来早点，参加朝会。"

"那好！那好！"刘瑞华退到门边，伸出右手做了个请的手势。

他也不客气，率先走进了校长办公室。

同事们闻声纷纷从各自的教研室迎了出来，和他打招呼。

他和他们一一握手，问好。突然，他发现少了一个人，就问身边的刘瑞华，"怎么不见潘玉良先生？"

大家突然都沉默下来。

他立刻感到有些蹊跷，不解地看看他们。

他们好像都在逃避他的目光。

他转向刘瑞华："瑞华兄，怎么回事？"

刘瑞华掠了丁远一眼说："她应徐悲鸿先生之请，到中央大学艺术系任教去了。"

“哦！”他不无遗憾地点了下头，表示知道了。但他觉察到玉良的离去，必有原因。既然大家都不愿揭开这个秘密，他也就不再问了。他说：“大家请坐下，我们来谈谈当前的形势，今晨有谁听了广播，东北的局势如何？”

“今晨广播说，日军占领了辽宁、吉林两省了！”

“还不到五天哪！”海粟大惊，“我们军队就一枪不放？真是岂有此理！”他一脸的愤慨，“我们给没给学生安排时间上街宣传？昨天我遇到了我校的游行宣传队，他们的演讲很有感染力。”那个月白色的身影忽地闪现在他心头。

教务长说：“我们已做了安排，主课照常上，抗日宣传活动要求在课外时间进行。”

他点点头：“学生以学为主嘛，这样安排很好。但我们对学生的抗日热情要鼓励、支持，决不可干扰学生的爱国热情，尽量给他们提供各种方便。我们教师也应参加进去，关心民族存亡啊！”他话锋一转，“瑞华先生，您为了让我安心考察，您为美专的发展做出了卓越的贡献，再加上诸位先生的辛劳，美专才有不断的发展和前进。我十分感激你们，向你们致以衷心的谢忱。”他感动地看着大家，“昨晚，瑞华先生就急不可待地要辞任，我也不能强先生所难，明天我们召开全体师生的欢送会，向先生表示致敬！”

刘瑞华站了起来，连连躬身说：“这就不必了，本人对美专谈不上贡献，只是这几年中，没有败掉这份家业而已。”他转向大家，“这是诸位先生共同的努力！欢送会万万不可开，要开就开欢迎会。海公考察归来，对中国艺术的复兴将会起到不可估量的影响，对美专的发展更具有伟大意义。”

“两位刘校长都不要客气。”王济远发表他的看法，“我建议欢迎欢送会同时开。”

“好！”海粟高高地叫了一声，“这个主意好，明天我还要宣布副校长的人选。”

“校长，希望您给我们说说欧洲的艺术。”丁远提议，“我们没有机会去，听听你说同样可以增加知识。”

“这没问题，你们不要我讲，我也要讲的，我还要写成文章，大讲特讲。”刘海粟往椅背上一靠，“我正在考虑如何向诸位报告呢！”

“校庆的事，您还有些什么想法？”丁远又提出一个问题。

海粟突然陷进沉思之中，他没有立即作答。

同人们都注视着他，师生们早盼着这个大庆典。他曾多次写信嘱咐他们提前做好二十周年校庆准备工作，并要求庆典活动要搞得隆重，还说过，这不仅仅是个庆典活动，还是向世人宣告：美专成长起来了！取得了辉煌的成就！它是振兴中国新兴艺术的主力军！在他刘海粟的词典中，从来没有“畏馁”这个词，他说话也从来不吞吐、不犹豫。他今儿怎么了？大家面面相觑。

良久之后，他微微仰起头，有似自言自语一般：“东北正处在危难之中，灾祸还在蔓延，时局也吉凶未卜，在此国难深重的情势下，我已没有快乐的心情来举办庆祝活动！”一声深长的叹息之后，他环视了一下同人们，用严肃的语调说：“先生们，我想取消这个活动，表示对国土沦亡和死难同胞的哀痛，也是对放弃国土的抗议。”

“这样好！”傅雷和王济远率先拥护他的提议。紧跟着，大家一致表示支持他的动议。

“君子所见略同！”他带着感情地望着他们，“我们在校庆日将临之际，发表一个启事，把我们的想法敬告国人。待时局平稳之后，再补行庆典。

你们看可好？”

“这事我负责去办。”丁远马上响应。

海粟站起身：“离校三年了，学生们都不认识我，我想去教室转转，先生们就各自请便吧！济远，你陪我和傅先生去各处看看。”他和刘瑞华打个招呼，就和他俩走出了办公室。

“济远，”他们走到院子里，海粟低声地唤着他，济远走近过来，微偏过头，听他说话。

“我这两年要为中国现代画展赴欧展出去呼号奔波。我深知此事困难，阻力很大，但我既已应承下来，我就要尽最大的努力去争取实现它。我还要举办欧游画展，还要作画，刘先生又执意要走，我恐怕没有很多时间过问校务。我想了很久，只有你能帮助我。我想请你做我的副校长，傅先生任办公室主任，这样，学校的事，我就有所依托了，我也就可以安心去办别的事去了，你不会不给你老校长这个面子吧！”

济远心里热乎乎的，校长如此看重他，委他以重任，他能不激动？他说：“您对我就不用讲客气话了，我早就说过，我是你门下的走狗，还能不服从你的差遣？”

“你答应了，这太好了！”海粟高兴地把手搭在他的肩上，往就近的画室走去，“我看到西欧的许多美术院校，它的学制比我们先进，我已有了些想法，在我们学校实行新的教学管理和学制改革。有你和傅先生这样热爱艺术、追求进步的艺术家来协助我，我对此充满信心了。”

他们聊着聊着就走到了画室门口。

济远向里面看了一眼，小声介绍说：“二年级国画系在上写生课。”

海粟把食指放到嘴边，轻轻地嘘了一下，示意不要惊动学生们，他放轻步子率先走了进去。

授课老师正在给一位学生作示范。他们悄悄地走过去，立在他身后看着。前边讲桌上放着一盘殷红的石榴，有的张着嘴，露出了红玛瑙般的果实。

“你怎么还没领会我的意思呢？”教师有点性急起来，“我不可能把石榴连同树拔来栽到画室里吧！我希望你们发挥想象，在宣纸上画下这些石榴在枝丫间的姿态，但构想绝不是还原，‘六法论’所谓的经营位置就是指构图，构图巧妙与否，可以看出一个画家的才华的高下……”

他突然转过头，发现了他们。

“校……”他原来是留校任教的学生，惊喜地张嘴就要喊出来。

海粟连忙向他摆摆手，悄声地说：“我们随便看看，你讲得很好，继续讲你的吧！”

他们的声音虽然很轻很轻，但还是引起了学生的注意，不少学生回过头来看他们。

海粟的心弦猛地一震，这不是昨天在街头站在椅子上演讲的女生吗？

他向她走过去。

她画稿的构图吸引了他。用大写意的笔墨画出的一段枯干，上面生有三两片丹黄叶子，一个咧嘴含笑的石榴，那排列整齐的榴籽，珍珠一般光洁晶莹，玛瑙一般殷红，配上奶黄色的薄衣和色彩丰富的外壳，给人一种生命勃发的辉煌之感。他不由联想起凡·高《向日葵》中呈现出的强烈色调。

他惊喜地举起她的画稿，完全忘却了它出自一个漂亮女学生之手。他心里只有一种感觉，就是发现了一个绘画天才，和他当初发现潘玉良时同样的惊喜和兴奋。“你们看！”他把她的画稿举到济远、傅雷和那位教师面前，“这色调很大胆，很强烈，一扫中国画僵化陈腐的笔墨，很有新意，很有特色！”

那位女学生听到这位陌生先生的称赞，白皙的脸上漫上了红云，犹如初开的桃花一般艳丽。

“您还不认识她吧！”济远向那女学生抬了下下巴，“她是我们学校大名鼎鼎的才女，学生会主席成家和小姐。”

“哦，”海粟微微一笑，朝她点了下头，“原来出自才女之手，很不凡哪！……”

他还要说什么，成家和却打断了他，对济远说：“王先生，您这太不公平了！您怎么只介绍我而不介绍他呢？”

“啊，我竟忘了，你是刘校长出国后进美专的。他就是刚刚从西欧考察归来的刘海粟校长。”

“啊，是刘校长！”

闷头作画的学生们不约而同地都站了起来：“刘校长，您好！”

成家和这才羞涩地说：“请您原谅我有眼不识泰山！其实，我们早就盼着您回来呢！”她快乐地看了同学们一眼，“现在好了，我们学校一定会有新的作为！”

海粟越看越觉得这个学生可爱。他微笑地向她点点头：“我将尽力而为吧！争取不让同学们失望！”他向学生们扬了扬手，“大家都坐下，继续做功课吧！”就率先走在前面，出了教室又转身伸手与讲课教师相握，“谢谢你！”

“济远，”海粟走在傅雷和他之间，“你告诉我，潘玉良为何要离开美专？”

“她和丁远在会上意见发生了分歧，丁远讲了很难听的话，她打了他三记耳光，就佛然离去了！”

海粟很生气，为失去潘玉良这样的才女深感惋惜。他当然明白“难听话”的内涵，理解她为何离去，士可杀而不可辱。“丁远也太不像话了！我宁愿叫他滚蛋，也不愿失去潘玉良！他要为此事负责！”

济远连忙劝住他：“您别生气，事情已发生一年多了，就不要再追究了。丁先生这些年忠心耿耿，您就当作不知道为好！”

海粟正在气头上：“不行！我要好好教训教训他，真是岂有此理！”

济远不敢再说什么，他们走进了另一间教室。

蔡元培叫女婿周子勤在威海路中社订了四桌酒席为海粟洗尘。

周子勤是研究古陶瓷的专家。那天，蔡先生一早就对他说：“子勤，中午你早点去中社，代我先招呼客人们，我上午还有点事要办。”

“是，我知道。”

海粟到中社的时候，蔡先生已先到了，应邀的还有他们共同的朋友和熟人：陈独秀、杨杏佛、许寿裳、张大千、黄宾虹、张善孖、朱屺瞻、王个簃等30多人。他们也陆续到了。蔡先生见未带韵士，就说：“你怎么没偕夫人来？我是为你们夫妇洗尘的嘛！”

海粟笑笑说：“你今天请的客人都没带夫人，我怎么好特殊呢？”

蔡先生也就没再说什么。

最后一个到的是陈独秀。他一出现在餐厅门口，海粟就迎上去，两个几乎是同时抬起手臂握着空拳亲昵地抡向对方的胸前。久别重逢，两人都很激动。“蔡先生说你一定来，可一等不见兄，两等也不见兄，”海粟热情地说，“还以为你不会来了呢！”

“海兄远游归来，又有酒喝，还会不来吗？”两人说着哈哈大笑起来。陈独秀诙谐地说：“你看，这儿就数我俩嘴阔，今儿我俩多来几杯。”

“一定奉陪！”

他俩相依着坐在一起。

“你见过志摩没有？”独秀没等他回答又继续说下去，“自去年12月，胡适出任北大文学院院长，志摩在他的盛情邀请之下，北上任教。小曼已在上海有了自己的生活圈子，不愿北去，志摩从此做了空中飞人，在平、沪、宁之间飞来飞去，很难见到。”

“他就要来看我了，”海粟是应蔡元培先生之邀到北大画法系讲学时认识独秀、志摩、胡适诸先生的，一见如故从此交往很多。海粟从袋中掏出刚刚传达交给他的一封信，递给陈独秀。“刚接到的，你看这位大诗人如何评价我的西行。”

独秀抽出信笺，看了起来，突然他读出了声：“海兄此行，所得当可比玄奘之西行！”他转向海粟，“是吗？很想听听你说说这几年如何‘苦读力学’的！”

海粟微微一笑，又从裤袋中拿出刚刚刻印好的《东归后告国人书》，“我带来就教于诸位大家，老兄先看看吧！”

陈独秀一目十行，万言的文稿不多一会儿就看完了。他拍拍海粟的肩：“徐志摩所言极是，此次欧游于兄，乃历史之转折，将对中国艺术的前途和发展具有伟大的意义！你不愧是伟大的‘艺术叛徒’！”

两人说着又哈哈大笑起来。

在他俩的交谈中，酒菜上来了。蔡元培起身，走到席中的空地说：“诸位先生，今天元培略备薄酌，请诸君作陪，为刘海粟先生洗尘。海兄为了振兴中华之美术，不远数万里去到欧罗巴，考察艺术，今满载而归，为我艺界之盛事。”他端起一杯酒，“今天虽是为海兄洗尘，但我提议，这第一杯酒为东北死难者致哀。”他把酒泼在地上。

厅内气氛立时肃穆起来，只听到椅子一片声响，大家一齐站起，也把酒泼到地上。

“这第二杯酒，”他举起杯子，“我敬给海粟兄。”他向海粟走来。

海粟也立即端起酒杯，离座迎上前去。

“为你三年的苦读力学解乏吧！”

“谢谢先生！”

他们都一口饮了。大家也都举起酒杯干了。

侍应生为他们斟上酒，蔡元培捧着酒杯又走回刚才的位置说：“这第三杯酒，我敬诸君好友。海粟兄此次西行，和德国政府以及德国学界达成了一项协议，德方邀请我们到柏林举办中国现代美术作品展览会。”他给大家介绍了海粟在柏林和德国人谈判的经过和结果。“这是宣传我们神州艺术的机会。东北沦亡，乃我中华之大耻，民族存亡，在于抗战。抗战之途除浴血奋战外，国际宣传也不能轻视。办画展可以争取国际正义人士对中国的了解和同情。日本帝国主义不惜人力物力在欧洲鼓吹他们的艺术为亚洲第一，欺我中国无人，我们可以到国际艺坛上去一比高下。但此事不能过急、草率，办好画展有非常重要之意义。诸君都是当今中国画坛巨擘和有影响的人物，需要大家勠力同心来支持，办好此事。”他双手捧酒，高高举起，“请诸君接受我的敬意！”

席间气氛又活跃起来。

海粟站起来，端起酒杯，高举过眉说：“感谢蔡先生的厚爱，为海粟破费洗尘；感谢诸君光临作陪。海粟在此可以告慰诸君，此次西行，我没有辜负蔡先生的期望和国人的重托。三年中，我不仅研究考察了欧洲历代艺术胜迹，一一写下了翔实札记和感想认识，临摹了十多幅大师的杰作，创作了一百多幅油画作品，举办过个人画展，参加过著名的巴黎秋季沙龙和蒂勒里沙龙的展览，与法、德就宣传中国艺术达成了协议，可谓收获累累。可海粟仍感惶然，又逢国难，与外国人达成的协议不能失信，乞请诸君支持，促成此事，这杯酒，敬给诸位先生，请求大家协助！”他一饮而尽。

大家纷纷表示了热情。张大千说：“此非海公一人之事，乃我艺界大事，理应全力促成。”

杨杏佛端杯酒走到海粟边上说：“海公，我们好久未一起喝了，我敬你。”

他俩一口干了。

“欧游之作，何时与公众见面？”

“国难当头，只好往后拖延了，待形势稳定下来，再作构想。”

杨杏佛点点头：“也对也对，能否让我先睹为快。”

“当然可以。”海粟一口应承，“欢迎随时到舍下赐教。”

“我先谢谢了。”

“刘先生，”有人提议，“给我们讲讲欧游逸事吧！”

“逸事没有，”陈独秀扬扬手里海粟的《东归后告国人书》稿，“正事收获丰隆。叫海粟兄从哪里说起呢！‘伟大的叛徒’已写好告国人书了，大家到报上去看吧！此刻我可不愿分心听他谈天南地北，否则我这肚子有意见了！哈哈……”

“哈哈……”

大家开怀地笑了起来。

海粟却不能潜心在“吃”上，他仍想着现代画展之事。他端起酒杯走到蔡元培边上，“蔡先生，请！你不用干，意思意思。”喝罢，就把拟好的呈文递给他，“请您看看，如果可以，就请转呈教育部，还有件事向您报告。”他说了聘王济远任副校长和校庆延至明年之构想。

蔡先生赞赏地点点头，问：“去看过叶恭绰先生没有？”

“去过了。叶先生很热情，他说，弘扬华夏艺术义不容辞，几年前，他就有这个想法，现在有这样难得机会，要我一定不要辜负国人的重托，他将鼎力相助。”

“这就好！”

“那天，现代名画家近作展览会在上海宁波同乡会开幕，林森、于右任、章太炎、沈恩孚诸先生都来参观，他们见到我画的国画《鸡冠花》很感兴趣，当场挥毫在上题词。右任先生题‘与世界艺术奋斗！’沈先生题‘秋色邪！爱国男儿之血邪！毫端之神妙邪！’我趁他们高兴，就给他们每人送上一份《东归后告国人书》，又就现代画展一事，请求他们声援支持。他们都表示愿意鼎力促成此事。”

“好！”蔡先生充满信心地说，“待政府批准了，就可行动了。你还需要多做些争取工作，广泛宣传，争取更多人的理解和支持。还是我过去信中说的，此非个人之力所能为之。”

海粟为蔡元培斟上酒，又举起自己的酒杯，点点头，喝了一口。

三

举国上下，都在为时局忧虑。

11月，日军侵占了整个黑龙江省。1932年初，又占领了锦州，几十万东北军退入关内，东北三省百万平方公里的沃土，大好河山，无尽的宝藏资源，尽落敌手，三千万东北同胞沦为日寇铁蹄之下的亡国奴。侵略者的野心是无止境的，又把锋芒指向了上海，制造事端，进行挑衅。

1932年1月18日，有五个日本僧人在上海马玉山路向数名中国工人义勇军寻衅，双方发生冲突，日本侵略者借此扩大事态。1月28日晚，日本军队向闸北、江湾、吴淞等处发起进攻。驻防上海的蔡廷锴所部十九路军，在上海和全国人民抗日怒潮的推动下，奋起抗击日本侵略军。这就是“一·二八”事变。

两天的激战中，十九路军给侵略者以沉重的打击，击毙日军千余人。上海各界人民掀起了支援和配合十九路军抗战的热潮。在54家日本工厂做工的六七万工人，同时自动辞工；在日本轮船公司工作的华人水手，纷纷离船；在日本商店、住宅工作的店员、佣工也纷纷辞职。工人、青年学生踊跃参加义勇军。

海粟全力支持学生的抗日救亡活动，他自己也积极投入其中，参加何香凝发起的抗日书画会的筹备和展览，义卖的钱全部支援义勇军。

政府却仍持妥协政策，不予支持。上海军民孤军奋战一个多月，使日军三易主帅，死伤万人，挫败了日本帝国主义的猖狂气焰。3月，日军趁十九路军兵力不足，在浏河偷袭登陆。十九路军被迫退至苏州、昆山一带。5月5日，国民政府和日本侵略者签订了屈辱的《淞沪停战协定》，将抗日的十九路军调往福建。

上海的战火虽停息了，但这样结局的阴影却像大山一般沉重。战火给上海人民生命财产造成了巨大损失，复兴各业，困难重重。为了解决美专拟议中的学制改革的经费，海粟只有寄希望于自己的笔。他在《申报》刊登了刘海粟为美专筹款鬻画特例：“一·二八事起，上海各大学并罢，上海美术专科学校虽未直接遭殃，然间接所受损失实巨，求之政府，政府无能应付；求之社会，社会疮痍满目。无已民求诸余腕，更订特例如左画，以三百件为限，所有画资，悉充美专经费……”

海粟又给国民政府主席林森写信，重申他的《告国人书》中的要求，呼吁政府支持振兴中国艺术事业。6月，国民政府行政院第42次会议通过成立柏林中国现代绘画展览会筹委员会议案。他和蔡元培、叶恭绰、陈树人、高奇峰、徐悲鸿等12人被聘为筹备委员。第一次筹委会决议在上海亚尔培路（今陕西南路）331号中央研究院出版品国际交换处内设立筹备处。蔡元培任主席，刘海粟、叶恭绰、陈树人、徐悲鸿等六人为常务委员。由叶恭绰先生主持日常工作。为了解决经费，叶先生想了个办法，他任铁道部长时，尚存五万金马克，存在银行里，由叶起草报告，请行政院拨给筹委会使用。

海粟为此充满了信心。他一面为扩大美专筹款、募捐，求助社会名流贤达；一面求助于笔端，除了作画，还撰写了很多文章。这期间，他的论著源源问世。他编辑出版了介绍《特朗》《梵高》《塞尚》《雷诺阿》《玛提斯》《莫奈》等七集《世界名画集》；出版了《海粟丛刊·西画苑》上、下册，选编了自雪玛堡至毕加索为止的历代著名画家代表作260余幅，附以《近代绘画发展之现象及其趋向》《初期文艺复兴期的绘画》《文艺复兴期以后之法国各画派》《欧游素描·罗马巡礼》；出版了《中国绘画上的六法论》；发表了《石涛的艺术及其艺术论》《十七、十八世纪的欧洲裸体美术》《色粉画与描写态度》。还和王济远、张弦、关良等发起组织摩社，以发扬固有文化、表现时代精神为宗旨，创办了《艺术旬刊》。

他辞情并茂的信，打动了国民政府主席，林森复函说：“我国艺术久困沉闷板滞之中，今有人能斩突围杀出一条血路，其勇敢豪迈，当然得人同情。”

林森还亲赴上海美专访问刘海粟，听取了海粟关于振兴艺术，设立国家美术馆、博物院，改革美术学校学制，以及向世界宣传中国文化艺术等的建议。林森对海粟的建议表示欣赏，并说："我主张弘扬艺学，以挽劫运。将拟在首都兴建美术馆。我想请刘先生去洛阳搜集古文物，作为将来美术馆部分藏品。"

海粟欣然应允。

林森又详细询问了柏林中国绘画展览会的筹备情况。

海粟做了详细汇报，并说："已向200多位著名画家征稿。但筹委会经费尚未落实，请主席给予关怀。"

林森点头应允："尽快催办。"

海粟为林森画了像。林森为海粟自贺37岁生日所作的中国画《飞瀑》题了：如松长青，如水长流。

四

1932年10月15日，上海市政府主办的"刘海粟欧游作品展览会"在北京路贵州路口湖社开幕。展出欧游期间所作油画109幅，在卢浮宫临摹的油画15幅，东归后新作油画26幅，欧游前所作油画46幅，历年所作中国画36幅，共232幅。《新晚报》为此刊出特刊。刊有刘海粟肖像照片，中国画《狮》《春淙亭》，油画《鲤》《卢浮宫之雪》《巴黎圣母院夕照》《威尼斯》《罗马斗兽场》。并刊有上海市长吴铁城的《序》、陈公博《展览会序》、沈恩孚《展览会图目序》、蔡元培《海粟先生欧游新作》、章衣萍《刘海粟先生》、陆费逵《海粟的画》、潘公展《当代画宗刘海粟大师》等诸多名流的文章。

吴铁城在序中说："当代画宗刘海粟氏，吾国新兴艺术之领袖，前于十八年（1929）一月衔大学院教育部命赴欧考察美术，纵览法、意、德、比、瑞士诸邦之名迹，遍观希腊、罗马文艺复兴以还之杰作，抗心希古，独往摩挲，复以其旅途印象，心灵所感于三年中写成杰构二百余幅……中国之有新兴艺术，刘氏实为首先倡导之一人，其所以有'叛徒'之名者，亦以其二十年来孳孳文化事业之心力之精神，创立新艺术之基耳。"

16日出版的《上海画报》也为刘海粟欧游作品展览会刊出特刊，刊有蒋介石题的"海天鸿藻"，马相伯题的"西崇实地，中尚虚神，以薪传薪，谁主谁宾"，陈树人题的"艺术革命之先导"，吴稚晖题的"前无古人，后开来者"。林森题的"百折不回"四字，后写长跋："海粟先生幼而歧嶷，甫舞勺，即治绘事，动笔独具心裁，别开生面，时人见其格局创异，不斤斤于绳墨，至以'艺术叛徒'谥之。同时，胡子适之倡用语体文，士林前辈因并目为文艺革命家，盖非笑笑也。海粟乃毅然不顾一切，独往独来，另辟蹊径，始有今日之成就，惜时下学子但见海粟之大胆落墨，而不知其用心细密，往往摹仿其豪放而脱略其法度，此则海粟之罪人耳。余独喜海粟既富有创造性，而又坚苦卓绝，独排众议，自成一家，爰缀四言，以志景仰云尔。"

同期画报还刊有叶恭绰、狄平子、顾树森、曾今可、徐新六等人的评价文章。曾今可在文中说："刘海粟先生是一个中国的伟大的艺术家，同时是个世界的伟大的艺术家。他的画已经有了国际的荣誉，已经被法国政府购藏于巴黎国家美术馆，且被誉为'中国文艺复兴之大师'了；国内名画家大都是他的学生。"

《艺术旬刊》第一卷第六期为海粟画展特刊，载有倪贻德《刘海粟的艺术》，柳亚子《刘海粟先生印象记》，曾今可《刘海粟先生欧游作品展览会》，龚必正《读了海粟先生的油画以后》，郑午昌《从海粟丛刊说到画展》。龚必正在文章中说："他是天分绝高的努力主义者，他是不固步自封而时刻向前探讨的勇士，他是时代伟力的一员战将。他底画，整个地象征出他自己个人的精神。"

曾今可还在《新时代》发表了篇短文《刘海粟先生欧游作品展览会序》，文中有段文字说："刘海粟和徐悲鸿这对师徒，都因在走向艺术的道路初期，遇上了康有为、蔡元培这样爱才惜才的师长，他们的艺术道路才会如此辉煌。反之，将会是另一种样子。"

参观展览会的有蔡元培夫妇、孙科、张群、杨杏佛、美国领事克银汉、法国领事梅礼、日本驻沪领事石射、教育司司长沈鹏飞，专程从北京赶来的画家白梦和沪上文学艺术界名流学者及各阶层人士11万人。

展览会轰动了国内外画坛，成为艺术界一大盛事，也由此引发了中国画坛持续了半个多世纪的一场论战。

论战的起因就是曾今可发表在《新时代》上的那篇文章。徐悲鸿认为该文是对他的侮辱，他在11月3日《申报》上刊出《启事》：

> 民国初年，有甬人乌某，在沪爱尔近路（后迁横浜路）设一图画美术院者，与其同学杨某等，俱周湘之徒也。该院既无解剖、透视、美术史等学科，并半身石膏模型一具都无。惟赖北京路旧书中插图为范，盖一纯粹之野鸡学校也。时吾年未二十，来自田间，诚悫之愚，惑于广告，茫然不知其详；既而鄙画亦成该院函授稿本，数月他去。乃学于震旦，始习素描。后游日本及留学欧洲。今有曾某者为一文，载某杂志，指吾为刘之徒。不识刘某亦此野鸡学校中人否？鄙人于此野鸡学校，固不认一切人为师也。鄙人在欧八年，虽无荣誉，却未尝

持一与美术学校校长照片视为无上荣宠。此类照片，吾有甚多，只作纪念，不作他用。博物院画人皆有之，吾亦有之，既不奉赠，亦不央求。伟大牛皮，通人齿冷。以此为艺，其艺可知。昔玄奘入印，询求正教；今流氓西渡，唯学吹牛，学术前途，有何希望？师道应尊，但不存于野鸡学校，因其目的在营业欺诈，为学术界蟊贼败类，无耻之尤也。曾某意在侮辱，故不容缄默。惟海上鬼域，难以究诘，恕不再登，伏祈公鉴。

刘海粟的欧游作品展览会刚刚闭幕，半个多月的接待、应酬，使他疲惫之极。但他不敢有半点懈怠。有很多事等着他去奔波，去努力，去争取。美专的校舍不够，画室不够，教职员宿舍紧张，扩建需要钱。他又没产业来支撑这些庞大的经费，钱又不会像雪花那样从天上掉下来，他得去求助社会，求热心艺学又有这个能力的人们解囊相助。还有，他的欧游作品展览会还要移往无锡、南京。更艰巨的任务是柏林中国现代绘画展。他就是一天 24 小时不睡觉，时间也还是不够用。

他不敢多睡一会儿。晨曦刚刚在窗口露出一丝微笑，他就从床上霍地坐了起来。

韵士被惊醒了，从枕下抽出手表看了看，说："还不到 6 点，你再躺会儿吧！这些日子，你累得够呛了！"她说着就披衣下床，"我去买点小菜，回头来再给你做点心。"就走出卧室，随手带上了门。

海粟感觉头有点沉重，就斜靠在床头，想假寐一会儿。可那些多如牛毛的事务不让他安静，他忽又想到今天要派人把画送到订购者的家中。这件事不能马虎，张冠李戴可不行，他得亲自过问。

他下了床，开门走进画室，坐到画案前，刚写好一封短信，傅雷就推门进来了："你还真在家里呀！我刚进学校，王校长就拿着张今天出版的《申报》找你。我说你早到学校来了，我们就在学校里找，没见你，我猜你还在家里。"

他微仰起头问："《申报》怎么啦？"

"你自己看吧！"傅雷把报纸放到他面前，指着徐悲鸿的《启事》。

海粟捧起报纸，看起那则《启事》。他的面色慢慢地由红变紫，又由紫变灰、变白，他的手不住地颤抖，他的心仿佛在经受无数把小刀的戮戳。他只觉得阵阵痛楚。海粟不相信，难道这会出自他之手？我们无冤无仇，我又没有对不起他的地方，他怎么能这样诋毁我？他又为什么如此痛恨我？为什么？为什么？是因为我们艺术思想的差异？

他放下报纸陷进了沉思。

20世纪30年代的法国画坛，基本上还是学院派的堡垒，排斥、诋毁一切具有新意识的作品，具有个性表现的创作，深入社会、表现自然和客观事物的作品被异视。但那些创新的表现之作，其技法和表现方法，已超越、摆脱了学院派的传统表现方法了，这在学院派当权时，一切具有创新和敢于表现之作，时人并不看好。这包括了凡·高、高更、塞尚、马蒂斯及毕加索等人。这些人的作品追求自我表现，摆脱陈旧因袭的学院派传统而热情地发扬、勇敢地表现，流露出他们的主观意识、愿望、感情和思想。其艺术修养之高，敢反抗、重表现的豪迈气魄，令海粟为之心折。他疯狂地崇拜他们。相反，悲鸿去巴黎时，进的是学院派的大门，拜的是达仰·布弗莱等为师，学习人体素描。以至回国后，他至今仍在传统的学院派中研究、卫道。他极力反对后期印象派、野兽派及表现主义的作品。因此他和志摩论战，并刻意把马蒂斯译成"马踢死"，把毕加索译成"必枷锁"。他是为了这艺术观点的分野而对我产生了如此强烈的仇恨吗？一个艺术家为什么容不得不同的观点？为什么容不得不同流派的发展存在？为何要把不同艺术观点的艺人视作仇敌？可这些被他“看死”的画家，如今已逐渐成为西方艺术流派的宗师了！要不了多久，他们就会风靡欧美各国的艺坛哩！他难道打算抱着这种成见终其一生？他如此恨我，是因为我的欧游画展的强烈影响而引起的吧？莫非……

海粟的心哆嗦着，这不行！中国需要新兴艺术！需要进步！中国艺术需要恢复青春！停止前进就等于终止了生命！我不允许中国艺术被导向死胡同！“不能沉默！”他愤然地站了起来，“我要与之论战！”

傅雷没有劝阻他，说：“有时忍让也被人认为是软弱！”傅雷从公文包里拿出一沓手稿，拍了拍，“《论刘海粟》这篇文章，我早就完稿了，本不想在你画展成功时刊出来，看来现在发表是时候了！”

傅雷翻稿笺中的一页，“海粟，我念一小段给你听听。”他以诗人的激情念道：“海粟平生就有两位最好的朋友在精神上扶掖他，鼓励他，这便是他的自信力和弹力——这两点特性，可说是海粟得天独厚，与他的艺术天才同时秉受的。因了他的自信力的坚强，他在任何恶劣的环境中，从不曾有过半些怀疑和踌躇；因了他的弹力，故愈是外界的压迫来得险恶和凶猛，愈使他坚韧。”

海粟紧紧握住傅雷的手，深情地说：“我心灵的知音，唯志摩与君也。今志摩去了，独剩君了！”

11 月 5 日，《申报》刊登了刘海粟的《启事》：

第三卷第三期《新时代》杂志，曾今可先生刊有批评拙作画展一文，曾先生亦非素识，文中所言，纯出衷心，固不失文艺批评家之风度。不谓引起徐某嫉视，不惜谩骂，指图画美术院为野鸡学校。实则图画美术院即美专前身，彼时鄙人年未弱冠，苦心经营。即以徐某所指，石膏模型一具都无而言，须知在中国创用石膏模型及人体模特儿者，即为图画美术院，经几次苦斗，为国人共知，非艺术绅士如徐某所能抹杀。且美专二十一年来生徒遍海内外，影响所及，已成时代思潮，亦非一二人所能以爱恶生死之。鄙人身许艺学，本良知良能，独行其是，谗言毁谤，受之有素，无所顾惜。徐某尝为文斥近世艺坛宗师塞尚、玛提斯（马蒂斯）为流氓，其思想如此，早为识者所鄙，今影射鄙人为流氓，殊不足奇。今后鄙人又多一“艺术流氓”之头衔矣。惟彼日以“艺术绅士”自期，故其艺沦于官学派而不能自拔。法国画院之尊严，稍具常识者皆知之，奉赠既所不受，央求亦不得，嫉视何为？真理如经天日月，亘万古而长明。容有晦冥，亦一时之暂耳。鄙人无所畏焉。

《申报》同时还刊登了曾今可《启事》：

昨日阅《申报》徐悲鸿先生启事，以《新时代》月刊三卷三期拙稿《刘海粟欧游作品展览会序》一文为“意在侮辱”。查今可认识徐悲鸿先生在认识刘海粟先生之前，彼此都是朋友，固无所厚薄，拙文中亦并无侮辱徐先生之处。此启。

明眼人一看便知，这场论战，并非师徒之争，而是艺术派别之斗。顷刻间成了热门新闻，引起了艺术界、知识界广泛的关注，大家争着看《申报》。

11月7日，《中华日报》副刊《小贡献》转载了徐悲鸿、刘海粟、曾今可三人的《启事》，同时发表了编后评论：

悲鸿先生艺术之成功，国人自有定论。除开继续地努力外，可不必管自己是谁人的“徒”，而“徒”之为荣为辱为毁为誉，实无伤于自己艺术的价值。就是要批评海粟的画，也应该站在纯粹的艺术批评的立场上，真不必拉杂出许多“野鸡”“照片”“吹牛”“画院”“流氓”等等和艺术批评无关的问题。而海粟先生呢，自己做了艺术的“画宗”“大师”“领袖”，当然免不了许多非画宗大师和领袖的艺术家要做叛徒。而刘先生之得今日，正是由于叛徒之努力，对于艺术的叛徒们，应当鼓励之不暇，又何必以“艺术绅士”之恶名向人家对骂？这未免有一点失了艺术的画宗大师、领袖的风度。

11月9日，徐悲鸿再次在《申报》上刊出《启事》：

海粟启事所谓不佞“法国院体……”，此又用其所长厚诬他人之故智也。人体研究务极精确，西洋古今老牌大师未有不然者也。不佞主张写实主义不自今日，不止一年，试征吾向所标榜之中外人物与已所发表之数百幅稿与画，有自背其旨者否？惟知耻者，虽不剽窃他人一笔，不敢贸然自夸创造，今乃指为院体，其彰明之诬如此。范人模型之始见于中国，在北京，在上海，抑在广东，考证者当知其详，特此物之用，用在取作师资，其名之所由立也。今立范而无取，是投机也。文艺之兴，须见真美，丑恶之增，适形衰落。日月经天，江河行地，伟大牛皮！急不忘皮，念念在兹。但乞灵于皮，曷若乞灵于学！学而可致，何必甘心认为流氓笔墨之争。汝乃不及（除非撒谎），绘画之事容有可为先洗俗骨除骄气，亲有道用苦功，待汝十年。我不诬汝（乞阅报诸公恕我放肆，罪过，罪过）。

虽有《小贡献》的劝告，海粟看了这第二通《启事》，还是忍不了那口气，又在桌上铺开稿笺，据理力争。这时老传达给他送来两封信，一封是诗人梁宗岱从北京大学写来的，一封是蔡元培派人送来的。

海粟先看蔡先生的信，信中说他看海粟和悲鸿在报上的笔墨官司，很不痛快，劝他不要和悲鸿争论。

宗岱的信很长，厚厚的一叠，他系统地评论了海粟的作品，他说："志摩看了你底《圣母院夕照》惊喊道，'你底力量已到了画的外面去了！'假若我在场的话，我会回响地应一声，'不，你底画已入了画的堂奥了！'表面相反的字眼，所含的意思是一致的。或者可以说，一个意思的两面。你的艺术已到了成熟的时期了。换句话说，你的画已由摸索的进而为坚定的，由倚凭的如其不是模仿的进而为创造的，而且，在神气满足的当儿，由力的冲动与崇拜进而为力的征服与实现了。"

这两封信，犹似两帖清凉剂，使海粟冷静下来。谩骂、攻讦、不承认又算得了什么？为什么非要得到别人的理解呢？你不是说过误解就是艺术，任人误解才是伟大吗？看来你这些话也只是给自己打打气，壮壮胆的！你的心胸还不豁达，还欠宽广！对艺术的理解怎么可能一致呢？艺术园地怎么可能只开一种花？姹紫嫣红、繁花似锦，流派纷呈的艺术花园才能兴旺、繁荣，各种流派共存的艺坛才有丰富的色彩呀！可宗派万万不可有！它是振兴艺术的煞星！

他自责着，我怎么也这样意气用事？竟以"艺术绅士"来回敬悲鸿！我的风度不够潇洒。即使他不承认是我的学生，即使他在初来沪上未进我的学校，但他毕竟是一个有才气又刻苦的艺术家！我们应该消除门户之见，携手共振中国的艺术！惭愧！惭愧！我一定要寻一个机会和他谈谈。他把刚写了一半的论战文稿一把抓起，揉作一团，扔进了纸篓里。

这场中国现代美术史上著名的论战，暂时偃旗息鼓。可它的回响却十分深远，波及数十年的中国画坛，以至影响到这两位画宗的徒子徒孙们。

五

刘海粟和夫人张韵士分居了，他从家里搬到了学校。

这个消息像一阵风瞬间传遍了校园。与此同时，他们也自然联想到他与被誉为校花的学生会主席成家和的恋爱传闻。

这一消息由私下窃窃也衍化到沸沸扬扬的风闻了。

海粟确实已坠进入爱渊，正经受着汹涌的爱波冲撞，忽儿被掀上波峰，忽儿被埋进了浪谷，要死要活，痛苦无比，也强烈无比。

他和成家和的交往，韵士早有风闻。从他告诉她美专有位才貌出众的女学生那天起，她就有种预感，她将要失去他！晚上，他像换了一个人那样精神焕发地回到家中。没等得吃完晚饭，他就在餐桌上对妻子说：“韵士，我坠入爱河了，请你帮帮我！”

他既已移情了，他们之间的爱就已死去了，但她也不愿成为他的敌人，憎恶的对象。她能要求他永远忠实于她，死守着她？既然他如此坦率地告诉了她，就还是把她视作知己的朋友，她能和一般女性那样抓住不依不饶地大吵大闹吗？她把心中的一汪痛苦化作了平静，淡然一笑，像和他谈论他人的事那般说：“海粟，既然你来求助我的帮助，没把我当作一个弃妇来嫌恶，我就已感到了安慰，我们之间的夫妻情分虽然结束了，但友谊还在，就为这，我提出一点忠告。我完全不了解你的情人，没有任何偏见，你也用不着为我的平静而心慌，我没一点恶意。我只是想说，她是深深爱着你这个人，还是向往你大艺术家的声名、大艺术家的生活？总之，你一定要认真、冷静地想一想，是爱，还是崇拜？你是知道的，做你的夫人并不轻松，也并非尽是鲜花美酒，也并非尽是个罗曼蒂克的美梦！一旦美梦成真，五彩云霞就会为家务、孩子、应酬所抵消，那时，她还会狂热地爱你，愿为你的艺术事业像我一样做出牺牲吗？”韵士又淡然一笑，“一个老朋友多余的话，听不听由你。”

“韵士，”海粟的眼睛湿了，“谢谢你宽宏的胸怀，这女孩令我神魂颠倒，我已没法自拔，我相信她是真心的。我很对不起你，只有请你原谅我。”

“这没有什么可自责的，这是缘分。”她又淡淡笑了下，“你打算如何安排我？是离婚还是分居？”

“韵士，这都由你决定。不管你的决定如何，我永远负责你的生活费用。”

“你给我在外面租套公寓吧，这里留给你们。”

“不，我已想好了，你不用搬出去，我搬到学校去。”

“那也好。”

他们分手就像朋友告别，没有吵闹。

海粟在校长办公室里住下来。

一个男人有了一个新情人，将娶这个新情人为新夫人，这在男权势盛的社会里是件极平常的事。可出现在刘海粟身上，就是新闻。不仅在校园里引起沸沸扬扬的议论，在上海滩也引起了非议，说什么的都有。甚至有人说成家和是他的第一个模特儿，说他们在画室里如何如何。

他不在乎人们怎么说，这是他个人的私生活。他挽着成家和的肩背走在大街上，他携她一道外出写生，上舞场跳舞，带她去参加社交活动。1933年9月3日，他偕她和侄儿刘狮一道到苏州游览林园。但他不愿太伤了韵士的心，韵士的大度使他既感激又内疚，他决定不在上海结婚，到南京去举办一个简朴的婚仪。

这时，报纸已公布了柏林中国现代画展筹委会任命他和高奇峰先生将赴柏林负责举办画展的消息和启程日期。10月27日，他和成家和乘火车去南京。

海粟倚窗而坐，全身上下收拾得焕然一新，雪白的衬衣外面是非常挺括的薄呢西服。脸刮得很光洁，新的爱情使他容光焕发，充满自信和豪情，仿佛年轻了十岁。他不时看看身边光彩照人娇美的未婚妻，不时眺望窗外的田野村庄，在前进列车的呼啸声中迅疾后退，新的景物又飞速扑来。

"卖报！卖报！"

一卷报纸递到他面前，"先生，要看报哦？今天出版的《中央日报》《南京日报》《新民报》！"

他从皮夹里抽出一张钞票，递给报童说："不用找了！"

他先看《中央日报》。当他翻开第二版时，一条新闻使他停住了目光："画家王祺、李毅士、梁鼎铭、徐法华、高希舜、李竹子为中德美术展览会问题携带呈文，赴国民政府行政院请愿。"

请愿？请什么愿？他约略抬了下头，惊疑地自问着，又继续读下去。

行政院长汪精卫不在，由秘书长褚民谊代见。王等面递呈文，并申述三点意见：

一、请行政院电　德国政府，将该项展览会延期举办，因刘海粟负责征集的范围狭小，仅限于一部分现代绘画，而我国文化悠久，历代均有名贵艺术作品；而艺术范围，包括绘画、音乐、雕刻、建筑、诗歌等项，决不只限于绘画一端，更不仅限于现代少数艺术家之绘画作品。

二、请行政院饬会主管当局，作第二次公开征集。一方面由监察委员会监督在故宫博物院中选出各代重要艺术作品为代表，并搜集民间收藏珍品及历代名家作品。

三、在未出国前举行预展，以便评选，而释群疑。

其他几张报纸，也在同一天刊登了这则新闻。

中德现代绘画作品展览会的协议虽然是由刘海粟签署的，但筹备工作是在筹委会的直接领导下进行的，由叶恭绰先生直接负责。况且，经行政院七十四次会议决定，又增加了王一亭、张道藩、齐白石、林风眠、林文铮、狄平子、张泽七人为筹备委员，一切工作都经筹委会反复讨论集体决议而实行的。他刘海粟只是常务委员之一员，为何又把矛头对准了他？为何要误以为他刘海粟一人包办，凌驾筹委会之上？

他顿时感到心在阵阵痛楚。他难受了一会儿，又很快自我调整了失衡的心绪，他坚定地想，要前进，就会有阻力，我不应该气馁，我要迎着箭矢上！这说明陈腐的学风、僵化的艺术在中国有着深厚的沃土！这不是反对我刘海粟个人，而是反对新的、有个性和创造性的艺风在中国立足生根。

当第一届全国美展开幕时，这种斗争就已拉开序幕。在徐志摩起来为晚期印象派和马蒂斯辩护时，这批画家中就有人加入了对志摩的论战。今天，这些人又站出来反对中德画展，是很自然的事！我不能退却，我应让公众明白此次画展的起源、意义以及准备情况。我相信，公正自在人心。

他这样一想，自信又恢复到心中了。他把报纸递给身边的未婚妻，说：“做我的夫人可不容易哟，还要经常为我担忧生气呢！”

家和用溢满了爱的目光回抚着他的眼睛，说：“这是我的选择，我永远站在你身边，和你一起战斗！”

刘海粟与成家和小姐到南京结婚的消息不胫而走。他们一到达下榻的旅馆就被记者围住了。他们问他关于德国举办中国现代美展的问题。他只接受了中央社记者的采访，向他们简述了中德美展的起源、意义和筹备经过。他无意挑起战火，也没有申辩和反驳。第二天，郑洪年先生为他们证婚。简朴的婚礼之后，他们只在南京住了三天，就于 11 月 1 日乘晚班车回到了上海。

丁远把他的新家安置在存天阁旁边新购的教职员宿舍中。他把新婚的太太送回家后，就带着那卷报纸匆匆去了叶恭绰先生家。

“叶先生，您看过 27 日的《中央日报》吗？”他一进门就先把报纸递上去，未等他回答，又说：“请您看看，王祺、李毅士他们上行政院请愿了！”

叶先生很沉静，他从容地接过报纸，细细地读了起来。

海粟坐在沙发上望着他，大口大口地猛吸着烟，等待着叶先生说话。

好半天，叶恭绰才慢慢放下报纸，说：“他们是对筹备情况不了解，才产生了这样的误会，你不必去计较！”

“叶先生，此次柏林中国美展，我始终本着知其不可为而为之的精神去努力。当时在柏林，我赤手空拳，没有一点凭借，和德方达成了美展协议，我靠什么呢！就靠的是我‘人格的力’和几笔墨水。我所想的，只是要求在文化中多少应尽一份力量，影响及于全人类、全种族。所以我始终没去想个人得失。正因为我没有得失心理，才没有什么顾忌，才敢于勇往直前，向着既定目标走去。”海粟吸了一口烟，又匆匆地吐了出来，继续说，“我始终相信，人能够有真挚的精神，抱定纯洁的目的，使全人格表现出来！我认为‘力’之所及，没有不成功的——这包括理想和事业。此次展览会，在您、蔡先生和艺术界前辈和同行们的支持下，经过全体筹委的艰苦努力，已按照预定计划征集到当代画家作品300多件，进展还算顺利，可以实现中德双方达成的协议，也可按既定的日程赴德展出，谁知又生出这样的误会来了！我个人不会去计较这个，只是我担心不能按协议规定的日程举办展览，有损我中国人的信誉。”

“你别急，”叶恭绰沉吟着，“我们来想想办法，如何向公众解释。”

“先生，”叶家的老女佣把一卷报纸放到茶几上，“刚送来的。”

海粟连忙拿起来，迅速地翻着。他的脸色因突然的激动又红了起来，一直红到了脖颈。《中央日报》《申报》同时又刊了条新闻：

日前王祺、李毅士、高希舜、章毅然、贾宴园、杨天化、汤文聪、徐德华、厉道诚、孙青羊、李瓖、梁鼎铭、许士祺诸君联名呈部，请刘君海粟延期赴德，并重定公开征求审查办法，列出理由有三点：

一谓此次作品未经公开征集，只能视为个人行动，不能代表全国。

二谓尝闻人言，此次所搜集的各种古物，杂有赝品，恐有损国家荣誉。

三谓此次展览由教部主办，系整个国家对外之文化宣传，于古，当就故宫博物院，于今，当就全国艺人及国内收藏家广为征选云。

本部以王君等均为近代国内知名之画家，其意见不能漠视，当将王君原意转商该会筹备委员会蔡孑民（元培）先生，请其与叶玉甫（恭绰）诸先生考虑。

海粟又翻了翻其他报纸，也刊了同样文章。他冷然一笑说：“叶先生，这出戏越演越烈了啊！他们又上教育部去了。”

“哦！”叶恭绰伸手拿过报纸，仔细地看了那条新闻说，“此事你不用过多考虑，我去和蔡先生商讨一下如何对待。你为启程做准备吧！”

“好的。”他应着，忽又想起一件事，“数天前，滕固从德来信说，他已完成了筹委会的委托，7月份就已完成了《中国绘画史要》一书初稿，现已译成德文付印了，月底就可出版了。”

“好！”叶恭绰微笑着，“复信代我和蔡先生谢他。”

沪、宁报纸纷纷刊载一些画家文章，要求刘海粟、高奇峰延期启程，对入选作品重新审定。

蔡元培、叶恭绰写信给教育部，详细叙述此次画展筹备经过，并郑重声明：“筹备事宜，一切办法，均经筹备会议决，并无任何人专决之事；展览会不收西画、东洋画，而专收国画，国画之中，又只仅限于现代近代作品，并不兼收古画，赝品之说可无深虑；至于此次征求之品，不能敢谓一无遗珠，为避免遗珠起见，于出品征集定稿截止之后，仍可特别通融，继续收集，介绍于本会常务会议，一经通过，即可特予补征。至于重新公开征集审查，为时所限，已苦不可耳。”

教育部接信后，即将蔡、叶两先生的解释转致了王祺等画家。这起风波才慢慢平息下来。

高奇峰先生这位岭南画派的创始人之一，他接到筹委会催促启程的电报时，身体就已有些不适。接电后，即乘海轮抵沪，旅途的辛劳又加重了病症，上岸后，即送大华医院。没几天，他就病逝在医院里。海粟只好独自西行了。

海粟费了九牛二虎之力，才把30多只木箱运上意大利邮船康丁凡特号。他站在甲板上，高高捧拳，向送行的亲友道别，待亲友们离开了趸船，他才回到二等客舱里，安顿好行李，一看手表，已是下午7时了。“家和，快点，”他催促着新婚太太，“蔡先生一定等急了呢！”

“就好，就好。”成家和对着小镜在补妆，她此时特别兴奋，两颊艳若桃花，今天，她真正领略了做一个大艺术家太太的荣耀。面对着无数双羡慕的眼睛，她觉得心像涨满了幸福的风帆。即或偶尔遇上妒忌的眼色，她也觉得非常快乐和骄傲。选择了海粟，就是选择了幸福和辉煌，因为做了刘夫人，她才有机会去西欧旅行，才有资格出入于上流社会，往来于名流学者之中。这对一个出身平民的女子来说，是可望而不可即的幸运啊！她早就渴望能有这一天，这一天终于来临了！起初，她还有些不敢相信这就是现实。经过短暂的惊异，她很快就适应了。如今，她已安之若素了！她认为，这一切理应属于她，并非全是命运的安排。她虽出身低微，可出类拔萃，本就该生活在鲜花和光环之中。可去欧洲旅行，并非上流社会的贵妇都有如此幸运，然而她却有了！让他们妒忌去吧！她早就向往欧洲的艺术，向往文艺复兴大师们的杰作，向往蒙娜丽莎和维纳斯的故乡。她将来也要成为艺术大师！选择了海粟，这一切就都能变成现实！再过五个小时，康丁凡特号就要离开上海，她这个平民女子就要实现她周游世界的梦了！她十分自得她的心力眼力，若非海粟，蔡先生这样闻名于世的大学者会设宴给她送行？她激动的心像只小兔般蹦跳。她用力关上化妆盒，披上薄呢大衣，把手伸进海粟腋下，心满意足地说：“走吧！”

火锅蒸腾着热气，翻滚着波浪。宾主八人团团围坐，陪客是大学者赵元任、张歆海两对夫妇。几杯酒下肚，蔡先生不无感慨地说：“赴德展览，如同一个逆产的胎儿，在非难和误解中好不容易坠地了。如今，高先生去了，你独自一人去承担如此重任，到德国后，大事小事，均宜谦虚慎重，三思而行，遇到困难，当以轩辕子孙荣誉置于首位，从困难中显身手，炼意志啊！”

海粟连连点头，眼里升腾起一缕潮雾。他说：“先生临别赠言，海粟深铭在心，决不辱没使命，辜负先生的厚望。我会随时写信向您报告画展进展情况的。”

康丁凡特号拉起了长长的汽笛，螺旋桨搅起了黄浦江的浪花。海粟夫妇久久伫立在甲板上，望着渐渐远去的海岸。上海的灯光仿佛是映入海里的繁星，深沉墨黑的海水慢慢淹没了它的光华，海水越来越暗，上海的身影也看不到了。寒风掀起了他们的鬓发和衣衫，海粟紧紧搂住家和，向消逝了的灯火扬起手说：“再见了！苦难而可爱的祖国！”

第十一章　风流欧陆

一

1934 年 1 月 20 日，中国现代美术展览会在德国柏林普鲁士美术院正式开幕。

这次展览会由德国普鲁士美术院、东方艺术会和中国中央研究院联合主办。德方组织委员有外交部长、教育部长和佐尔法博士、屈梅尔博士、克伦配雷博士、白舒孟教授、林特博士、孔威廉博士、莱特曼士博士。中方组织委员有蔡元培、叶恭绰、陈树人、朱家骅、刘海粟、教育部长、驻德公使。

普鲁士美术院坐落在柏林宽阔美丽的巴黎广场。上午 10 时，刘海粟和驻德公使刘崇杰两夫妇乘坐汽车驶进广场的时候，广场上已是车如潮，人如海。人们看到小汽车前插着中国国旗，就有人惊喜地呼喊："来了！来了！"人们让开一条路，让汽车开到美术院门前。

海粟容光焕发，他着意地修饰了一下，想突出中国气派和中国文化的高雅。他身着海蓝色软缎长衫，胸前绣着他自己设计的团花图案，有种特别的潇洒、特别的中国艺术气息。成家和一身白色提花软缎旗袍，大红软缎绣鞋，乌亮的黑发像瀑布般泻到肩上，美若天仙。刘崇杰西装革履，皮鞋擦得雪亮。公使夫人也是软缎旗袍，风度十足。

他们刚一下车，广场上等待参观的人群中突然响起了雷鸣般的掌声和欢呼声。海粟高高抱拳向热情的观众致意。刘崇杰扬手致敬。

早就迎候在美术院台阶上的德国艺术界的名公巨卿们，迅即迎下台阶和他们紧紧握手，表示热烈欢迎。

旅欧同胞和留学生，从未见过中国人在德国受到如此热烈的欢迎和尊敬，心里也感到特别兴奋和快意。

出席开幕式的有德国教育部长茹斯特，外交部长赖拉堤，东方艺术会会长佐尔法博士，柏林美术馆总馆长屈梅尔博士和各国驻德外交使节等3000多人。

中国现代美术展览会轰动了柏林，轰动了欧洲，一时间，成为柏林人谈话的中心，不管是在火车上、地铁中、马路上，还是在餐馆、咖啡座里，只要是有人群集中的所在，都在说着中国现代美术展，争观中国现代美术展。柏林观众的热情像红玫瑰一样热烈。德国报纸纷纷发表评论，几天中，刊发评介文章500多篇。每天，都有拿着当天报纸的观众，在美术院门前排着长队，等候海粟来给他们签名。海粟所到之处，都受到热情的观众围拥，要求签名。排队的人太多时，他只得将刘海粟三个字简化为一个“海”字。《德国前途报》评论这次画展说：“参观了画展以后，觉得徜徉迷离于一浓梦之中，宇宙里竟还有这样更高尚而优美的世界，较之我们更为高尚与静洁……我们自羞着的欧洲人，因为我们欧洲人实是这美丽情感与这优秀民族的摧残者，并且教示他人如何对此文化之邦抛掷炸弹以焚毁，对此神圣尊严不当侵犯的生命加以侵略。我们欧洲人及其他一切恃强的人，应当忏悔顿悟，这样超脱高尚的民族是不可侵侮的。”

中国现代美术展览会展出15天，观者达15万人。画展展出数天后，法、荷、瑞士、捷克、西班牙诸国和莱茵河流域许多省会城市争相邀请前往展出，请他前去讲学，每天来访者络绎不绝。

多年的梦想，终成现实，中国的现代艺术终于走进了世界艺术的殿堂。这棵久藏深山的奇葩，以她特有的美震惊了爱美的欧人，人们开始认识到她的价值。每当送走最后一位客人，夜阑人静的时候，海粟就要回想起为此所经受的波折，他的心也会禁不住要发酸发痛。有人想尽办法，要使他的努力成为泡影。他们不仅在国内制造事端，阻止他梦想的实现，还把舆论散布到德国。他刚到柏林，使馆派来接他的张景魁先生就对他说：“前不久，有人对德方放出空气，说你西行已经告吹。展览一事，李石曾已另外组织了一批书画，以代替你在柏林展出。但德方人士一致反对这样做，说和你有约在先，你不来，是中方单方面毁约，展品不能换成另一批，他们不接受另外的展品。”

他感到很纳闷：“公使已离任，难道是梁龙向德方放的空气？”

张景魁告诉他：“梁龙已升任他国公使了，如今这儿公使的主要助手是民国政府主席谭延闿的公子谭伯予。刘先生，他可是很赞成另组一批书画来德的啊！您可要小心一点啊！”

如今，展览已取得空前的成功，超过了他往日的憧憬，一切的阻挠，一切的攻讦，一切的诽谤，虽然曾经给过他许多痛苦，但这一切都已过去，况且，它们与成功相比，误解和攻讦就更显得微不足道。胜利抚慰了他久经沧桑的心，欧人对中国艺术的热情，使他忘记了那已过去了的一切，不管它曾经如何危及他的理想、他的追求。他胜利了，中国现代艺术终于为欧洲人民认识了！《德国前途报》那篇文章给了他无比的兴奋，艺术是全人类都懂得的共同语言，它能沟通人们的情感，使彼此心灵相通。通过中国艺术家创造的艺术，就能使观者认识到创造这种艺术的民族的灵魂、德操和品质。艺术有着伟大的认同力和征服力！柏林中国美术展览的成功，就是广大观者发出的共鸣：“中国人民不可侮！”这是对正遭侵略、欺凌的人民的理解和同情！应该乘胜扩大中国艺术的全世界影响！海粟认为这是难得的弘扬中国艺术的机会！机不可失，应该紧紧抓住这个提高中国国际声望的机会，争取更多的民族和人民对正在经受苦难的民族的理解和同情。他相信国人闻之会非常高兴，也会支持他乘胜前进，为扩大中国艺术在世界的影响而继续奋斗的。

他给中国现代美展筹委会发了个电报，汇报了美展的盛况，转达了欧洲观众的热情和愿望，请求同意移往他处展览。他怀着兴奋之情等待着满腔热情的答复。

回电来了，是叶恭绰先生发来的：“柏林展毕，请立即回国。”

这太出乎他的意料了！他怎么也不相信，这电文会出自叶先生之手！他怎么会不支持展览移往他处继续展览呢？为了弘扬中国艺术，这几年，叶先生没少付心血，他向来主张发展艺术，支持艺术冲出国门到世界艺坛去一决雌雄的呀！他为何要他回去？他不理解，困惑彷徨！但那天，他还是抑制住了心底的不快，应邀在普鲁士美术院演讲了《中国画派之变迁》。

就在这一天，催他回去的第二封电报又来了，是蔡元培、叶恭绰两先生联合署名的：“请海兄乘胜收兵，适可而止，他处展览，应婉言谢绝！”

两道金牌催回，犹似一盆凉水浇到热气蒸腾的头上，他没有丝毫的凉快感觉，只有连连打寒噤和困惑不解。他是熟知两位老先生的，他们是坚定的爱国者，一向以国家的声誉为自己的荣誉，他们绝不会反对他把展览移往他处展出！必定是又有人制造事端，想继续阻挠他去扩大中国艺术在国际上的影响，当然最主要的还是害怕他刘海粟提高了他个人的国际声望啊！

他突然记起了张景魁先生的话，莫非有人在上面做了手脚？看来对手来头很大啊！因此两老也不敢支持他，害怕引起麻烦！为什么总要作难他呢？

但他不能把不快流露到脸上，这种抑制对他来说是很痛苦的，他得保持中国艺术家的风范，不能失笑于他人。他强抑着这种情绪，又接受了柏林大学东方语言学校的邀请去演讲《何谓气韵》。这天，他从演讲会场回到旅馆，家和递给他一封信："使馆刚派人送来的。"

他一看字迹，就知是叶先生寄来的，语调沉重得像山一样："兄须知吾人，稍知爱护国家，以期发扬国光，本已担了不是，何况办事又比较认真？此刻若再不觉悟，不难重生荆棘，诚不如回头是岸也！"

海粟的心被沉重的山影覆盖了！发难者看来攻势凶猛。怎么办？是屈服于淫威，就此收兵回国？还是满足欧洲观众的愿望，让中国绘画这枝奇葩继续在各地开放？婉言谢绝又作何解释？不回绝，他不仅要承担责难诋毁、招致灾祸，而且展览经费，还有很多很多实际问题又如何解决？他将成了没娘的孤儿，国内就不管他了！

海粟反复问自己，国家的影响重？还是个人的得失重？他的心突然清明了：为了祖国的荣誉，个人的毁誉又算得了什么？就是死，也没有什么了不得的！他们有难处，我不管，可我要以国家荣誉为重，我要拒绝你们的指令，将在外，君命还有所不受呢！

海粟立即拟了份给筹委会的电文："我为中国艺术在暗室中呼喊，一旦光明在群星间辉耀，为完成平生夙愿，苏格拉底可以死罪，曾参可以杀人，以此罪我，亦所甘心！"

家和坐在沙发上，看着他那种怒发冲冠、视死如归的神情，就走到他身边，从他手里拿过文稿看起来。她握着文稿沉默了好半天，才说："先生，请再冷静地想一下，权衡下利弊，再行决定为好！"

"没什么再考虑的！我已想好了。给我！"

"不！"成家和固执地把文稿紧紧攥在手里不放，"先生，再想想吧！来头很大呀！蔡、叶两先生都退却了，我们又有何背景能与那些人抗衡？"

海粟根本听不进去，他第一次对成家和发怒了："请你不要干扰我的决定！把电稿给我！"

家和也第一次对她崇拜的偶像反击了："你现在不再是我的校长，你是我的丈夫，我们的命运是捆绑在一起的！我为什么不能提出我的意见？这份电报不能发，它会让你背上沉重的十字架的！和你作对的不仅是那些画家，还有有权有势、可以置你于死地的大人物！你不为我，也得为我们未来的……"她哭了起来，"众怒难犯哪！"

海粟的心不由一酸，他感到一阵难过，这是他们间的第一次冲突。昨天，她曾呕吐，医生检查后告诉他："您的夫人非常健康，头晕恶心只是正常的妊娠反应。"我不应该对她发脾气。他抱歉地走到她身边，伸出双手把她的脸扳向他说："亲爱的，你不能哭，这不利于我们小宝宝的成长。"

家和像听话的孩子，把头靠到他的胸前，嘟着嘴说："我们还是回去吧！不要让蔡、叶两先生为难。"

"家和，你不仅是我的妻子，我的学生，你也应该是我的知音好友，你应多多理解我，我不能放弃宣扬中国现代艺术的好机会，这和我的国家声誉有关。我是一个艺术家，我不能因为权势和压力就屈服，就放弃我的追求。请你理解我，你还没有那种体会，我第一次到法国的时候，看到日本人的美术展览，我羡慕得要死，法国人只知有日本艺术，而不知有中国艺术，这不是一个中国艺术家、一个中国人的耻辱吗？那时我就幻想有这一天，就为在欧洲举办中国现代绘画展而奋斗了，好不容易有了这样的机会，又有了这样空前有利的形势，我们为什么要打退堂鼓？”他说到这儿痛彻心脾地吼叫起来，“中国人哪，中国人！就只知道窝里斗！杀戮自己的同胞，好勇敢，好厉害，什么手段都使出来了！为何不去对付侵略我们的日本人！把日本鬼子赶出东三省！”他复又放低语调，满怀深情地对家和说，“我早就跟你说过，做我刘海粟的太太不轻松，我不仅没时间陪你逛街，上商店，也没时间帮你过问家务，还要为我担惊受怕！你说这算不了什么，还对我发誓，愿与我共度人生！我很感动。何谓人生？人生并非风平浪静的航程，人生也并非杯光斛影、光环彩带。荣华富贵是一种人生，无忧无虑是一种人生，无所事事、得过且过也是一种人生。而我选择的是一条艰难险阻奋斗的路！家和，我有今天，全靠自己奋斗出来的！不管世人如何看我，不管社会如何不容我，叛徒、流氓，说不定还有别的什么帽子，我不在乎，我不以为耻，反以为荣。我想干的事，我就要干成！任何权势、威胁都于我奈何！我们既已决定共度人生，就是说，你乐意和我一道在这条人生的道路上披荆斩棘，哪怕九死一生，也无悔无怨，是吗？”

成家和乖觉地点点头，把电文稿递给了他，小声地说：“我是怕……”

“怕什么？”海粟微微一笑，“那些想摧毁我的人，他们所作的结果会恰恰适得其反！因为我遵循‘先天下之忧而忧，后天下之乐而乐’‘不以物喜，不以物悲’，什么也不用怕！刘海粟只会越斗名气越响！”他对家和笑了一下，拿着电文稿走进了秘书利丹田的房间，“利秘书，请帮我译一下发出去！”

临时聘请的德国秘书利丹田接过电稿，提笔就译。译完，他说：“刘教授，就这么发吗？”

海粟点点头。

利丹田不无惊诧地望着他："发生了什么事？"

海粟坦率地对他说："出了点问题，国内要我在柏林展毕即回，不同意移往他处展览，我决定独自承担责任！"

利丹田点点头，"那就是说，移往他处展览已断绝了经费和后援？"

"是的，"海粟愀然地说："我正要和你商量此事呢！"他做了个苦笑，"利先生，请你和要求移展者说，凡是要求我去展览的地方，他们必须负担全部费用，包括我们的旅费。"

"好的，"利丹田说，"我想这没问题的。"

"啊！"利丹田突然想起一件事，"刘先生，国家博物馆总馆长屈梅尔教授上午打电话来，说德国国家美术馆要求您留赠17幅名作和部分纸笔，他们将特辟一间中国名画厅，永久陈列。他还详细告知了想要留下哪些杰作。"他递给他一张清单，"我详细地记在上面了。"

海粟迅速地看起来，有任伯年的《渔翁》、吴昌硕的《紫藤》、黄宾虹的《峨眉山》《大渡河》、王一亭的《柳鸦》、高奇峰的《花桥烟雨》、张大千的《墨荷》、陈树人的《紫云》、溥儒的《严寒积雪》、梁公约的《瓶菊》、潘天寿的《朱荷》、王个簃的《菱角》、高剑父的《松风水月》、孙孟绿（女）的《荷塘》和他自己的《松鹰》《葫芦》《赤壁图》。

他不由兴奋起来，高兴地说："又是一个令人振奋的好消息！利秘书，请你立即电告筹委会，征求作者意见。"

"您那封电稿还发不发？"

"发！当然发！"

征求留画的事例特别顺利，复电很快来了，所有画家都表示同意。海粟非常高兴，他让利秘书立即回复屈梅尔教授，感谢德国国家美术馆开辟中国名画厅，这是中国画家的荣幸，将来在各地展出以后，便将这17幅名画移交给他们。

3 月 1 日，他出席了德国教育部长茹斯特在普鲁士美术院为庆祝画展成功举办的大型茶会，气氛非常热烈。他和成家和当众泼墨作画，获得了阵阵热烈的掌声。他们怀着欢快的心情回到下榻的旅馆，看到桌上放着一封信。海粟一眼就认出是济远的笔迹，连忙拆开读起来：

校长：

柏林开幕盛况，各方均轰传一时，惟其大盛，引起奸人之暗算，对叶（恭绰）直接攻击其挪用公款，中政会议诸公对除柏林外，再往他处开会，大多反对。叶灰心万分，全部经手账目，已交会计师管理，尚余九千元之谱，据称备作回国川资，当必汇奉也。蔡（元培）先生接到你的信和电报，也以国际上的交际费用浩繁，而经费无所出，又不可省为虑。所以叫我劝您早归。……

海粟仿佛僵立了一般，奸人妒恨，这是预料中事。那些吮着民脂民膏的衮衮诸公，高高在上，也是预料中事，但他没有想到，他们会借此攻讦叶先生！让忧国忧民、视国家荣耀为生命的叶先生，背如此黑锅，他感到愤慨，又感到不安，也更坚定了他的决心。大权在握的政客们不同意他移往他处巡展，他就非要把巡展搞好！他要向国内宣告他的悖行。他当即给《晨报》写信，描绘了柏林画展的盛况，并说："不但轰动一时，且对德国学术界以极大的影响，各地各国纷纷要求前往展览。吾国绘画为欧人引重也如是，确已轰动全欧，吸集艺苑视线，乘此时机，吾当搏全身之力以赴之，使吾国艺术辉耀放群星间。"

二

海粟我行我素，不理睬中政会议决议。柏林中国现代美展闭幕后，就开始了巡展的征途。第一站移往汉堡，在汉堡美术院演讲了《中国画家之思想和生活》；第二站移到杜塞尔多夫美术院展出，他演讲的题目是《中国画与诗书》；接下来，他携带作品抵达荷兰阿姆斯特丹。阿姆斯特丹美术院举办了隆重的开幕式，他作了以《中国画之精神要素》为题的演讲，再巡展至荷兰海牙博物馆。与此同时，他的个人画展在法国巴黎特吕霭画院举行，陈列油画 45 幅，中国画 80 幅，大多是他巡展途中的新作。中国驻法公使顾维钧为他的个人画展剪彩，马蒂斯、毕加索、凡·东根等著名画家出席祝贺。他们久别重逢，另有一种心心相印的快乐。他的油画《西湖之秋》和中国画《三千年蟠桃》为法国国家画院购藏。

1934 年 7 月 19 日，中国现代美术展览在瑞士日内瓦历史美术博物馆举行，欧洲许多著名人物都来看了展览，法国前总理赫里欧看过后，对中国现代绘画给予了很高评价。开幕的第二天，法国著名作家罗曼·罗兰也来了。

罗曼·罗兰是海粟平生最敬仰的人之一，在傅雷的帮助下，他读过罗兰写的《巨人三传》（即《名人传》）。这三部伟大的作品，对海粟影响至深，每当他因受攻讦、诽谤，感到委屈的时候，他就不由想起罗曼·罗兰笔下的贝多芬、米开朗琪罗和托尔斯泰。罗曼·罗兰为《巨人三传》所作的序文就像火与电一般轰隆隆滚过他的心室："……他们永远过着磨难的日子，他们固然由于毅力而成为伟大，可是，也由于灾患而成为伟大。所以不幸的人啊，切勿过于怨叹，人类中最优秀的与你们同在，汲取他们的勇气做我们的养料罢……"

"刘先生，"利丹田从会场门口跑进来对他说，"罗曼·罗兰先生来了，您去迎接一下吧。"

海粟激动得什么似的，再次想起罗曼·罗兰先生的作品给予他的激励和勇气。这颗在他心头悬挂了多年的明灯，突然像阳光一样照亮了展厅。他兴奋地往门口迎去。

68 岁的罗曼·罗兰，神采奕奕，一身雪白笔挺的西装，手臂上挎着年轻美貌的妻子，步履矫健而潇洒地走进展览会场。

利丹田连忙为他们做介绍，他们紧紧地握手，一见如故。海粟陪着他参观。罗曼·罗兰在任伯年、吴昌硕、黄宾虹的画前停留了很长时间，特别称赞了陈树人的《西风消息》"有音乐的节奏！"。他很仔细地看完了全部展品，并对海粟说："中国的画家把种种自然的印象，经过一道灵魂的酝酿，自律的综合，再表现出一个新的整个的理想的世界出来，这是真的艺术。"

他们还探讨了西方艺术的发展走向等问题，谈得很是投机。罗曼·罗兰告辞的时候，海粟把他送上汽车，他们再次紧紧握手道别。

三

海粟迈着轻快的步伐走出伦敦妇婴保健院。他有些得意，甚至有点踌躇满志。中国现代美术展览在伦敦新百灵斯顿画院开幕以来，再次以强大的震波震撼着欧洲艺坛，在观众中产生了强烈的轰动效应。今天，1935 年 6 月 16 日，他的 40 岁生日，他美丽的、才情并茂的夫人成家和在医院里给他生下了一个和她一样美丽活泼可爱的女儿，这个和他同日而生的长女，给他带来了说不尽的欢乐，他把她取名刘英伦，纪念这次画展的成功，纪念这次英国之行。

海粟向他临时的家剑桥公寓走去。他又想起了画展的盛况，眼前又浮现起《泰晤士报》《孟德斯鸠导报》《伦敦快报》……评介中国画展的醒目文章，他的耳畔仿佛响起了英国教育部长赫利法克勋爵在开幕式上致辞的声音："中国的古美术已蜚声欧洲，一般恒以中国古代灿烂美妙之艺术，至今已成绝响，岂知看了此次刘海粟教授之作品及其搜集的现代名作，其气概之雄厚，神味之深长，确是最高雅之艺术。"他似乎又听到："……现代的中国绘画，内容固然已与从前不同，在某一意义上讲是进步多了。一般欧洲人以为中国现代美术已经衰落，看了这次画展，就可以明白，现在的中国虽然因政治的变化，或社会经济的不良而受到影响，可是他们的艺术仍在不断地长进，所以我们知道，这是一个优良的民族。"

这是谁的声音，那么充满激情？啊，海粟听出来了，是中华协会会长麦唐纳爵士：

> 任何民族，任何时代，在各方面也总是有少数英明秀拔的人物。这少数人不管多数人的非难，苦心创造其杰作，例如此次展览会中的吴昌硕、任伯年、蒲作英、齐白石，承继古代的精神，作奔放的绘画；又有高奇峰、高剑父、陈树人、贺天键、叶少秉作极写实的绘画。还有此次来英的刘海粟，是非常杰出的人，他有考古学的趣味，致力于中国画的革新。他用极敏捷的手腕，捕捉微妙而悠忽之顷，创造了雄伟而极其生动的绘画。他也能画油画，曾经得到欧洲人的尊崇。这班人都是天才，是不管时势的非难攻击，而创造了杰作的人……

英国画坛的权威们纷纷致辞，为画展撰序。大英博物馆馆长、英国艺术界权威罗兰士·泌宁在序中说："中国画之渊源，远比他国为悠久，实使吾钦敬无已。且此森峨之古木，仍复发荣滋长，吐蕊放花。刘海粟先生，绘画精湛，卓然大家……"

新闻媒介的推波助澜，把英国观众的热情掀到了峰巅，他走到哪里，哪里都在谈中国画展，都在谈他。当医院的医生和护士知道家和就是中国画展的举办人的夫人时，他们受到了热烈的欢迎。他的夫人、女儿也得到了英国医生和护士特别的照护。他由衷地体会到，任何一个人，任何一个民族，任何一个国家，只有自强不息，付出艰辛、卓越的努力，实现自身的价值，为全民族、为人类做出奉献，才能获得世界的理解、尊重、承认和友爱！他曾经为中国艺术的被漠视深深痛苦过，这颗受伤的心，在此次欧洲巡展中，得到了慰抚。

旅欧同胞们好高兴啊！开幕式的第二天，大家自动聚集到上公园街五十号《大公报》驻英记者女作家小鹿（陆晶清）家联欢，庆贺中国画展的成功。

他想着想着，心里涨满了快乐，路程也仿佛变短了。不一会儿，他就到家了。

利秘书迎上他问："夫人生了吗？"

"给我生了个健康可爱的女儿。"

"祝贺您！"利丹田连忙张开双臂拥抱海粟，"真乃双喜临门啊！"他放开他，去拿杯子，"我们应该喝一杯！"他把一杯酒递给海粟，自己也举起了杯子，"为中国现代画展在英伦的成功，为刘教授喜得千金干杯！"

他们在客厅的沙发上坐了下来，利丹田拿给他好几份电报和一摞邮件，说："使馆信使刚送来了。电报我已译过了，是美国政府邀请去华盛顿、纽约展览和苏联政府请您到莫斯科去展览。”

“啊，太好了！”海粟抑制不住满心的快乐，“此乃真好消息！”他匆忙翻起邮件来。他把信捡起来，将寄自柏林的一封递给利丹田，“请给我译一下。”他就看起王济远、美专总务主任王春山和几位教师的来信。

王济远在信中告诉他：“新校舍虽于去年 10 月 23 日创校纪念日举行过奠基典礼，虽有蔡元培、孙科、吴铁城、叶恭绰、杜月笙等名公巨卿参观，可仅仅是奠了基，经费未能落实。济远实无能促进新校舍的建设进展，请我师速归。”

海粟漾开的眉峰不由慢慢紧缩起来。他又把问题看得太简单了，原以为新校舍的建设正在顺利进行，待他回去就可以初具规模，甚至已经竣工了，没想到会是这种结果。他的心上于是压上了块磨盘。

他拆开王春山的信。他说：“美专经济已到山穷水尽的地步了，三个月没发教职工薪水，人心浮动，如此下去，学校要关门了，万请校长早日回国，以挽救学校的前途。”

他再看另外几封信。写信人无不是有学问、他爱重的教授。他们对美专的现状失去了信心，写信提出辞呈。

这些文字犹如颗颗冰雹砸在刚刚舒瓣吐香的花上，顿时把海粟心中快乐的花枝打得七零八落，一片凋零。他感到心在阵阵作痛。怎么会这样？怎么会这样？济远怎么搞的？

他困惑不解。美专是他几十年呕心沥血哺育的爱子，它是他的希望、他的事业、他生命的一部分。它已长大成人，在海内外已有一定的地位和声望，他们荣辱与共！他不在乎他人如何说他刘海粟，但他不允许美专的名字被玷污，名誉受损害。不允许它被某种疾病夺去生命！更不允许它销蚀沉沦！不管是什么原因把美专推进如此糟糕的境况，他也不允许！

他陷进了一种痛苦又渗浸着自悔怨恨的复杂情绪之中了，他把他的爱子丢得太远了！他一心在外扩大中国艺术的影响，把它完全丢给了济远。济远毕竟没有管理学校的经验，国内经济形势已到了糟得不能再糟的地步，况且，这是一个势利的时代，势利的世界。在一个势利的国家里，他刘海粟去周旋与王济远去活动是两回事！他这样一想，满腹的怨艾便化作了自疚，这都怪我的偏激，考虑问题不周全，以至几乎要扼杀我爱子的生命了！我要把它从绝境中拯救出来，我得尽快赶回去！

那么，美国政府的邀请呢？苏联政府的邀请呢？这可是他梦寐以求、千载难逢的机会啊！他曾经多么向往去这两个国家举办展览，去宣传中国的艺术，让那里的人民更多地了解中国，争取他们给予正在遭受日本侵略的中国人民以更多的正义声援。现在机会来了，他却要放弃，他又感到非常的可惜了，又觉得不甘。他靠在沙发背上，让心在矛盾中煎熬着。回去？还是巡展到我向往的国度去？他无数次自问着……

"刘教授，"利丹田已翻译好了那封信，"这封信是德国博物馆总馆长屈梅尔教授写给您的。他盼望贵国赠给柏林美术馆的17幅名作早日运给他们，他们好为中国名画厅开幕做准备。"

"啊，"海粟应着，"请你给屈梅尔教授复函，待布拉格的展览闭幕，就将赠给贵国的作品，运送柏林。"

"好的！"利丹田应着，"我马上作复。"

海粟的思绪又回到刚才的激烈思想斗争之中去了。

利丹田很快把信用德文写好了，送给海粟签名。他又请示海粟："美国政府、苏联政府的邀请如何作复？"

他的思想突然明晰了，果断地说："我决定放弃，布拉格展毕，我就要回国了。"

1934 年，刘海粟在德国示范中国画，即席挥毫

1934年，蔡元培董事为新校址奠基

我们要在极惨酷无情、

干燥枯寂的社会里尽宣传艺术的责任。

因为我们相信艺术能够救济现代中国民众的烦苦，

能够惊觉一般人的睡梦。

“放弃？回国？”利丹田瞪大了眼睛，又摇摇头，“不可理解。”

“我的学校需要我！”海粟对他微微一笑，“请致电婉谢。”

“好的。”利丹田应着就上邮电局去了。

一旦决定了，海粟的心也就放松了。他走进浴室，昨天到现在，他一直守候在家和身边，现在他想冲个澡，全身放松放松。

伦敦是有名的雾都，很难见天上太阳。3月中旬，春花虽都开了，室内还得放暖气。他扭开浴缸上的热水龙头，热水带着雾气哗哗流淌。他躺到浴缸中，感到从未有过的舒畅，那种感觉，就像在沙漠中跋涉了很久的人坐到有清泉的树荫下，攀山的人到达山顶一般。他微合起双眼，尽情享受辛劳后的片刻温馨和宁静。

数月来，他日夜奔波，作画，或到博物馆、美术馆观摩学习，处理展览会一应事务，接待各种各样来访的客人，很少有空陪陪家和。只是在她动了胎，他才抽身陪伴她。她“哎哟哎哟”地叫唤，他却坐在她身边睡着了。家和气得直捶他。

他躺在温暖的热水中，竟睡着了，他在做一个好梦。

他梦见自己神采飞扬地站在新校舍的广场上，面对着冉冉升起的国旗，向黑压压的学生方阵演讲着《艺术的革命观》。他侃侃而谈：“什么是革命？革命并非指政治方面的变革。所谓革命者，就是我觉得这东西不好，不对，不要它，另外创造一种新东西来代替它。中国的革命，一次也没彻底，一切思想、艺术都没健全，我们研究艺术的人要明了，我们应具有革命的思想，要开创出一条新路来。非创造，就不配做一个现代的艺术家……”他文思泉涌，哗哗的鼓掌声一阵接一阵，经久不息……

“刘先生！刘先生！”有人在使劲按门铃，也未能打断他口若悬河。

来人听到里面有哗哗的流水声，肯定他在浴室里，又使劲按门铃。

仍然没有反应。

来人想这不得了，他有可能被热气熏昏了，连忙去找公寓的管理人打开门。

只见室内热气滚滚，水从浴室住外漫，客厅的地毯都湿了。

管理人员打开浴室门，他惊呼起来："刘教授，您怎么啦？"

海粟惊醒了，他看到公寓的管理人站在面前，大为恼怒："你怎么擅自闯进我的家！"

"您睡着了，水流了一屋呢！"

海粟这才真正清醒，见遍地是水，连忙道歉："对不起，谢谢！"他连忙关掉水龙头。

"刘先生！"有人在外面唤他，"您在演《水漫金山》哪！"

他听出是郭泰祺的声音，忙说："郭先生，请在外面坐一会儿，我就好。"

管理员在帮他排水，海粟对他歉意地一笑说："大使先生来了，拜托您了！"匆匆穿好衣服，出来会客。

在英国数月，他和郭泰祺有着频繁的交往，他也认识了这位大使。郭胆小怕事，一切以保官升官唯是，一个典型的旧官僚。

"你老兄怎么搞的？在澡盆里睡着了？"郭泰祺打趣他说。

"我已两天两夜没上床了！"海粟把他领进没进水的书房中，请他坐下。

"你干什么这么辛苦？"郭泰祺不解地问。

"这回不是苦于画画，是不得已，夫人要生孩子，我送她上医院，检查、化验、进产房……"

郭泰祺打断了海粟："生了吗？是个少爷还是小姐？"

“一个可爱的女孩！”

郭泰祺连忙起身，拱手相贺：“海兄喜得千金，这可是大喜呀！你看，这儿还有一喜呢！”他把握在手里的一张《泰晤士报》递给海粟，指着头版的社论边看边译给海粟听：“在欧洲人的眼光中，以为中国的现状是军阀捣乱，经济破产，盗匪绑票，政治黑暗，以及天灾、饥饿等等，而忘记了中国人民是一个革命的最有文化的民族，中国是有着灿烂文化的古国之一……”

郭泰祺非常兴奋地说：“《泰晤士报》发表社论高度评价中国现代画展，这是该报破天荒第一次载文评介中国文化，是我所没想到的事！”他显得有些喜不自禁，“我已全文电告外交部了。我今天是来请你夫妇吃饭的，以示祝贺！”

“谢谢，改日吧！这篇社论，我已读过了。”这样的文章，读得多了，也就没引起他的惊奇，他淡淡一笑，对郭泰祺说：“《泰晤士报》只不过说了几句真话而已。本来，我国的文明就是举世敬仰的嘛！过去有些欧洲人不愿承认这点，那是因为他们不了解中国文化，是种无知的偏见。现在他们终于被事实征服了！”他突然想起了这件事，“昨天，我就准备去找你，因家和临产，就没去，真是请先生不如遇先生呢！”

“什么事？”

“那天，英国的‘中国协会’借展览会场跳舞，有幅画被他们碰破了，这些作品都是经过英国政府保险的，请使馆写个函去交涉，要他们赔偿损失。”

郭泰祺的眉眼垂了下来，面有难色地说：“要他们赔偿，恐怕不太好说吧！去年有个留学生被房主楼上掉下来的东西砸死了，家属赶来，要我们出面找房主赔偿。依照英国法律，虽然完全应该赔偿，但我认为，人已死了，赔偿也不能叫死人复活，况且，我们是在人家国家里，在人屋檐下，有时就不得不弯弯腰，我劝他的家属算了，也没向英国政府去交涉。这人命比一张画的问题严重得多吧！你再画一张，也用不了一会儿，小事一桩。何必计较！……”

海粟顿时火了，也不管他大使不大使，霍地站了起来，大声吼叫着打断了他：“我们国家的许多权利就是这样被人让掉了！以致今天的中国被列强割得东一块、西一块的！我决不让，我受了损失，我就有权索赔，这不是斤斤计较！这是属于我的权利！”

郭泰祺显得特别有修养，他微笑着说：“海兄，息怒，息怒，你误会了我的意思，我是说，使馆出面去索赔，总让人有些小题大做之嫌，我考虑的是两国间的友好关系，并……”

“好了，好了，”海粟不想听他诡辩，“你不敢写，我自己写，这总不影响两国友好关系吧！”

郭泰祺虽然心里在骂海粟狂妄，目中无人，但又不愿得罪他。他虽只是个艺术家，可他是举足轻重的名人。他赔着笑脸说：“使馆还未有出面索赔的先例，你自己写信去索赔，我不反对。”他转过话题，“不知你对美国和苏联的邀请有何打算？需要我们帮助做些什么？”

海粟仍然不高兴，他气鼓鼓地说：“谢谢了，我不准备接受他们的邀请，这里展到 23 日，一闭幕就运到捷克斯洛伐克首都布拉格，已定好 4 月 1 日在布拉格博物馆开幕，28 日结束。画展一结束，我就立即回来，那时，我夫人和女儿也已出医院了，我们就回柏林，在那里参加中国名画厅的开幕式后，就启程回国。”

郭泰祺有些不解，他认为刘海粟好大喜功，想把画展展到全球，为何要放弃去美国和苏联呢？可因为刚才的不愉快，他没敢问。“你就放心去布拉格吧！我会让我夫人常去医院探望刘夫人的。”

“那我就先谢谢您和夫人了。”

四

1935年6月27日晚8时，海粟夫妇乘坐的德国北德公司海轮香霍斯脱号驶抵了上海公和洋码头。

轮船一靠码头，王济远、王春山、鄢克昌就登上船去欢迎远游归来的校长。经过短暂的热烈相见后，济远就提醒说："叶先生，钱先生他们都还迎候在码头上呢，我们快下去吧！物件和行李就交王主任处理。"

家和对王春山笑了下说："那就拜托了。"就拎起手袋，弯腰抱起孩子。

鄢克昌连忙伸手去接："夫人，给我吧！"

两年的西欧生活，常常出入上层社会的客厅，往来于豪华的沙发，家和开阔了眼界，使她领略了大艺术家夫人桂冠的荣耀。作为一位本就才艳过人的新女性，又经欧风熏陶，她知道自己美在何处，更知道如何使自己固有的美发扬光大。她已不是两年前的家和了，更加出落得风姿绰约、光彩照人，也会摆谱儿了。她微微一笑说："我也就不客气了。"

他们一出现在舷梯上，家和立刻吸引了许多目光。朋友们向他们迎上来。一位朋友对海粟说："海公，你从欧洲带回来了一尊活的维纳斯啊！"海粟的又一位朋友萧乃震虔诚地向家和致敬："刘太太，你真不愧为20世纪的蒙娜丽莎啊！"

海粟对朋友们的称赞非常高兴和得意。他说："如今，她又为我创造了一个小的维纳斯呢！"他从鄢克昌手里接过孩子，高高举了起来，"先生们，这是此次欧游又一大收获呢！”他在女儿粉嘟嘟、红扑扑的小腮上亲了一下，又交给鄢克昌，“谢谢先生们这么大热的天来码头欢迎我！我本该一年前就回国复命的，但我违抗了筹委会的指令，是应该受到惩罚的。没想到竟受到诸位师友如此热烈的欢迎，海粟深受感动，亦深为汗颜。”他向大家深深鞠了个躬，“以往，欧洲各国之东方学者和美术史家，只对中国古代美术一致推崇，谓元、明以后无艺术可言，造成一种中国现代无文化的错觉。此次现代名画到各国展出，引起各国学者深切的研究兴味，各国观众有了这个普遍接触中国艺术的机会，遂使各国学者和公众一变以前的错觉，无不深信，中国艺术在不断地前进之中，群相叹服，且引为师法！”

海粟这席话算是简短的致辞，引起了一阵热烈的掌声。海粟又深深向朋友们鞠躬致敬，并补充说：“我已撰好《欧洲中国画展始末》的书面报告，到时详细向筹委会和政府报告之。”

海粟当晚下榻新亚酒店。他准备第二天上学校去，刚要出门，就有朋友来访。这个走了那个来，无法走出酒店。他是个性急的人，惦记着学校的事，却又脱身不了。

下午，王春山来了。海粟一把拉住他，坐到他的面前，急切地问：“王先生，学校怎么成了你说的那种状况？你信中没有明说，你给我讲讲清楚。”

“实际的经济情况比我信中说的还更糟些呢！”王春山叹了口气，鼓起勇气说，“学校已债台高筑，不讲别的，中国营业公司的贷款利息就欠了八千。”

海粟很感奇怪，他不解地问：“怎么会欠这许多钱呢？学生八百人，每人交费四十元，刚开学，怎么就欠这么多？”

王春山不敢作声，他低耷着头。

"你说说原因！"海粟催促着。

"您走两年，物价上涨了一倍，教师工资一分未涨。"他说了这一句又不说了。

"你把话说完哪！既然教师工资未涨，怎么会债台高筑呢？"海粟急了，"你告诉我实情，不管是什么原因，只要你说清楚就行了。"

他这才吞吞吐吐说："王济远先生到日本和菲律宾举办个人画展的所有费用都是从学校里开支的。"

海粟不说话了。

"海兄，海兄！"

正在这时，海粟的朋友黄伯樵先生走进来了，他高声说道，"你回来，应该事先招呼一声，我也好到码头去迎接你呀！"

海粟连忙站起来，迎上去，握住他的手，让到沙发上。王春山也跟着站了起来，海粟介绍说："我们学校的王主任。"

他们彼此握手客气了几句。王春山没再坐下。黄伯樵看出王春山有话要说，就说："你们有正事要谈吧！"他也跟着站起来，"我明日再来好啰。"

海粟一把拉住说："没事，没事，已经谈完了，唉——！"他叹了一声，拉他一同坐下，"我离校两年，学校的经济就到了崩溃的边缘了，债台高筑呵！"

"啊！"黄伯樵点点头，"如今通货膨胀，物价飞涨，办事业越来越困难哪！"

"刘校长，我们到外面去一下，我还有一件事要向你汇报，说完我还有事要去办。"

"黄先生不是外人，你说吧！"

"您走前就把你的宿舍安排给别的教授了，接到你启程电报后，我给您看好复兴中路512号一幢四层小洋楼，单门独户，只是没有家具。您抽空去看看。”

黄伯樵未等海粟说话就抢在前面说：“王先生，家具你不用考虑，你只负责将房子稍作整修，我刚订购了一套法国家具，正好适合摆在刘先生的客厅里呢！”

王春山望着海粟：“刘校长！……”

“好！那我就谢谢伯樵兄了，您这好比雪中送炭，我接受了。”海粟又转向春山，“你有事就去办吧，明日一早我到学校去。”

王春山离开后，他这才想起要给黄伯樵这位慷慨的朋友喝点什么。他走到门外招呼侍应生给黄先生上咖啡，又从里间拿出雪茄，请黄伯樵抽。

黄伯樵看了一眼套间的门，突然想起了似的问：“夫人呢？”

海粟放低声音说：“她陪女儿睡觉，我就没唤出来拜见我兄了。”

“恭喜了！”

“伯樵兄，说实话，添了个女儿比生个小子更令我高兴呢。”接着他便跟他谈起了这次西行画展的情况。

海粟正说得兴奋时，王济远进来了：“校长，啊，伯樵先生也在。”

黄伯樵站起身，和济远握手问好，又转对海粟说：“我告辞了，五天内，你准备搬家吧！”

海粟跟着站了起来说：“今天我也就不留兄了，等我安好家，再请我兄上家里喝一杯。”他把他送到楼梯口，“改天再聚！”

“改天再聚！”

“济远，坐！”海粟指了下长沙发，自己坐在对面的单人椅上，递给他一支雪茄，“德国的，尝尝。”

济远接过，拿起茶几上的火柴先给海粟点了，再点着了自己的。他猛吸了一口，又满腹心事地吐了出来。他们都有话要说，又都不知如何开口。最后还是海粟先说了："是你和王春山的信把我叫回来的。本来我要接受美国和苏联的邀请去华盛顿、纽约、莫斯科开展览会的。我权衡了一下，就回来了。当然也为家和，孩子太小，不宜远道旅行。主要还是因为你们的信。你跟我说说具体情况。"

济远点点头说："就是经费没法落到实处，这两年，中国的经济几乎破产，物价一天一个样，曾经表示支援我们的人，也都各有他们的难处。办画展所筹的经费，只够付地皮费，当初我说请您放心，是错误地估计了形势，以至如今新校舍只打了个基础，还不见一房一屋。辜负了我师的厚望。"

海粟连忙说："此乃形势使然，恐怕我在家也不会有什么大进展。参照欧洲现代化设施，建座新校舍，是我的梦想。可我没财产，没企业，全靠社会资助，名人解囊。如今国家又处于危难之中，我一个赤手空拳的艺术家，唉，能有什么回天之力！"

"您这是安慰我，我就更感不安了。"济远猛吸了一口雪茄，"先生，你把学校交给我，可我没有把学校管理好，我对自己的管理能力估计过高，很对不起。还有件事，我事先没有请示您，事后也没向您汇报。我只告诉过您，我应日本和菲律宾之邀去举办了个人画展，我没告诉您，经费从学校开支。这也是造成学校经济拮据的直接原因之一。我为之深深感到不安，也深感内疚，很对不起您……"

海粟又递给他一支雪茄，打断了他的话："这事我已知道了，我不责怪你！一个艺术家谁不希望办个人画展，宣传自己的艺术，否则就是傻瓜蛋。你出国开画展，这是好事，我理所当然要支持。你没家业，又无人给您解囊相助，经费由学校出，也是天经地义的事。这事已经过去了，就不要再放在心上了。再说教学管理，你没经验，我把那么个重担子加在你一个人肩上，能不允许你出点偏差？那是不实际的。不要再内疚于心了！我已回来了，我们共同整顿。美专一定会兴旺起来的！”

“先生！……”济远的眼睛湿了。

第二天一早，海粟就匆匆离开了新亚酒店，他怕走晚了，来了客人，就又走不出去了。

果然如他们信中所说，学校已失去了往昔的严谨活泼，纪律涣散，不少教师没来上班，学生缺课的很多，图书馆冷冷清清，没几个人在看书。一副不景气的境况。他又去看望了几位没来上班的教授，见他们生活清苦的程度，他心里感到非常难受，但他什么都没说，就匆匆离开了学校，跳上一辆黄包车，直奔四行联合银行总经理钱新之的办公室。

钱新之热情地拉着他的手，一同走进旁边的休息室，和他一同坐在沙发上，“海兄，行色匆匆，一定有什么事吧？”

海粟咧开大嘴做了个苦笑说：“新之兄不愧是人中之杰呢！你若做艺术家，肯定能创造出杰出的艺术品来。我未开口，你就猜中了我的心思！”他像在家里一样从茶几上烟盒里熟练地抽出一支烟点着了，“我的学校快濒临倒闭了！经济到了崩溃的边缘了，欠教职工的工薪三个月，还欠了近万元的债务，学生食堂开不了伙，一些教授在饿饭，我这个校长还算个校长吗？您是美专的经济校董，我只有请您救我们的学校，帮我解此燃眉之急了！”

钱新之抬起手，托着下巴。

海粟让他想一想，没有立即要他作答，他吸着烟等候着。

“你说个数吧！”海粟手里的烟吸完了，钱新之的手也放了下来，他望着海粟问。

“两万！”海粟回答说，“一万补发欠下的工薪，一半作日常开支。我会很快还给你的，我已想好了筹款计划。”他站了起来，“我现在是火烧眉毛，请兄立即把钱拨到美专账户上，我等着米下锅呢！”

“好，马上拨。”钱新之也站了起来。

“谢谢！”他紧紧握住钱新之的手，“我告辞了，许多事都在等着我呢！”

海粟没有回新亚酒店，他直奔郑午昌先生家。

午昌是《海粟丛刊》的编辑，在未享盛名前得到过海粟推荐，两人私交很厚。海粟找他，是看上了在午昌开办的汉文书店中任主编的谢海燕。海粟认识海燕，是在四年前，第一次欧游回国后，去普陀写生，归途中遇风暴，羁留在浙江定海公园望海楼，与从日本抱病归来的谢海燕相邂逅。两人从欧洲艺术谈到日本浮世绘，从日本艺坛谈到中国艺坛，十分投机。海燕虽然年岁不大，但很稳实，留给他很深印象。海粟要整顿美专教务，很需要这样扎实肯干而又有艺术修养的年轻人。

他开门见山，“午昌兄，我是来向你求援的。”他向午昌阐述了美专现状，“我准备自己兼任教务长，需要一个能干又脚踏实地的助手，此人非海燕先生莫属。你愿意助我一臂之力么？我想聘请他做我的教务助理。”

郑午昌反诘着他：“你跟他谈过没有？”

“还没来得及，我不能挖朋友的墙脚，当然得先征求你的意见。你同意了，我再去找他。我想他也会乐意来帮助我的。”

“只要他乐意，”郑午昌豪爽地说，“我没意见。”

“那我就谢谢您了！”他转身就找谢海燕去了。

他很晚才回到新亚酒店，推开外间的门，见家和坐在盏微弱的灯光下，对他的回来，毫无反应。他立刻意识到她不高兴了，连忙问：“夜饭吃过没有？”

家和没好气地抢白着他：“你还记得我吃饭了没有？你心里还有我？

还有女儿？你一早就出去了，把我们母女扔在这人生地不熟的酒店里……”她鼻子一酸，就嘤嘤地哭了起来。

海粟连忙掩紧门，坐到她身边，边拿手帕给她揩泪边说：“家和，真对不起，学校出了那么多问题，我得去解决，你是知道的，这关系到美专的前程，很重要……”

“你的美专很重要，你的教师很重要，你的艺术很重要，就我们母女不重要！”家和挥掉他的手，扭转身去。

“这怎么会呢？”海粟赔着笑脸，“我的事业是我的生命的一部分，你和小英伦也是我生命的一部分。”他扳过她的脸来，“家和，你别这样，我实在是太忙了，对不起，你晚饭真的没吃？”他站起身欲把她拉起来，“我也只在小摊上吃了碗凉粉，我们一道到下面咖啡厅去吃点什么，好不好？”

她嘟起了嘴，撒娇地说：“我这副样子怎么见得了人呢？”她挣脱了他的手，往里间卧室走去，“你去吃，给我带一点就行了。”

海粟爱怜地望着她那秀美的背影，不禁感叹起来，女人哪女人！可爱又不可理解！他摇了下头，笑了笑转身下楼去了。

第二天，上海美专全体师生、员工在艺海堂集会，欢迎刘校长归国。同时举行新制第十六届师生毕业典礼和附属成美中学第一届毕业典礼。海粟在会上做了即席演说。他先给毕业同学以热烈的祝贺后，就向大家报告了西行画展的经过，最后话锋一转说：“这两年中，老师们辛苦了！欠了三个月的薪水，实在对不起。我宣布，所欠诸位的薪金，明天全部补发给大家。”

听者群情激动，有人使劲鼓起掌来。掌声漾开去，有如涛声轰鸣。

他继续说：“但美专的教学纪律涣散了，同学们的士气下降了，我们可不能误人子弟啊！教务需要重新整顿！我决定自兼教务长，聘请谢海燕先生任我的教务助理，聘留欧归来的刘抗先生任西画系人体班专任教授。自明日起，开始重整校风。请诸位先生助我！”

又响起了热烈的掌声。

“从大家的掌声中，我得到了一个讯息，全校师生都支持我的行动，谢谢大家！”

刘抗仅 23 岁，海粟唯恐学生因他太年轻不服从，特地为他辟两间教室陈列刘抗的作品。又在刘抗授课的那间教室的牌子上加上了他的名字，成为刘海粟、刘抗共同的教室。

他在学校整整忙了一天，浮动的人心逐渐安定下来了，教授们也开始打起了精神，学校的生机开始复苏了。

这晚，他又是很晚才回到新亚酒店。家和又是冷脸相待。他和她说话，她不理他。他就抱起手舞足蹈的女儿，自言自语地说：“宝贝儿，阿爸两天都没抱你了，阿爸要整顿学校，不能误了人家子弟，没空和你、和你妈亲近，阿爸很难过。明天，我们就回自己的家了，我们的家很漂亮，院子里有棵棕榈树，又高又大，上面结着一穗穗紫色的棕籽，还有棵蜡梅和一丛凤尾竹。客厅里呀，摆着黄伯伯送的全套法国家具，东墙上挂着你阿爸临摹的浪漫主义大师德拉克洛瓦的《但丁与维吉尔》，很气派呢！阿爸雇了个阿姨看护你，好让你阿妈重新拿起画笔来画画。”

他的话，英伦不会听懂的，当然是说给家和听的。果然起到了缓和气氛的作用，她转过头来问：“房子你去看过了？”

“看过了，很不错的，不知你喜欢不喜欢？”

“你说可以，肯定是不错的。”

“我从这新亚酒店雇了临时厨师。”

“要请客？”

“嗯。”

“到酒店去订两桌不就行了！何必在家里请，太麻烦了。”

海粟抱着女儿坐在她身边，解释着说：“我也知道在家里请客挺麻烦的。但我这是为学校筹划，准备筹款画展，还债呀！”

家和没话说了，她知道，学校是他生命的一部分，她得支持他。

海粟很快就安好了家。他连续一周宴请美专教授，画室里备好了笔墨纸砚，黄宾虹、郑午昌、王个簃、郑曼青、马公愚……许多画坛名家，谁先到谁画。饭前画，饭后画，一周下来，就画了100多幅。他自己又每天加夜班到深夜，也画了60多幅。他叫人送到店里裱成精装，准备举办筹款画展。

海粟给每一个能够买得起画的友人亲笔写信，一天写十几封，请求支持。

7月21日，柏林中国美术展览会筹备委员会在上海华安大厦八楼宴请刘海粟，请柬上同时写着：“请偕同夫人光临。”海粟把请柬递给家和，要她同去赴宴。

家和又使小性子了，她哼了一声：“夫人？这桂冠倒是很好听，只是太名不副实了！说白了，我是你的佣人，给你带孩子的保姆。你什么时候把我当夫人看待了？你舍不得为我花一点时间，别说陪我逛商店，连聊聊天的时间都没有，你只有你的学校！”

“家和！”海粟带点乞求的声调说，“别老说这些了，今天我陪你！”他把她推到梳妆台前，按她坐下，“打扮得漂亮一点，镇住那些夫人们！”

家和不由地笑了起来。

海粟拍拍她的头：“还真是个大孩子！”她突然拉住他的手，放到嘴边吻着，小声地说：“先生，过去我狂热地追你，是因为我崇拜你的才华。

现在，我已成了你的太太，似乎又感到这些已不再是主要的了，我需要你更多的关怀，更多的爱。我是一个女孩，还有很多梦想，如今整天待在家里，脱离了社会，我害怕孤独、寂寞……”

海粟望着镜中的太太，爱怜地笑着打断了她。“我以后尽量多抽时间陪陪你。不过，家和，你了解我这个人，到时又总是容易忽略了你，这并不是我心中没有你，只是我这人太爱事业了。你很有才华，我不在家时，你可以把时间用到绘画上，你已有很好的基础，再努努力，你有可能成为女画家中的翘楚呢！艺术不仅能解除你因我不在时的寂寞，还会使你的精神更充实，你还会因之越来越漂亮呢！”

家和又嘟起了嘴：“我就是画得再好也没用，人家还以为是你捉刀代笔的哩！”

“不会的！”海粟亲亲她的秀发，“你只要形成了自己的风格，有识之士还能辨别不清吗？”

家和笑了。

这天，华安大厦八楼宴会厅汇集了上海画界巨擘和有关名流。蔡元培、叶恭绰请了吴铁城、李石曾、李大超、王一亭、钱新之、潘公弼、潘序伦、吴湖帆、王济远、吴东迈、关良、朱屺瞻、张弦、刘抗等数十人出席作陪。

海粟携着家和迈着自信的步子走进宴会厅。家和的风采立即使宴会厅为之一亮。她穿着法兰西最新潮的高腰大摆紫罗兰色的连衣裙，秀发高高盘在头顶上，光洁白嫩的脖子上戴着一串珍珠项链。脸上施了淡淡的粉，涂了淡淡的红，两叶柳眉，有似新月一般映衬着她那会说话、会传情顾盼的双眸。她立在众人间，有如一树开在初春灌木丛中的紫玉兰，春光独占！与会的夫人们顿时显得黯然失色。男士们无不被她的美惊得失了态。蔡先生带头鼓掌欢迎他们。

海粟高举双手抱拳致谢，并从公文包里拿出一沓打印好的报告《欧洲中国画展始末》，走到蔡先生面前，递给他："我把给筹委会的书面报告打印了一些，您看要不要给在座诸君看看？"

蔡元培答道："很好，让更多的人了解了解，多一分理解，就多一分支持！"

刘抗连忙接过去代他分发。

宴会开始了，蔡先生即席讲话："刘海粟先生此次代表吾国赴德举办中国现代画展，获得无上光荣与极大成功。在柏林展览后，引起各国之注意，二年间，在欧巡回展览十余处，震动全欧，使欧人明了吾国艺术尚在不断的前进，一变欧人以前之误会。因其他方面，对各国宣扬艺术，以东方艺术代表自居，吾国以前则未及被注意。此次画展之后，移集欧人视线，此固吾全国艺术家之力量所博得之荣誉，而由于海粟先生之努力奋斗，不避艰辛，始有此结果。此等劳绩与伟大精神，实使吾人钦佩与感谢。吾国年来多故，对外文化宣扬，未遑注意，即经济方面亦感困难。此次画展经行政院决定后，并决拨经费四万五千元，其事由叶玉甫先生费尽心血，始抵于成。同时在国内时，一切会务均由叶先生不避劳怨而主持之，吾人对于叶先生亦应表示感谢。惟行政院所拨经费，仅为德国柏林一处展览之用。柏林展览会开幕以后，德国各省及各国均热烈欢迎，纷纷要求续展，其经费虽由各地方政府或美术院分别筹拨津贴，而刘先生个人往返川资使用，所费不赀，皆由其所筹之画款垫用及私人借贷。似此政府以少量之经费，获若大之成功，诚出吾人意外。不过刘先生私人之负累过重，吾人尤不能不设法以谋补救。现刘先生已载誉归来矣，将所有未售之作品，已登报请各作家向筹备处领回；已售之画款，已委托潘会计师发还。各事妥当缜密，尤为可佩。谨共举一觞，对刘先生表示敬意。"

海粟站起来，激动地说："海粟此行，违背了政府催回的指令，让蔡、叶两先生和筹委会诸先生担了不是，海粟惶恐之至，没想到能得到了诸公的谅解，海粟感激至深。"他高高举起酒杯，"谢谢诸公！"他一口饮尽，又斟满了酒，招呼家和同他一起去敬酒。

他们先到吴铁城、钱新之桌前，给他们各敬一杯，并说："我给您写的信收到了没有？"

他们应着："收到了！"

"美专为画展筹款，请您一定光临支持！"

他俩端着酒杯，一个个敬过去。这天，他俩喝得酩酊大醉，还是钱新之用汽车把他俩送回了家。

美专为画展的筹款在周密准备下，取得了巨大成功，所有画件都订购出去了，得款三万元，还清了积债。整顿也取得了显著成果。一个濒临倒闭的学校，又红红火火充满生机了。海粟可以腾出手来撰写文章，准备第二次欧游画展了。

就在这年，中华书局出版了他的《欧游随笔》和《海粟丛刊·国画苑》以及他编的《世界裸体美术》(二册)，商务印书馆出版了《海粟油画·第二集》《海粟国画·第三集》，他撰的《石涛与后期印象派》一文由黑谷正人译成日文在日本《南画鉴赏》杂志发表。他还写了《关于米勒》。1936年，他还翻译出版了英国厄普(T.W.Earp)著的《现代绘画论》，他在译者序中写道："现在绘画运动，占着近代史上重要的一页，过去三十余年间画坛的变动，在此比例上，较诸以前三千余年间的变化，尤为迅速而复杂，这是人类精神活动非常紧张的一个现象。这个现象的产生，应该归功于塞尚。自从这个革命画家诞生以后，学院派虚诈的面目即被扯破，所谓学院派的作风渐形衰落，于是绘画得以从冷酷无情的桎梏中解放出来，恢复了自由。”

1935 年冬天，他又去游览了黄山，这是他第三次上黄山。在黄山，他画了中国画《古松图》《朱松》《孤松》《黄山云海》《黄山松石》。他在《古松图》上记道：“己亥 11 月游黄山，在文殊院遇雨，寒甚。披裘拥火犹不暖，夜深更冷，至不能寐。院前有松十数株，皆奇古，以不堪书画之纸笔写其一。”

从黄山回到沪上，他携着描绘黄山的作品去看蔡先生、叶先生、沈恩孚和李仲乾等先生。他们都很欣赏，在他的作品上题了诗。

五

1936 年 7 月 1 日，刘海粟二度欧游作品展览会在上海南京路大新公司新厦四楼开幕。

中央研究院院长蔡元培主持开幕典礼，上海市市长吴铁城揭幕，教育部长王世杰作序，蔡元培、吴铁城、沈恩孚致辞，刘海粟致答词，出席开幕式的还有叶恭绰、王一亭、钱新之、王晓籁、高剑父、梅兰芳、李大钊、李公朴、吴蕴初、王济远、张寿镛以及各国总领事和夫人等 1000 多人。展出中国画、油画 300 多幅。《大沪晚报》发表了《刘海粟个人画展特刊》。《时事新报》以三个整版刊载刘海粟画展的评论文章、题词和作品。评论文章有王世杰的《刘海粟画展引言》、李圣五的《海粟游欧收获》、钟凡的《艺术界的彗星刘海粟》、驿骝的《刘海粟国画的评价》、一先的《刘海粟的生活与艺术》、向培良的《题海粟先生第二次游欧画展》。上海《新闻夜报》于画展开幕的第二天也发表了《刘海粟君欧游画展特刊》，刊有可疆的《中国新美术之导师》、何勇仁的《我希望刘海粟先生做一个轰烈的“叛徒”》、黄昌铨的《刘海粟先生的画》、谢海燕的《关于刘海粟先生》、毛以亨的《海粟画展感言》、益论的《刘海粟先生》。《大陆报》（英文版）以《刘海粟画展揭幕》为题做了评价。参观画展的还有英国文艺批评家莫纽。

海粟的二度欧游作品展，再次轰动了中国画坛，成了艺坛和上海民众文艺生活中一件大事，人们奔走相告，观者如潮。正因其轰动，也就引起了某些人的难过，再次引起一场争议。

7 月 6 日，上海《辛报》刊登了一篇署名刘子英的文章《读叛徒画展》，说海粟二度欧游作品展览会展出的作品多数是旧作，并指责他的中国画所用画纸尽皆高丽纸或桑皮纸，未能使作品达到气韵生动。

此时，刘海粟正在南京访顾荫亭，忘情在作中国画《仿李流芳山水图》，并题小跋：“二十五年夏日，访荫亭于金陵，见其书斋挂李流芳山水一幅，清奇高古，拈笔临之。”他不知道《辛报》发表了批评他的文章，7 日晚 9 时，他才从南京回到家里。

家和在客厅陪着美专秘书鄢克昌在等他。见他进门，两人都急切地站起来，家和迎上去埋怨着：“你怎么才回来，把人都急煞了！”

鄢克昌也说：“校长，我正与夫人商量，您今晚若还不回来，我明天就要乘早班车去南京找您了！”

海粟不解地问：“出了什么事？”

鄢克昌拿起放在茶几上的一份《辛报》递给他，指着刘子英的文章：“您看这！”

海粟看完放下，问：“刘子英是谁？”

“不知道，”鄢克昌摇摇头，“这是个化名，意在攻击，我和三位同学当天就去《辛报》提了抗议。”

“鄢先生，你和同学们为我打抱不平，我很感激你们对我的倾心维护，我从心里感谢你们，”海粟坐到他身边，“可我认为没这个必要！作品是真实的存在，仁者见仁，智者见智，只要是正当的艺术批评，任他说好说坏。你们跑去质问报社，有失宽容和大度。刘海粟的追求不被某些人理解、承认，这是很自然的事，如果众口一词，那才是不正常呢。只要不是蓄意诽谤、谩骂和污辱我的人格，就不必去计较！”

“校长！”鄢克昌为海粟的大度感动了，“这不是艺术批评，这是蓄意挑衅，制造事端，我去了解过，根本没这个叫刘子英的人，这是某些人的一个共同的化名。我们去提抗议，也是因为气愤不过，加之您又不在家。”

海粟把手搭在他肩上：“谢谢，你们的心情我理解。别气了，好不好！”他突然转过话题，“我给你们看张画。”便从手提皮箱里拿出那张《仿李流芳山水图》，用图钉固定在墙上，欣赏起来，“就这张画，我亦不枉金陵之行也！”那神情，得意之至。

家和走近去看，情绪也渐好起来，说：“很有味道！”

鄢克昌思绪也转到了画上：“我无缘见到原作，就这张仿品，也堪称杰作了！”

“哈哈……”海粟不由又得意地大笑了起来。

7 月 9 日，《辛报》又刊登了署名江兼霞的文章，就陈列在展厅橱窗中的《但丁与维吉尔》发难：“刘先生是艺术大师，自称‘艺术叛徒’，该以创作为重，为何在这橱窗内陈列一张临画？”

这幅巨画，一直陈列在海粟的客厅中，占了一面墙壁，他自谓临出了德拉克洛瓦的精髓。他把它从家中的客厅墙上移到展厅橱窗内，是因为中国观众没有机会见到德拉克洛瓦的原作。他希望能从仿制品中感受一下这位伟大的浪漫主义大师的艺术魅力，别无他意，没想到竟成了他人攻击他的口实。海粟读完那篇文章，只付之一笑而已。

7 月 11 日，《辛报》再次刊发署名刘子英的文章，说海粟二度欧游画展中，不见一张木炭人体素描，或铅笔、钢笔速写："大师以西画闻于世，人体构图未见一幅，即普通人体油画也寥若晨星。"

7 月 12 日，《辛报》又续刊刘子英文，曰："中国把诗书画作为统一体，凡能画者，必能诗能书。若只是能画不能诗书，便谓之'画匠'。海粟先生既自认为'东方文艺复兴大师'，怎么大部分画只能签签名，或写些时髦年号，如'新纪元'、'建国'之类？"

海粟已品味出，这几篇文章已非真诚的艺术批评，而是越来越密聚的箭矢。这是有计划的预谋，箭头显然涂了毒液，目的很明显。如果再沉默下去，他们还以为刘海粟发抖了，被击败了，可以得寸进尺了呢！他得回答他们。他就刘子英、江兼霞的文章写了《关于评〈刘海粟画展〉的总答复》一文，就气韵生动、临摹、创作题材、题诗、展览绘画的意义等问题，平静地、客观地阐述了他的见解。他没有指责对方。

这场争议的直接后果，不但没有贬低刘海粟在公众中的形象，反而起到了推波助澜扩大画展的影响。来看画展的观众更多了，原拟 7 月 15 日闭幕，应观众的要求，延展至 19 日。这次画展共卖出作品 57 幅，得"润笔"数万元，全部移交美专作经费之用。

上海画展一结束，作品即运往山东。青岛市政府将于 8 月 8 日在青岛太平路博物馆筹备处举办"刘海粟近作展览会"。8 月 24 日，山东艺术学会在济南青年会主办"刘海粟近作展览会"，并请他演讲《中国艺术西渐》。9 月 10 日，海粟回到上海，参加上海美专工艺馆开馆典礼和 9 月 24 日中华美术协会第一届美术展览开幕式。他在美专成立二十五周年纪念会上发表演讲。他在演讲中大声疾呼：我们"使命所在，盖以艺术美化群伦，以造就民族之崇高人格，以增强保障生存与抗拒侵略所必需的民族力，以巩固我中华民族复兴大业！”

海粟就是这么一个人，任何时候不气馁、不动摇。

这年冬天，他四游黄山。他在黄山作的中国画《黄山耸翠》上记道：“二十五年大寒游黄山，不惟人烟绝踪，飞鸟亦罕，朔风刺骨，虽耆游者少至焉。因知名山惟其与人世隔绝，故松气、石色、烟云、月光，俱自成古旷与太清接。草草捉笔造斯图，未知得其荒空之趣否？”

他登上光明顶，石涛的《黄山图》奇迹般浮现在他眼前，他不禁迎风高吟起来：“黄山是我师，黄山是我友。心期万类中，黄山无不有。”

一股强烈的情流，把他和黄山融为一体，他感觉到了黄山的心跳，感受到了黄山的呼吸。

第十二章　英雄落魄

一

“八一三”战事爆发，日寇大举进犯上海，死难者无计其数。尽管上海守军在冯玉祥、张治中等爱国将领的指挥下，进行了英勇顽强的抵抗，迫使日军七次增援，死伤五万多人，但是上海四周还是落入了敌手，成了一座孤岛，日寇随时都可把上海完全置于兽蹄之下。目前尚未进犯租界，是虑及与英、法的关系。他们的关系正处在微妙之中。英、法也不敢触犯日本，潜藏在租界的汉奸、日本特务也就猖獗起来，造谣惑众，暗杀民族志士，无恶不作，常有爱国人士失踪。郁达夫之兄郁曼陀律师就在租界惨遭杀害，上海人民生活在山雨欲来风满楼的惶恐和不安之中。在租界里公开宣传抗日，已被禁止。画家们也只能把爱国之情寓于笔端。为教养院建筑难童宿舍，海粟筹办了上海美专救济难童书画展览会，刚结束，就有两位医师找上门来，对他说：“刘先生，我们来找您，就是想请您想想办法，给我们医师公会筹些钱，购买药品，支援前方将士，他们正在浴血奋战。”

海粟因为美专经费拮据，无法支付教师工资，而将自己心爱无比、珍藏多年，两次欧游都携在身边，常常拿出来摩挲欣赏的名画《黄石斋松石图卷》，出卖给了广东收藏家。虽然他也因痛失爱物而惆怅满怀，但两位医师的爱国热情使他十分感动，他没有片刻迟疑，就一口答应了下来："我来想办法。"可他心里还没有一点儿底。

两位医师满意地告辞而去，他却陷进了苦思之中。在这种人心惶惶、朝不保夕、动荡不安的形势下，性命都难保，谁还有闲情逸致来欣赏风花雪月、禽鸟虫鱼的艺术，买你的画？他除了作画卖画，还有什么别的办法筹到一笔款子吗？苦思给了他灵感，一个绝妙的办法出现了。这个办法若能实现，不但可以给医师公会为前线将士筹到款子买药，还可唤起爱国同胞民族志气。

他直奔以青绿山水著名画坛的画家、收藏家、鉴赏家，他的朋友吴湖帆先生家。

湖帆是清末封疆大吏吴大澂的嫡孙，为人笃厚，和他祖父一样，对中国古文化有很深的研究，酷爱收藏。他们每有搜集，就拿来互相品赏，互相在藏品上题诗作跋，两人交谊甚笃。他们有难处，也共同相商。

湖帆见他中午来访，定有重要事情相商，就把他迎进书房，问："海兄，什么事这么急？"

他说了来意，又补充说："征集古代名画，举办历代书画展览会，为医师公会筹款的主旨，要突出民族气节，以历代民族英雄的名字来激发同胞们的爱国热情。"

湖帆立即响应："好，这个主意好！在当前这种形势下，是我们唯一能做的有意义的事！"

"我就知道你会支持我的。"他的信心大了起来，"但画展是有风险的，搞不好有杀头的危险，也许汉奸、日本特务要来破坏，我担心藏家舍不得借出来。”

湖帆点点头说：“这是个问题。古画都是藏家的爱物，有些还价值连城，万一损失了怎么办？”

他说：“我想，只有一个办法，去做工作。把我们的主旨、动机告诉他们，把可能发生的事也事先说清楚。当他们明白了这次画展的意义，我想许多人会支持我们的。”

“对对对。”湖帆赞同着，“我藏的都可以拿出来。”

海粟说：“全部拿出来，这还不够，你还得和我分头去做说客，动员更多的人支持我们把画展办好。”

“义不容辞！”

“好！”

他们走东家，串西家，宣传举办历代名画展的意义，同时也有言在先，声明这次活动有可能招致可怕的后果。很多收藏家在此民族危亡之际，自愿献出心香一瓣，慷慨借出自己的珍藏。当然，也有人怕风险。他四次去了收藏家庞虚斋家，五次去了画商孙伯渊家，向他们宣传、鼓动。当他们明白了画展可以唤起民众的爱国心后，都自愿拿出最好的藏品。这时，有人建议把褚民谊和傅桐列入发起人名单中，他们虽有亲日倾向，但尚未公开背叛祖国，借他们来挡挡风雨，免得特务来捣乱。海粟坚决反对说：“万万不可，如果列上他们，有民族感的人士就要避臭而去！”

湖帆和海燕都为他的安全捏把汗，劝他小心。

画展在他们的筹备下，于 1939 年 4 月 11 日在上海大新公司画厅开幕。《文汇报》出版了画展特刊，刊了郑午昌、俞剑华、丁惠康的文章。他在《国画源流与派别》一文的前言中说：“中国历代书画展览会为筹募医药救济经费，阐扬我国古代艺术，征求各收藏家珍藏，公开展览，门券所得，悉数交与上海医师公会作为医药救济之用，展我先民遗迹，表现民族精神，意义莫大焉。”

郑午昌在《历代书画展览会之意义与作用》中说：“神州陆沉，黄裔流离，而视为沦陷区之上海，遽有历代画展之举行，迥非寻常古名画展。吾人临对先贤名迹，而赏其宏伟精能，则崇先贤爱祖国之念，其有不油然而兴哉！画家人格高尚，尤足使后世景仰倪云林之散家放舟，郑所南之画兰无根，见先贤之手泽，转仰其为人，其于处危应变之道，人格修养，必知有以自勉也。”

申报馆将展品印制成《唐宋元明清名画宝鉴》，海粟为其撰了万言长序，题为《国画源流概述》。画展办得很成功，反响很大，售门票万元。

接着，海粟又发起举办“吴昌硕遗作展”。两次展出收入，全数捐给医师公会。

几次画展以后，恐吓信接踵而至。有一封信里还夹了一颗子弹头。家和吓得大哭，不让他出门。那天，恰好谢海燕来了。他询及原因，家和向他展示了那些信。他也为海粟的安全担忧了。他说：“外面早有人传，那个爱出风头的萧乃震常往你这儿跑，可能负有特务使命，你可得当心。”

海粟却摇摇头说：“他也算我的半个学生，不会吧！”

“难说，乱世之年，鱼龙混杂，难辨真假，你还是小心一点好。”海燕又说，“我有位朋友，是荷属东印度（今印度尼西亚）的华侨，到上海来已有几天了，他对我说，有几位爱国侨领想请国内画家去办画展筹款，支援前方抗日将士，救济难胞。我看你在这儿继续待下去有危险，你去南洋吧！”

海粟看看已擦干了泪水的家和与依在她身边的孩子们，他犹豫了。他一个人走了，扔下他们和美专怎么办？好半天他才说：“让我想想吧！”

“你想好了，我偕我的朋友来见你，你们再商量。”

“好的。”

第二天，褚民谊迈着方步，走进海庐，见面就说：“恭贺兄台两次画展成功！”突然又话里有话地说，“小弟够朋友吧！”忽又转了话题，“兄台去柏林举办画展，我在行政院的会议上可是给你说过好话的哟！你从欧洲回来，我在南京国家美术馆筹备处宴请你，并请各部部长作陪。我这是做给你那些反对势力看的，实为仁兄撑腰啊！弟之如此敬重兄台，除了兄台是一位艺术天才，还因为兄台是一位具有非凡才能和真知灼见的组织家和宣传家！”他说到这儿顿了下，“汪先生对兄台很看重呢！”随即从公文包里拿出一本小册子，递给他，“汪先生嘱我送来请兄过目，请多指教。”

这是汪精卫刚刚发表的背叛祖国民族公开和日本侵略者勾结的《和平宣言》。他已在报纸上看到过，此时放在他手里，他感到像一颗烧红的栗炭火，灼得他的手好痛好痛。他连忙还给褚民谊说：“我不看这种东西！褚先生，我们过去是朋友，你支持过我，我表示感谢，可我只是一个画家，从来不问政治，但有一点我很明白，不能和侵略我们国土的敌人握手，这是身为一个中国人的起码原则！”

褚民谊一点不脸红，也没动气，他表现出特别耐心，微笑着说：“海粟，你误会了汪先生，他此举并非卖身投靠，他是想利用日本的力量来牵制英美。他这也是救国呀！他很希望能见到你，向你解释他的心迹。”

他冷冷一笑说：“这太奇怪了，我一个不问政治的艺术家，他向我表白什么？岂不笑话！”

“汪先生非常敬重你的才华和社会声望，想请你在他的政府里管管教育。我希望你不要辜负汪先生的器重！”

要委任他当伪教育部长，他吓得满身淌汗，记起了海燕的话，连忙说："请你转告汪先生，这是根本不可能的事，我就要到南洋去举办画展，请你多多美言几句，不要阻挠我的南洋之行，我已同那里签好了约。"

褚民谊心里很不高兴，但他没有露到脸上，他只用眼睛紧紧盯住他问："难道就没有一点考虑余地？"

他坚决地回答说："我是艺术家，画画才是我的天职，当官，我不适合。如今想当官的人很多，请汪先生另请高明，恕海粟不识抬举！"

褚民谊一离开，海粟就立即去找海燕，说："上海我不能待下去了，我要立即见你朋友。"

下午，海燕偕友而至。

海粟握住侨领范小石和海燕的手，把褚民谊来做说客的事同他们说了："上海我不能再待了，请范先生速速与南洋联系，我想尽快离开。"

范小石一口应承："我这两天就动身回去，做好具体安排，等我电报。"

"好！"海粟热泪盈眶，"我即向荷兰使馆申请签证，海燕，请你私下和学校的教授们打个招呼，说我将去南洋举办筹赈画展，请大家多多支持。所捐作品，请你登记造册，此事你就负责一下吧！我去跑签证，还要作画。"

"你放心。"

"学校也交给你了，能办则办，能办多大规模就办多大规模，量力而行吧！"

海燕点点头说："我尽力吧。"

他又连连受到恐吓信的威胁，有人在他院门上插了一把刀，纸条上写着"不识抬举"。

他好不容易才见到荷兰领事："刘先生是艺术家，我们是知道的，你要求去东印度举办画展，亦非坏事。"领事一脸冷峻，"但是，贵国有关方面打过电话给我们，指控刘先生去东印度有宣传抗日的使命，这使我们感到为难了！”

他明白，这是汪精卫、褚民谊逼他就范的奸计。他说：“这完全是无稽之谈，我是一个画家，一向不问政治，请领事先生明察。”

领事的表情逐渐缓和起来，他微微一笑说：“刘先生，别急，我会尽力帮助你的。这样吧，我们还得审查一下，后天你来取签证吧！”

他从使馆回来，就准备跟家和说。但如何向她开口呢？把她这样一个年轻的女人和两个年幼的孩子扔在沦陷区，自己远走高飞，她会怎么想？也许她会支持他走的，那会减少她为他的安全的担忧，她不是那种弱女子，她有自我保护的能力，能对付生活中所发生的一切的。只是韵士叫他放心不下。他们虽然早就分居，没有夫妻关系了，但他几次想跟家和说，让韵士住到一起来，可以互相照顾，他也可以对刘豹尽父亲之责，可话刚到嘴边，家和的眼睛就喷火了，她容不了韵士。韵士却处处为他着想，为了减轻他的负担，早就从原来的海庐搬到一处公寓房中，和刘豹单独生活。他想起这些，心里就泛起一缕愧疚。他得为他们筹措一些生活费，不能让她母子饿饭。

海粟开始整理他的收藏和作品了。

为了以防万一，他把重要的藏画和自藏的代表作带在身边，他把它们拣到一起，它们是他生命的一部分。把准备捐出去进行展览募款支援抗战的作品放在另一处，需要另外装箱。他要给韵士留几张，其余的都留给家和，万一生活把他们逼到山穷水尽的地步，也可以拿出去换些生活费。

他打开了所有的画箱，把心爱的藏品一卷一卷地拿出来，一卷卷地舒开，欣赏一番，又一卷卷地卷上，按他心里的标准把它们分别放好。每当他欣赏，触摸心爱的艺术珍藏的时候，他的心神就完全超然了，忘了处境的艰难和危险，也忘了人世间的恩恩怨怨，走进了一种超然的境界。

他的目光从《仿吴仲圭夏山欲雨图卷》诗塘上的蔡元培、吴湖帆、章士钊、郭沫若的题诗移向他的《古木寒云图》《临黄石斋松石图卷》上沫若那气概恢宏的题诗，他仿佛又看到了他在诗塘上挥毫："丈夫二十九……"忽而他的目光又移向了在血与火中创作的油画《四行仓库》，似乎耳畔又响起了子弹的呼啸声……

"先生，"家和披着睡袍，推开了画室的门，"你这是怎么了？失魂落魄的样子！把东西翻得一地的！已凌晨三点钟了，还不睡觉！"

他转过身，对她做了个强笑，走过去拉起她的手，把她拉进画室，按她坐在软椅上："家和，我正要叫醒你，和你商谈一件大事呢！"

家和惊诧地睁大了眼睛望着他："什么大事？快说。"

他把汪精卫要他出任伪教育部长的传话对她说了："我怎么能跟他这种人认敌作友，卖身投靠呢？我坚决拒绝了他们。他们已恼羞成怒，那些恐吓信，那颗子弹头，那把刀，就是对我的警告，上海我是不能待下去了，我得马上离开。"

"你要上哪里去？"

"我到南洋去为抗日募捐举办画展，尽做一个中国人的义务。"

"那我和孩子呢？"

"你们留在上海。"

阴云漫上了家和的脸，她不说话了。

"此乃不得已而为之。"海粟解释着，"就是因为不忍把你们抛下，我才迟疑了好久，以致汉奸们打上了我的主意。我是决不同他们合作的。但他们会轻易放了我吗？我是一个中国人，在国家危难时，也应尽自己一份力，我才做出这个决定。"他伸手把她的头揽到怀里，"我也很不放心你和孩子们，我先去，待有了立身之处，你们再跟来，你看行吗？”

家和伸手抱住了他的腰，把脸紧紧埋在他怀中，轻声地说：“你现在的处境是很危险，你走吧，也省了我一份担忧。我一个女人，他们能把我怎么样？”

“我留下些画给你，必要时可以变卖维持一段生活。只要有办法，我会给你们寄生活费的。”

二

芝巴德号在海上航行了五天，于1939年12月11日到达巴达维雅（今印度尼西亚的雅加达）。

丘元荣、刘宜应、范小石三位侨领把他迎送到力士旅馆住下，就陪他到广东饭店吃午饭。路上，他就迫不及待地问：“我的活动日程是如何安排的？”

范小石说：“刘先生是个性情中人，报国之心，急急切切也！”这才回答他，“你别急，吃过饭，休息一会儿，下午3时，我们陪你去拜访别的侨领，晚上参加华侨公会召集的欢迎大会。”

印尼华侨大多来自福建和广东，他们中很多人在这片土地上生存繁衍了好几代人，有的从事橡胶、制糖、奎宁（俗称金鸡纳霜）等营生，对这片土地的发展做出了重要的贡献。尽管很多人从未回过故乡，也不会说汉语，尽管他们中派系错综复杂，但这些被称作“巴巴”的华侨，都深深眷恋着祖国，心系祖国的安危。对来自祖国的画家刘海粟，给予了极其热烈的欢迎。1000多人出席了欢迎会，大会后，各派代表数十人聚集在海粟下榻旅馆的客厅，举行特别会议，讨论举办筹赈画展的具体方案。在这个会议上，海粟介绍了国内的局势，控诉了日本帝国主义对中国人民犯下的滔天罪行。当他说到南京的大屠杀时，群情激愤，有人愤怒地站了起来，高呼“打倒小日本！”的口号。会上，他们推举出四位侨领协助海粟筹备画展，并决议：画展由华侨公会举办，全部义卖收入由华侨公会汇寄贵州省红十字会，支援前方战士和难民。

1940 年 1 月 20 日，中国现代名画筹赈展览会在巴城（即雅加达）中华总商会开幕。葛祖炉总领事、慈善会主席丘元荣主持开幕式。展出刘海粟、王济远、朱文侯、吴杏芬等 92 人作品 342 件，还陈列了吴昌硕、王一亭、康有为等 12 人复制品 54 件，出版了《巴城现代中国名画展览筹赈大会特刊》，刊登了丘元荣作的序文，叶泰华撰写的《艺术大师刘海粟传》，顾树森的《海粟赴爪哇展览作品引言》，华侨公会副会长邓仁生的《刘大师南来感言》，陈隆吉的《刘海粟先生南来展画筹赈感言》，梁锡佑的《刘海粟先生南来与赈灾》，林伟明的《由刘海粟大师画展筹赈说起》，张自铭的《由“叛徒”说到赈灾》，邓恺君的《刘海粟先生南来与同侨艺术》。《天声日报》发表了精美的画展特刊，登了刘海粟、吴杏芬、朱文侯、王一亭、陈师曾等作品 23 幅。在刘海粟的肖像旁刊的说明是：“我侨久慕刘大师之名，敦聘南来，主持本日开幕义展，由于刘大师人格与艺术伟大之感召，并由我侨能本踊跃输将之素衷，故此次筹赈，成绩斐然，相信能达国币十万元以上。刘大师与我侨救灾伟绩，诚不可没也。”

丘元荣在文中说：“筹赈之意义，在救济祖国之伤兵难民，而画展之意义，则为提倡祖国固有之文化。否则，当前抗战时期，安有此闲情逸致，开画展于荒陬海澨耶？希望同胞努力购助，达致筹赈满足之成绩。”

邓恺君在文中写道：“当今国难严重，海粟应爪哇侨胞之请，毅然南来，挟其杰作举行筹赈展览，使侨胞得观祖国文化，正在不断的进展，同时又能得巨款，以拯济无告之难民，海粟此举可以观，可以兴；可以廉顽立懦，其功用岂仅在于美术哉。”

华侨公会副会长邓仁生撰文说：“思办画展筹赈，以为舍刘大师外，殊无足以号召侨众，弟恐聘之不来，观乎刘大师抵巴后，舆情表示热烈欢迎，画展由华侨公会发起，与全巴侨团领袖共同主持，而解囊相助者，更如风起云涌，艺术感人之深，于此可见。”

画展轰动了爪哇，成了侨胞的一件盛事。荷印经济部长和各国领事也来参观购画，9 天的展览，筹款 15 万元。

画展反响强烈，各地纷纷要求前去展出，侨领们非常高兴，把海粟接到家中，招待得十分周到。海粟昼夜作画，补充售出的展品，还画了很多以岁寒三友为素材的画，分送给侨领们。交谈中，他们说到了蔡元培先生，他们对蔡先生非常崇敬，一致赞同海粟的提议，拟派人去接蔡先生南来治病。正在这时，噩耗传来了。

海粟感到心在撕裂，眼放金光，天地也旋转起来，他失去了控制，昏倒在地上。

两位侨领吓慌了。范小石急得只打转转，还是柯全寿比较镇静，他叫来下人，把他抬到藤躺椅上躺下，又叫人打来凉水，用浇了凉水的毛巾敷到他额上。柯全寿亲自给他的医生打电话，请他速来。

凉毛巾有如清凉剂一般，从额上慢慢向他的头部扩散开去，他渐渐感到窒息的心中渗进了一缕清凉。他舒出了一口长气：“哎——，”伴之呓语一般喃喃说道，“不可能……不可能……他不会死……不会死的！反动势力想他死，这是他们在咒骂他，我三个月前还去看过他，他还给我的《滚马图》题过字，不可能！他们造谣！”他像疯子一般，坐起来抱头痛哭：

“蔡先生，蔡先生，若无你，就没有我刘海粟呀！蔡先生，我没能送你去医院，我没能给你帮助，我对不起你，我负了你，我这颗心受不了呀！”他捶打着头，狂呼：“先生！先生！……”

“刘先生，刘先生，你快节哀！”范小石拽住他的两手，“人死不能复活，天气这样热，你不能这样悲痛，你会病倒的！你还要作画，作了画才能到各地去展览！”

他这才停止捶打自己，像个孩子一样，呜呜咽咽。

柯全寿从夫人手里接过一碗银耳莲子汤，端到他面前，小声劝慰着：“刘先生，我们虽未见过这位伟大教育家，可我们敬仰他，也很难过，可活着的人还要活下去。你喝一点，心里好受些。”

他哀伤地摇摇头。

柯全寿也没强迫他，只好端走。

医生来了，柯全寿说：“刘先生是悲伤过度，天又太热，此乃热火攻心所致。”

医生说：“我给他打一针，让他休息。”

海粟两天不吃不喝，他无法排解对蔡先生的怀念，无法排解心中的哀伤。这难坏了主人柯氏夫妇。

侨领们见他如此悲伤，决定为蔡元培先生举办追悼会。他得知这一消息后，才开始吃点稀饭。他和泪写了万言悼词，在盛大的追悼会上，他泪水洗面，泣不成声。他在悼词后面一再说：“世无先生，就无我刘海粟，我要永远记住先生的教导，学习先生的精神，不断前进，不断创新，为振兴中国艺术奋斗终生，不管前路如何险恶，如何崎岖，我都会沿着这条路走下去！先生永垂不朽！”

三

半年中，筹赈画展移展了多处，从泗水、垅川移往三宝垅，7月底移至万隆。所到之处，受到侨胞们热烈欢迎。在万隆，画展在华侨区和荷兰区分别举办。画展期间，海粟应东印度美术学院之邀请，去演讲了《中国画源流概论》。这个论题他曾写成文章，刊在《中国历代名画宝鉴》之首，他没带讲稿，也口若悬河，讲得十分生动，会场鸦雀无声，听众全神贯注。这时，台下传给他一纸飞鸽样式的条子，上面写着："先生，我是一个华侨学生，非常热爱祖国的文化和艺术，您能收我做学生吗？演讲结束后，我在学院大门外的第十棵椰子树下等您，请您看看我的习作。"

下面没有署名，看字迹，很奔放，有豪气。他猜，写条人是个有个性的男孩。他很高兴地说："有同学希望我收他为徒，我很乐意。"

演讲结束，校方要用车送海粟回旅馆，他微笑地谢绝了："不用，我想走着回去，看看沿途风景。"

许多同学簇拥着他，要送他，但当他们把他送到院门口时，他站住了，对着那些用新奇目光打量他，而又有些恋恋不舍，被南国烈日晒黑了的小伙子和姑娘，扬起双手说："中国有句古语，'送君千里，终有一别'，同学们，请回吧！"他向他们抱抱拳，和他们道别。

他走出院门，不由又站住了，不知向左还是向右去赴约会。高大的椰树，像威武的战士，举着绿色的巨伞，整齐地站立在马路的两旁，向着望不到头尾的马路的两头延伸开去，还未成熟的椰子像簇拥在伞下的大头娃娃一般脸贴脸，亲亲密密挤在伞盖之下，椰干就像精工雕刻得一轮一轮的工艺品，天空如海一样湛蓝，团团白云像海上的白帆，悠哉悠哉。阳光炽烈，微风轻摇着对生着羽状的椰叶，三角梅在绿色的围墙上开得如火如荼。

多美呀！他不由赞叹起来，到南洋快一年了，他不是为移展奔波，就是把自己关在僻静的地方画画，补充画展卖出的作品，还没来得及仔细欣赏一下这南国特有的风光。原来南国这样美，满眼是绿，满眼是花，热风带着阵阵花香。

他向左右望望，都未看到人，信步向右边走去。

“先生——！”

一声似夜莺般清脆的女声从不远处送来，“我在这里呢！”

海粟抬眼望去，好一个标致的南国美人！他不由暗自赞叹了一声。她站在一棵椰树下，优美的身形，风吹动着她白绸的衣裙，时而似一只展翅的蝴蝶，时而又化作了还未完全开放的白玉兰，黑色的长发闪着乌亮的光泽，希腊雕像般平整宽阔的前额，笔挺的鼻梁，丰满柔软的嘴唇，春花般鲜艳的面庞。她的上衣领口开得很低，可以看到她白瓷般的脖子下有着曲线柔和优美的肩线、颈线和锁骨之间形成了两个完美的三角形，犹似我们中国画上的高贵仕女。那对大眼睛显得特别清澈。

海粟惊呆了，怎么会是她？

五天前，画展在荷兰区的荷印美术馆展出，荷兰统治者一来害怕资金外流，二来德、日、意已形成轴心，欧洲以英国首相张伯伦为代表的妥协派，很害怕法西斯，对日本侵略中国抱中立态度，荷兰殖民当局害怕得罪日本，对画展态度冷漠，与在华侨区的展览形成了鲜明的对照。画展开幕的第二天，他到荷印美术馆画展厅去。他刚进去，就听到展厅的一角，有几个华侨青年围在他的画前争论。一个蓄着胡须的瘦削男孩操着半生不熟的华语夹着法文，指着几张梅、兰、竹、菊，同一个学生模样的小姐在说：“你讲这些画画得好，要我们来看，我看没什么意思。画的这种竹子，我们都见过，可他画得每一节都不相连，像砍成一节节似的。你在哪里见过这样的竹子？你家花园的竹子是这样的吗？这兰花也不像！”

那姑娘大声反驳着：“你懂什么！艺术只能求神似，照抄自然、照抄实物就不是艺术家，那就是画匠了！”

围在一起的青年们起哄似的笑了起来：“哈哈，看不出我们美貌的夏伊乔小姐对中国画还很有研究呢！”

蓄胡子瘦青年得到了支持，胆气更壮了，又说：“你说这竹子画得好，它好在哪里？”

“那好，我说给你听听。”夏小姐毫不气馁，她理直气壮，“中国画不同于西洋画，中国画融诗、书、画于一体，它是作者心灵、才华、学识、修养的综合表现。就拿刘教授这幅竹子来说吧，竹子在他的心里，是高风亮节的清品，他用大写意的笔法来表现竹的节操和不屈不挠的个性，就有种磅礴气韵。要画得逼真，与照片又有什么两样？用照相机‘咔嚓’一声，不就成了，还需要画干什么？”

尽管她的道理还不是那么有说服力，尽管她对中国画也还只是一知半解，以至只知一点皮毛，但在这远离祖国，从未见过祖国、对祖国文化非常无知的华裔青年中，像她这样热爱祖国文化艺术，又有些了解的，简直是凤毛麟角了。他虽然只望到过一眼她的背影，但这背影就深深烙印在他心中了，他当时想到的第一句话，就是“异域也有知音”。他们还在指指点点，众说纷纭，他不想去打扰他们，也不想让他们知道他就是他们议论的那个人，他悄悄退出了展厅，没想到人生相识相知都是有缘分的！

他在她面前不远处站住了：“你，你是夏小姐吧？”

“您怎么知道我姓？”她困惑地问。

“我见过你。”

“您见过我？”

“不过，只是你的一个背影。”

“哦？我怎么不知道？”

“那时你正在起劲地为我画的竹子辩护呢？”

“我知道了，在展厅里。”她莞尔一笑，“一定让您见笑了，我真恨自己拙嘴笨舌，不能把我心里想说的说清楚，不能把他们的无知驳得体无完肤！”

“你说得很好。”海粟鼓励着她，“你读过画史吗？”

她摇摇头说：“我很想多了解祖国的文化，我喜欢唐诗宋词，更喜爱祖国的书法和绘画艺术，可我未能拜到一位老师，只是从一些印刷品上获得一知半解的内容。先生，你在讲坛上已表示乐意收我做学生，我非常高兴，我拿来了我的两张习作，请先生给我指教指教。”

海粟笑了起来：“夏小姐，哪有在马路上拜师收徒的？请到我下榻的旅馆去吧！那里有我一些作品，你可以看看。”

“太好了！”她像一个孩子，爽朗地笑了起来。

海粟住的是套间，外间做画室，里间是卧房。外间的墙上、地上到处都是他的画。他一进门，就弯腰拣画，说：“我这儿太乱了，画家的家里是弄不清爽的。”

她放下自己的画，也帮他一起收拾，并说：“乱也是一种美呀！”

“你很会说话！”海粟由衷地笑了，他很欣赏这句颇具哲理的话，“我这还是第一次听到一位漂亮小姐赞美乱呢！”

“我的书房也是很乱的。”

“哈哈，”海粟笑起来，“原来彼此彼此。”他拿过她的画，“请坐吧！”

她仍然站着，微笑着望着他：“先生，您请坐，我给您行个大礼！”说着就要跪下叩头。

海粟连忙拦住："使不得，使不得，这是封建礼仪，早该废除。你来，"他拉一把椅子，放到他的画案左边，"这里坐，我来看看你的画，了解一下你的绘画程度。"

她像小学生样乖觉，怀着一种虔诚的神情坐了下来。

海粟展开她的第一张画，一眼就看出，临的是他的《紫藤》。虽然笔法稚嫩，但已有那么点味儿，可以看出她的慧性。

他又展开第二幅，虽然也是临他的《竹》《菊》，那竹的节、茎用墨浓淡已掌握得有些分寸了。他偏过头，微笑地看着她说："你在展览会上临的？"

她摇摇头说："我每天去看你的展览会，回家就把它们背下来。先生，你看我能学画吗？"

"你的悟性很好。"他肯定地说，"你若坚持学习，就一定能画出来。绘画和其他艺术一样，需要先天素质，就是悟性，这很重要。但光有悟性也成不了有前途的艺术家，还需要勤奋，两者结合，就是天才。夏小姐，恕我直言，学画不是一件轻松事，需要坚持不懈，付出艰苦的努力，你既热爱祖国的绘画，就要有这个思想准备。首先要学基本技法，我可以教你。再多临摹、观摩他人成功之作和历代名家名作，待技巧熟练了，就可以自由创造。"

他说着就拿起画笔，拿过一张宣纸，"你看，画竹竿如何用笔。"他在纸上示范着，"画竹节，笔要这样握，这样下笔，墨色浓淡如何掌握，你看我，这样！"他在砚台上反复示范，又把笔递到她手上，"你来试试。"

夏伊乔果然聪颖过人，很快就掌握了竹竿、竹节、竹叶的画法。海粟高兴地说："你是天生的画家！夏小姐，我还很少有你这样灵性的学生呢！"

"先生笑话我。"

他又教她如何勾菊花，如何画紫藤，在墨色的浓淡和枯湿中，他们忘了时间，也忘了饥饿。突然，她看了下手表："哎呀！"她叫了起来，"先生，已三点多了，误了您吃饭的时间，让您饿肚子了，都怪我。"她放下笔，"这里开饭时间已过，我们到外面去吃点东西吧！我知道一家广东人开的小吃店，小吃很精致。"

海粟这时也感到有些饿了，说："好吧！"

他们吃了萝卜糕、凤爪、鸭蹼、水晶虾仁包、开口笑，还要了两杯芒果汁。

伊乔突然想起了酒，说："先生，今天是个值得我永远记住的日子，我们应该喝点儿酒，您说呢？"

他点点头说："今天我也很高兴，收了你这样一位弟子，是应该喝一杯。"

伊乔向侍者招了下手，侍者连忙走过来："小姐，要什么？"

"有哪些果汁酒？"

侍者报一串名字。

"先生，您喜欢哪一种？"

"凤梨酒吧！"

"两杯凤梨酒。"

海粟是很能喝酒的人。但他自从来了南洋，就很少喝酒，为了给抗日筹到更多的钱，他没时间喝酒。他之所以响应了伊乔的提议，一来为了不扫一位漂亮小姐的兴，二来这凤梨酒根本算不得酒。他像饮芒果汁一样几口就喝下了一大杯。

伊乔又要了一杯给他，他笑着说："这不叫酒，叫果汁露还差不多，我好久没喝白酒了，今天还真想喝点呢！不知这儿有没有中国贵州的茅台酒，那才称得上酒呢！"

"我还以为先生喝不来酒呢！几次欢迎会上，我都注意过您，没见您豪饮哪！”伊乔边说就起身去了，不一会儿，她喜形于色地回来了，“茅台酒，就送来。”

几杯茅台喝下去，海粟的话多起来，他讲起上海的“八一三”事变，讲日本鬼子在南京惨无人道的大屠杀，讲平型关大捷。讲着讲着，阴霾就漫上了他的眼睛、额头、面颊，忧伤使他的声音都变调了：“我苦难的祖国，我苦难深重的同胞，何时才有黎明啊！”他涕泪淋漓，泣不成声。

伊乔吓慌了，忙安慰他：“先生，我们一定会打败日本人的，黎明一定会到来的，您不要太忧伤了！”

她的声音仿佛也被泪水浸湿了一般，“您知道吗？我们这些从未回过祖国的华侨，为了这一天，很多人……”她突然呜咽了，没有说下去。

海粟的酒倏然醒了，但他没去深究她未说完的话，只想到不该让自己的情绪去影响一个崇拜自己的学生的心绪。他连忙道歉说：“对不起，夏小姐，我喝多了，说了这么些让人难受的话，让你跟着我流泪了！”他把杯中的酒一口干了，为了缓解情绪，他强笑了下，“我想出去写生，你能给我做向导吗？”

夏伊乔连忙用手帕揩去泪水，心里的痛苦立时让位给了欣喜，她说：“先生，您想去什么样的地方？”

海粟想了下说：“海边，最好还有椰林，能体现热带风光特色的地方。有这样的地方吗？”

她温柔地点点头，端庄的面庞上有了笑意。

“我们先回去拿上绘画工具。”

“我也想学着画，可画具还在学校里。”

海粟说：“我那里有多余的。”

“您稍等我一会儿。”她起身去洗手间，回来时，她又容光焕发了。

他俩背着画具，拎着小凳。寻到了一处理想的景致，无际的椰林，傍依着无垠的大海，海水湛蓝得像宝石般晶莹。西沉的落日，斜映在海里，犹似一条波光粼粼的金龙，不停地翻滚扭动。椰林苍翠绿透，亚热带的骄阳已脱下了火一样炽红的衣装，换上了比较柔和的晚礼服了，漫步在椰林间，把椰林染得像火一样紫焰袅绕。海粟竟忘情地大叫一声："好美的椰林落日啊！"

他急忙撑起画架，调好油彩，回头对伊乔发布命令说："夏小姐，这景色千载难逢，快抓紧时间。"说过，就不再说话了，逐渐进入了忘我的境界。

当夕阳在椰林后面消失的时候，油画《椰林落日》已辉煌地出现在他的画布上。

伊乔起初试着在画，画着画着就站起来了，悄悄地走到他的身后，可她立即就被他笔下的磅礴气势和强烈的色彩吸引了，也震撼了，她的心弦不由也发出了微微的战栗，她目不转睛地看着他的手在上下飞舞，渐渐地也忘了自己。她的心完全让那油彩征服了！爱，就在这瞬间萌发了，她突发奇想，我若是他手里的那支笔该多好！

他的画笔一放，她不禁失声惊呼起来："太美了！太美了！"竟像个小姑娘一样使劲拍手，激动得泪流满面。

海粟这才转过头。

金红的夕照，正沐浴着眼前的南国女郎。她的裙裾微微荡起，她的秀美长发笼上了一抹金红的光，她那雕像般端庄美丽的面庞，由于激动，更显得艳美无比。他蓦地萌生了一种遐想，莫非维纳斯复活了？莫非蒙娜丽莎来到了面前？他被她的美震撼了，战栗了！他的心神突然恍惚了，他像观摩大师们杰作那般望着她、欣赏着她，他朦胧地判别着是画？还是……

“先生！”伊乔被他那痴迷恍惚的目光看得不好意思了，她的心儿像小兔般蹦蹦直跳，她轻轻地唤了他一声。

这一声，有如静夜莺鸣，犹似酣睡中被凉水浇醒了一般，海粟猛然打了个愣惊，意识到自己此举有失师长的尊严，但他还是不想隐瞒自己对她美的惊羡。他说：“夏小姐，你真美！特别在这夕照中，我想把你此刻辉煌生命的光耀，用油彩永远留下来，不知你可乐意为我做一次夕阳中的模特儿？”

伊乔欣喜地说：“能给先生当一次模特儿，我感到非常快乐和荣幸，您画吧！”

“夕阳一晃就过去了，我得抢在它溜走之前，”他麻利地换上一块画布，“你站着别动，对，就这样！”他一手握画笔，一手拿调色板，凝望着她，激动地说：“夏小姐，谢谢你。你让我发现了夕阳的魅力和辉煌。”

四

海粟受暑热已躺倒好几天了。

近来，因为荷兰殖民当局对画展的冷漠，一些华侨不敢触犯殖民者，买画也没他刚来时热烈了，当地的侨领也不敢把他接到家里吃住，只好让他在旅馆包伙。他常常因为画画忘了吃饭，饱一顿饿一顿的。病倒后，伊乔天天来看他，给他带些清凉食品，还陪他去看病。他从她的目光中，发现了那种使他心灵发颤的内容。他非常担心，他是有妻室的人，他应该立即阻止这种感情的滋生。

他从枕下拿出家和的信又一次看起来。我要告诉伊乔，我有一个幸福的家庭，一个艳美的妻子和一群可爱的儿女。

可一个男士怎好无缘无故去同一个姑娘说他的家庭情况呢？她又没向你表示什么，更没向你求婚。不能，不能这么做，那会伤害她的。她会感到很尴尬的。

怎么说呢？突然，他想起了手里的信和箱子里的照片。这些照片都是他启程前为家和和孩子们拍的，带在身边，想念他们时拿出来看看。我只要把它们摆出来，她那样聪明的人还要明说么？就这么办。

他起身把照片从箱子里拿出来，一张张又看了一遍，把它们全部陈列在卧室中。家和那张笑得特别妩媚的大头像，就挂在他的床头。他久久凝视着她，一缕强烈的相思不由袭上心头。这是他深爱的女人，尽管她有些不尽如人意的缺点，可瑕不掩瑜，谁家夫妻不是恩恩怨怨的？何况她比他小那么多，少妻在老夫面前撒撒娇，发发嗲，占占强不也是一种爱吗？

他不由独自笑了！他多么想她陪伴在身边啊！一想到她和孩子，孤独和寂寞就伴之而来了。他又一次从信封中抽出家和的信，内疚和焦虑又来到他心中，我不应抛下他们……

“先生！”

伊乔在门外呼喊着他，打断了他的思绪。他应了一声：“来了！”他从床上滑下来，趿着“吧嗒”的木屐，随手把信放到台子上，就去开门。

伊乔把手里的荷叶包在他面前举了一下说：“您喜欢吃的酱猪肘子，酱猪尾巴，还有我给你做的土豆肉末饼。”

他心里立刻感到热热的，带着感激的语调说：“谢谢，我为收了你做学生感到荣幸和骄傲！”他特地加重了学生两字的语气，“我的病已好了不少，今天的胃口一定好！”

伊乔微笑着。

不管他如何用理智在心里远离她，可她在面前，他又感到一种特别的快乐。

伊乔径直走到里间卧室，她不觉惊诧地叫了起来："啊，这么多照片？都是谁的呀？"

"你猜猜！"他又连忙撒了个谎，"从国内寄来的，刚刚收到。"

伊乔放下荷叶包，揩揩手，就去看家和那张特大的头像，问："夫人？"

他点点头。

一丝怅惘从伊乔眼里闪过，但她很快就回过头来对他笑了："先生，你很有福气，有这么一位美艳绝伦的太太，她也是画家么？"

他又点点头说："是的，她的作品在西欧展览过。"忽地，他沉浸在一种幸福的回忆中，"她是我的学生，比我小 15 岁，她是我爱过的女人中最能干的一个。"

"先生，您还爱过几个女人哪？！"伊乔惊讶地望着他。

他点点头，向她叙说起他的爱情史，他向她说起了玉表妹、韵士、家和，还有林佳。

"先生，我认为，您不该娶您不爱的人！"伊乔像听天方夜谭那般，瞪大了眼睛，"我不理解，您后来怎不去找你的玉表妹，我猜她现在还在爱着您，女人跟男人不一样，爱得执着得多。"

海粟不知如何回答她这一连串的问号，他也不知为何要把这些属于自己个人的不幸故事讲给她听。他向她做了个无可奈何的苦笑，解释说："你生在南洋，你不可能理解封建意识深重的中国人的事情，我有反抗之心，而无反抗之力，那时我只有 15 岁。"

她仍按着她的思维在思考："但我理解女人！"伊乔像个侠士一般为不幸的女人抱不平，"先生，你不应该让她们为你如此痛苦！"

“唉——！”海粟喟然一声长叹，“这是没有办法的事！”

伊乔突然记起了她来的目的，不觉笑了，连忙解开荷叶包：“先生，吃一点吧！我敢担保，你今天还什么都没下肚呢！”她又转身“哒哒”地下楼去了，不一会儿，端了两杯菠萝汁回来了，“我陪你。”就在他对面坐了下来，递给他一条湿毛巾，“揩揩手。”把一个酱猪肘递给他，“我阿妈常说‘人是铁，饭是钢，吃饱饭，才硬朗’，饿肚子可不行。”

说到她阿妈，海粟就联想到她的家庭。他曾应邀去做过客，她父亲在华侨中很有地位和声望，是个实业家。她的长兄被誉为“钨丝大王”，但他仅仅知道这些，便问：“夏小姐，你的祖籍在哪里？”

“浙江镇海。”她喝了一口菠萝汁，“可我从未去过，不知是什么样子。可我非常想回去看看。”

“你现在想去也去不了，那里让日本人蹂躏得不成样子了。”他又怕引起她的忧伤，连忙补充说，“待赶走了鬼子，你回国来，我和太太陪你去，我们一定要好好接待你，陪陪你。”

伊乔说：“我虽然没回过故乡，可我常常梦到它呢！”

不知为何，他突然关心起她的婚姻来了：“夏小姐，你也到了婚嫁之年吧？像你这样美貌又有才学的小姐，追求者一定很多，你为何还不结婚？”他说后有些后悔自己的冒昧。

伊乔却没在意，她无声地叹了口气说：“先生，我几次都想把我的不幸告诉您，但话到嘴边又咽回去了。”

海粟一怔，他很想说，你这生在富商家里有才有貌的小姐还有什么不幸，可他没说出来，只是认真地听着。

伊乔作了个苦笑，接下说：“我结过婚，那是抗日战争爆发不久的1938年，他是我的同学，一个以祖国命运为命运的热血青年，日寇在南京的大屠杀，使他怒火中烧，就动员了一批爱国华侨同学回国抗战。他的爱国热情像火一样点燃了我，为了表达我对英雄行动的支持，我不顾家庭的反对，毅然在他回国前夕和他结婚了。他在空军服役，在保卫武汉的空战中壮烈牺牲了。我们的遗腹女梁国秀第二年才出生。我很悲伤。他的父母很疼爱我，女儿半岁后，他们对我说：'伊乔，你还很年轻，你应该有你的幸福，孩子给我们喂养，你继续去升学念书吧！去给自己创造一个新的前途！'我是父母的掌上明珠，他们不仅原谅了我，也更疼爱我了，把我接回万隆家中，送我上了美术学院。"她像说别人的故事那样，说到这儿淡淡一笑，"人生，就是这么捉弄人，走了一圈，又回到起点来了，可笑不可笑？"

一个女孩敢把自己的不幸倾诉于他，这是何等的信赖！他多么想安慰她啊！可他这能言善辩的人却感到不知说什么好，他略略想了一下说："伊乔，人生就是这样，深不可测，但人的命运还是能够自己掌握的，你为何不在追求者中挑选一个优秀青年，作为终身伴侣呢？难道你就一个也看不上吗？"

她淡淡一笑："先生，您还不理解我，我爱艺术、爱文学，我想求得一个知己知音，不是我眼高，而是我怎么也没法去喜欢他们中的一个。"

海粟沉默了，他想了一下，突然说，"国内有很多从事艺术追求的优秀青年，我让我太太在国内给你挑一个，好吗？"

伊乔放下手里的菠萝汁，深情地凝望着他："先生，能有您这样优秀的吗？我多么盼望能有先生这样的伟大艺术家作终身伴侣啊！我情愿放弃自我，终生以他之乐为乐，以他之苦为苦，为他奉献我的青春才华，以至生命……"

海粟的心猛然打了个惊颤，这话是对他说的，她在向他表示爱慕，不，不行，这是不可能的！他避开她那火样的目光，都怪我，不该叫她伊乔，让她误会了！他连忙把称呼变过来："夏小姐，你很有艺术天分，你对书法、绘画的感觉很好。"他有些文不对题，不知说什么好，他只想逃过去，装作没听懂，他用湿毛巾揩揩手站起来，"只要你不放弃它们，你的书画艺术就一定能取得好成绩的！"他转身走出卧室，躲进了洗手间。

伊乔的脸倏地羞红了。她这才意识到自己刚才太忘情了，太冒失，也太坦率了。老师是有妇之夫，我怎能这么直抒胸臆呢？他无法回答我，我也不求有所回答，我只说了回荡在心中的真话。她羞愧地低下了头，突然，她的目光落在桌上那封展开的信笺和一只信封上。瞬间，信笺向她放射出强烈的吸引力，释放着一种无形的魔力。她站了起来，走近放信的桌边。字迹很豪放，有大丈夫的气派，"……上海物价飞涨，母子嗷嗷待哺……"

果然是他太太的信，而且是索钱的信，莫非他就为无钱寄回家去而愁病了？他一定是为此而郁郁寡欢的。他所有的作品，都捐出去义卖赈灾了。他自己几乎没卖过画，他哪儿有钱往家寄？我怎么就没想到这些？还自认是他的艺术知音、忘年交呢！却不了解他的燃眉之急！在这人地生疏的他乡异土，有谁能帮助他？他如此自尊的人，连我都不愿说，只好把焦急和烦恼装在心里，能不郁结成病么？我得帮助他，可她又想到，他能接受我的帮助吗？我若把我的想法说出来，他一定感到尴尬的，不能说，不能让他知道！

她看了眼信封，跑到外间拿来纸笔，匆匆记下了他上海家里的地址，放进小包，转身把笔送到外间，装着什么也没在意，若无其事地收拾起食物残余。

"夏小姐！"海粟在外间喊她，"来帮我一下，风太大，这纸要牵一下。"

她揩揩手，走出去，"您刚好了一点，今天休息一天吧！"

“不能再歇了，我得准备下一站的展览会。”

“刘先生！”旅馆的账房出现在门口，“有您的电话，在柜台那里。”

“谢谢，”他放下笔，就跟账房去了，不一会儿，他就回来了。说：“夏小姐，我要出去一下，荷兰当局要我去一趟。”

伊乔感到很奇怪：“他们那些殖民老爷找您做什么？”

海粟摆了下头：“不知道。”

她很不放心，说：“我陪您去。”

“不用。”他对她笑了一下，“不会有什么事的，也许他们要办画展呢！”

她点点头：“我也有点事儿要办，晚饭我给您拿来。”

“谢谢，不用，太麻烦了，我自己会解决的。”

他们一同走出了旅馆。

五

“先生，荷兰佬找你什么事？”伊乔进门就问。

海粟从画案上抬起头来，做了个苦笑说：“他们赶我走！”

“什么？要赶你走？”伊乔惊诧地望着他，“说了为什么吗？”

海粟放下画笔，靠在椅子上：“说了，‘刘先生，你作为一个画家，我们不反对你留在这里，但我们不欢迎政治色彩强烈的抗日分子，请你尽快结束在这里的筹赈画展活动，离开这里。’”他学着荷兰佬的腔调，又自嘲地一笑，“我成了不受欢迎的人了！”

“您有什么打算？”

“我准备把画展移往新加坡。”海粟又解释说，“不久前，我就接到了星洲（即新加坡）南侨筹赈总会副主席陈延谦先生的邀请信，郁达夫先生也写信给我，说那儿的抗日气氛很浓，要我去。郁达夫在那里编辑《星洲日报》的《晨星》副刊。”

“先生，您不能不走吗？”伊乔想挽留他。

他摆摆头，说：“我到南洋来，是为了举办画展筹赈，给国内的抗战一点支持，荷兰当局不准许我在这里继续举办画展，更不准我为抗日作宣传演讲，我在这又有何意义？”

伊乔失望了，“先生，我们也许再也见不着了呢！”她说着鼻眼就发酸了，她慌忙低下了头。

“呃，”海粟心里也极不是滋味，但他尽力不让它显露出来，他安慰着她说，“你怎么说出这样的伤感话来，我们见面的机会还很多呢！你可以到上海去，我也可能还要到万隆来，我相信，我们一定有重聚的机会。”他尽力做出轻松的微笑，“即使是最亲密的两个人，也不可能永远在一起，人生总是分分离离，聚聚散散的。待赶走了鬼子，你到上海来，我陪你去访问故乡。”他站了起来，“别为离别而伤感好不好？来来来，看看你可喜欢这张画，这是我特地为你画的，留给你做个纪念的。”

伊乔听话地走过去，她的眼睛忽地一亮，心里弥漫的惆怅一扫而光。一树红梅，正在吐艳，“好美呀！”她惊喜地赞叹起来，“太美了，美极了！”

“我还给你写了首诗，也在上面。”他轻声地诵起来，诵完后，又问她，“我的行书你都认得出么？”

她点点头，复又指着其中的两句：“您再念一遍。”

“侠骨自能鄙世俗，忘年今可结交深。”

她深情地望着他：“先生，太谢谢您了。”

“夏小姐，这次南洋赈灾，有幸结识了你，我们虽然相差二十多岁，是两个年龄层次的人，可我们很谈得来，在这人地生疏的异域他乡，你给了我理解，给了我很多帮助，我非常感激你，我就要离去了，但我会记住你这位忘年交的。”他说着就拿起昨夜从箱中取出准备送她的三个手卷，说：“这几卷画，是明代画家仇英的青绿山水，是我见过的仇画中的精品，有很高的艺术价值。”他把它一幅幅舒展开，“你看，那立在水边的仕女，线条多美、多精细，你看这山这水，细润而风骨劲峭。我非常珍爱，所以把它带在身边，常常摩挲欣赏。我们画家，要不断吸取前人和他人的营养，多看、多体会、多画，这都是学习，对初学者尤为重要。我把它们送给你。”

“先生！”伊乔的心潮在翻滚着激浪。感动得声音都变了调，可她却坚决地说，“这是您的珍藏，我不能要，你带走吧！也许对您……”

“夏小姐，不要推辞了，”他连忙打断了她的话，“我是留给学生的作业，它对你有用处。”他的态度更坚决，“你若再推辞，我就要不高兴了！”他把它们卷了起来，放在她面前，“我准备后天就启程去星洲，展品也已请人装箱了，今天，我给你上最后一课，给你说说画史。”

伊乔心里那汹涌的波澜难以平息，她的手在袋里触到了那纸汇单，不禁对那位未曾见过的师母有了种别样复杂的情绪，羡慕？还是嫉妒？抑或还有别的什么，她无法弄清，离愁又裹着担心，在星洲，谁关心他的冷暖？谁照顾他的饮食起居？应该……

海粟侃侃而谈，苏轼、仇十洲（即仇英）、石涛、八大山人……

她却在想着如何帮助他，一点也没听进去。

1940 年 12 月 21 日，侨领柯全寿、丘元荣、范小石、刘宜应、刘家琪设宴为海粟送行。丘元荣在致辞中说：“刘先生南来画展赈灾，取得了辉煌的成绩，义卖收入超过 30 万盾，全部汇寄贵州红十字会转给急需救助的前线战士。我们感谢刘先生为我侨的抗日做出的贡献！”

宴会后，他们送海粟到码头。码头上送行的侨胞已人山人海。伊乔和她的父母都来了。海粟走到他们面前，对她父母说：“惊动了你们，实不敢当！”

伊乔说：“阿爸阿妈听说先生今天要去星洲，一定要来送您。”

夏父向他伸出手说：“非常感谢先生对伊乔的教导，半年来，她书画有了长足的进步，这与先生的教导分不开的。谢谢。”

“夏小姐很有艺术天赋，她会成为一个有成就的画家的！”

“多谢嘉奖！”

他发现伊乔眼眶里含着泪花，不敢多留，向他们拱拱手，说声“再会”，就转身走向范小石他们，和他们又一次握手道别，就向高高陡峭的舷梯走去。

六

新加坡于海粟并不陌生。两次西欧之行，都曾上岸观光、写生。它的居民四分之三是华人，抗日情绪高昂。他的到来受到侨胞们的热烈欢迎。让他特别高兴的是重逢了郁达夫、刘抗、陈人浩等许多故交。他只在吾庐俱乐部住了几天，就被富商胡文虎的叔父、名医胡载坤接到了他的别墅期颐园。

期颐园幽静美丽。高大的榕树，绿荫如盖，长长的气根从高高的树干上挂下来，有似重重垂杨一般。木棉花红得耀眼，像片片南国彤红的晚霞浮动在池旁路边；三角梅爬满了围墙，黄若金，粉如玉，红若火。花圃中名花斗艳，异草争奇，目光所及，无处不是南国的浓绿和强烈的色彩，看那假山曲流，亭台飞檐，又仿佛回到了苏州园林。

胡大夫夫妇尽心尽力照护着他的生活起居，他仿佛回到了家中，他每天天明起来作画，倘若白天来了客人，晚上他就一定要把落下的工作补上。他连续工作了50天，画了80多幅画。晚上，他有时教授胡大夫的两个孩子唐诗，有时达夫来和他聊天，郁达夫是南洋文坛领袖，培养扶植了许多作家。他的崇拜者很多，也常和他一道到期颐园来。他还常给海粟带来国内来的朋友和名流，常给海粟的画题诗。

1941年1月14日晚上，达夫来了，他把一卷《星洲日报》递给海粟说："今天发表了你的学生叶泰华写的文章《艺术大师刘海粟在爪哇》，他系统地介绍了你在巴城、泗水、垅川、万隆主持筹赈画展的情况。"他指着其中一段，"你看这里。"

海粟轻声念道："画展本着刘大师所言'国难严重中，有多少力量，便要把多少力量贡献给国家'的行动。"

"海粟，刚刚得到的消息，日本鬼子已进驻了上海租界，上海完全沦陷了！"

"何时的事？"海粟非常着急，他为家和和孩子们担忧，"达夫，我真想扛上一杆枪，回去和小鬼子拼个你死我活！"他急得在屋内走来走去，"怎么办？好久没给家里寄钱，如今又沦陷了，这日子，他们如何过呀！"

达夫安慰海粟说："艺术家以艺术报国，不扛枪也是抗日，你在南洋为抗日奔走筹赈，这和扛杆枪没有两样，上海租界已沦于敌手，看来日本人要打破和英、美、法的微妙关系了，目前这里的抗日形势很好，画展得抓紧时间进行，唯恐形势有变哪！不知你准备得怎么样了？"

"已经差不多了。南侨筹赈总会会长陈嘉庚先生从国内慰劳抗日将士一回来，就来看我了。我们已经商定，画展2月23日在中华总商会开幕。我的活动日程也都安排好了。明天到华人美术会演讲《东方艺术之西渐》。30日到圣安德烈学校讲《中国画与洋画之异点》，2月1日到南洋美术专科学校讲《现代艺术》，2月10日到中正中学讲《人格教育》。”

“画展的宣传我来安排，”达夫想了下说，“我撰的《刘海粟大师星华义赈画展目录序》将在月初刊于《星洲日报》，我还与《南洋商报》说好，他们将在画展期间连载你的传记。”

2月6日，达夫的文章刊出来了。海粟反复读着其中的一段：

……艺术家当处到像目下这样的国族危机严重的关头，是不是应该丢了本行的艺术，而去握手榴弹、执枪杆，直接和敌人死拼，才能说对得起祖国与同胞这问题。……譬如大家都到了前线去打仗，后方，自然连烧饭的伙夫、制军服的裁缝，以及制造军火的工人，也要感到缺少。……我们的报国途径，原不固定在执枪杆、戴军帽的这一条狭路的。……从这样的观点来着眼，则艺术大师刘海粟氏，此次南来，游荷属一年，为国家筹得赈款数百万元，是实实在在，已经很有效地尽了他报国的责任了。

海粟把报纸紧紧握在手里，心里感到一种少有的宽慰。

七

1941年2月23日下午2时，星华筹赈委员会举办的刘海粟教授筹赈画展在新加坡中华总商会开幕。陈嘉庚先生主持开幕式。中国驻新加坡总领事高凌百剪彩，刘海粟、陈嘉庚、高凌百致辞。出席开幕式的还有郁达夫、曾纪宸、杨惺华、高敦厚、刘抗、黄葆芳、胡载坤和华侨代表等100多人。展出作品200余件，其中有在爪哇创作的油画《安格垄苦力》《火山》《玛丽卑崖飞瀑》《暮霭》《行云》《万隆歌女》《泗水别墅》《东爪哇黄氏山庄》《双马》《椰林落日》等。

开幕的前一天，《星洲日报》特辟《刘海粟先生画展特刊》，高凌百题签，刊有郁达夫的《刘海粟教授》，黄葆芳的《文学叛徒与艺术叛徒》，刘强的《我所认识之刘海粟》，梁宗岱的《给海粟的信》，还刊有海粟的国画两幅。2月23日至3月2日，《星洲日报》刊载了海粟的文章《国画源流概述》。3月12日，海粟应邀到新加坡无线电台播讲《中国画之精神》。3月29日，应新加坡青年励志社之请讲演《文化问题》。他在讲坛上对青年大声疾呼：

> 我国有数千年之优秀文化，每一时代都有伟大创造，所以其民族亦为一优秀伟大之民族。但时至今日，吾人已经受人欺侮，全国均在艰苦争斗，均能不辞一切牺牲以救国，此皆吾国文化上传统之思想，养成吾人富贵不能淫、贫贱不能移、威武不能屈的气概，艰苦奋斗之精神。少数利令智昏之人，则无论亲疏，对之必看不起。吾人论人格，不以人为标准，以气节为标准。不论何人，凡背叛民族、不爱国家者，必须反对。气节乃中国人之传统精神。唯有气节者，始能临大节而不可夺。所以我们做人，要做到像梅花一样，独能在大风雪之中而开着花，不变其颜色。晚明画家黄道周、倪元璐、杨文骢皆当时殉国之士，气节文章，彪炳万世，弥为天下珍重。有伟大之人格，然后

有伟大之艺术。一个国家或民族，其人民如有不屈之人格与丰富之智慧，必能创造一切，必能强盛。

《星洲日报》《星洲晚报》续刊发郁达夫题海粟画的诗。

筹赈画展震动了星洲，侨胞们争相参观，购画。半个月的展期又延长五天，义卖收入两万多元。3 月 8 日，星华筹赈会为画展的成功举办招待会。应邀赴会的有军政显要、绅商闻人和侨胞代表，胡载坤先生夫妇也应邀出席作陪。招待会结束，达夫、刘抗、徐君濂、黄葆芳，随胡大夫夫妇和海粟回到期颐园。

他们这些人，几乎每天相见，有时在《星洲日报》编辑部，或是在白燕社（即《星洲日报》俱乐部），大多时候相聚在胡大夫家。海粟常常乘兴泼墨，达夫静观，常常是他的画成了他的诗也构思好了。刘画郁题的作品风靡了星洲，人们争相收藏，出一本题画诗抄也够了。

这天，海粟特别兴奋，灵感也极其活跃，不多一会儿，一张《祝融峰图》就完成了。

黄葆芳拍手称好："好！杰作！笔花墨韵，天趣浑成，气势纵横，力透纸背。"

海粟写上跋：

三十年春，展画星洲，宿胡氏期颐园，朝云推窗，暮雨卷帘，门人黄葆芳，贻我旧纸，振笔作祝融峰。

达夫即席题诗：

七十二峰最上层，望衡九面竟崚嶒。
年来宗炳垂垂老，卧看风雷笔底凝。

辛巳暮春达夫拜观

大家雅兴正酣，拟合作一画。海粟对学生们说："你们先画。"

刘抗率先画了几竿翠竹，徐君濂画了块奇石，黄葆芳在石旁画了红梅。海粟最后，他补了松和几簇绿苔。达夫站在旁边观看，诗兴大发，即席题上一首绝句：

松竹梅花各耐寒，心坚如石此盟磐。
首阳薇蕨钟山蓼，不信人间一饱难。

葆芳仔细观赏后，慨然赞叹："郁先生，您这首诗引用夷、齐不食周粟的故事，大义凛然，文人气节千秋，感佩，感佩呀！"

八

一阵阵"轰隆！轰隆！"的爆炸声，炸裂了新加坡夜空的宁静。

海粟在灯下赶画，英国远东大臣达夫·库珀很欣赏他的艺术，执意要在具有历史意义的维多利亚纪念堂为他举办画展。盛情难却。在怡保义展卖了一万多叻币，很多展品都已卖出，要筹备新的画展，要补充很多作品，因此他在深夜还抓紧时间作画。飞机在扔炸弹，那闷雷样的爆炸声，震惊了他。他立即意识到：日军已撕掉了微妙矫情的面纱，对英、美开战了！

他慌忙放下笔，去找胡大夫。他在通往他们起居室的过道里遇上了刚从床上爬起来的胡大夫夫妇。他们惊慌地抓住他的手："刘先生，你听到刚才那阵轰隆隆的声音了吗？"

"听到了，正想来告诉你们呢，可以肯定这是日寇炸弹的爆炸声，这种声音我很熟，'八一三'日寇进攻上海时，没有哪一天不听到！"他宽慰着胡大夫夫妇，"这不是炮声，是敌机丢的炸弹声，说明敌人还在远外，还没向新加坡发动进攻。你们别紧张！回去休息吧，明早就知道是怎么回事了。"

胡大夫夫妇是初次听到这可怕的轰隆声，他们很快联想到海粟曾经跟他们说过的日本鬼子在中国犯下的罪行，怎么也无法放松神经，他们在起居室一直坐到天明。海粟陪伴着他们。他想到广播电台，他们的消息会比报纸快，就问："胡太太，电台何时广播华语新闻？"

胡太太看看手表站起来："就要到了，我们到客厅去！"

他们三个人围着收音机，可是，新闻播完了也没提及夜里闷雷似的爆炸声。

他们都感到非常困倦。胡大夫说："刘先生，您去躺一会儿吧！"

他确实感到非常疲劳："好，我去睡一会儿，你们也去休息吧！也许并非日机轰炸。"他安慰着他们。

他一睡下就醒不来了。直到胡大夫喊他吃午饭，他才醒来，他一睁开眼就问："有什么消息吗？"

胡大夫摇了下头："没有。"

吃过午饭，海粟要出去探听消息，胡大夫说："不要出去，上午有位病人对我说，当局正在搜捕共产党嫌疑犯，他的侄儿只是到青年励志社开过几次会，昨夜也被抓走了。"

海粟的心往下一沉，英国人害怕青年人的抗日热情会动摇他们的殖民统治，迫不及待地对爱国青年举起了屠刀。他想起了来这儿的初期，曾到励志社去演讲《文化问题》。时局变化无常，就接受了胡大夫的劝告不出去了，但作画的情绪也没有了。

傍黑的时候，达夫来了。

他一把攥住他的手说："昨夜我听到炸弹爆炸的声音，是不是日本人向英国人开战了？"

达夫点点头，"是的，我也刚刚得到太平洋战争爆发的讯息，就赶来了。今天（即 1941 年 12 月 8 日）凌晨，日本第三航空队，偷袭了美国在太平洋的海军基地珍珠港，美军几乎全军覆没。同时，日本航空队轰炸了美、英在威克岛、关岛、马尼拉、中国香港和新加坡的驻军。英国在这一区域的飞机一下子损失了三分之一！"达夫愁绪满面地继续说："新加坡就要经受一场战火的浩劫了，而殖民当局却在加紧对爱国青年的镇压。近几天，都在大搜捕，一部分青年进了丛林，参加星华义勇军去了，我的目标很大，在这儿，随时都会有危险。"

"你有什么打算？"海粟急切地问。

"三十六计，走为上计啊！"达夫做了个苦笑，"英国人绝不会尽力来保卫新加坡的！这里不是他们的英伦三岛，只是殖民地，所以抗日成了犯罪。"

临别时，达夫写了首诗赠海粟："生同小草思酬国，志切狂夫敢忆家。张禄有心逃魏辱，文姬无奈咽胡笳。"并说："达夫·库珀这老狐狸只因他夫人爱附庸风雅，才非要给你举办一次画展不可！"

海粟点点头说："我知道，我推辞过，高凌百认为不能拒绝，那会对侨胞不利。"

“这也是！”

两人紧紧拥抱，道着“再见”。他们谁也没有料到，此别竟成了永诀。

太平洋上的战火越烧越烈。

1941年12月10日，被称作不沉之舰的英国“威尔士亲王号”和“却敌号”军舰，被日本空军炸沉海底，日本陆军像飞蚁般从马来亚北部登陆，骑着自行车，向南驰去。炮声隆隆，英国军队在马来亚节节败退。

海粟再也无心开画展了，他去见达夫·库珀，对他说：“大臣先生，画展不能开了，星洲每天都遭敌机袭击，人心惶惶，谁还有闲情逸致来看画买画？我想要离开这里，到别处去继续从事赈灾义展。”

达夫·库珀泰然地回答说：“刘先生，你的忧虑不是没有根据的，我直率地告诉你吧，新加坡是守不住的。但也不会马上就落入敌手，你的画展完全可以如期开幕，待画展闭幕后，再走也不迟，您不用惊慌，为您刘先生举办一个画展，是我，特别是我夫人的心愿。”

“不！”海粟很坚决，“大臣先生，海粟十分感激您和夫人的盛情，开幕式要集中很多人，万一敌机空袭，就会造成可怕的后果。我不能拿朋友们的生命去冒险！画展不能举行，万望大臣先生和夫人谅解。”

10天后，日军占领了整个马来亚半岛。星华义勇军在黑暗中活跃起来，他们不寄希望于英国人，准备和新加坡共存亡。

1月31日，日本第五师团的先头部队冲进了与柔佛海峡接邻的新山，新山与新加坡只一堤相隔，星华义勇军，越过柔佛海堤，在格兰河畔架起枪，堆起石头，磨利匕首，准备用血肉之躯，筑起最后一道防线。

新加坡被围困了，新加坡就要落入日寇之手了，朋友们各自逃生，云流星散了，海粟不知往何处去。就在这一天，达夫·库珀派人给他送来了一张去印度加尔各答的机票。来人说：“大臣先生说飞机很小，只能携带少量行李。”

海粟道谢后，送走来人，开始收拾行李。他只能带走部分未装裱的作品和换洗衣服，带不走的东西很多，都交胡大夫保存。离愁笼罩着胡氏府第，胡大夫拉着他的手说：“刘先生，今天我们有幸相聚，此次别离，恐怕再也没有见面机会了！”胡太太泪如雨下，大家泣不成声。

机场静得可怕，只有10来个旅客，除海粟外，全是外国人，刚刚磅过行李准备登机，敌机突然空袭，大家纷纷钻进防空洞。

日机像马蜂一样俯冲投弹，炸弹像冰雹一般倾泻到机场上，地动山摇，爆炸声震耳欲聋，油库中弹，油桶爆炸，烈焰滚滚，除了那架飞往加尔各答的小客机，尽数被毁。

待敌机一走，机场工作人员就敦促旅客赶快登机。

海粟刚踏上飞机，站在舷窗前，不由自主地向期颐园方向望了一眼。

那边火光冲天，半边天都烧红了。数月来，他和胡氏兄弟般的情谊倏地涌上心头，期颐园怎么样了？他们一家可平安无恙？他忧心如焚，忽地，他心中闪出一个念头，我今天乘此飞机，就不会遇上敌机吗？就能逃生？这很难说，既然都是死，何不同他们死在一起？

他这样一想，即从行李架上拿下箱子，往出口走去。机上工作人员拦住他说：“先生，你不能下去，飞机就要起飞了！”

他决然地说：“我不走了！”

“你不走？这飞机票可是非常珍贵的哟！”工作人员非常惊讶！“先生，机场就要关闭了，这是最后一架飞机。”

“我不走了！”他重复了一次。

旅客们无不用惊奇的眼光注视着他的背影。

胡大夫百感交集地紧紧握住他的手，怪他不应回来："英国人就要放弃新加坡了，这你是知道的，你不应该放弃逃生的机会！"

"阿坤兄，我望着这边一片火海，放心不下你们呀！我想回来看个究竟。"他很坦率地告诉他，"日本飞机像蝗虫一般满天飞，飞机很难幸免不被他们炸毁，我……"

胡大夫一把抱住他："刘先生，难得你这样挂念着我们。可是，日本人就要来了呀！"

"阿坤兄，我们一起从海上走吧！"海粟动员着他，"日本人还没越过海堤，也许还有船出去！"

"我也不知道，只好待天明，我出去打听打听。"

第二天一早，海粟就想出去找朋友，胡大夫一把拽住他说："你不能出去，到处都有日本特务在活动，我出去看看有没有船，一会儿就回来。"

中午的时候，胡大夫拿着一张报纸赶回期颐园，他不停地说着："刘先生，你福大命大，福大命大……"直奔海粟住房，见着海粟还是那句话，"你福大命大，天神助你呀！"他把报纸递给他，激动得泪水滚滚，"你看，去加尔各答的小客机果然如你所料，刚上天就被敌机击毁，机上人员，全部遇难。"

海粟也被这则凶讯震惊了，难道这是真的？莫非我命不该绝！

"刘先生，我有个请求！"

"阿坤兄，你待我胜似亲兄弟，有什么话，就直说吧！说什么请求，只要我能做到的。"

"日本人就要来了，我已年过半百，外出行动迟缓，我只好留下来，就是遇到不测，也没什么大不了。我刚听说，陈嘉庚先生主持的赈灾慈善会已被亲日分子和日本特务砸毁了，郁先生也走了，你在这儿非常危险，你得在这两天离开，我已打听到了，还有难民船出去，我的大儿子赐德已继我业挂牌行医，三子赐道、四子赐彰还未立业，他们受我等抗日思想影响很深，留下来凶多吉少，你福大命大，我想把他们托付给你，托你洪福，寻条生路。”

海粟只是一个画家，一介书生，在此种战乱之秋，自身都难保，带着两个未成年的孩子逃难，会有很多不便和困难，但出于友情，他一口应承下来：“我答应兄长，带着他们！”

“海弟！”胡大夫紧紧握住海粟的手，“拜托了！”

“阿坤兄，你我结交两年，情同兄弟，你的孩子就是我的孩子，你放心，有我刘海粟在，他们就在！”

胡大夫又一次紧紧攥住他的手，站起来：“我去想办法弄船票。”

“不知高凌百、叶公超先生他们撤走了没有？”

“我去打个电话问问。”

胡大夫很快就回来了，“高总领事听说你幸免于难，非常高兴，要和你说话！”

海粟连忙跑去握起话筒，话筒中传来了高凌百的声音：“刘先生，报上公布了遇难者姓氏，你的名字赫然纸上，我们正在为你哀痛呢！祝贺你大难不死，必有后福。我们使馆已接到撤离通知，你得立即离开。船票？好，我给你想办法弄三张，我们同船撤离！”

2 月 4 日深夜，海粟他们乘坐的那艘挂着红十字会旗帜的难民船离开了新加坡。

英国军队 2 月 1 日就从海堤通过科斯威大桥逃到了新加坡，然后炸毁了桥。星华义勇军被断了后援之路，他们孤军奋战已四天，以顽强的意志抵抗着日本人发起的一次又一次的进攻，子弹雨点一般倾向他们，血流成河。他们的血肉之躯筑成了新加坡最后的防线，为海粟他们这艘难民船撤走赢得了时间。

此时，正值多雨的季候风季节，海水拍岸，波澜冲天，子弹从难民船上方呼啸而过，船颠簸着东去。刚开出半个小时，海水突然冲起巨浪，原来是日军从新山阵地用大炮拦截船只东行，炸弹不断爆炸在船的前前后后，巨大的水柱冲天而起，没头没脑扑向船上。海粟搂着两个瑟瑟发抖的孩子，不停地安慰着他们："别怕！别怕！"突然，轰隆一声巨响，轮船被炮弹击中了，甲板上烟尘滚滚，一堆行李着火了，水手们冒着生命危险，用水龙把火扑灭了。不一会儿，又一发炮弹击中了机舱。船体渗水了。船长当机立断宣布："舱体已被炮弹击漏，急需就近靠岸抢修，不能远航印度了，只好转舵西去，驶向爪哇了。"

日本飞机像蜂群那样在夜空中嗡嗡地叫个不停，难民们胆战心慌。海粟紧紧挽着两个孩子挤在船舱一角，提拎着惊恐的心。

船终于在爪哇靠岸了，可船尾已沉到了水里。好险啊！谁能料到，这里已落入了日本人之手。

海粟带着赐道和赐彰侥幸地从前面被翻箱倒笼搜查的人群中间溜了过去，逃过了检查。可往哪里去？他虽然在爪哇办过画展，见过一些侨胞代表，可如今这里是日本人的天下，就是有些朋友尚未遭难，对他这样一个曾在这里大声宣传抗日的人，就是还认识他，也不敢接待呀！何况他也不知到哪里去找他们！

突然，他想到了一个和他同姓的侨胞刘品三，刘品三在附近开油坊，他曾去过品三那里。在此别无选择的时候，只有投奔品三了。

他凭着极好的记忆，找到了刘家油坊。油坊已关闭，大门上贴了封条。他立即意识到，刘品三出事了！一位邻人告诉他，刘品三被日本人捉去了。

他慌忙离开那里，带着两个又饿又累的孩子，漫无目的地走在荒野小路上。他们已一天一夜没吃没喝了，累得歪歪倒倒，就靠着路边一棵树坐了下去。两个孩子互相靠着就迷糊睡去了。那个迫在眉睫的问题像一根钢鞭抽打着他——往何处去？何处能为两个孩子弄点吃的？因为忧思和疲累过度，他靠着树干也睡着了。

突然，他听到有人在对他说话："你们是谁？从哪里来？"

他惊喜地睁开了眼睛。那亲切的上海口音使他感到说不出的高兴，他连忙说："我是上海的古董商人罗赫，从新加坡逃来，过去认识的熟人都找不到了。两个孩子，饿得都支持不住了。"

那人自我介绍说："我叫董麟玉，也是上海人，在这里开染坊，你们到我那里歇一会儿吧！"

海粟连忙叫醒两个孩子。

董老板把他们领到家，叫人给他们做了吃的，这是他们出逃以来吃的第一顿正规饭，感到比山珍海味还香，吃过饭，董老板就把他们带到二楼的一个阁楼里，对他们说："就暂时住这里，外面正在搜捕外来游民，千万不要出去。"

他们三个人，晚上挤睡在一张小铁床上；白天，他教两个孩子中国文化的功课，他不好意思白吃人家的饭食，就去下面染坊帮忙。两个孩子见他去帮着干活，也争着去做漂洗、绞干的重活。他不忍心让他们累着，规定他们在完成他布置的学习任务后，才让他们去干几小时。他自己则尽量多干些，以减少董老板的负担。

可他一生从没做过体力劳动，更没干过这种重活，初干繁重的体力活，一时难以适应，加之天气又热，染坊热气蒸腾，汗流如注，没干几天，他就受了风寒，险些倒进染缸里了。

两个孩子见他面色苍白，歪歪欲倒，就把他扶到楼上躺下。

董老板闻知奔上楼来，一摸他的头，就哎呀一声缩回了手，“这么烫！”董老板埋怨着他：“我早就看出来了，你不是做粗活的人，不让你干，你不听。现在你好好躺着，我去找医生。”

不一会儿，他带来位华侨老医生，给他开了药。董老板立即就端来一碗温开水，看着他把药吞下。董老板送走医生又回到楼上，坐到他身边，安慰着他：“安心养病，别着急。”

海粟的眼里不由弥上了热雾，他已看出，董老板是个可以信赖的人，就把他的真实身份告诉了他。

董老板惊喜地握紧他的双手说：“啊！你就是刘大师！真是幸会幸会！你那年到这儿开画展时，我还买了一张你的《岁寒三友图》呢！”说着就去打开壁橱，从里拿出来，“你看，日本人未来前，我一直挂在下面客室里，他们来了，我只得把它藏了起来。”

海粟的泪水倏然涌了出来，连声说：“董老板，叫我如何感谢你呢？”

“呃，你说哪里话！若不是国难，你刘大师我请还请不到呢！”董老板也很激动，“你先养好病，我去给你弄张身份证，不能用你的真名实姓，外面正在传，说有个宣传抗日的画家逃到这里来了，你不能暴露身份。”

“还用罗赫这个名字吧，职业还是古董商人。”

海粟以罗赫的名字在这里住了下来。董老板坚决不让他们干活。一住就是三个月。他教两个孩子唐诗、练字、说汉语。

那是4月里一天，他又发烧了，董老板坚持要送他去医院检查一下。他只得听董老板的，留在医院里观察检查。两个孩子坚持要守候着他。第三天他们从医院回来的时候，不幸已经发生了，邻居告诉他：“董老板昨天被日本宪兵抓走了。”染坊也关门了，幸好他那只手提箱带在身边。正当他们又一次陷入了走投无路时，身后有人轻轻地唤了他一声："刘先生！"

他大吃一惊，这里谁会知道他的真实姓名？一定是他的真实身份暴露了！

他不敢回头，装着没听到一般，拉着两个孩子就向一条小巷走去。

"刘先生，你等等！"

他自觉逃不了了，只好站住转过身。惊喜使他张大了嘴巴，莫非是梦？

"刘先生，我们是专程来看你的！"

他像大梦初醒一般，握住他们的手说："范先生、刘先生，真的是你们吗？真不敢相信！"

范小石、刘宜应几乎同声说："当然是我们，这还会有假的？"

"你们怎么知道我在这里？"

"董老板派人去告诉我们的！"范小石说。

"可他因抗日嫌疑被关起来了！"海粟伤感地说。

"这里你不能住下去了，你就会暴露的，跟我们走吧，离巴城不远有个叫米斯脱山区小镇，那里比较闭塞，但很安静，你还可以作画！"

海粟不由相信起命运来，莫非我命中注定能化险为夷，逢凶化吉？飞机没炸死，海中又偷生，总在濒临绝境时遇到贵人搭救。"若不遇到你们，我们只好流浪街头了！"他说，"只是我不放心董老板，我想走前去看他一次。"

"哎呀！刘先生！"范小石放低声音，"说不定日本人正在找你，你那不是正好送上门去吗？那反而对董老板不利！"

刘宜应也说："千万不能去，快快离开这里为上策！"

"我的车就停在街口，我们快走吧！"

海粟怀着敬意向董氏染坊方向望了最后一眼，他在心里说："董老板，愿你平安回来！我永远记着你的古道热肠！"

米斯脱是个风景优美的山区小镇，三面环山，一面临海。范小石、刘宜应把他安置在半山上一座幽静的房子里，又给他们配了个做饭人。对外，他的身份还是古董商人罗赫。他和两个孩子相依为命，他教他们写生，画青山翠岭、海上日升日落，又教他们中文，也教他们画画。他常常带着他们攀登山间小道，寻觅只有南国才有的奇花异木，采回来作标本。两个孩子本来连汉语都说不连贯，在他的朝夕教授下，进步很快，汉文说得很熟练了，还能学着写诗。但常常是孩子们都睡了，他却无法入睡。他思念远方的亲人和他的学校，每当睡不着的时候，他就悄悄坐起来给家和写信。他自己也记不清给家和寄出了多少信，可从没收到过回信。他为她和孩子们的安全担忧。又为自己不能帮助他们而感到内疚，很久没给他们寄生活费了，他们吃什么？……

在那些不眠之夜，伊乔也不时来到他心中，她好么？日本人找她的麻烦没有？他多么想能再见到她啊！可他不能，不能让她知道他在米斯脱，不能让她来找他，那会连累她的，只能让她知道，他依然还活着就够了！他给她写了封报平安的信，托人带到别的岛上寄给他。他在信中写了首诗赞她："豪情直教须眉服，剑胆琴心有几人？……"

六个月后，印尼和新加坡恢复了通邮，他和胡大夫联系上了。胡大夫托人来接走了孩子们。

他们挥泪而别。他感到从未有过的孤独，从未有过的浓浓乡思，家和杳无音讯。幸而他的学生叶泰华、彭国启的家就在附近，常常来他这里，他们对他照顾得很周到，因这里远离万隆，日本的侦骑还未来过。他放松了警惕，与人交往也就多了起来，终于被汉奸和印尼的奸细告密了。

那是1943年3月的一天清晨。海粟画好一幅红梅，刚题上“悬崖标独操，绝壁抢孤芳”，正在自我欣赏，忽然走进来三位不速之客。两个人进门就往里面走，一个人坐下来问海粟：“你有登记证吗？”

“有的。”海粟拿出登记证给那人看。

“你几时住到这里来的？”

“半年多了。”

“你太太在此吗？”

“她在上海。”

“还有什么人与你同住？”

“只有个烧饭的仆人。”

范小石请来照顾他起居生活的王永庆闻声从里面走了出来。

那人又看了他的登记证。

进去搜查的两个人这时也出来了，什么也没有搜查到，就坐到旁边。问他话的人一面抽烟，继续问他：“你不姓罗，你是刘海粟！”

“不，你认错人了！”

“不会的，你是中国一个著名画家。”他拿出两张报纸，指着上面刊登的照片：“这不是你吗？”

海粟知道，他们已掌握了他的情况，只好承认了。

“你来这里的目的？”

“我从星洲逃难到这里的，仅此而已。”

那人站起身说：“你要放明白些，不可离开这里，等待军部问话。”他连说三遍，“不可离开这里，等待军部问话！”接着三人走出他的住所。

原来他们是日军军部的特务。海粟当然知道，这意味着什么。是谁向日军特务机关告密的呢？这儿民风淳厚，极少宵小之徒呀！既已如此，也只有听其自然了，大不了一死！

他继续写字。不一会儿叶泰华、彭国启来了，他把发生的事对他们说了，他们的面色立时变得惨白，为他的安全担忧。彭国启说：“海师，日本人心狠手辣，您这次撞在他们网里，恐怕凶多吉少！这怎生是好呀！”

叶泰华声音发颤地说：“先生，我们能为您做点什么呢？”

海粟说：“我只求你们一件事，倘若我遇难了，请给我家里打个电报。”他做个苦笑，“你们不用为我担忧，我这里已被特务盯上了，很不安全，你们以后也不要来。你们快快离开这里。”

两位学生在他的坚决要求下走了。

第二天上午 10 点钟，小镇维持会副会长刘启明陪着一个日本人来到他的住所。

刘启明原来是当地的侨领，万隆沦陷后，做过一些秘密抗日工作，常来他处，把外面的抗日活动讯息转告于他。说起抗日，刘启明会激动得义愤填膺。海粟把他视作可信朋友，把自己的真实身份告诉了他，还给他作过两幅画。

刘启明对他说：“这位是皇军军部华侨班长官平山熊雄君，他来带你去军部问话。”

海粟心里的疑问顿时有了答案：他是被刘启明出卖的！

海粟被带到日军军部审讯室。室内一排椅子上坐了五个日本军官。坐在正中的丸琦大佐，他用流利的中国话问他的姓名、年龄、职业。

他一一回答了。

丸琦接下说：“我们早就在注意你了，你是 1939 年 12 月 11 日到巴城的吧？”

海粟答道：“是的。”

“你从上海来的吗？”

“是的。”

“你到南洋的目的？”

“我生平爱游历，一是想来看看南国风光，二是展览我的作品。”

坐在丸琦旁边的丰岛霍地站了起来，把一本贴了报纸的本子掷到他面前。

海粟掠了一眼，上面贴的正是有关他到爪哇各地筹赈画展报道的剪报。

丰岛厉声说：“这里有你初到爪哇在华侨总会的一篇演说，完全是敌性，重庆利用你，鼓动华侨抗日，你假借筹赈之名义，先后在巴城、泗水、三宝垅、万隆、新加坡、马来亚各埠举行画展，向华侨募集巨款，而且到处演说、广播，这些报纸，就是铁证。你还有申述的吗？”

他的一切活动早被特务记录在案，自昨天特务走进他的住所时起，他就没有想着活。这时，他已完全把生死置之度外了。他说：“无所谓利用，没有谁叫我到南洋来筹赈，我是中国人，当然爱我自己的祖国，正如你们日本人爱你们的国家一样。你们不用多说了，我在你们手里，任你们处置好了！一个人为他的祖国牺牲是天经地义的。”

丰岛正要发作，丸琦示意他坐下。他说：“多数华人对他们过去的行动都是否认、抵赖，没有像你这样坦白承认的。过去的事都过去了，我们也不算旧账了，现在我们大东亚，应该与有学问的人合作，你对南京政府有什么看法？”

海粟说：“中国只有一个政府，就是国民政府，汪精卫的所谓南京政府是伪政权！”

丸琦又说：“听说你对蒋介石先生也有看法，你和汪先生也是朋友，为什么不和汪先生合作？”

海粟哈哈大笑了起来说："这很简单，因为他背叛了祖国！"

他的回答触怒了丰岛，他大声地斥责着他："刘先生，你太狂妄了！"他从腰间拔出手枪重重往桌上一放，"你想和大日本皇军决一死战，是吗？"

海粟想：与其被你杀了，还不如我自己来。他迅疾地拿起手枪，对着自己的太阳穴扣动了扳机，可连扣几下都没响。

丰岛哈哈大笑起来。

他意识到受了戏弄，怒不可遏地把枪扔到桌上，吼了起来："卑鄙！想用一支没子弹的枪威胁我！"

丸琦说："刘先生抗日是有罪的！但我们看重中国知识分子的气节。我已说过，过去的事，不再追究，可现实是你们无法改变的，希望你明智一点。中国不是有句古语，'识时务者为俊杰'吗？像你这样一位知名艺术家，在我们日本也有很大影响，我们希望你尊重现实，与我们真诚合作。"

海粟凭着他那无畏之气，又哈哈笑了起来："我不接受汪精卫教育部长之邀，还会和你们合作？岂不笑话！你们要如何处置就如何处置吧！"

一阵沉默。

丰岛又要发作，丸琦止住了他。他说："刘先生，我们尊重你的意愿，你可以回米斯脱去了，但请你不要离开住地！"

海粟回来时，叶泰华、彭国启都焦急万分地在等他。见他完好回来，都很高兴，可海粟却高兴不起来。他不知日本人葫芦里装的是什么药。他首先想到的是放线钓鱼。他对俩学生说："我叫你们不要再来，为何不听？你们立即回家去，以后不要再来了，特务随时都可能冲进来，不安全！"

他们不肯抛下他，坚持要趁黑夜把他送出去。海粟说："那会给侨胞们引来大搜捕的灾难，万万行不得！中国有句名言，叫作'人总有一死，或重如泰山，或轻于鸿毛'，没什么大不了的。"

日本人很久没来找麻烦，但土人警士不断来问话。他闭门作了中国画《山水》《群牛图》。一个月过去了，日本人似乎忘记了他。两个月后的5月5日，平山熊雄开车来到米斯脱，把他接到华侨班。他想，他就要为他的祖国殉难了，他有种视死如归之感。

丰岛出来跟他说话："接司令部电话，20天内用军用飞机送你回上海，行李不得超过30基罗（约20公斤），回去准备待命。"

海粟悄悄去到范小石家，把日本人要押送他回国的事向小石说了。

小石说："我想，他们送你回去是有目的的，是要逼你与汪精卫合作，为汪伪政权装门面。"

"我已有了思想准备，回去后杜门谢客，他们奈我若何？"海粟又激动起来了，他握住小石的手，"范先生，我永远感谢你们，我刘海粟决不去做民族的敌人！"

5月19日清晨7时，平山熊雄开车来接海粟去机场，对他说："刘先生，飞机10时起飞，航路经过星洲、西贡、台湾、广州、汕头到上海。现在就上车，送你去机场。"

九

1943年5月25日，下午4时，押送海粟回沪的飞机抵达上海大场机场。随机押送他的日本军人对他说："刘先生，你是自由的，你可以回家去了。"四点半钟的时候，海粟已站在了自家海庐院门外了。

他没有立即喊门，他的心激动得怦怦直跳，他想平静一下心绪。

他放下箱子，抬头打量着远离了三年的家门。凤尾竹从墙内探出了半个身子，棕榈树和二楼窗口平齐了，棕籽还只有米粒般大小，它的包叶刚刚伸开，蜡梅只露出了点树梢，夏日的太阳已经落到西边那些建筑的后面去了，只在树梢、楼顶抹了一点惨淡的红色。他心潮起伏，这就是他朝思暮想的家。他以为再也见不到它了，可他回来了！回到了家，这是梦么？泪水顷刻滚了下来，他抬起双手拍着门环，高声呼喊着："家和——！家和——！开门！我回来了呀！"

来开门的不是家和。厨师全福惊喜地望着他，大声地叫了起来："先生，是您回来了？"

"全福，你还在这里？"

"是的！"全福从地上拎起他的箱子，向楼上呼唤着英伦、刘麟，"小姐！少爷！你们快来呀！你们的阿爸回来了！"

两个孩子应声惊愣愣地出现在楼梯口上。

海粟飞一般跑上楼去，搂住两个孩子，也不知哪来那么大的力气，竟把姐弟俩抱起来了，抱进了屋里，他放下他们，轻声地问："阿妈呢？"

两个孩子嘴一撇，委屈地扑进他的怀里，哭了起来。

海粟深感奇怪，他托起他们的头，望着他们的眼睛，问："怎么啦？"

"阿妈到南京外婆家去了，她不带我们去，要我们在家。"英伦说着又伤心地哭了起来。

他更为奇怪了，松开两个孩子，像是自问又像是问他人："我到广州就给她打了电报，她怎么还要走呢？"

"先生，"全福忍不住了，"太太就是因为您要回来才走的。"

他吃惊地望着他早年从新亚酒店请来的厨师，问："为什么？"

全福本不想干预主人家的事，但他为海粟抱屈，就婉转地说："太太没去南京，她还在上海。"

海粟越听越糊涂了，拉住全福说："到底出了什么事？你别怕，全都告诉我！"

"太太恐怕要和您离婚了！"

这怎么会？他不相信，他抓住全福不放："你怎么知道的？"

"我看出来的，半月前，她还请陈公博、周佛海、萧乃震一道来吃饭，她和萧先生同进同出，样子很亲热。"

这是海粟万万没有料及的，等待着他的竟是这样的当头一棒，这样的打击！这样的耻辱！突然间，仿佛有无数把小刀戳在他心上，他的心窝阵阵锐痛。他双手按住那里，坐倒在沙发上。好半天，脑子里一片空白，也许难民船沉进海里的痛苦比这还要好得多！

"先生！"全福把一碗热茶捧给他，"您别太难过，这时节，您能平安回来，就是大幸，您喝口茶。"

他无奈地摆了下头，手又不由自主地接过茶，说："全福，谢谢你。"他呷了一口茶，顿觉心里好受了许多，他向屋内掠了一眼，墙上的画都没有了，只有《但丁与维吉尔》还在，博物架上那些古董也没有了，原来放电话机的地方也空着。他问全福："电话怎么也拆掉了？"

"没拆，"全福说，"太太移到她房里去了。"

"美专还在办吗？"

"王远勃、宋寿昌两位先生还在办，大部分学生都跟着谢海燕、倪贻德两位先生到大后方去了，现时没多少学生。"

"打电话请王先生、宋先生来，我急着要见他们。"

不一会儿，美专校长王远勃和教务主任宋寿昌就急急赶来了。劫后重逢，他们紧紧拥抱，泪眼相对。海粟急切地想了解学校情况，王远勃告诉他："我们美专坚持安贫守志，不领伪政府分文经费，现状您可以想象。"

他吸了一口烟，“‘八一三’后，法国巡捕房强行占据大部分校舍，拘押1000多个退到租界的国民党士兵。国民政府对这些人漠然不问，我们的课桌椅被他们都当柴火烧掉了。后来，这批人走了，上海中学又挤进来，至今不走。我们的校舍墙倒壁塌，教学用品大多损坏，又无钱修整，教师们领不到薪水，非常艰苦。”

海粟越听心里越不是滋味，他说：“你们的精神令海粟敬佩，困难也在我想象之中，难为你们了！海粟非常感激你们把美专办下来。”

远勃接上说：“好在您回来了，我这校长可以卸任了！”

“不！”海粟连忙说，“你继续担任下去，这只是名义上的事，海粟虎口余生，我只想闭门画画，不想出头露面，被人作政治工具利用，美专的困难，我会尽力帮助你去克服的。”

远勃点点头，表示理解。

全福走进来，给海粟送上一张名片，说：“金熊白律师要见您。”

远勃说：“肯定是谈你太太要离婚的事。刘校长，你还蒙在鼓里吧？成家和近来与汉奸周佛海往来密切，同那个萧乃震更是同来同往，全上海议论纷纷。”他有些义愤填膺了，“不要理睬他，你刚到家，板凳还没坐热呢，就这么迫不及待，你进去休息，我们代你见他。”

不一会儿，远勃、寿昌进卧室来了。远勃说：“果不出我所料！我说你旅途劳顿，今天不适宜谈离婚的事，叫他改日再来。”

寿昌一直没有说话，这时他才开口：“刘校长，你是一个豁达的人，一切都看淡一点。”

海粟点点头说：“谢谢。”

“学校的事，你不要过度忧虑，我们走了。”远勃站了起来，“你得好好休息一下，我们改日再细谈。”

“好好，谢谢了！”海粟把他们送到楼梯口，他呆呆地望着他们走下楼梯，从凤尾竹下出了门。这是怎么回事？难道又在做梦？不会的，他听到全福在关院门，又听到他上楼的声音，他脚步声停在了他的身后，听到了他在说：“先生，我已做好了晚饭，是您喜欢吃的肉末土豆饼，还有粥。”

他摆了下头，走进屋里，牵起两个孩子，把他们带进餐厅，抱上椅子，说：“你们好好吃，阿爸吃不下！”

“先生！”全福已给他端来了一碗稀饭，“您多少吃一点，身子要紧。”

“谢谢，全福！”他又摆了下头，“实在没胃口，你照看孩子吃吧！吃过后，请给他们洗个脸和脚，送他们上床睡去。我想独自清静一会儿，谁来也别开门。”

全福怜惜地望着他一眼说：“是。”

海粟连脸都没抹一把倒在床上。他还在疑惑，这怎么可能？这不会是真的！倏地，家和的影像像特写镜头一般不断地推到他眼前。

她往凳子上一跳，挥动手臂，高喊：“打倒日本帝国主义！把鬼子赶出东三省！”

她坐在半淞园鱼池边，深情地凝视着他。……

画室里，她回眸一笑：“您就是刘校长？”

车厢里，她攥紧他的手：“誓与先生共度人生！”……

……

他霍地坐了起来，滑下床，打开行李箱，取出他随身携带的照片。他拿起她那张头像特写，她笑得那么美，不会，不会的，家和不会背叛我！都是谣言！她会回来的！

忽然，他的耳畔又响起了她那激动的声音：“我是一个女人，我不能枉做一个女人！我需要丈夫的陪伴，需要……”

“你心里哪里有我？你只爱你的艺术，你的事业！……”

……

他的心不禁注入了一股凉水，他们争吵的场景又回到了眼前。

家和早变了！她早忘了与他共度人生的誓言了！

他突然想起了韵士的忠告。她到底比我更了解女人。果然被她言中了，我过去不该那么对待她……

海粟紧紧握着成家和的照片，很想把它撕了，可他没舍得撕。家和的变，我也有责任，我对她关心太少了，我不该远离她和孩子独自漂泊，后来，我们失去了联系，她收不到我的信，更盼不到我的汇款，报纸上又刊了我飞机失事的消息，她是一个女人，失去了依持，她一定有很多难言之隐，她也有委屈……

“家和！”他心如刀绞，抱住照片，泪流满面，“我不怪你，这是可恶的战争、可恶的日本人造成的！我恨！恨透了日本帝国主义，我不怨你……”

他就那么抱着她的照片，流着伤心的泪水，不知何时睡去了。

“先生！”全福轻轻走进他的卧室，小声地唤着他说，“昨天来的那个金律师又来了，我叫他在楼下会客室里等着。”

海粟已有了思想准备，人间没有不散的筵席，人生就是聚聚散散。他对全福说：“请他到楼上客厅来，他是律师，与他不相干，他不过受人之托罢了，不要失礼。”他穿上衬衣和长裤，“我洗过脸就出去见他。”

金律师见他出现在客厅门口，就站了起来，说：“刘先生，打扰了。”

“别客气，”他向沙发做了个请的示意，“请坐！”

金律师开门见山，“刘先生，我受成家和女士委托，来和您商谈她要求与您离婚的事。”他喝了一口全福沏来的茶，“我知道，这会让您感到突然。我作为一个早就敬慕您艺术大名的朋友，我希望您能接受您太太的要求，您是一个明白人，她等着和您办完离婚手续，就与萧乃震先生结婚。”

“既然她和我的爱情结束了，我自不会强求，我只希望萧乃震能对她好，不要始乱终弃！”海粟无声地叹了口气，“至于离婚书的条文如何写，我不懂法律，家和认为如何写好，就按她的要求写，我不会为难她的。请你代为拟定吧！”

“刘先生，您的大度，令金某十分钦敬。”他站起来，“过两日，我带离婚书来请您过目，告辞了。”

5 月 29 日，金律师来了。他拿出已拟好的离婚书，放到海粟面前，说：“请您看看，是否同意，如果同意，就请在上面签字。”

海粟请他坐下。

海粟的自尊心受了深深的伤害，那纸离婚书犹如铅锤那么沉重。他几次死里逃生，都是因为心里装着她和孩子，没想到他已被她抛弃了，他刚一到家就要和他离婚，他成了一个弃夫，但难过仅仅持续了一瞬，理智很快就战胜了感情，事已如此，还有什么可说的？她本可以成为一个很不错的画家的，是他娶了她而送掉了她美好的艺术前途，这是报应！自作自受！这一切都只能怪自己。他匆匆看了一遍，就签上了字。

“刘先生，”金律师把他签好字的两份离婚书，收取一份，“那一份由你保存。昨天，我把你说的话转告了成女士，她深深感动，当着我的面，泪流满面。”

“既然都走到了这一步，又何必难过呢？请您转告她，多想想我的不足之处和缺点，她心里就会得到平衡的。”

海粟站了起来：“我有封信请转交给她。”他走进里屋，拿出一封信交给金律师，“还请转告她，她已不是当年的女学生了，她已是个成熟的女人，有些事自己得拿主意，大是大非不可感情用事，免得将来难以做人！”

“刘先生，我办过很多离婚案，从未见过您这样胸怀的，您处处为对方着想。”他起身告辞，“我一定如实转告。”

成家和从金律师手里接过离婚书问：“他说了些什么吗？”

金律师转达了海粟的意思。

家和低下了头：“我倒希望他骂我一顿，毕竟是我要求离开他的。”

金律师又从公文包里拿出海粟的信：“这是刘先生要我带给你的信。”

成家和急急撕开封口读起来。

家和：

数年离乱，夫妇天涯，历劫重归，人去楼空，惟有抱两小儿仰天恫哭耳。

泪水从她眼里渗了出来。金律师起身告辞，她抬了抬身子，继续看下去。

金熊白律师来谈，所提条件，当照签。愿吾和与萧兄永久享受幸福美满之生活。追怀夙昔，已为昨日之幻梦，残喘归魂，将为蓐食于蝼蚁，奋飞难再，断肠奈何，斯亦绝世才智之士、拔山盖世之雄，所凄楚哽咽者也！苟非知道，能不痛心？知来去之无常，本纵浪于大化，喜欢则乘缘而来，缘尽则绝尘而去；假以黄金铺地，终有崩决之时，成住坏空，何恋何爱，三复李青莲浮生若梦之语，不胜感慨系之矣！

前有南洋携归油绘《椰林急湍》等廿余幅，务望检还。爰此种作品为余炎荒奔程，攀山越岭，汗血交织而成。而今体力日衰，今后野

刘海粟与成家和早年合影

“做你的夫人并不轻松，

也并非尽是鲜花美酒，

也并非尽是个罗曼蒂克的美梦。”

外制作之机会愈少，此系纪念作品，当能同情检还也。

海粟　一九四三年五月廿九日

家和读完信，已成了泪人，扑到沙发背上，呜咽着自问："我该怎么办？我该怎么办？"

萧乃震正从外面进来，见状，快步来到她跟前："和，你怎么了？"

"我对不起海粟先生！"家和大声哭诉着，"我不该在这种时候扔下他和孩子！"

"你后悔了？"

她摇摇头："覆水难收，他已签字了，悔也没用了！"

"我会让你生活得快活的！你会享受到一个女人应该享受的一切！"他把她搂到怀里，用嘴去吻她脸上的泪水，"好了，好了，这段情缘斩断了，你现在是我的夫人了。我们马上举行婚礼，向亲友公开我们的结合！"

萧乃震安抚过家和，就赶到海粟家来了，见面就说："刘大师，我首先向您声明，我没有引诱成家和，是她对我发生了感情。发生了这样的事，我深感不安。"

海粟冷笑一声说："既然你没有做对不起朋友的事，又有什么不安的。"

"如果您希望家和回心转意，我去做她的工作，叫她回到您身边来。"

"萧兄，你这是什么意思？你把她弄到手，又想不要她？"海粟把茶杯重重一放，"我警告你！你要对她承担起责任！我已不是她的丈夫，但我是她的老师，我决不允许她受到伤害！"他抬头看了萧乃震一眼，"听说你就要到'南京政府'做官了，有这事吗？"

"没有，纯属谣传。"

"没有就好！不然，家和怎么做人！家和是个有才华、值得爱的女人，我希望你好好待她，祝你们白头到老。”

“大师！”萧乃震如坐针毡，他打破了长长的沉默，“我和家和商定6月1日举行婚礼，请您一定光临。”

海粟那受了深深创伤的心上，仿佛撒上了一把辣椒粉，他痛得吼了起来：“你这不是有意要羞辱我吗？”

“不不，您别误会！”

“误会？”海粟终于发作了，他怒不可遏地指着门，“你给我出去！”

萧乃震吓得连忙站起来往后退，退到门口才急转过身，逃也似的奔下楼梯。

两个孩子听到阿爸的怒吼，跑了出来，见他脸涨得紫红，一齐扑到他怀里，仰起小脸，惊慌地望着他，好像在问：“阿爸，你怎么啦？”

他搂住两位无知的孩子，泪水禁不住地流了下来。

全福闻声来了：“先生，不要信那个姓萧的，他们在这儿吃饭的时候，我听到了他们的谈话，他答应去做什么‘荐官’，而且，把您从南洋押回来也是他们的主意。他急着要太太和您离婚，请求周佛海找日本人把你押回来！”

天哪！我刘海粟何曾受过这样的侮辱？愤怒一下烧红了他的眼睛，点着了他的心！他想到了英雄一世的楚霸王，我刘海粟也英雄一世，竟落魄到如此地步！连一个妻子都保护不了，任人宰杀！他轻轻推开儿女，走进画室，铺纸挥毫。不一会儿，宣纸上出现了霸王别姬的画面。他把它题作《英雄落泊图》，又在诗塘上一气呵成地题上了长诗：

春水粼粼春光漾，沧江奔注如山浪。

游子忽生万里心，丈夫何惧江湖放。

饥凤还当择木栖，骐骥岂作负辕状。

懒向豪门作乞儿，闲来写幅丹青贶。

素描写出家国悲，泼墨狂扫风云壮。

世人不识英雄面，窃窃私语笑相向。

富贵不淫贫不移，坦荡原来江海量。

将钵沽酒万虑轻，衔杯对月羁怀畅。

君不见弥天寇氛仗雄才，遍地哀鸿苍生望。

风雷际遇如有时，会须直薄青云上。

写毕，他顿觉心里好受了许多。

十

闭门作画，谈何容易。

海粟的押解回沪和离婚，成了沪上的特大新闻。他寓所的院门，连日来被敲得山响，他被新闻界包围了。他们询问他对时局的看法，问他有什么创作计划？问……不管他们问他什么，他都只重复同样的几句话："没有研究，无可奉告，除了闭门读书，别无计划，连美专的校务也不过问。"

可那些敌伪刊物不想放过他。他无可奉告，他们会"编"。有家伪办《太平洋周刊》的记者，"编"了篇他的谈话，拿来要他签名，被他义正词严地拒绝了："我没有和你们谈过什么话，我决不签字。"

可这家刊物竟将他在旧画上的签名做上锌版，印到这篇作为头条的文章上。但在文后他们还是不得不声明："本文因时间匆促，未得刘先生同意，先行发表，甚为抱歉。”

如此强奸人意！海粟气得无可奈何。但也更坚定了他的信念：贫贱不移，富贵不淫，威武不屈。

可汉奸们不甘心，一心要拉他下水，轮番向他进攻。

先是汪精卫的得力助手褚民谊，在华懋饭店设宴，派他的代表张超来请海粟。海粟说：“近来胆病复发，只能以食稀粥度日，禁绝酒食，不能去。”

张超再三说：“褚先生请刘先生一定光临！”

海粟也再三推辞说：“请向褚先生致意，实不能去。”

没过几天，一辆汽车在海庐门前急促停下，门上响起了很响的敲门声。

全福打开门，见一日本人偕一翻译站在门外，翻译说：“日本工部局教育处处长上野太忠先生要见刘先生。”并把上野的名片递给全福。不等全福去通报，他们就往楼上走去。

突然来了个日本人，全福很为主人的安全担心，快步抢在前头跑进画室，把名片递给海粟说：“来了个日本人……”

海粟望了名片一眼，狐疑地站了起来，放下画笔，带上门，走进客厅。

上野告诉翻译：“我受褚民谊先生之托，来接刘先生去华懋饭店，有位陈友仁先生刚自香港回来，听说刘先生已回沪，很想见见您，正在褚先生处恭候。”

海粟在巴黎结识陈友仁夫妇，陈先生是有名的学者，以收复武汉租界而闻名的外交家，夫人张荔英，是个有才华的画家，那时他们经常相聚，一别十年，他很想见见他们，就跟着他去了华懋饭店八楼。

上野把他送进褚民谊住处就不见了。褚民谊满脸是笑地迎上来说：“海兄，我几次派人去请你，你都躲着不见，这样对待朋友，未免太寡情了吧！不过，我不怪你，今天请你来有要事相商。”他把海粟拉到沙发上，“汪精卫先生非常看重你，他特派我做代表来请你去南京。”

海粟说："我只是一个艺术家，除了画画，我什么也做不了，况且，我对政治没有任何兴趣。请转告汪先生，海粟劫后余生，万念俱灰，除了读书，什么也不想，实难从命。”他向室内望望，“我是来见陈先生的，他呢？”

褚民谊见他态度坚决，只好说："陈先生在他自己家中。”

“他家在哪里？”

“在国富门路。”

海粟站了起来："我看他去。”

“还是我用车送你去吧！等一会儿，我给他打个电话，看在不在家。”

褚民谊从内室回来说："在家，我送你去。”

“不劳你的驾了！”海粟往门口走去。

褚民谊追上去："海兄，是我用车接你来的，哪有让你走回去之理。”

海粟向他摆摆手，飞似的跑下了楼梯。

褚民谊不成，又换上了陈公博。陈先以上海中日文化协会名义设宴请海粟。海粟又以身体有病为由回绝了。接着，海粟又收到陈公博的一封短笺，请他去赴陈公博个人为他设的洗尘宴。

海粟不由想起了11年前的1932年，陈公博请他赴宴的另一封短笺。那时陈公博正在国民政府实业部部长任上。

海粟从保存的名人信函中把它抽了出来。

海粟先生台鉴：

平日慕名，钦迟之至。昨晤树人先生谈及，尤愿一倾积愫，以献仰慕之忱。明日席间，仅有香凝、右任、树人、汪英宾诸人，务祈贲临。久闻先生为艺术叛徒，而弟则今日为政治叛徒。两叛徒相见，当能一雄谈也。

专请大安。

弟陈公博谨启　一月十八日

他还记得，宴会设在上海四马路杏花楼。何香凝、于右任均系国民党中央执委会常委，陈树人在国民政府担任要职，汪英宾乃《申报》记者。他去的时候，他们都已到了，除陈公博是初见，其他人都是很熟的朋友。那天谈的都是艺术的话题，有趣而快乐。可如今，陈公博的变色龙本质已昭然若揭。当年陈公博由中国共产党一大的代表摇身一变成了国民党的要员，加入反共行列，并以他脱离中共与海粟的"艺术叛徒"称谓妄加攀比。海粟是个艺术家，不关心政治，可在此国家民族危难之际，陈又堕落成大汉奸，这就不一样了！海粟一向以为，一个人可以参加这党那派，那是他的自由，但出卖国家和民族的利益，认敌为友，就是卖国贼，那是大是大非。陈现在帮助日本人来统治压迫自己的同胞，就是不共戴天的仇敌。他怎么能去赴陈的宴会呢！他"嘶啦"一声把短笺和请柬撕了。

陈公博哪里肯放过他？他又给海粟写信，说他被选为"中日文化协会会长"，说海粟已被与会者推选为名誉理事。

海粟当即作复："绝对不能担任。"

没几日，日本驻上海领事岩井英一找上门来说："使馆正在组织一个艺术考察团，我们想请刘先生为团长，去东京考察大东亚战后日本艺术动向。"

海粟说："我的身体不好，不能远行，绝对不能参加！"他坚决回绝了。

海粟把自己反锁在画室里，告诉全福："不是信得过的老友来访，一律说我不在家。"他作了中国画《临清湘老人梅花书屋》《临明末画家倪元璐十段锦卷》，每段都有形态不同的虬曲，高古奇古，回荡着一种慷慨殉道的悲壮之气，以此自励。后来张伯驹见之题诗曰："禾黍悲歌泣九灵，河山不觉换朱明。石坚竹劲松奇古，下笔如闻有怒声。"

海粟悄悄去了趟美专，跟师生们做过一次不公开的讲话。他要求学生读书不忘爱国，要求先生们做到五不——不向伪教育部登记，不理会来文来表格，不受节制，不参加集会，不领配给米。他又告诉大家："我用房契作抵押，已从华侨银行负责人陈维龙先生手里贷到20万元。这笔钱，我全部交给学校。一半维修校舍，一半解决师生生活和教学开支。"

海粟的闭门不出，使汉奸政权很不甘心，也不放心。他们派了个特务来监视他。

那是8月里的一天，一位很摩登的小姐求见，她说她姓李，毛遂自荐地说："我是复旦中文系毕业生，精通日文、英文，我酷爱为名人写传记，已给梅兰芳先生写了一本，刘大师经历丰富，是位具有传奇色彩的人物。我要为大师写本传记，我每天来和您谈两小时就行了。"

起初，海粟并没在意，特务似乎和这样漂亮的小姐难以联系在一起。他每天接待她，和她谈他的经历。

一周后的一天，梅兰芳拿着他画的几张画来看海粟。海粟和他谈起此事，梅先生放低声音告诉他："这位神秘小姐可能是日本人派来的。她每天到我家，我对她很冷淡，但不得罪她。后来，她就不来了。你也可以如法对待，绝不可信口开河。"

这位小姐没从海粟这里得什么，两个月后就不再来了。

海粟接到谢海燕从重庆捎来的口信，说转移到那里的师生都记挂着他的安全，要他设法去重庆。

他也很想念他们，更想挣脱不自由的枷锁到大后方去。他把两个孩子托付给全福，趁天没亮，拎只小皮箱去到火车站，夹在纷乱的旅人中，买了张票上了去杭州的火车。他准备从那里转经云贵去重庆。

12 小时后，火车到了杭州站。他刚走出站，就被一个日本人拦住了，那人拿着一张他的照片，告诉他："刘先生，我们杭州领事官接到了上海使馆电话，要我们关照您，在此恭候先生。"他说着两脚一并，向他鞠了个躬，"车在那边，请刘先生上车。"他伸手指着车子停的地方，"我送刘先生去西泠饭店。"

海粟自知他的行动受到了监视，逃脱已不可能了，只好装作是来杭州画画的。第二天，他租了条小船，画了几张小画，又去荒草横陈的一天园凭吊了他的老师康有为。

他伫立在遍地瓦砾和砖石的废墟间，一种悲凉之感久久笼罩着他。

海粟回到上海，除了常和吴湖帆、梅兰芳几位老友相聚，很少出门。这于一个喜欢交游的人来说，是很不好受的，寂寞和孤独像两把小刀，常常在他心头搅动。在孤寂难耐时，他作了一幅中国画《孤雁》，并题："天涯一孤雁，嘹唳叹离群。若问知心者，而今有几人？"

又作了幅《孤笛图》，题曰："颖川身逸心犹进，默默平生此意深。昨夜江风起扬子，自吹孤笛自知音。"

在这些无法排解的孤独日子里，他常常思念伊乔，她安然无恙吗？她有伴侣了吗？自从逃难到米斯脱，托人从别的岛上给她寄出一封信后，他就再也没有同她联系过。在他寂寞难当的漫漫长夜，她那好看的面容常常浮现在他面前，她那爽朗的笑声，常常萦绕在耳畔，她那深情的目光，使他心旌不禁摇荡。幸福是争取来的啊！

他突然从床上坐了起来，我应该给她写信，把我的遭遇告诉她，把我的孤独倾诉给她，把我的思念传递给她……

他坐到了灯下。

自从给夏伊乔的信寄出以后，他就在期待着。他几乎忘记了南洋和上海相隔千山万水，没能很快收到回复，他就胡思乱想了，伊乔一定属他人了，她不会给我复信了，她一定恨我了！那时就和她生活在同一块蓝天之下，竟不把地址告诉她，如今，自己遭人遗弃了，失去了自由，感到孤独了才想到她，她还会理睬自己？我希望她来趟上海是不可能的了！

等待的日子漫长而又难熬。两个月过去了，仍杳如黄鹤，他绝望了！

那是一个阳光发白的冬日，天上只有几缕如絮的云彩，衬着瓦蓝瓦蓝的天空。他刚送走一个古董商人，回到画室，电话铃就响了。

“喂，你找谁？”

“找您！”一个非常熟悉，但又想不起是谁的好听的声音。

“您是谁？”

“您猜！”

海粟愣住了，好半天，他突然惊喜地大叫起来：“你是夏伊乔？你现在哪里？”

“我已经到了上海了，住在新亚饭店。”

“我要立即见到你，你等着。”

海粟仿佛一棵被严冬抽干了浆汁的白杨树，突然感受到了春风雨露爱抚一般，灰白的皮色忽地转青了，长出苞芽来了，他突感体内蠕动着一种活力，使他年轻了许多。他走进盥洗间洗了个脸，从镜子里看到自己，这才想起很久没理发、没剃须了。理发已来不及了，连忙拿起剃须刀，几下就把乱草一样的胡须剃除干净了，怀着小青年去会情人那种激动心情离开海庐。

“夏小姐！”海粟紧紧握住她的手，“我没想到你会到上海来！”

伊乔微笑着，不敢去迎接他那滚烫的目光，她微敛着眼帘，说：“先生，不是你写信要我来的吗？”

“是是！”他连声说，“可我没敢想你会来，我以为你早忘了我，而如今，我是个落魄的人！”

“先生，你不该说这种伤感的话！”伊乔把他拉到沙发上坐下，“这似乎不像先生你说的话呢！”她从他手里抽出手，倾着身子对他说，“先生，你见的世事比我多，你的经历更比我丰富，我没有资格劝你，但我认为，你不应该悲观！任何人都逃不出时代的命运，但可以自己掌握自己的命运！打起精神来，为你的艺术理想奋斗！我协助你！”

“真的？”他又拉住了她的手。

她点点头。

“你愿意和我结婚吗？”他急不可待地求婚。

伊乔略想了一下，说：“给我三天时间考虑。”

“那好，现在上我家去认认门。”

他俩在新亚饭店门外坐上了一辆三轮车。

海粟说：“伊乔，真是你坐在我身边吗？我不敢相信呢！”

“这还有假吗？”

“我以为是在梦中呢！”

“那是你太孤独的缘故。”

“不，你的到来，使我非常快乐。”

……

伊乔和他并肩走上楼梯，走进客厅。他为她脱下大衣，挂到衣架上。

两个孩子探头望了她一眼就跑进里屋去了。

她没落座，跟在两个用好奇的目光看她的孩子后面，走进了里屋。她蹲在两个孩子面前说："我认识你们。你叫英伦，"她抚摸下女孩子的头，又摸了下男孩子，"你叫刘麟，对吗？我从照片上见到过你们，那时，你们的阿爸常常把你们的照片拿出来看。"

两个孩子用打转的眼睛打量着她，一言不发。

海粟对他们说："这是夏阿姨，阿爸的朋友，你们喜欢吗？"

"喜欢！"英伦盯着她的眼睛看，"您好漂亮。"

"哦！"伊乔不由笑了起来，"你们很可爱，阿姨也喜欢你们。"伊乔爱怜地搂过失去母爱的姐弟俩。他们乖觉地任她拥抱着。

"去楼下玩吧！"不一会儿，海粟对他们说。

两个孩子有些依依不舍地从伊乔怀里站起来，向她扬起小手："再见，阿姨！"快活地向楼下跑去。

室内只剩下他们两个人了。伊乔起身打量着卧室，"你这儿太乱了！"遂挽起袖子，为他收拾起房间。"中国有句古语，'男无女不成家，女无男不成室，'一个家庭不能没有一个主妇！"她说着向他微微一笑，"先生，不用三天，我已考虑好了，同意与你结婚。"

这又是海粟没有料及的。他惊愣了片刻，突然，他张开双臂，紧紧拥抱住她。

人，是需要爱情的。这如植物需要阳光雨露一般。伊乔的爱，有如乳汁一般，滋润着海粟的生命、海粟的艺术田园，使他在日寇铁蹄下的日子好过了许多。他们相濡以沫。终于在 1945 年 8 月 15 日迎来了日本鬼子投降的胜利。

那天，他们打开院门，携手走出海庐，用长长的竹竿举着一挂点燃的长长鞭炮，走上街头，庆祝 14 年抗战的胜利。

十一

部分疏散到大后方的师生回来了。海粟辞谢了潘公展邀他去南京参加“戡乱委员会”之请，聘请谢海燕任副校长和他一起重振上海美专。可随着抗战胜利而来的是内战的爆发，白色恐怖弥漫了上海，进步和正直人士被捕被杀，《申报》主笔史量才也因秉笔直书而遭杀害。美专也渗进了特务学生。1948年，上海120个学生团体决定6月5日下午在外滩集合，举行“反对美国扶植日本，抢救民族危机大游行”。美专同学为之制作了大量漫画、传单、旗帜、标语，中午正待出发时，校园闯进一群手执手枪、铁棍、尖刀的特务，鸣枪示威，在本校特务学生的引导下，冲进进步学生宿舍，学生自治会骨干吴树之等八人被打成重伤，当局又以“保护”为名将进步学生送进提篮桥警察医院，后又押于专门拘禁政治犯的法国监狱——卢家湾警察拘留所。海粟得知后，鼓励进步学生夏子颐等人起草了《上海美专‘六五’流血惨案真相——敬告师长、家长、同学控诉书》，即和副校长谢海燕，教务主任宋寿昌、王挺琦、洪青五教授联袂去探监，慰问被捕学生，并到上海警备司令部向警备司令宣铁吾提出强烈抗议，要求立即释放无辜被捕学生。又和谢海燕一起找到上海市长吴国桢，要求保释被捕学生。美专校友纷纷从各地赶来上海援救、慰问，史良大律师邀请了五位律师义务为被捕学生辩护，在法庭上针对国民党特务强加给学生“危害社会治安、企图颠覆政府”的罪名，以“爱国无罪”的严正言辞进行了辩论驳斥。在各方的大力营救下，被捕学生被宣布无罪释放。

很快，解放大军就占领了上海周围地区。上海城内物价飞涨，国民党特务活动也更加猖獗，把持美专学生会的特务，一边胁迫学生离校，一边迫害进步学生，学校已无法上课，海粟决然开除了特务学生李汉文，强制他离开学校，招来了国民党上海市党部头头方治的约见，勒逼海粟收回成命，遭到他的坚决拒绝。美专地下共产党组织趁势夺回了学生会的领导权，号召同学们“留校、护校、应变”，迎接解放。

留下来的进步学生和外地学生没钱开伙了。分管伙食团的学生会副主席陈秋辉把这个情况向海粟做了汇报，他毅然从自藏的作品中取出了几幅，交给地下党组织成员沪才干去变卖。陈秋辉用卖画的钱抢购了一批大米。有饭吃了，同学们参加迎接解放的活动更积极了。上海解放的第一天，大世界门前挂起了美专同学绘制的巨幅毛主席画像，大街小巷，张贴了美专同学绘制的漫画标语。海粟和同学们一起，手执红旗，走上街头，庆祝这一改天换地的胜利。

第十三章　人生炼狱

海粟撕下一张日历，却没有像往常那样随手扔进废纸篓，而是久久凝视着它，他仿佛听到了时间车轮那隆隆碾过他人生历程的声响，又戛然一声把它送到了今天的驿站——1957 年夏天。

这是一段漫长的时日，中国历史发生了翻天覆地的变化，中国共产党领导人民推翻了国民党的统治。国民党逃到台湾岛上去了。中华人民共和国诞生了，他的艺术道路、他的人生历程也发生了深刻的变化，个人的命运无法超越历史大变动，他的命运紧紧和时代的命运联成一体了！

在这段漫长的时日中，他面临过多次人生抉择，他至今对自己的人生选择无怨无悔。如今，他又站在了选择的道口了。

去年，国务院下达了华东艺专迁往西安的决定，在广大师生中引起了强烈反响。那些生在江南，长在江南，吃惯了江南水乡大米，喝惯了长江水，深悉江南民情风俗，画惯了江南山水、人物的教授们，不愿离开他们熟悉的生活和艺术创作的土壤，无不有一种难言的惶恐。可他们不敢对政府的这一举措公开提出反对的意见，而是纷纷来找他这位校长。这个说："华东这样的大区，不能没有一所高等艺术院校。"那个说："艺术家离开了他熟悉的生活土壤，就开不出花。"众说纷纭。表面平静的校园，掩盖着汹涌的激流。

可海粟这个校长是不管校务的，在接受这个职务时，他就对华东文化部部长彭柏山说："我近年身体不好，血压高，心脏扩大。而且，我不适宜做行政工作。校长还是请有政治水平的艺术家来当为好。"

彭部长却说："我们再三考虑过了，中央也来了电报，校长还是应该请您担任。华东艺术专科学校，是全国大行政区最早建立的高等艺术学校，有带头作用。你不想管校务也可，除教学外，你可以自己去搞创作。"

学校的行政校务由党员副校长和教务长负责。学校对海粟很照顾，为他的旅游创作提供了很多方便。上海美专和山东大学艺术系、苏州艺专合并（三校合并即为华东艺专）后的四年间，他去了北京、杭州、无锡、镇江、黄山、南京、庐山、佛子岭、西安，创作油画 50 余幅，中国画 100 多幅。那一年 3 月，又在上海举办了新中国成立后他的第一次个人画展。展出油画 119 幅，中国画 69 幅，在巴黎临摹的油画 6 幅。谢海燕在展览前言中介绍说："刘海粟先生在艺学上的主张是兼容并包，学习传统，学习生活。办学校是这样，自己的创作实践也是这样。""从刘先生的油画上，可以明显地看出民族传统的因素。这些因素，是随着年纪与功力的增长而不断增长和发展的。""刘先生的中国画，则在自己民族传统的基础上，吸收了西洋的技法精华，创造了独特的新国画风格。"

但迁校是件大事，触动了他的中枢神经和脉搏。他不能视而不见，听而不闻，而他也认为教授们的忧虑很有道理。偌大个华东区，怎么能没有一所高等艺术学校呢？为了新中国艺术人才的培育和艺术的繁荣，他得阻止这个决定的实施。

他从上海赶到无锡，找主持校务的副校长说：“华东艺专迁往西安的决定是不妥的！就是从全国一盘棋来考虑，也欠慎重！请学校把师生们的意见报告国务院！”

副校长是从解放区来的老干部，党性很强。海粟的话使他吓了一跳。政府的决定就是命令，怎么能不执行呢？他向来对海粟很客气，可此事不比一般，他不由严肃起来，说：“刘校长，你是学校的领导，你应该带头执行国务院搬迁的决定，多做教授们的思想工作，怎么你也不愿去西安？西安可……”

他没法冷静了，打断了对方的话：“这并非我刘海粟怕去西安的问题，也非教职员工们不愿去西安的问题。问题是华东应该有所高等艺术学校！上海美专办了数十年，上海历来就是华东地区文化艺术的中心，怎么能将它唯一的艺术学府连根拔除呢？我反对这样做！”

“我们党实行民主集中制的组织原则，下级服从上级，少数服从多数，”对方解释说，“我是党员，我不能反对上级的决定！刘校长，你可以保留你的看法，但我也希望你以大局为重……”

“难道错误的决定也要执行吗？你这是不负责任的做法！艺术有它自己的规律的，”他有些激动了，“这里的许多老教授，他们生在这块土地上，长在这块土地上，创作在这块土地上。你让他们脱离这块土地，他的创作就成了无源之水，无本之木！古人云：‘橘生淮南则为橘，橘生淮北则为枳。’艺术也是这样！我办上海美专几十年，我有这个体验，华东艺专的教学，在某些方面还继承了上海美专的优秀传统，这一搬，不就完了！”泪水竟从他的眼里渗了出来，然后缓步走出了办公室。

海粟回到学校分配给他的宿舍中。原上海美专的教授们跟着也进了他的房间，他们都是不愿搬迁的。一看他的神色，就知道谈话的结果。他们默默地陪着他坐着，什么也不说，只用目光安抚他。不用语言，他也能感受到他们内心的焦虑，感受到他们的失望，但他们仍然把最后的希望寄托于他。沉默中，他的心中突然升起了一轮太阳，脑海中浮现出一个伟岸的影像：国字形的面庞、卧蚕一样的浓眉、充满智慧的大眼、长长的人中、宽阔刚毅的嘴，他正微笑着伸出宽厚的大手，向他走来，“刘先生，欢迎您！”他紧紧握住那双手，“周总理，您好！”

那是1953年的夏天，总理邀他去北京。他在北京画了不少画，会见了老朋友章士钊、叶恭绰、郭沫若。他们还在他带去的《群牛图》上题了诗，并把它留在北京，供全国国画展览会使用。周总理请国务院交际处常俊处长照顾他和伊乔。一天，常俊陪他们游颐和园。伊乔指着昆明湖上一望无际的荷叶说：“多好看啊！”

常俊立即问：“您喜欢荷叶？”

“喜欢，”伊乔说，“江南还用荷叶包粉蒸肉呢！吃起来清香扑鼻。”

第二天餐桌上就多了一盘荷叶包的粉蒸肉。

他很受感动地对常俊说：“您真是个有心人，照顾得这样仔细周到。”

常俊说：“这是总理给我的任务，照顾好你们。”

几天后，总理派人把他接到他那里。

他认识周总理还是在20世纪20年代的一次集会上。他被周总理非凡的气度深深吸引了。周总理还到存天阁来看过他，他们谈得很投契。抗战胜利后，他们在上海又见过一面。这是新中国成立后他们第一次会见，都很高兴。总理说：“别人以为你的子女在海外，不会留下。可我相信，你会留下来继续办学的。因为你更爱的还是祖国！”

他很激动，攥紧了总理的手说：“谢谢总理，您这么理解我，相信我。

在那时，是有人劝我走的，正在这时，我接到了您辗转托人带来的口信，要我留下来继续办学。是您坚定了我留下来的决心！”

周总理拉着他的手，把他带到简朴的沙发上坐下，亲手给他沏了茶，就坐在他的对面，谈起了去年进行的高等院校院系调整的事。总理说：“您在这项工作中为许多私立学校做出了好的榜样，把您创办了几十年的上海美专贡献给了国家。我代表政府感谢您！”

海粟的眼里蒸腾起一缕热雾。他说：“在政府的统一领导下有计划地培养祖国需要的人才，正是我最大的愿望，也是我当初创办上海美专的初衷，我如愿以偿，我很感谢政府！”他又说起了对美术教育的构想，“上海美专积累几十年的教学经验，有很多东西还值得今天借鉴，比如旅行写生、人体模特儿写生，都是锻炼学生如何用画笔来表现新中国建设者精神面貌的手段，让学生们走进火热的生活，走进自然，才能创作出体现时代精神的艺术。”他又说了他的具体打算。

总理说：“你们的做法很好，象牙塔里培养不出人民的艺术家。”他又告诉海粟，“徐悲鸿先生领导的中央美术学院的教学也有很多创新的表现。”他详细地向海粟做了介绍：“你们可以互相学习嘛！”

海粟点点头说：“是的。我很欣赏徐先生在美术教学上的‘洋为中用’和‘古为今用’的方针，他在培养美术人才上，做出了卓越贡献，我对他很钦佩。他的西洋画根基厚，素描和色彩都有很深的基本功。早在20年代，我就看出他会成功。我多次向我的朋友们推荐他，说他运用中国画的水墨技术结合西洋画的表现方法所创作的具有民族特点的作品应该给予支持。郭沫若先生把我的评价对许多人都说了，但当时，有人却说他的功力不够，说我是‘谬奖’。我却坚信不疑说，‘让时间来证明吧！他准成大器！’他中年以后创作的《九方皋》《愚公移山》气派很大。”

总理脸上流溢出满意的神色，说："曾有人对我说，您和徐先生长期不在一起，有所隔膜。我当时就严肃地说，'不要相信外间传闻。刘先生和徐先生都是艺术家，过去又有一段缘分。外间凭猜想是猜不透的。我们还要依靠他们两人团结合作，把新中国的美术教育抓起来。'团结就是力量，对吧？"总理亲切地看着他。

"我是从旧社会过来的画家，有许多地方需要改造、学习。悲鸿对共产党的尊重和信任在新中国成立前就开始了，他有很多地方值得我学习。"

"你们互相学习嘛！"总理又鼓励他，"你们对美术事业都做出了贡献，你们的团结，关系到新中国美术事业的发展。徐先生有病，性情容易急躁，你要谅解他。你们的担子很重，国家需要你们，你们能健康长寿，中国艺术事业的发展就有了可靠的条件。"

他们从晚上 8 点钟谈到凌晨 1 点多钟。

这次会见，留给他深刻的记忆，给了他很大的激励。

海粟想到这儿，就走到画案前，对他的同人们说："你们都回去吧，我来给周总理写信。他一向关怀美术事业的发展，尊重知识分子的意见，他会考虑的。"

总理接到他的信后，很快做出了反应，派人下来进行了调查研究。很快就下发了撤销关于华东艺专西迁西安决定的文件。他捧着国务院的红头文件激动得像个得到了新年礼物急于把礼物亮给小朋友的孩子，急急忙忙把这个令人振奋的消息告诉了教职员工们。他从这个教授的宿舍，走到那个教授的宿舍说："学校不迁西安了！""学校不迁西安了！大家安心教书、创作，迟早还得迁回上海！"

师生们也都奔走相告："周总理接受了刘校长的建议，学校不迁西安了！""刘校长为学校做了件大好事！"校园一片欢腾，这使得某些主张迁校的领导很不高兴。并校初期，他们还常常听取海粟对教学的意见，可渐渐地他们就不尊重艺术教育的特殊规律了，不重用那些中国画艺术修养高、教学经验丰富的教授了。有的教授还被调离了教学岗位，派到图书馆去管书，派到教务处去刻蜡纸。某些主张迁校的领导认为中国画是已死了的东西，不能反映现实生活，只强调向苏联学习。

海粟为中国艺术的前途深深忧虑着。在5月16日的上海宣传工作会议上，他怀着对国家、对党、对美术事业的一腔热情，对当前美术教学上存在的问题阐述了他的见解，提出了批评。他希望分管这方面的领导同志尊重艺术教学的规律，不要违背规律。可是，学校某些领导，依然故我。他们不懂业务，也不学习业务，美术学校成了配合中心工作的宣传队了，这样下去怎么办，岂不误人子弟！岂不有害于中国美术事业的前途?

可他的善意意见并没有得到理解，反认为他是要把华东艺专办成刘海粟的上海美专，是出于个人野心。天地良心，正因为华东艺专的前身是上海美专，他才格外钟爱它，希望它健康发展，为新中国的建设培养出优秀的美术人才啊。

他点燃一支烟，坐到沙发上，把头靠到沙发背上，又微微仰起头来，凝视着墙上油画上的《但丁与维吉尔》。

暗蓝色的海水像巨龙那般在扭动，小舟在狂风恶浪中挣扎，善和恶在进行着殊死的较量……

人生就是如此！

他突然想到他的老友傅雷。他是个酷爱祖国、酷爱艺术的正直知识分子。他离开美专后，就潜心从事文学艺术上的研究工作。

傅雷对发展繁荣新中国的文艺，有他卓越的见解，不妨听听他的意见。

他拿起电话，拨了傅雷家的号码："恕安吗？你接到政协的通知没有？

收到了，党号召我们帮助整风，在中苏友好大厦举行座谈会，‘大鸣大放’，你去吗？”

“你去不去？”

“当然去，”海粟果断地回答着，“近年的美术教育和创作走进了千篇一律的死胡同，我要去放一炮，提醒分管艺术部门的领导注意这个问题。艺术是个性的表现，没有个性，千篇一律的东西算得了艺术么？你对艺术的规律做过很深的研究，你一定有很好的见解。”

“好，我去！”

海粟高兴地放下了电话，回身走进画室，跟伊乔说：“我去中苏友好大厦参加市政协举行的‘大鸣大放’座谈会。”

伊乔不解地问：“什么叫‘大鸣大放’？”

“就是叫我们毫无顾虑地提意见，帮助党整风，改正缺点。”说完就转身下楼去了。

伊乔为他收拾画卷，不知为什么，她心里隐约感到了一种不安。她追到楼梯口叫住他：“老先生哪，你提意见归提意见，可别激动呀！心平气和地慢慢说，对你的身体有好处啊！”她像叮嘱孩子一般。

他报以一个微笑：“别担心，没事的，我们是响应号召去帮助整风的，是政协请我们去的。”

伊乔望着他远去的背影，她的心却不由地沉重起来。

二

伊乔拂不去心头的沉重。这似乎又是一种预感，什么样的预感呢？她说不清，只好转身上楼去找韵士。

她和海粟结婚不久，就提出要把韵士接回家来住。海粟虑及两个女人住在一个屋顶下，久了，就会生事，给大家带来不愉快。与其那样，不如维持现状。但伊乔总觉得让韵士独住一处不合适。而她早在和海粟认识的初期，就对她的被弃深表同情。海粟不同意把韵士接回家来，她也不能一意孤行，而且，韵士一个人生活惯了，愿不愿意回家呢？

她第一次去看韵士，是叫刘豹带去的。韵士很受感动，留她吃了饭，跟她谈起了夭折的长子刘龙，谈起了刘虎、刘豹，说他们都很努力进取，她已得到了很好的安慰。还说了当初海粟没听她的劝告，被成家和弄得神魂颠倒，失去了理智和判断能力，以致招来了沉重的打击和羞辱。韵士还对她说："海粟是个以事业为生命的男人，他需要一个为他放弃自己追求的女人来辅佐他，既然你肯舍弃富家，千里迢迢来嫁给他，这说明你是愿意为他做出牺牲的人。我为他能得到你的爱而高兴！我们早就没有夫妻关系了，但我永远是他的朋友！以他的幸福为幸福，为他的不幸而痛苦。你不会吃醋吧！"

伊乔感动得眼里滚动起泪花，紧紧握住她的手说："老姐姐，先生放弃了你，是放弃了无价的财富，是他人生中一大错误！你跟我回家吧？我们共同来帮助他。"

韵士紧紧攥紧了她的手，说："有你，他就够了，我听豹儿说，你把家治理得井井有条，他也每天作画，你医治了他心上的创伤，谢谢你！虎儿已成家，儿媳是他的同学，英国人，他们已有了个儿子。豹儿学习也很好，我没有忧伤和不快乐。而我早已习惯了安静的生活，你有空常来谈谈，我就很高兴了。"

几年后，刘豹大学毕业到天津工作去了，伊乔又去接她。韵士说："虎儿已来信，他要我去和他们同住，我已答应了他。”不久，刘虎回来把他母亲接到纽约去了。可半年后，她又回来了，伊乔去机场接她。两人相见，紧紧拥抱着，韵士流着泪说：“儿媳待我不错，他们希望我长期和他们生活在一起。可语言障碍很大，我过不惯西方生活，吃西餐和吃药没有两样，我再待下去就活不了了！他们只得送我回来。”

“老姐姐，你就回家吧！”伊乔再次发出邀请。

“不！”韵士说，“我已老了，帮不了你们，反而要增添你们的麻烦！”

“你说些什么呀！”她松开了手臂，“我是诚心的！”

韵士点点头说：“我知道，我喜欢清静，还是让我一个人过吧！”

伊乔没办法，只好把韵士送回到她的公寓。周六、周天，就叫刘虬、女儿刘虹带些食品去看她。小女儿刘蟾过生日，伊乔让刘虹给她送一块蛋糕。刘虹回来跟她说：“韵妈妈病了，睡在床上起不来。”

她的心不由发酸了，连忙打电话把海粟找回来，要了车，把韵士送到医院。

她在医院陪护了几天，直到韵士退了烧，才回家。这次她下了决心，一定要让韵士回家住。

她把三楼朝南的一间房子收拾出来，指挥阿姨打扫干净，把韵士的床铺搬了回来，把她的被子洗了，她用惯的一应家具也搬来放到她的房里。出院那天，她亲自带了车来接她，对她说：“老姐姐，我接你回家。海粟也要求你住在家里。”

“不，不！”韵士连连摇头，“我老了，体弱多病，会让你们讨厌的。我还是一个人住好！”

“那不成！”她也很固执，“谁人没有老的时候？谁又能保证不生病？你怕讨人嫌？那好办，你不管家里事，一切由我来安排，这会有什么矛盾呢？我愿意照顾你！海粟也希望我代他来照顾你！让你孤苦伶仃一个人住，他内心也很痛苦、很内疚、很不安呢！我这是代他来报答你的深情的，你怎么还要拒绝？”

泪水从韵士眼里潸然而下。她没再坚持了，默默地点了下头。

韵士住回来以后，她们相处得很融洽。韵士确实是百事不管，伊乔却处处为她着想，缺了什么就给她添什么，病了也都是她亲自照料，为她洗脸、梳头、换衣，像待亲姐姐一般。韵士也处处为她这个当家人分忧，可以节省的她尽量省着。

伊乔无法排解心头莫名的不安，就上楼去了。“老姐姐，老先生今天到中苏友好大厦参加‘大鸣大放’去了，不知为什么，我老觉得这事不对劲！”

韵士没有立即说话。她对“大鸣大放”这个新名词还没有完全理解。但她能从伊乔忧虑的眼神里感受到这可能对海粟不利。她不解地问：“这‘大鸣大放’是不是提意见？”

伊乔点点头。

“哎呀呀，你怎么不拦住他？”她嗔怪着伊乔，“他这个人，容易激动，没有一点城府，心里有什么嘴上从来没有遮拦的，要得罪人的哟！”

“是呀！”伊乔应着，“但他说没事的。”

“唉，但愿没事！”韵士又跟她说起了他过去的经历，“人称他‘刘大胆’，孙传芳他都敢得罪，可我老担心他要吃苦头。他呀，老叫我们这些女人为他担惊受怕的！”

中午，海粟精神昂扬地回来了。伊乔连忙迎上去问：“你没发火吧？让我和老姐姐提心吊胆了半天。”

他不由笑了起来：“你们啊你们！这有什么可担惊受怕的！”他放下

公文包，往沙发上一坐，“今天我非常开心，把心里的话一股脑儿都说出来了！发言都录了音，会放给有关领导听的。有了错不怕，只要改，事业就会前进。”

伊乔又问：“哪些人发了言？”

“可多呢！都是上海学术界的巨擘，第一个发言的是周谷城先生，第二个是苏步青，恕安第六，我第十二。我讲过，恕安又再次发言，他支持了我的意见。”

“你说了些什么？”

海粟惊奇地看着伊乔：“今天你怎么啦？对会议这么有兴趣？不用担心，我这人只会讲真话，不会胡说的！而我说的都是为了艺术事业！”

一听到海粟说话的声音，韵士就出来了。她没有下楼，站在楼梯口听他们谈话。一般情况下，她从不这样做，更不主动去与海粟讲话。今天，她却忍不住了：“你像个孩子样天真，你见过何人要求别人来戳他的痛处？你上当了！”

海粟仰起头，反驳她。

韵士不和他争了，她转身进房去了。

“老先生，”伊乔给他冲了杯咖啡，“老姐姐是怕你吃亏呢！”

他微微一笑，“我知道，说真话有什么担忧的。这是我做人的原则，你们真是杞人忧天。”

他没有把她们的担心放在心上，他仍然按自己的做人准则处世、创作。

可他仍然得不到应有的承认。第三次全国文代会和第二次中国美术家代表大会在京召开，并举办全国美展，他仍被排斥在外。不被承认又有什么了不得？作家凭作品说话，表演艺术家凭表演艺术说话，画家就凭绘画艺术说话！古今中外不被当代承认的作家、诗人、画家举不胜举，很多人的价值是在他死后才被认识的！他没计较。当他得知中国人民解放军总政治部和文化部、中国美协联合为庆祝建军三十周年联合举办美展征集作品时，他主动致函画展筹备处，并把油画《梅山水库晨曦》《佛子岭水库飞雪》和中国青绿山水画《梅山水库工地》《佛子岭水库》送去参展。其中《梅山水库晨曦》《佛子岭水库》入选。他所著的《中国绘画上的六法论》一书也于同月由上海人民美术出版社重新出版。他一点也没预感到噩运已经降临。

9月16日晚，他从广播中得知齐白石这天在北京病逝。他和齐老接触不多，但他喜欢齐老的写意画，心情很沉痛，打电话给傅雷，彼此在电话里倾诉了对齐老的怀念之情。后来，傅雷问他："看了近日报纸没有？"

"我好些天都没翻报了，有什么新闻吗？"

"我也没看报，"傅雷说，"昨天有两位朋友来闲聊，说起那天的'鸣放'会，他们很为我们担心。我不以为然，说，'我们只不过说了些真话，动机是纯正的。'他们分析说，'说不定要开展一场运动！'"这次谈话，他也没放在心上。他依然作他的画。他在中国画《茂林石壁图》上题道："南田仿梅花庵主《茂林石壁图》，信笔挥洒，极泼辣恣肆之观。兹背临一过，未能仿佛万一，略存其大意而已。"他仍然游离于政治运动之外，仿佛一个嗅觉不灵的人，还未闻到弥漫在空气中那浓重呛人的火药味。

三

10月20日，江苏省文联派人给他送来一份通知，说："10月22日至

26日在南京召开五省文联委员（扩大）会议，中国美术家协会南京分会筹备委员会的全体筹委参加会议。”

这时，华东艺专已决定要从无锡迁往南京，归江苏省领导。他有不少虚衔：江苏省政协委员、省文联委员、中国美术家协会上海分会理事、中国美术家协会南京分会筹委会副主任。他正想去南京，看看学校即将迁往的丁家桥校址。

海粟喊阿姨给客人沏客，就要打电话叫人买车票。来人慌忙放下茶杯说：“车票已给您买好了，明早我来接您一道上车。”

他高兴地说：“那就谢谢你了。”

一到南京旅馆，他就感到气氛不对，往日趋奉他的人碰到他，也只是冷淡地点个头。很熟的人不是转身走往别处，就是转过头，或低下头装作没看见他，他十分纳闷和气愤。你傲视我，我更傲视你！你的头昂得高，我的头比你昂得更高！他是个天生不屈服的人，不愿去询问他人发生了什么事。

早餐时，他更感受到了被冷漠、被歧视的孤立滋味。那些熟面孔见着他，仿佛根本不认识一般。他也就装着不认识他们，不往他们的席上去，他径直走到一张没人的餐桌上坐下。就餐的人陆续走进餐厅。可当他们认出了他，都绕过那张桌子往别处去寻位子。仿佛他是个传染瘟疫的带菌者，怕与他接触。他这才意识到问题的严重性。原来这个会是为他而开的！瞬间，他心里升腾起一缕大无畏的豪迈之气。这股气很快弥漫了他的全身。他突然想起了陈独秀在狱中赠给他的那副对联：“人无愧怍心常坦，身处艰难气若虹。”我无愧无怍，怕什么？他潇洒地站了起来，旁若无人地拿起饭碗，走到饭桶边，盛了满满的一碗大米饭，又拿了两只大馒头，回到桌上。他觉得胃口从未有过的好，似乎能吞下一头牛一般。

海粟从餐厅刚回到房间，到上海接他的那位文联的青年就来了："刘校长，领导让我送你去会场。"

这是他到南京后，唯一不怕和他接触的人，便盯着他的眼睛问："这次大会主要内容是什么？"

那人躲开了他的目光，轻声地说："你去了就知道了。"

会场设在就近的一个剧场里。一出门，就远远地望到了剧场的大门头上挂了一条巨型标语，白纸黑字，非常醒目："彻底揭发、批判老牌右派分子刘海粟！"

他心虽有准备，还是震惊了，约略愣了一下，就急步向前走去，想看得更真切一些。那行字突然间活了一般在上下跳跃。他的眼花了，怎么也看不真切。

"刘校长，你怎么啦？"那青年扶住了他。

"没什么。"他很快镇静下来。我在日本宪兵的刺刀下也没装过孬种，在自己同志面前我装什么熊？和日本人讲不清理，和自己人难道也讲不清么？他不信。人无愧怍心常坦，我无愧无怍，只不过为了美术事业，说了些真话，提了点意见，即使被误会了，也说得清的！

自信又回到了心中。他昂首阔步，走进会场。

嗡嗡响的会场，立时鸦雀无声了。几乎所有的目光都投向了他。气氛也随之肃穆和紧张。

他如入无人之境一般，向前排走去。既是挨批判，就当坐到醒目之处，让所有的人都能看到他。他坐到前排正中的位置上，仰头向舞台上口看了一眼，他的心不由打了个格愣，似乎看到了一道鞭影向他抡来。虽然他的一生经历过很多沟壑，遭际过风暴恶浪，但那一行字仍有一股寒意侵入胸臆。罪行？我已犯了罪行了？我犯了什么罪？……

四

1958年2月，华东艺专从无锡迁到南京丁家桥。3月1日正式上课。

刘海粟是揪出来的批斗对象，没有自由，当然不能像以往那样，悠游在上海家里。他随校去到南京，住在学校，没人敢接近他，他也没权利携带家属。

4月的南京，细雨绵绵，空气仿佛都拧得出水来。海粟在室内写检查，连个说话的人都没有，孤寂地度着难熬的岁月。

"刘校长，"有人轻轻地唤着他，"天都黑了，您怎么不开灯。"随着这个声音，电灯开关啪的一声，室内亮起了昏黄的灯光。

他正歪在床上，凝视着窗口那块亮光，听着细雨在窗外广玉兰叶片上那蚕吃桑叶般的沙沙声响和檐口上时有时无的雨的淅沥之声，这天籁在他那寂寞的心中化作了无名的乐章，让他暂时忘了身处的逆境。好久没人这样叫他了，他已忘了他还是这所学校的校长。

是谁这么不识时务？莫非我的问题得到了甄别？他慌忙坐了起来。

一个40来岁，戴顶线帽，系着条黑不溜秋长围裙的男人拎着两只竹壳热水瓶站在灯下。

海粟认出他是锅炉房的工友。

他未等海粟开口，就说："校长，我没见您去打开水，就给您送两瓶来。天很冷，晚上把脚烫一烫，年岁大了，睡觉脚不容易暖。"

他的心一阵发热，连忙站起来说："谢谢你！""不用谢，以后有什么事就跟我招呼一声，我叫陈世良。"

"啊，是陈师傅。"好久都没人跟他这样说话了，那些看管他的人说话都凶得很。他受了深深的感动，但又怕连累了陈师傅，就说："陈师傅，非常感谢你的关心，可是，我是有问题的人，这会影响你的，以后，别给我送水了。”

陈师傅憨憨一笑：“校长，我一个烧开水的，贫民出身，不怕！我还是小孩子时候就在南京看过您的画展，好大的油画啊！有一面墙那么大，叫什么舟？”

“《但丁的小舟》。”

“对，是那一张。”

“那不是我的创作，是我在巴黎卢浮宫临摹的。”谈到绘画，他蓦地把身外的一切都忘了，“那是浪漫主义大师德拉克洛瓦的杰作，他画的是资产阶级文艺复兴的先驱者但丁和他的战友维吉尔的故事，表达了善与恶的殊死搏斗。”

“我还记得有张国画，上面有好多人的题诗，我记得最牢的是郭老写的，头一句是‘艺术叛徒胆量大！’”

“那幅叫《九溪十八涧》，上海县长危道丰要封闭上海美专，我正带师生在杭州写生，看到报上这个消息，心里愤然，画了这张画。”

“我非常喜欢您的画，我不相信你会反党反人民。好些工友都认为你是好人，还有俞剑华教授，有人动员他揭发你，他说你没有做过对不起人民的事。我很尊敬他，他很同情你，说你是中国新艺术的先驱，一代宗师，他对有些人翻脸不认人很不满……”

海粟连忙抓住他的手：“陈师傅，你声音小一点，隔墙有耳。”他无声地叹了一口气，“我很感激你，谢谢俞教授和工友们，可我请求你，这些话千万别说出去，那会毁了你们的。你们能理解我，信任我，已给了我力量，我心里不知有多高兴，我相信共产党，相信人民。我没做反党的事，心里很坦然，你放心。以后别给我送水了！今天我没去打水，因为我的胶靴破了个口子。”

“校长，你能想得开，我就放心了，不要把那些昧着良心批判你的话放到心上，千万千万！中央既然让你当校长，就是相信你，这是下面人搞的，上面总会知道的。你是六十出头的老人了，想开些，你过的桥比他们走的路还多，什么没见过，挺一挺就过去了。”

海粟眼里蒙起了热雾。

“你休息吧！”他把灯关了，带上门走了。

海粟和衣靠到床上，心情怎么也无法平静，他拉亮灯，洗了脸，又往冷水里兑了些开水，端到床边，把双脚放了进去。一股让人感到舒畅的温热，从脚底升了上来，他的心也顿时暖乎乎的了。谁说世上没有正义？当他被那些曾经竭尽全力逢迎他的人揭发批判时，他对人生绝望过，他为道德的沦丧和人性的失落悲哀，他呼唤真善美和道德，回答他的是世态炎凉。今天，他却从一个普通的工友身上，看到了光明，看到了希望。他虽然平凡、普通，却能识别真假善恶。

他感到全身都暖乎乎的了，擦干脚，上了床。这一夜，他睡得很安稳。

雨，还在下，吃早餐时，下得更大了。看管他的人在门外喊：“刘海粟，吃早餐去！”

他从门外拿起胶靴换上，打着伞挟着铝制饭盒出了门。

去食堂有很长一段路。他不敢蹚水，担心水从开裂处渗进来。昨天，他就因水湿了脚冷得发抖。可这条路都浸在水中，他无法顾到脚了。他从食堂吃饭回来，脚却没有湿的感觉。他脱下胶靴，看了看，怎么这靴子的裂口不见了！他把靴子拿起来，左看右看，也没找到那个一寸长的裂口。这太奇怪了！莫非它还会自己长起来不成？哪有这般奇迹？倏然，他想起了陈世良，只对他说过靴子破了，莫不是他把破靴穿走了，留下了他的好靴？

他走到窗口，借着光亮，查看着靴里，他发现了几粒煤屑。不错，肯定是陈师傅的靴子。

他把那双沾了泥水的靴子抱在怀里，泪水潸然而下。人哪，春风得意时，有人送他一双新靴，他决不会如此珍爱感动，可当落魄时，一双旧靴，他会终生不忘！海粟抱着那双沾了煤屑泥土的胶靴，心情无比激动，它不仅仅是让他的脚免受水浸之苦，也不仅是双防水的胶靴，它于他，是一轮光明的太阳，是激励他渡过难关的力量！

下午，他被唤到办公室去谈话。负责人要求他“做深刻检查，悔过自新”。

海粟坐到桌前，面对着一叠报告纸，写什么呢？我没反党，就不能承认反党！我没错，就不能说自己错。突然，他又想起了陈独秀赠他的对联，信笔写在了纸上。他笔一扔，躺到床上。

竟不知何时睡着了。

“刘校长，”有人轻轻地推了他一下，他一惊坐了起来，“陈师傅，是你！谢谢你把胶靴换给我，我这脚才没湿。”他发现陈师傅手里拿着他写的陈独秀的对联，“快把它撕了吧！”

“我想要，送给我吧？”

“等我自由了，我给你写张大的。”

“这个我也要，你写个名字吧！”

“好。”他写上了刘海粟三字。

陈师傅把它折好，从内衣口袋摸出两个煮熟的鸡蛋递给他：“趁热吃了。”就把字放进了内衣袋里，拎起空水瓶，转身走了。

天黑了的时候，陈师傅又拎着两瓶水来了，悄声地说：“校长，今天你早点睡，养好精神，明天又要开全校师生员工大会了，你可能又要挨斗了。我刚刚看到有人在贴通知呢！”

“谢谢。”士可杀不可辱，海粟最怕的就是辱！海粟不怕讲理，就怕胡来。每一次群众性的斗争大会，于他就是一次经受地狱之火冶炼的痛苦。明天，又要到地狱中去走一遭了！我刘海粟就是消灭了，也算不了什么，我忧虑的是中国新兴艺术的生命！

他强迫自己躺在床上，可他的心神怎么也宁静不了，他的心怦怦乱跳，他的中枢神经像绷紧了的琴弦，风声雨声仿佛都打在他内心的琴弦上。他辗转反侧了一夜。

他不知自己是如何从会场上走回房间的。他没打伞，外衣都湿透了。他站在房中央，地下顷刻就是一摊水，他竟没觉察到这些，他只想逃脱那森林一般高高耸立的拳头和那排山倒海的打倒之声。他的耳鼓仍然在经受轰然的口号声的震颤，还有那个宣判也追逐着他："现在宣布对反党反社会主义的右派分子刘海粟的处分！撤销其华东艺专校长职务，从一级教授降为四级教授，同时撤销其中国人民政治协商会议江苏省委员会委员、江苏文联委员、南京美协筹委会副主任委员等一应职务，戴上右派帽子，接受群众监督。……”

彻底被划入另册了！

他的心被揉碎了，一股愤然之气从绞痛的心中窜出，奔入血管，涌向四肢。顿然间，他感到自己变成了一只充胀了的气球，他的脑袋也随之鼓胀起来，嗡嗡地响，眼前的事物也旋转起来，轰的一声，他感到脑袋炸裂了，失去了知觉，倒在地上。

“不得了啦！不得了啦！”陈师傅一直关注着海粟，见他失魂落魄般走回房间，就拎起一瓶水紧跟着推开了他的门。见他倒在地上，双拳紧握，牙关紧闭，口眼歪斜，口角流涎，面红气粗，痰声噜噜。陈师傅惊慌了，连忙放下水瓶，蹲到他身边呼唤着他："刘校长！刘校长！"见没有反应，又轻摇了他一下，也不见醒。陈师傅大叫起来，奔出门去，"来人哪！来人哪！刘校长昏过去了！"

看管海粟的人连忙从旁边门里走出来，呵斥着他："大喊大叫干什么！"

"他倒在地上，不省人事了！"他拉住那人，"他可是大名人啦！世界上都知道他呀！快快把他送医院吧！"他急得要哭了。

那人走进房，看了一眼，也感到责任重大，就转身往外走，对陈师傅说："我去报告，你在这守着！"

陈师傅从水瓶里倒了一点水，蹲下去想喂他。可他牙关咬得铁紧，他无法把水喂进去，也没法让他的嘴张开来。陈师傅不停地喃喃："这怎么是好？这怎么是好？……"急得团团转。

去汇报的人很快回来，对他说："领导叫送医院！"

陈师傅连忙起身往外跑，"我去拉车来！"不一会儿，陈师傅拉来一辆大板车，他把海粟的被子铺上去，就抱起海粟，和那人一道把他抬上板车。他拉起车，脚底生风般直奔就近的解放医院。

五

海粟患的是中风。经抢救，缓解了症状，脱离了危险。但口眼仍然歪斜，舌头舒展困难，不能说话，右下肢麻木，手臂无力，抬不起来。这是种很难治愈的病，有人就是抢救过来了，也终身瘫痪在床。伊乔却有信心治好他。在她的要求下，经学校同意，她把他接回上海家里养病。

这种病非常磨人，急不得，就是治疗得法，也好得慢，需要耐住性情，长期奋斗。伊乔了解他的性情，更理解他的心。她相信爱的力量，坚信她的爱能医治好他受伤的心灵，也能医好他肉体的病痛。她是有主见的坚强女性。每天天不亮，她就起床，乘电车转公共汽车，到郊外市场上去寻找活鱼活虾，月复一月，日复一日。她像哄孩子一样哄他服药，哄他吃下有利康复的食物。她认为活的鱼虾有利于恢复身体，就想方设法让他吃到。

1958年的冬天特别寒冷，郊外的泥路冻得铁硬，刺骨的寒风肆无忌惮地抽打着，她清秀美丽的脸庞冻红了、冻紫了，她全然不在乎。她拎着竹篮的手冻木了、冻肿了，她也没觉得。她一心只想觅到活鱼虾，不管多少钱一斤，她都买下。她已几次没买到鱼虾了，她很快明白了这是为什么，渔民们害怕"割资本主义尾巴"，要抢在天亮以前卖完鱼虾回到家里。从此，她起得更早了。那天，她起得太早了，公共汽车上只有她一个人。她从汽车上下来，伸手还不见五指。她无法看清摆在地上的鱼虾是活的还是死的，只有用手去摸去感受。那天，她买到了五条活蹦蹦的河鲫鱼，又买到了两斤鲜活的大河虾，转身就马不停蹄地往家赶。

一回到家，拣出一条，把其余的鱼放养到铁桶里。见它们个个张嘴吐气，摆动起尾巴，她开心地叫了起来："老先生，今天我买到了上等的河鲫鱼和虾呢！"拎起养鱼桶就往楼上跑，把它们放到海粟床前，"你看，条条都是活的，多爱人哪！"她把海粟扶起来，靠到床头上，"你看看、玩玩，我去给你做鱼汤。"

这些鱼，条条有筷子长，青黑的脊背露在水面上，闪着油光。看着它们在水中轻摆尾鳍，快活地游着，海粟那沉甸甸的心湖，仿佛流进了一股生命的活水，滋润着枯死的胚芽。沉睡的美，在那里蠢蠢蠕动了，希望也随之萌生了，他仿佛又闻到了久违的春的气息，看到了烂漫的春花。他张了张嘴，舌头突然间舒张开了，他使劲喊出了声："伊乔——！"

伊乔刚煮好鱼汤，正往碗里盛。突然听到了他的声音，惊喜得手足无措，不知该丢下鱼汤跑向他，还是把鱼汤端了去。最后她还是端起鱼汤连声应着："呃——！呃！老先生，我来啰！"

"伊乔——！"海粟又喊了她一声，"我这个哑了七个多月的哑巴能讲话了！"

"好好好！"伊乔激动得泪水滚滚，把鱼汤放到床头柜上，抱住他的头，"先生，我说你会好的！你一定会全好的！"她用袖口揩了下泪，坐到床边，拿了条毛巾给他围到颈脖上，端起鱼汤，"先生，要好得快，就得多吃鲜活的东西！你坐好，我喂你！"

他像个听话的孩子，张开了嘴。他的眼皮还不能完全抬起来，但他还是能看到她的脸消瘦了许多，往昔的红润已经消退到生活的风尘中去了，细密的皱纹布上了她的眼角、额头。他的心中不禁浮起了她往日的风采：白衣白裙的她站在南国炽热的阳光下，微风漾起她的裙摆，就像初开的一树白玉兰花，鲜亮、高洁；她风情万种地站在落日的椰林中，光彩照人；他为她脱下薄呢黑大衣，她像一个高贵的公主一般初次走进他的家……可眼前的她，一身风霜、一脸憔悴和疲倦。他的喉头不禁发热发酸，便哽咽地说："伊乔，苦了你了！"

"你说什么呀！我们谁跟谁呀！"

他使劲不让泪水滚下来，又说："我感到太对不起你，你毅然离开富家，万里迢迢来嫁给我一个穷画家，我本想要让你过得舒服一点，可是……"

"别说这些好不好？"伊乔把剔除了刺的鱼肉送进他嘴里。

"我要说，"他吞下了那块鱼肉，"你待英伦、刘麟、刘豹如己出，把他们送到国外深造，为他们安排好前途，你又把身体不好的韵士接回家照顾，把本应我担的担子你一肩挑了，让我潜心艺术，你为我做了这么大的牺牲，我却总给你带来麻烦。如今，我连吃饭都要喂，拉屎拉尿都要你伺候……”泪水蓦地从他眼里滚了下来。

“你今天怎么啦？”伊乔伸手揩去了海粟眼角的泪水，“我是你妻子，这是我应该做的！”

“这些话捂在心里很久了，可我的舌头伸不直，今天我能说了……”

“快吃吧！”伊乔把碗边凑到他嘴边，“喝下去，都喝了！你的病才好得快。”

天天喝鱼汤，闻到鱼汤，他就反胃。但鱼汤里倾注了伊乔的深爱，他就把它当药来喝。喝着喝着，他突然想到了要问问鱼价：“鲫鱼多少钱一斤？”

“活的50元一斤。”

“啊！”他大吃一惊，“这么贵？”

“还买不到呢！”

“伊乔，我的工资降得只那么一点，买不到几斤鱼，如今我又不能画画，就是画了也没人买，这么一大家要吃饭，不要再买鱼了吧！”

“我自有安排。”

“不，”他很坚决，“就是全家不吃不喝，你也养不了我呀！”

伊乔微微一笑，“你别管，我有办法。”

他不由一惊，问：“你是不是把我的藏画拿出去卖了？这不行！”

“没有，你放心！”她走到他身边，把嘴附到他耳边说，“老姐姐把她的几件首饰硬塞给我了，要我拿去卖了给你养病。”

他抬头望着她：“你收了？”

伊乔点点头：“不收下她不依！”

海粟沉下了脸，半天不语。伊乔望着他，“你怎么啦？”

“你不应该收下。韵士什么都没有了，就那么点我给她的纪念品，我很对不起她，让她留着也是一种安慰。”

“我没卖。”

“没卖就好，你还给她去，就说是我让你这么做的。”

“等会儿我就去。”

“伊乔，”海粟的思绪又回到原来的问题上来了，他又看着她问：“你哪来的钱，还没对我说呢？”

“先生，这是我仅存的一点秘密。”伊乔握住他的手，“我都对你说了吧，免得你胡思乱想。我要离开印尼到上海来找你，我的父母和兄长知道我不会再回去了，你别介意，说句不好听的真话，一个艺术家名气就是再大，但在富商的眼里也只是个高级乞丐而已，他们无法阻止我，又心疼我，怕我受穷吃苦，在我临行前，母亲给了我几十根金子。我没告诉你，是想留着最需要的时候用。现在果然派上用场了。”她捧起他的额，轻轻亲了一下，“你不用为钱担心，一心养病，有了人，就有了一切。”

他抬起阔嘴，在她的腮边碰了一下：“伊乔，谢谢你。”

她笑了起来，爱嗔着他：“你这书呆子！”

“我觉得你比过去更美了！”

伊乔的脸上倏地泛起了桃红，突然泛起一缕少女的羞涩，她轻轻地叫了一声：“先生！”

“伊乔，我现在才开始真正领悟了人生的奥秘。这是一个人在一帆风顺的时候无法领略得到的。过去的六十多年，我虽然也经受过风风雨雨，被攻击被误解，但从未经受过人格的侮辱和践踏，越遭攻击，我身边的朋友越多。从不像现在，谁都怕接近我，真乃‘黑在闹市无人问，红在深山有远亲’啰！我很想说，感谢生活给了我这样的体验。可伊乔，我这样躺着，日子太难过了，你给我想个办法，做一个架子，放到我面前，让我观摩观摩家里的藏画，也许我的日子会好过得多。”

“这个主意好！先生。”伊乔高兴地说，“我就去请人做架子。”

第二天，全福就取回一个既像画架又可作画板的架子。这是伊乔设计的，下面是个半弧形架在被子上不会倾斜。上面是有点坡度的画板，用轻木和三夹板做的，架在他面前的被子上，一点不重。不但可以把画放在上面观摩，还可以作画呢。

全福把它架上去，他欢喜得不得了，当即就喊：“伊乔，你给我拿画。”

全福说：“师母去买面去了，一会儿就回来。”

他听到关院门的声音，连忙又喊：“伊乔，快来。”

伊乔放下采购的物品，就应声上楼来了，“老先生，满意吗？”

“太好了，谢谢你。”

伊乔又笑了起来：“你这书呆子，就会讲那一句话。”

“去给我拿画来。”他抬了抬身，“钥匙系在我腰带上。”他什么都不瞒伊乔，但藏画间的钥匙，他始终带在身上，好像这样才感到宽心。可见他爱这些民族文化的珍贵遗产，爱到了何种程度，不亚于他自己的生命。

伊乔从他裤带上解下钥匙，问他：“先拿哪个的？”

“关仝的。”

这是一张丝绢本，纵 190 厘米，横 188 厘米的巨画。它历经了近千年的岁月，色泽古旧，但画面仍然鲜亮。山色空蒙，水影浮动。从山光水色中，仿佛流动着自然的韵律和勃勃的生命。他常常把它挂起来欣赏，可此时，他只能一段一段地看。每看一次，他的爱又深了一分。也因为这幅画，他和吴昌硕结成了忘年之交。

海粟浮想联翩，他那受了创伤的大脑细胞，开始活跃了。人生有很多契机，若非关仝这张画，他就无缘认识吴缶老（即吴昌硕）。若非吴老的引导，他也许仅仅只是个拿油画笔的洋画家！若非吴老的鼓励，他在国画上就不一定会取得如今的成就！啊！人生，他完全忘了病痛，荡漾在美的蜜湖中。

海粟有过 40 多件的珍藏。他一日看一幅画，每一幅画，都伴着一个旖旎的故事，如此循环往复，百看不厌。他就这样打发着漫长的、磨人的病榻岁月。

孤独是思念的温床。他思念远在异国的儿女们，担心他的“右派”身份牵连刘豹。他记挂着傅雷，早就听说傅雷也被打入了另册，在高压下，他也不弯腰。傅雷拒绝和任何人来往，闭门译书。

都怪我！若非我邀他去参加“鸣放”会，他是不会被打成“右派”的！是我害了他！他每回想起傅雷，就为这事难过。我多么想去看他啊，我这腿！我这不能抬的手，我成了一个废人！你宽恕我吧！恕安！海粟更想念学校，就像一个被父母误解赶出家门的赤子，思念着生他养他的母亲一般。他多想在校园中走走啊！就是挨斗挨打也情愿啊！

又一个冬天来了，北风在窗外呼呼地叫，雪子儿打在玻璃窗上沙沙地响。伊乔给他灌了两只热水袋，一只放在麻木的脚边，一只放到他的怀里。拿出他的手，为他按摩。她按医嘱，每天为他治疗。

突然，全福推开了卧室的门，探进头来说：“先生，俞剑华先生来了。”

俞先生？海粟惊喜不已。自从回家养病，除了吴湖帆常乘夜色来陪他坐坐，极少有人来。他能理解朋友们，他也不愿连累朋友们，他不让伊乔把回沪养病的事告诉朋友们，以免他们为难。“这么风雪交加的天，他怎么来了？快请，请到这里来！”

俞剑华一身雪子儿。伊乔连忙拿来毛巾递给他："快揩揩！"又帮他脱下大衣。

"校长，我早就想来了，没机会到上海来呀！"

"俞兄，你不该来！"海粟未说这话之前喉头就哽咽了，"会连累你的！"

俞剑华憨厚地笑了笑："我不怕。"

海粟慨叹着："唉！患难见真情啊！你冒着自己被打成'右派'的风险，拒绝揭发我，给了我很大的力量，就像黑夜的灯光。"

"我是人嘛！"俞剑华边擦头上的冰水边说，"我怎么能为了保护自己去昧良心呢？那还叫人吗？"

"打我棍子最重的人，也是过去跟我最紧的人。"海粟又想起了那些批斗会的场景，无声地叹了口气，"不过，他们不使劲打我，自己就要挨打，我理解这个，剑华，像你这……"

俞剑华已感到自己的到来勾起了他的痛苦回忆，连忙打断他，转过话题，"海老，我们学校改名叫南京艺术学院了。"

"好，这名改得好，比叫华东艺专气派，更重要的还是领导。"海粟的情绪又高了，"院长是谁？"

"纵翰民。"

这个位置本来应是海粟的，如今已时过境迁，他已不会再有什么雄心了，他牵挂的仍是艺术的前途，说："艺术学院的领导，应该任命懂行的人，才不误人子弟。我这个观点，就是把我杀了，也不会变的。"

"虽说您这主张受到了批判，实质上上级领导还是考虑了你的意见，不然就不会任命陈之佛老先生为副院长了。"

海粟的情绪倏然好了起来，"只要党的领导能听取有益于发展艺术的建议，漫说把我打成右派，就是送我去劳改，我认为也值得。但愿有关领导能渐渐意识到这个。”

“陈老先生是个好好先生，他的作用能否得到真正发挥，还很难说。”

“他人很正派，古文化修养深厚。”

俞剑华点点头。他突然想起了傅雷的嘱托：“傅先生让我问你好。”

“傅雷？”海粟听到的好像是个遥远的名字，又是他漫长的病榻生活中经常念叨的名字。“他知道我在上海？”

“不，他以为你在南京接受监督改造呢！是我告诉他的。他很为你的健康担忧。他想来看你，又怕被左派认作右派串联，对你养病不利。”

海粟的眼睛湿了，“啊，他还像过去那样关心我，我想起他被打成‘右派’，是我造成的，我心里就不好过。我太幼稚了，连带他也遭了罪。”两颗老泪滚落下来，“我听人说，定他‘右派’那天，他在会上激动地说：‘我不反党反社会主义，我永远爱着我的祖国，问心无愧，既然你们视我为异类，从今以后，我不参加任何会议，该定什么罪，该负什么责任，我听凭处理。善意的意见，我感谢，那些夸大其词的攻击，我反对，决不接受！’他非常耿直，从不违心地接受没有认识的观点。”“像傅先生这样坦诚正直的人不多，就因为这个，我们友谊一直延续到今天。我始终敬重他！”

“是呀！只有这样的朋友，才不会背叛你，哪怕平时经常争得面红耳赤。”许多日子以来，海粟还没像今天这样高兴过。他的慨叹也特别多：“我总忘不了你初来校任教时，他的过火举动。不承想到你们竟成了终生的莫逆之交，你在这件事上令我感动，你是个大度的君子。”

“君子谈不上，但我以为，一个想在事业上有所前进的人，就要不怕听逆耳的真言，只有真言，才能让人前进。”

“对对对，所以你才有今天的成就。”海粟的思绪又回到傅雷身上，“他在家做些什么？”

“他还在译书呀！他译，夫人帮他抄。”

“啊！梅馥真是一个值得尊敬的女性。”海粟又慨叹起来，“她把全部的爱都献给了丈夫。一切烦琐家务，她一肩挑着，烧饭、带孩子、洗衣，整天忙忙碌碌，不停地转，还要给傅雷抄稿、查字典、翻书、写信，有时还要忍受傅雷那没来由又极不近情理的愠怒。他打牌、打球输了，却要对她发火，怪她没当好参谋。但怒一过，他又去赔礼道歉。梅馥从不计较，一笑而已，处处都显示出她惊人的温柔。傅雷的成就与她是分不开的。不知他现在在译什么？”

“他手头正在译巴尔扎克的《赛查·皮罗多盛衰记》。”

“他的情绪如何？”

“看上去很不错。他说，他心里正冲撞着一股力，出现了从未有过的高速度！”

“唉，”海粟复又悲哀起来，“他把苦难化作了力量，在寂寞中奋进，我却像一具死尸一样躺在床上！”

“海老，你别急，”俞剑华连忙安慰他，“夫人说你每天都在观摩古画，这也是在奋进呀！积蓄力量，以待喷发呀！”

“我不想在苦难中沉没！我渴望紧紧扼住命运的咽喉！我想画画，我要画画！”他大声呼喊着，“可上天不怜悯我，它是一个势利眼。它也帮着那些人落井下石，不让我创造，不让我用创造来获得光明！剑华，有时我真受不了啊！”他使劲想抬起手，刚刚抬起来，又无力地坠了下去，“我这手何时才能握笔啊！”他老泪纵横了。

“老先生，你又发急了！”伊乔正好端着两碗鸡蛋面进来，“他常常这样大喊大叫，我也就让他叫叫，这样他心里会好过一些。”她把画放到茶几上，“俞先生，如今我也请不起客了，就陪先生随便吃一点吧！你也知道，现在有钱都买不到东西。”

俞剑华连忙站起来说：“不，不，我不饿。”

“你这老实人，连撒谎都不会。”海粟像个孩子一样又破涕为笑了，“现在人人喊饿，你却说不饿，分明是假话，在我这里用不着客气，你放心，伊乔还没饿着我。”

俞剑华端起面。伊乔坐到床边喂海粟。

“夫人不容易呀！”

“是呀，”海粟应着，“一家两个病人，又加上遇上所谓的特大自然灾害。这两年风调雨顺，到底是什么灾呢？我不懂！”

“你只管吃吧，饿不着你就行。”伊乔嗔着他，“你管得了那么多么？”俞剑华向他会心地一笑。“不说这些好不好？”伊乔夹起一筷子面条送进他嘴里，“你不要忧这忧那，把病养好是你最重要的事。”

六

伊乔一手执着点燃的艾条，一手揉着海粟的手指，让艾绒的烟和热力袅绕着他的指关节，每天早晚各一次。她相信坚持就会胜利。艾条烧到一半的时候，海粟突然问：“伊乔，韵士的病怎么样了？”

“怕是不行了呢！”

“你怎么不把她送到医院去？”

“我几次要送她去，她不愿意去，还说，‘好妹妹，就让我死在家里吧！’我安慰她，许多人都带病延年，去到医院住，进行系统治疗，就会好起来的。’她哭起来了，说，‘你是想把我赶走吧？’我没办法，只得由着她。”伊乔说到这儿，眼睛湿了，“我知道老姐姐的心思，她不愿增加我的负担。她住进医院，我要两头跑，又要花很多钱，她是要我把所有力量都用在你身上，让你早日康复。我给她梳头揩面时，她常常流泪，拉着我的手说，‘好妹妹，我拖累你了！’有时她还说，‘你不要来管我，你要想一切办法把海粟的病治好，艺术是他的生命，不能画画，他会急得发疯的，我的命没价值，你别管我！’”

“你现在就去跟她说，我叫她去住医院。”

伊乔听话地把艾条放到烟缸上，就上楼去了。一会儿她就回来了，说：“她又哭了，她说她知道自己好不了，也不会拖累我太长了，叫你别管她，多管管你自己。”

伊乔继续为他按摩治疗，可不安一点一点侵蚀着他，他想到了“负心”那个词。我是个给她带来不幸和痛苦的负心男人，她为什么还要为我着想？愧疚像一把铁爪在抓挠着他的心。她快走到人生的终点了，还要为我的健康忧心，为了省钱给我治病，宁可让病魔吞蚀她自己的生命，也不愿上医院。她这一生得到了什么？是丈夫的背叛！是孤独！是寂寞！她为什么不报复我？那样我心里还要好受些哟！我的良知发现得太晚了！轰轰烈烈时，往往只会想到自己，只有当人生坠入了深谷，才知道自省！我负她太多了！她若就这么死了，我连句道歉的话都没说过，我的良心怎么会安？“伊乔，”他突然按住了她的手，“我想去看看韵士！”

伊乔惊诧地看着他：“你不能走路呀？”

“你去把全福叫来，你们把我架上去！”

“你的腿还一点使不上劲，你这100多斤，我们怎么挪得动？”

他突然感到手有了一点力量，抓住了她：“自从韵士病倒，下不了床，我就没见过她了。她快不行了，我有些话要跟她说，若再不说，我就要痛苦终生了！”

伊乔是个善解人意又心地善良的人，她立即理解了海粟，说：“我去把她背下来。”

“不行！”海粟捺住她，“心脏病不能挪动，我能上去，只要你们帮助我。况且，我也不能永远躺在床上，我要下地，要去画画，我还要去上黄山，你让我开始这第一步吧！”

伊乔眼里滚动着晶亮的泪水，她深深感动了，忙应着：“嗯，我们帮你。”

1960年，是中国人民被饥饿的魔鬼缠得死去活来的一年。伊乔的私蓄使海粟一家免遭挨饿的厄运。为了救这一家人，伊乔怀里长年揣着个“运气袋”。每天都要去走街串巷，遇到可吃的东西，不管多贵，都买回来。全福没挨着饿，虽说比海粟小不了几岁，可身体还很好，当伊乔告诉他先生要上楼看老姐姐时，他便对海粟脱口而出：“我背你上去。”

海粟摇摇头说：“我要试着走上去！”

伊乔明白他的意思，就帮他穿好衣服，把他挪到床边坐着，穿好鞋，和全福一人拽着他一只胳膊，扶他站起来。

他颤颤抖抖被拉起来了，两腿无力地打着哆嗦，没坚持两秒钟，复又顿坐下去了。他不甘地大叫着给自己鼓劲：“我要站起来，我一定要站起来！”接着又往起站。在他俩的扶掖下，他又站起来。他的腿仍在颤抖。他咬紧牙齿，心里数着一、二、三、四、五，数到六，他又支持不住了。复又坐回到床沿上。

他休息了片刻，又说：“你们架着我，我能走了！”

可当他们把他架起来时，他的两腿根本不听他大脑的使唤，他叫“迈！”它们却仍在原地。

他又叫："你们把我往前挪动呀！我用力，你们帮我用力！"

"好！"伊乔应着，"来！"他们向前走了一步，几乎是把他向前拖了一步。

"再往前架！"

"往前架！"伊乔指挥着，架到了楼梯边。他们三人都满头大汗了，他累得不行，伊乔叫全福"扶好！"她端来把椅子，让海粟坐下："我们都休息一会儿。"

一会儿后，他又说："我觉得我的腿有点儿力了！伊乔，你拽我一把，看我能不能站起来。"

"好呀！"全福连忙伸手去拉他。

他摆了下头："伊乔，你只用一点点力试试看，看我的腿能不能使劲。"

"好的。"伊乔抱住他的臂膀，轻轻往上提着。他屏息敛气，运足气力，使劲往上撑。他的心怦怦跳，额上渗出了汗珠。他还在使劲撑。

伊乔的心碎了一般，不忍心见他这副模样，使劲把他往起拉。

他站起来了！他快活地叫了起来："全福，来呀！搀我上楼！我行。"

他们三人同心协力，终于达到了目的。

他被扶到那张他久违了的单人沙发上坐下，直喘粗气。好半天才说出一句话来："韵士，你怎么样了？"

韵士已到了灯尽油枯的时候了。她十分衰竭，想挣扎坐起来，但动不了，她想说话，气短心虚。她张了张嘴，声音细若游丝："谢……谢……你……来看……我……"

伊乔小声对全福说："快去炉子上盛一小碗鸡汤来，要清汤。"

海粟的泪水倏地流了下来。他无声地坐了片刻，镇定了心绪说："韵士，这一年多，我躺在床上，总觉得对不起你，越想越感到内疚，我负了你。我没有给你幸福，却给你无尽的痛苦、无边的寂寞和孤独，唉——！”他长叹一声，“一个人在落魄的时候才会懂得爱的价值和爱的不可少。这两年，若没有伊乔的牺牲、你的鼓励，我就不会支持到今天，因为有伊乔和你的深爱，我在磨难面前才没有倒下，才没有丧失人生的信念。你和伊乔都是了不起的女人！你一切为了我，我却背叛了你，你连责备的话都没有一句，我想到这个就难过。因为有你们两个伟大女性的扶助，我才能在艺术上取得今天的成就。可我辜负了你们，总给你们添麻烦、添痛苦，让你们受苦、忧虑。”他抬抬手臂，想揩泪。伊乔连忙用手帕替他揩了。他继续对韵士说：“你一定要鼓起勇气，让我们共同来战胜磨难，渡过难关！你要勇敢地活下去！去医院治疗，你就会慢慢好起来的。”

伊乔从全福手里接过鸡汤，坐到韵士床边，舀了一匙，吹了又吹，送到韵士嘴边：“老姐姐，喝一点！”

韵士的嘴唇无力地动了一下，就合上了。泪，无声地从韵士的眼角淌了下来。

“老姐姐，喝口汤呀！”

海粟哽咽地劝着：“韵士，你张嘴呀！”

韵士的嘴又蠕动了一下又不动了，眼睛紧紧闭上了，泪也不再往外流了，她想再见海粟一面的心愿得到了满足，她幸福地离开人世了！

伊乔感到不好了，连忙放下碗，轻摇着她，突然，她悲怆地哭了起来，呼喊着：“老姐姐！老姐姐！你不能就这样走呀！你不能哪！我为你熬的鸡汤你还一口没喝呀！老先生会难过的呀！……”

刘虬、刘虹、刘蟾听到哭声，一齐奔上楼来。

海粟像老牛一般大恸起来，对儿女们说：“你们的老妈妈死了，你们快快跪下给她送终啊！”

泪水从三个孩子稚嫩的眼里滚了出来，他们一齐跪到床前，哭声一片。

韵士的心脏停止了跳动。伊乔担心过分的自责和悲痛会加重海粟的病症，叫全福把海粟背下去。他坚持要多坐一会儿，陪陪韵士："我已有20多年没有陪过她，现在她死了，你让我多陪她一会儿吧！我太对不起她呀！"

伊乔说："老姐姐希望你很快好起来，你不要太难过了。"她给他揩去泪水，找出韵士的衣服，叫刘虹打来一盆热水，替韵士擦身、洗脸、梳头。海粟垂泪陪着。伊乔一手操办了韵士的丧事，又给刘虎、刘豹写了信。海粟在悲哀中走进了20世纪60年代的第一个春天。

英人济慈曾经说过："美的事物都是永远不绝的喜悦源泉。"春风吹溶了他心头的块垒，古画给了他赏心悦目的感受。他觉得生命已复苏了，体内积攒了一股力量。

那是一天上午，伊乔买菜未归，孩子们上学去了，他想独自下床试试走步。医生说过，养息和服药只是一方面，锻炼很重要，而且是防止肌肉萎缩、恢复生机的重要方法。伊乔一天到晚忙里忙外，累得精疲力竭。尽管她在海粟面前总装出满心快乐和精力充沛的样子，但他知道，这都是为了不往他心上增加负荷。他心里非常明白，伊乔实在太累了，累断筋骨了！

为了他能早日康复，她用生命在做努力。一个女人为他去了，不能再让她把命搭上。他不能没有她。他想偷偷锻炼，给她一个惊喜。他这样一想，顿觉浑身有了热力。

他试着自己穿棉衣。他先把手臂伸进衣袖里，顺利地穿上了一只袖子。可另一只，他弄了半天，满头大汗，也没穿进去，累得气喘吁吁，手臂还是不能伸到身后套上那只袖子。他想到了小孩子们穿的围兜式罩衫，把两只手臂从前面伸进去，但他的手还是不能伸到背后去扣扣子。他只得喊全福来帮他，把棉衣穿上，系好裤带，坐到床上。待全福走了他试着独自下床。他要走到写字台边去，想拿拿笔。衣服别人可以代穿，饭别人可以喂，可任何人也代不了自己画画。

他先把右腿挪下床，插进拖鞋，又挪下左腿，顺利地套上了拖鞋。他两手撑着床沿，调集了全身的气力，慢慢向上撑起身子。他凭着自己的力量，站起来了。

他兴奋得像个孩子，急不可待地想学步。

他刚抬起右腿，左腿就抖得慌，一脚还没迈出，左腿一软，“空嗵”一声，他摔倒在楼板上。

伊乔刚刚到家，边把菜从兜里往外放，边吩咐全福如何摘洗。这“空嗵”一声响，吓得她哭叫起来：“不好了！”扔下菜就奔上楼来。“老先生，你这是怎么啦？”她扑上前去，“你跌坏了没有？”

“没事！”他侧过头，对她笑了下，“我想学学走路。”

伊乔嗔着他：“你想学走路，没错。可你不能一个人这么蛮干哪！你的病刚刚有了点好转，万一跌坏了，那不就雪上加霜了！”

全福也跟着奔上来了：“老先生，没事吧？”

“没事，别大惊小怪的！”

伊乔和全福一齐来拉他起来。他说：“你们让我自己试试看。”

他们只好缩回手。

他使劲想抬起上身，试了几次，都没成。

全福想去抱他，伊乔摆了下手。

他伏在地上约略歇了一会儿，把身子往左边侧过去，慢慢抬起右手手臂，使尽全力，想借着左边身子的力量帮助撑起身子。可刚用力，右臂就无力地弯了下去。

"还是我们拉你起来吧？"

他摇摇头："我一定要自己起来！我在床上躺了一年多，再躺下去，就永远起不来了！"

伊乔只好由着他。

他又一次侧过身子，试着撑起来，又一次失败了。

全福不忍看他跟了几十年的主人趴在冰冷的地上挣扎的惨状，他蹲了下去说："老先生，我抱你起来吧！"

"你别管我！去做你的事吧，我会自己起来的！"

全福含着泪，起身往外走，忽又转过身站住对他说："老先生，我给你做猪油肉末土豆泥！"这是海粟最爱吃的一个菜。若在平常年景，这是极容易做的一道菜。可现在食物紧张，什么都定量分配，难以配齐，他很久未吃到了。

"谢谢！"他高兴地应了一声，又试着往起爬。

伊乔蹲在边上给他出力。

他的内衣湿透了，头上蒸腾着热气，额上的汗珠汇成了小溪。

伊乔周身也在冒汗，泪水和着汗水在她脸上横流。

"伊乔，你哭什么？"他想宽慰她，对她笑了下，"我一定能自己站起来！你把那只椅子转过来，把椅背朝着我，你坐上去。我攀着椅脚试试看。"

伊乔按他的要求，把椅子放到他面前伸手可以抓到的地方，她面朝他反坐在椅子上。

他向前蠕动着身子张开手，想抓住椅档。

可他的手握不住拳，抓不住椅脚，几次三番都失败了。

伊乔想帮他一把："你把手伸给我，我抓住你的手，你就可以使劲了。"

"不，"他又摇了下头，"我一定要自己爬起来。"

伊乔的泪水又流下来了，她看着他在地上扭着挣扎，又往前蠕动了一步，他的手臂挽住了椅背的档子，他觉得臂弯有了力量，他使出全力，身子一屈，搂住椅背站起来了。他狂喜地搂住伊乔："我胜利了！我胜利了！"

伊乔应着："胜利了！胜利了！"

他得寸进尺："你帮我学走路吧！走到桌边，我想拿拿笔。"

"上午你太累了，睡一觉，下午我帮你。"伊乔搀着他。

"说得有理。"他不得不听她的。

海粟为了练习走路，跌得鼻青脸肿，遍体伤痛。他没气馁，他心里有团火，他要画画，要走向自然，要去上黄山，他要创造，把心里那团火喷吐出来，把他的爱表达出来。爱和火给了他力量，他终于战胜了无力的腿脚，开始颤颤抖抖地移步了。他扶着家具、墙壁，可以自己在室内活动了。可他的手指仍然握不住笔！他没有灰心，他坚信，只要不气馁，坚持锻炼，画笔就能紧握手中。

他一天到晚练习握笔活动，掉下了，捡起来，再握，又掉，又捡起来，再握，经过千万次的失败，最后他赢了！

那天，1960 年 3 月 20 日，一个星期天，天没亮，伊乔就去郊外买鱼去了。头天晚上，她就招呼刘虹："明天起早一点，陪你爸去复兴公园活动活动，我要去买菜。"早晨 8 点，阿虹就来伺候海粟穿衣服。自他能够哆嗦着挪步那天开始，伊乔每天扶他下楼，伴他到附近的复兴公园逛一逛，走一走。这已成了他每天的日课。累了，伊乔在石椅上垫上一块棉垫，让他歇一会儿，练练手指抓握能力，谈谈花、说说草。他已非常熟稔复兴公园的亭榭楼台和树木花草了，每天，他和花木会晤，都有新的感受，每天都能发现它们微妙的变化。池子的水开始转绿了；法国梧桐开始发芽了；瓜叶菊打苞了；金盏花开得像朵朵可爱的阳光；月季花苞儿像簇簇朝天的箭矢，泛红、泛黄、泛白，暖风一荡，它们慢慢舒开花瓣，散发出阵阵浓郁的芳香；竹笋悄悄从绿竹丛中往上蹿。他从它们身边走过，它们无不投给他热烈的笑靥。它们从不厌弃他，歧视他，总是尽其所有地把美展示给他。他从它们那里，获得了甘美的滋润，他的心灵获得了轻柔的慰抚，它们让他淡忘了人世的冷漠和炎凉，把他的心灵引进了一片宁静舒美的天宇，慢慢愈合了他心灵上的创伤，他的生命在它们美的圣水浇灌下，也在康复。可是，手指的握力提高得很慢，他想画下它们的姿影，留下它们的笑靥，可又力不从心。

刘虹把手杖递给他。他说："把你妹妹也叫来一道去，带上我的画架、油画箱。昨天，我看到桃花都涨红了苞，昨夜可能已开了，看看我今天能不能握得住笔。"

父女三人相扶着探桃林。啊！海粟老远就欢叫起来："孩子们，快看呀！多美啊！"

他们都伫了脚步，都被那粉红色的雾霭迷住了。海粟异常兴奋："阿虹，把画架支撑在那儿！阿蟾，把油画箱拎过去打开，放到那条石凳上。"他走到画架前，抬头端详着满园初放的桃花，赞叹起来，"似花非花，似雾非雾，似霞非霞，与你们相比，三千粉黛黯然无色，贵妃也要半掩香扇半遮面了呀！"他喃喃自语着，"美呀，真美呀！只有自然的美，不作态、不矫饰，才是真美……"

他下意识地拿起了调色板，又下意识地挤出了桃红、纯白、石青、柠檬黄等颜料……不自觉间，拿起了油画笔。他完全忘掉了身边的两个女儿，忘了世间的一切，仿佛已脱尘而去，沉浸在那片如花似雾、如云似锦的粉红色海洋里去了。

两个孩子一下惊呆了，她们想喊想叫、想跳："阿爸的手握住笔了！

阿爸的病好了！阿爸又能画画了！……”可她们不敢，她们害怕喜悦会把阿爸手里的笔冲得掉到地上！她们抑制着小鹿般欢跳的心，屏息敛气，看着阿爸手里的画笔在画布上飞舞！看着画布上开出了朵朵艳丽的桃花……

伊乔买菜回来，已是上午10点多钟了，不见他们父女回家，她的心不由紧张起来，莫非出了什么事？丢下菜篮就往复兴公园跑。

她沿着他们经常散步的线路找去，不见他们。她跑到玫瑰园，还是不在。她发急了，就向游人们打听："可见着两个姑娘扶着一个老人？"游人用摇头回答了她。她吓出了一身冷汗，继续找。她突然想到他们昨天去过桃林，莫不是看桃花去了，就从竹园穿过去。

天哪！果然三人都在那里。她的心落了下来，喘了口气，慢慢向他们走去！她很快看清了，他的手握着油画笔，他在画桃花！她不由狂喜起来，向他们跑去。

两个孩子发现了她，向她摆摆手，示意她不要惊扰了她们的阿爸。

伊乔放轻脚步，悄悄走到他身后。啊！她的眼睛蓦地射出了灿烂的光华！莫非出了奇迹！他的手指灵活得和病前没有两样，丢了两年的画笔竟然还是那么纯熟，簇簇桃花，怒放在画布上！发自心底的惊叹脱口而出："奇迹！奇迹！"

海粟仿佛从沉梦中惊醒了一般。他回过头，对伊乔粲然一笑："是你创造的奇迹！"

伊乔热泪盈眶，轻声地说："先生，不是我，是自然！是美！艺术家是属于自然的！"

"伊乔，我是属于你的！"他停住画笔，深情地看着伊乔，"我想把这幅画题为《东风吹开朵朵红》，好不好？"

伊乔连连点头，说："好，好，东风吹开朵朵红！好！"

七

久病初愈的海粟，有如久旱得雨的旱苗，调动起了体内积蓄的阳光，蓬勃起来。两年的病榻生涯，饱吸了古代民族文化深层的积养，丰厚了他传统艺术的根基，就像一火山，缄默得愈久，它的喷吐力就愈强。海粟迎来了他艺术旅程中又一个旺盛阶段，他对艺术的探索又前进了一步。他的画风有了崭新的面貌。这段时期，他创作了油画数十幅，中国画近百幅。还给马来西亚弟子李家耀所摹的《宋人百花图卷》题了长跋，那是一篇精彩的花卉画论著！

这期间，文艺界许多著名人士都未逃脱与他相同的命运，各种机构人事变动很大。第二次美术家代表大会上，他的老友何香凝当选为中国美术家协会主席。不过，此时的海粟，已不关心艺坛的人事变动了，他完全超然物外，一心潜沉在艺术的湖海之中。他不仅走出了家门，去描绘自然，还常到博物馆观摩古代藏品，研究古代艺术大师的技法，回家就临池试验。他从上海博物馆藏的钱舜举《蹴鞠图》中品悟出钱氏把自己的情绪潜藏在树木的线条中，通过对树的造型，抒发作者的情感。他将此与西方艺术大师的笔法相比较，发现了许多相通之处，达到了殊途同归之妙境。

不同的人，有不同的苦乐观。但谁也不会欢迎寂寞，谁也不喜欢落魄、倒霉，更不会乐意受冷落。这些与欢乐、幸福相对的东西，无疑是扼杀生命的煞星。可命运的不公正有时也会给人带来巨大的激励和动力。当然，那只是对于意志坚强者而言。被划入另册，遭孤立、被歧视，又被病魔落井下石，推进了苦难深渊的海粟，他没有沉沦，他仍在追求进步，向往完美和光明。他使劲从谷底往上攀，在绝壁上寻找出路，在艰苦的攀缘中，获得了对人生深层的认识。苦难是人生的熔炉，世界上的伟大，无不是苦难造就的！在和苦难的搏斗中，他更坚定了人生的信念。倘若没有这段经历，他无法体味被冷落被侮辱的滋味；不中风，他就体会不到夺回画笔的幸福感；没有病榻的寂寞，他沉不下心来观摩研究古代光辉的绘画遗产，他视苦难是生活赐予他的厚爱，还有些乐之陶陶呢。

1962年的春天来得比往年的春天早，也不像前两年那样春寒如铁。春节刚过，有人来叩门了。

来人喊他刘老，还向他伸出了手。他以为出现了幻觉，他是“右派”，这怎么可能呢？他没去握那只伸向他的手。只向他的椅子做了个请坐的示意，自己就在另一张椅子上坐下，问：“你有什么指示请说吧！”

“刘老，我是校党委组织部的，党委派我来告诉你，由于你在这段时间表现不错，决定摘掉你的‘右派分子’帽子。”他从公文包里拿出一份打印的文件，起身递到他的手上，“这是上级的批文。”

他哈哈一笑说：“我表现不错！好！谢谢了！”

3月底，他收到中国人民政治协商会议的通知，特邀他出席全国政协会议，并有附言，可请夫人陪伴。

随着春风而来的特大喜讯，消融了他心头的积冰。他不再被视为异己分子、人民的敌人，而是团结的对象、可信任的朋友。共产党和人民政府请他去北京共商国是。这于他不仅是一种政治待遇，更重要的是信任。信任对于知识分子比千金还重！他有九年未进京了，他非常想念既是中国画院院长又是前辈师友的叶恭绰，还有沫若、香凝……想到就要见到他们了，他异常激动，在收拾行李时，他把在西安作的中国画《骊山图卷》和《临石涛松壑鸣泉图卷》装进了箱子，带去请他们题识。

他的愿望实现了，会议期间，他会见了何香凝、章士钊、叶恭绰、黄炎培、郭沫若、张伯驹等许多老朋友，叶恭绰在《骊山图卷》上题了长跋：

与海粟别数年，今春来京，以此卷见示，属为题识。且曰：吾意在以此卷，为双方交谊之证，非专为此卷也。余闻之，喟然曰：余将何言耶？下笔将罄纸不能尽，则且徒留形迹，以彰故人之过，非吾意也。继思徐（悲鸿）、刘（海粟）二君与吾之关涉，深知者究不多，不自言之，将揣龠之谈纷然而出，诚不如吾言之为当。且吾识二君时，年皆方少。余以奖励后进之为怀，颇亦尽其引掖提携之力。二君交逆不终，余方引为遗憾。徐君去世，余劝刘君力表其坦白惋悼之意。刘悉为之，似有类于挂剑，徐君地下当亦释然。二君门下亲属，似不应当成芥蒂。且徐之对刘，诚有过举，然似为病态，无事殚述，且是非终有评定。刘君其努力艺术，前途期乎远大，为吾国增其声誉，则一时之得失，及交谊之亲疏，皆可置之勿关念矣。因书此以归之，世人论徐、刘交谊，不妨以此为证。

叶恭绰对徐刘交谊的评定，是后世美术史家研究中国现代美术史的重要文献。

海粟又向朋友们出示了《临石涛松壑鸣泉图卷》，海粟在上面录了石涛原题及何绍基原跋。又自题："壬寅春分，刘海粟对临一过，与清湘血战。"

朋友们见之，赞叹不已，张伯驹、黄君坦、李宝森等老先生都在尾处题了跋，对海粟这个时期的艺术给予了极高的评识。

最使海粟开心的是，陈毅代表党和国家领导人在人民大会堂设宴招待文艺界的政协委员和人大代表。海粟住在民族饭店。当他从车上走下来时，郭沫若就从台阶上迎下来，紧紧拉住他的手，把他引进宴会厅，连连大声向朋友们招呼："'叛徒'来了！'叛徒'来了！"

陈毅迎上去高声朗诵郭沫若题海粟画的诗："'艺术叛徒'胆量大，别开蹊径作奇画。……"

他紧紧握住海粟的手问："背得对不对？"

海粟十分激动，连声说："对对，完全对！"

"我很喜欢你的画和你画的气势！"他左手向空中划了个大弧，"大气势！"

海粟眼睛发热了，连声道着"谢谢，谢谢！"

郭沫若睁大了眼睛，惊讶地问："陈老总，你怎么也会背这首诗？"

陈毅哈哈大笑起来："这有啥子奇怪的，在老区也看新画、读新诗，你的许多诗我都能背。"

"啊！"

大家一齐哈哈笑了起来。

会见了许多文艺界朋友，海粟兴奋不已。

晚上，周谷城、陈鹤琴来海粟夫妇下榻的房间，他们是他那个组的会议召集人，告诉海粟："周总理、陈老总和习仲勋同志约你夫妇明早 9 时在北京饭店见面。8 时半他们派车来接你们，让我们先通知你们。"

总理要会见他们，这是海粟没有想到的。他非常激动，送走周、陈后，仍然亢奋不已。伊乔说："老先生，我们早点睡吧，养好精神，明天好去拜会总理。"

他虽然被伊乔逼上了床，关掉了灯，可躺在床上，还是没法入睡。周恩来先生的形象更迭地在他眼前浮现。一会儿，他一身雪白西服，年轻英俊，潇洒地向他伸出了手；一会儿，他一身钢灰色的制服，流溢出阳刚之美，从思南路走到存天阁，满怀希望地对海粟说："你年轻时是翩翩佳公子，现在到了壮年，却壮健得似一头雄狮，希望你在艺术界成为亚洲的真正雄狮！”他的耳畔回荡着周恩来先生那洪亮的声音，“新中国需要大量的美术建设人才，希望你能留下来。”“别人以为你心爱的子女们在海外，不会留下来，我知道，你更心爱自己的祖国。”“团结就是力量。……”

伊乔也睡不着，她轻轻碰了下海粟：“老先生，在想什么呢？”

“我在想恩来先生。”

“啊！”不问，她也知道他此刻的心情。但她还是对他说：“睡吧，休息好了，明天好和总理说话呢！”

“恩来先生日理万机，有多操劳，他还特地抽出时间约见我们，我怎能不激动？伊乔，就凭这，一切委屈又算得了什么呢？”

“是呀，”伊乔应着，“过去的事，就当没有过，睡吧。”

“嗯。”他应着慢慢合上了眼睛。

他们很早就起来了，洗了头，洗了澡，刮了面。伊乔为他挑了套藏青华达呢中山装，红黑相间羊毛围巾，皮鞋擦得灿亮，眼镜也擦了又擦。他为伊乔挑了件紫红毛线织的二五大衣，系了条大格方围巾。吃过早饭，他俩就回到房里等着。

来接他们的车8点半准时到了，他心里像有一群兔子在蹦。不一会儿，小车就停在北京饭店大堂门前。总理派来接他们的工作人员已等在那里了。他把他们引进了一间会客厅，说：“请坐片刻，我去告知总理你们来了。”

他们刚刚坐下，服务员就端进来两杯沏好的花茶。这时，周总理、陈毅和习仲勋就进来了。

海粟夫妇连忙站起来。他们紧紧握手，互相问好。“请坐，”总理向沙发示意，“我们有九年没见了吧？”

“总理的记性真好。”海粟答道，“这些年，我运交华盖，给我戴了三顶大帽子。九年没来北京。在党中央和您的关怀下，才得摘掉压在头上的重荷呀。”

总理说：“过去的事情就不用再提了，希望你不要灰心，鼓足干劲，还要为社会主义艺术事业多做贡献。”

海粟连忙表态：“我这个人有个特点，无论政治上多么失意，我也不气馁，更不会放弃我的艺术追求。几年中，门前冷落车马稀，我有了大块时间，观摩了大量的古代绘画珍品，做了大量的探索，使我的艺技又有了一点长进。”

“照我看，艺术家少一些社会应酬，多一些时间来从事艺术创作的研究，未尝不是一件好事。”总理鼓励着说，“希望你更豁达一些，更加朝气蓬勃一些，目前有这样一个可以悉心进修的机会，应当珍惜它。”

海粟不住地点头，说：“只是，我的社会关系复杂，我的经历更复杂，我心里总有余悸，害怕日后又要引起麻烦。”

“别怕，”总理继续鼓励他，“你的过去，我们了解。”

泪水倏地从海粟眼里涌了出来，他说：“总理，有您这句话，压在我心上的一块石头就掀掉了。我可以轻装上阵了。您放心，我决不辜负您的希望。”

总理转向默默坐在那里微笑着听他们说话的伊乔，亲切地说：“听说刘老 1958 年一度中风还很厉害，能够恢复到现在这样，很不容易，这有你一份功劳啊！”

一向落落大方的伊乔，听到总理的褒奖，竟有些羞涩了。她说：“我也没做什么，给他弄点吃的，管管家务，帮他锻炼锻炼。”

总理又鼓励她：“这就很好哇！今后还要好好照顾他的身体，这个工作很重要！”

伊乔的眼睛发热发潮了，一种巨大的快乐像炽热的阳光一般顷刻间洒满她的心头。她只是一个微不足道的家庭主妇，她做的只不过是一个妻子应尽的义务，总理不仅接见了她，还给了她如此的鼓励，这说明了党和国家重视她的丈夫。她连连点头应着："是，总理！我一定照顾好他。"一股强劲的春风在海粟心头浩荡，他的心帆鼓胀起来了。

第十四章　铁骨红梅

1966 年，中国历史被导向了一条深谷，一场史无前例的特大政治风暴经过几年的酝酿，这年在中国的首都北京生成了。它像飓风一样，顷间席卷了神州大地。红卫兵被狂热的个人崇拜鼓动得如癫如狂，他们举着“革命造反”的旗帜，喊叫着“砸烂旧世界”“创造革命化的新世界”的口号，像洪水一般，冲向历史，冲向知识，冲向文化，冲向艺术，冲向上层建筑、意识形态，和与之有关的人们。笔杆、榔头、皮带、刑具同时抡起，历时十年之久的文化浩劫开始了。

海粟家被抄了 24 次，所藏书画文物，洗劫一空。踢，打，罚跪，罚站砖头站板凳，已为常事，几乎每日都要挂着沉重的木牌戴着“牛鬼蛇神”标记的白袖章站在里弄门口示众，请罪。工资取消了，只发一点生活费。他那握惯画笔的手，改握竹枝扫帚去清扫街道，打扫公厕。

这年冬天，寒凝大地。他在寒风中流着鼻涕泪水，受尽人间屈辱和折磨，这还不算，又被扫地出门。

在一次一次的抄家和批斗中，全福不愿批斗主人，也多次受到羞辱，骂他是“保皇狗”，死心塌地的“狗奴才”。伊乔多次请求他：“全福师傅，请你回家吧！我们不忍看到你受连累。”

全福就是不肯离开他们。

伊乔又说：“全福，先生不发工资了，没法请你了，你回家去吧！”

“师母，”全福坚决地说，“我不要工资。先生那么大岁数，你们又都是女人，万一有什么事，没个出力的人在，怎么行？我知道先生那点生活费维持不了家里的生活，我可以回家吃饭。”

伊乔被深深感动了，难得如此义气，就依了他。现在“勒令”已贴在院门上了，限定他们在24小时内搬到瑞金路一条深巷的一间地下室去，伊乔又一次对他说：“全福师傅，如今这种形势，谁都害怕沾上我们，你宁可自己受牵连，也不愿离开我们，我们是前世修来你这样一位忠实的朋友，我们很感激你。可是，刚才我们去看过那间屋子，半截在地下，半截在地上，潮湿阴暗，蟑螂老鼠乱窜，那不是人住的地方啊！你也见了，只放得下两张小床，你是万万不能跟过去的，我们会永远记得你的。”

全福眼里漾起了泪花，“这真是造孽啊！”他呜咽起来，“师母，让我给你们搬好家吧！让我给你们做最后一顿吃的吧！”说着就泪如雨下，捂着脸，跑进了厨房。

这间地下室的门正对着巷子，关上门，就好似黑咕隆咚的地狱，他们怎能整日生活在黑暗里？开开门，他们的一举一动，又都在众目睽睽之中。画画写字都是犯罪。枯坐于黑暗中，无疑等于慢性自杀，在腐蚀生命。这样下去，不要多久，海粟就要彻底垮了！伊乔深知海粟离开了艺术，等于把他送上了绞架，他必死无疑了，她得想法让他活下去，让他的生命漾起绿色。她自己动手，用旧的画布隔出一块地方，可以挡住行人的视线，用两只箱子搭成一个写字台。她把整理出来的破碎宣纸拿出来，放到写字台上，又找出抄家时被扔掉的毛笔，买来了墨汁，放到他的面前，对他说："先生，你是艺术家，艺术家在任何时候都不应该放弃艺术，真正的艺术是砸不烂，抄不走的！对吧？"

海粟那枯木般的心，仿佛受到电钻猛然一击，他这才意识到自己还是个活人，还有思想，他何尝遭受过这样的磨难？他的心能不枯？能不灰？伊乔却在他死水一般的心湖中掷下一块巨石！他似乎听到了一个遥远的声音在说："文王拘而演《周易》，仲尼厄而作《春秋》，屈原放逐，乃赋《离骚》，左丘失明，厥有《国语》……"

他的心应和着，难道我刘海粟是个懦夫？被"厄"就厄死了？我往昔在"厄"面前的豪气又到哪里去了？古人有言，"生于忧患，死于安乐"。也许这"厄"，正是我艺术的生命呢！磨难对于坚强者来说，应是一笔财富！伊乔说得对，艺术家在任何情况下都不能放弃艺术！真正的艺术是砸不掉的！他眼里渗出了晶亮的东西。"伊乔，你说得对！我不能沉沦！"他伸出激动得有些哆嗦的手，攥住了伊乔的手，说："谢谢你！"

伊乔用温柔如水般的微笑看着他说："先生，这就对了！"

伊乔拿条矮凳坐在门外给他望风。发现可疑的人，就给他发出信号："老头子，头痛好些吗？"

海粟立即将笔墨纸砚藏起来，出来应付找麻烦的人。当听到伊乔喊："老头子，你躺一躺吧！"他又摆出那秃了的笔，撕破了又踏上了脚印的纸，用一只饭碗作笔洗。在幽暗的光线中，他练字练画。

一天，一位女青年路经这条巷子，认出了伊乔。吃惊地上来招呼："师母，你怎么坐在这里？"

伊乔认出她是油画家陈钧德的爱人，不由凄苦地一笑："我们被扫地出门了。”带她进屋见海粟。

海粟正借着半截露在地上窗子的昏暗光线在写字，她受了深深的感动。第二天，她从旧货店买了盏台灯送来了。海粟激动地说：“小罗呀，你这是雪中送炭啊！”

海粟有了这盏旧台灯，就有了一片光亮。这灯光，虽然比不上阳光，但给了他战胜黑暗的力量。

伊乔尽一切力量保持他昔日的作息时间，她代他去扫街，代他去受批判。全福走了，一应家务完全落在她的身上。她也年过半百了，一切都得从头学起，买菜、烧饭、洗衣，还要照顾海粟，还要像哄孩子一样抚慰他失衡的内心，慰藉他的寂寞。一切值钱的东西都抄走了，她还得学会如何节约使用海粟那点生活费，保证海粟的健康。

有一天，她在菜场看到有人出售吊兰，虽然手头拮据，但她想带给海粟一缕绿，一缕美，就买了一小盆带回去，用细绳把吊兰系上，吊在那唯一的半截子窗口。

海粟顿感室内有了生气，心里仿佛漾起了生命之帆。闲来就凝望着它，看它在微风中荡漾，看它的嫩枝儿抽条，感受着生命的顽强。他常常看着看着，就联想起他读过的欧·亨利笔下的《最后的绿叶》，老画家用自己生命画了《最后的绿叶》，他为之献出了生命，而他的伊乔，也是用她的生命在为他画这片“最后的绿叶”。在这片生命之绿的浸润下，他才没有枯死！我得对得起她才是！

破纸画完了，他就望着微风摇动的吊兰，在心里画，在心里背那些名家藏画，背他跋涉过的山山水水。他们就这样在那间地下室里度过了最寒冷的冬天。

1967 年 3 月，他们接到搬回原处的通知。一幢三层的住宅，已成了大杂院，一、二、三层都被人强占住了，叫他们一家住在四楼阁楼上。阁楼虽说低矮，但毕竟还是自己的家。里面堆满了抄家留下的撕毁了的书籍、字画、画报、报纸、废旧纸张，还有一张台子，光线也比地下室好得多。这堆废纸也成了他心醉的乐园。

一天，他在纸堆中发现了一本破碎的《群玉堂帖》，这是米芾写的《学书》一章。他又拾起几条撕破的纸，用破笔临写了几遍，遂成了《临米芾学书自述草书长卷》，自觉别有风味。

海粟的生活刚刚安宁了几天，更大的灾难又降临到他身上。

那是 1971 年的冬天，又是一个奇冷的早晨，海粟刚刚吃过泡饭，一群手执红白棍的专政队队员，就拥进了他家，气势汹汹，把一块大木牌挂到他脖子上。他的名字打着大红 ××，他的罪名又多了一个。不由分说，就把他往楼下推拽，推到院外。

院门外停了一辆卡车，车的两边，糊了巨幅标语："打倒现行反革命分子刘海粟！"院墙上也赫然写着："把现行反革命分子刘海粟揪出来示众！"

结束后，伊乔叫了一辆大板车，把海粟拉了回来。

海粟双眼紧闭，躺在床上。悲怆地说："死容易，活下来太难啊！"

伊乔坐在床边，一手轻抚着他的额头，一手攥着他的手，她的声音是那么充溢着柔情，她细声软语安慰他："先生，你要想开些，一定要挺住，活下来。这是一场劫难，活下来的就是强者。你在哀悼（吴）湖帆和叶（恭绰）先生时不是这样说过吗？"

"是呀，我想活！这批斗，这扫街，这推来搡去，何时是个尽头啊！"海粟的泪水滚落下来，"我老了，这罪名太大了，它会要了我的命啊！"

伊乔用手把他的泪抹了，"那你更应该活下来！决不可失去生的信念。

你不是常跟孩子们说，‘生于忧患，死于安乐’吗？你怎么忘了？”

“说说容易，可我这身心的承受能力怕是已到了极限了！要活是太难了啊！”

“人生还有不难的？不难哪还叫人生？”伊乔说着从床垫下抽出一本《古文观止》说，“先生，我给你念念《报任少卿书》吧！”说着就轻轻地念了起来。伊乔的声音时而柔情如水，时而如战马嘶鸣。

不觉间，有股热流注入了海粟心中，鼓起了他那失血的心扉，又缓缓向身体四肢涌去。一种无形的力量，在他体内萌生、回荡了！仿佛中，他又听到了蔡元培先生的声音：“……何谓丈夫？在别人活不下去的环境中活着，又不失高尚气节，能忍人所不能忍，方能为人所不能……”

他一骨碌从床上坐了起来，和刚才几乎判若两人。他大声地说：“拿纸笔来！我要给英伦回信！”

伊乔连忙在台子上铺好毡子，摆上纸笔墨砚。

他说：“给我找张大点纸，把你藏起来的几支国画颜料也给我拿来。”

伊乔不解地问：“你不是要写信么？”刚问出口，她就明白了，这种时候，信中又能表达什么呢！但他可以把他的心情寄托于丹青之中呀！她顿感兴奋不已。她的先生又一次走出了深渊，她连声说：“好！好！好！我还留了几张稍大些的纸呢！

他的心中已浮现了一幅美景：一枝红梅，横空出世一般傲立在寒风中，粲然欢笑着，那枝丫硬得如铁铸一样。这瞬间，他顿感身心在回荡起一股豪气。他站在画台前悬腕举毫，有如神助一般，忽篆忽隶，龙蜒蛇蜿，矫恣无忌，或硬若石刻，或轻柔如水。不久，纸上缀满了簇簇梅花，仿佛拥拥挤挤少女的笑靥，那艳，那丽，那瑰，那绚，如云如雾，如霞似锦，满纸流辉……

伊乔惊了，呆了，痴了！狂了！她大声欢叫起来："美！太美了！"

海粟回头对她一笑。

伊乔发现他突然年轻了。她情不自禁地张开双臂攀上他的脖子，像年轻时候一样，在他脸上吻了一下，说："先生，春天来了！你战胜了寒冬，你是强者！"

海粟也情不自禁地在她额上亲了一下，说："寒不改容嘛！"

"这才是真丈夫呢！"

海粟放下笔，坐到椅子上。

伊乔知道他要构思题跋，给他端来了一碗茶。又给他点了一支飞马牌香烟，对他粲然一笑，就出门去了。

海粟微微仰起头，凝望着眼前腾起的热气和烟雾，他仿佛又回到了过去的岁月。他似乎看到了自己行走在风霜雨雪之中，他奋笔疾书，与孙传芳论战；他挺立在上海县的法庭上，怒斥危道丰之流；他在日寇的刺刀下走上飞机；他在会上"大鸣大放"；他头上戴着纸帽——"老右派、反动权威、现行反革命"；红都电影院，他昏倒在伊乔身上；遥远的天际出现了一线曙光……

突然，他心里回荡起一缕高亢、雄健、豪放的越曲商调旋律——《水龙吟》。他的胸臆豁然开阔，随着这龙吟水的豪迈曲调，一阕新词高山流水般从他的心里、从笔端流泻到这幅题为《铁骨红梅》的画面上：

直教身历冰霜，看来凡骨经全换。冻蛟危立，珊瑚冷挂，绛雪烘暖。劲足神完，英雄内蕴，风光流转。爱琅琊石鼓，毫端郁勃，敛元气，奔吾腕。

迅见山花齐绽，醉琼卮，襟不舒坦。乾坤纵览，朱颜共庆，异香

刘海粟创作红梅

1975 年 5 月 31 日，赴南翔“古漪园”，写生中国画“芭蕉”数幅

一生大起大落，

阅尽了人间光怪陆离，

放得下，想得开。

同泛。三五添筹，腾天照海，六洲红灿。正芳枝并倚，阳和转播，称平生愿。

海粟吟咏的名为梅花，实在吟咏自己，他写的是梅，写的又是他自己。他吟他一生的抱负，一生的战斗，一生坎坷，一生冰霜。直教身历冰雪的梅花，冰霜杀灭不了它，风雪奈何它不得。它的枝干反而如钢似铁，它的花朵更加烂漫。梅既已放，春已不远，春阳将灿灿，春花将红烂，即将迎来一派大好春天。

这是何等的卓然于天地的气概！

海外的亲朋非常关注他的遭遇，每每来信探问。他是受监督的“四类分子”，没有自由，不能真言相告，唯恐引来新的灾难。他就常以丹青代信，回复英伦、刘虎，和马来亚弟子李家耀，新加坡弟子刘抗、陈人浩、黄葆芳及友人周颖南、张振通的探问。一日接到李家耀的信，他给李画了一张《葡萄》，题了徐渭的诗：“笔底明珠无卖处，闲抛闲掷野藤中。”又跋曰：“是日大风，奇寒，手僵墨冻。点染狼藉，乃甚于三尺之童。徐增光谓：此中真气流衍，古朴如拓碑然。家耀以为然否？”

家耀读画，能不悟出他的艰难处境吗？

自上次批斗之后，已无人敢登他家门了。海粟除了扫街、写检查、写反省汇报、接受批斗、训话，还有很多时间。他每日画画，练字。在数年的苦境中，他创作了数百幅中国画、数十幅油画，书法作品无法数计。他常画葡萄、牡丹、荷花、梅花，还常凭借他观摩古代名画的记忆，表现他的心性、他的追求。他常作中国画《拟沈石田青绿山水》《拟董香光没骨山水》《临韩滉五牛图长卷》《临沈石田大山卷》《临倪元璐山水长卷》《拟石涛松壑鸣泉长卷》。董香光（即董其昌）没骨山水启示，丰富了他大泼彩的技法。他在这种特殊环境下的艺术实践，使他的“绘画乃表现而非再现”的艺术观得到了至善至美的体现。

海粟的中国画越发苍茫华滋、纵横泼洒，达到了完美的境界。他的油画也更为雄浑豪放、浓丽沉厚，既蕴有深沉的民族艺术的光华，又融进了塞尚、高更、凡·高、莫奈、蓬那诸多西方近代大师的强烈色彩和简练线条。他的书法艺术也达到了一个崇高的境界。他练字从篆入手，碑、帖交叉练习。他讲究博采，尚厚重，又爱拙而生秀，不偏狭。临《散石盘铭》《石门铭》《石门颂》的同时，又临黄庭坚、苏轼、米芾。临《毛公鼎》时，又临张旭、怀素，行、草、楷同练。颜真卿对他的影响深远。他像工蜂一样，采众花之蜜，酿自我之香。他的书法融以绘画笔法，常以狂草直接入画。他的绘画又滋养着他的书法。他的艺术观在书法中也体现得潇洒自然，达到了气韵生动的完美意境，创造了雄浑、阔博的风格。他的书法代表作《临米芾学书自述》《散石盘铭》，他的《归去来辞》，他的《秋兴》，他的诸多题画诗、跋，无不有他独有的性灵，达到了采众美而集大成的地步。古人云：悲愤出诗人。海粟的题画诗、词，无不是真性灵、真情感的表露，豪放、雄浑，撼人心魄。他的诗、书、画无不极富浪漫主义精神。

他没有死于忧患，他在“厄”中新生了！在身历三九冰霜的“厄”中，又创造了一次艺术的辉煌。

春天悄悄来了。

海粟最先在窗台上发现了春。那盆伊乔从菜场买来，润泽过他枯寂心田，又遭专政队践踏，伊乔剪下一段未伤的枝条，插到一只火钵的吊兰枝上，枝条生出了嫩芽，泛起了一丝生命的新绿。他对这顽强的弱小生命顿生敬意，恭恭敬敬向它鞠了个躬，就呼喊妻子：“伊乔！吊兰活了呀！”

伊乔走过来。“啊！”她惊喜地赞叹起来，“活了，是活了，生命不灭！”

他们又颂赞了一会生命的顽强。伊乔就推开窗，复兴中路上的法国梧桐已泛出了一派淡绿色。这生命的新绿在她心里漾起了一缕温暖，她欣喜地说："先生，春天来了！"

随着春的脚步而来的，有亲情，有友谊。在门庭冷落的日子，只有远在异国的儿女、孙辈，远在南洋的友人、弟子，不怕他头上那吓人的帽子，他们先是用一封封深情的信慰藉他，和他谈书论画。继之，联袂而来。刘虎一家来探亲了，弟子刘抗、李家耀、陈人浩、黄葆芳从新加坡来了，友人周颖南来了，新加坡总理李光耀来了！……

春风终于吹暖了神州大地。

1976 年 10 月 6 日，中共中央一举粉碎了"四人帮"，把十年浩劫的祸首王洪文、张春桥、江青、姚文元抓起来了，举国欢庆。

海粟从电波中听到了这个消息，顿时喜泪盈眶，连唤妻子："伊乔，伊乔，他们落网了！"

她不明白他说什么："谁落网了？"

"'四人帮'啊！"

"真的吗？"

"中央电台正在报道呢，你听！"他把耳机塞到伊乔耳里。

"得道多助，失道寡助，这是作恶多端的人应得的下场！"伊乔拔出耳塞。街上响起了爆竹锣鼓声。

海粟的心兴奋得不能平静，他激动得在斗室里走来走去。突然，他对伊乔说："我想喝酒了，你去给我买瓶酒来吧！"

"好！"自从中风以来，伊乔就不让他喝酒，今天例外，她应声去了。回来说："哎呀，每家酒店前排了长队，酒都卖完了，满街都是炸裂的炮仗皮，绯红遍地呢！炮仗也紧张呢，一个熟人让我一挂。有人昨天夜里就听到广播了，我们这是迟到的消息！”放下酒，就把炮仗挂在竹竿上，点了起来。

鞭炮“毕毕剥剥”炸响了。

“哈哈……”大家欢笑起来。

海粟多年没有这样放声笑过。“炒两个菜吧，我们庆祝一下。”

海粟自感恢复了生命青春，觉得年轻了十岁。他放下酒杯，已是满脸红光了。他说：“我心里已有了一幅画！”就走到画案前，铺一张大纸，在纸上画了个风情万种的穿红袍的钟馗。忽又想起昔日他给一个朋友画的《钟进士醉酒》的题诗，遂题道：“看惯千年鬼魅，依然疾恶如仇。乌沙抛却更风流，换起香醪一斗。世人鬼多人恨，环球无鬼君愁。存弓忍把兔狐留，怎敢皆填海口？”

“妙！妙极了！”伊乔叫起好来。

“像我吗？”海粟纵声大笑起来，“哈……”

第十五章　老树新花寰宇香

一

无数的传奇故事，组成了海粟悠长的传奇人生。然而，他的人生故事还在发展、完善，有如黄山的云海，神秘而阔大；有如大江大河，唱着汩汩无尽的歌，不断结构出戏剧性的火花。1989 年 6 月，刘海粟夫妇离开上海，应邀赴德国访问，举办早就计划中的个人作品展览。

海粟夫妇乘坐的是头等客舱。他依窗而坐，伊乔傍依身边。他们今天都穿着质地很好的红色服装。海粟穿的是麻丝织品，紫红中夹着灰色条纹衬衣，扎在水洗绒的灰色西裤里，雪白的领带、稀疏的华发折闪出银色的光辉，两颊泛出健康的红晕。中国共产党十一届三中全会改革开放的春风，吹绿了海粟几近枯萎了的生命，他勃发了生命的青春，就像艺海堂院中的那株老梅，几经砍伐，虬曲的老干上，萌发出了簇簇新枝，放出了拥拥挤挤的花骨朵。这压弯了枝头的红梅，并非普通的春花，而是经历了冰霜之后成熟的花朵，意味着一种辉煌，他的艺术创作进到了一个顶峰时期。“四人帮”被粉碎后不久，政治上他获得了彻底的平反，随着自由而来的是，他恢复了一级教授，被推举为全国政协常委，被任命为南京艺术学院院长，他被视为国宝，他重新投进了自然的怀抱。12 年中，他四次上黄山，游览了闽粤、云贵高原、齐鲁大地，他徜徉在黄岳、匡庐、奇峰、湍流、红梅、香荷、葡萄、紫藤、怪柏之中，美从他的心中流出，无尽无绝。

他到底创作了多少国画、油画、书法和诗词，无人能统计出准确的数字，他的近作展览会从北京开到了南京，从山东开到了上海，从中国香港到新加坡，两度出展日本。他会晤了日本首相中曾根康弘，又应法国政府邀请重游了故地巴黎，会见了密特朗总统。《刘海粟名画集》《刘海粟油画选集》《刘海粟老人近作集》《海粟老人书画集》相继由中国上海、福建、香港，以及新加坡出版，许多作品被印成单张，还有的印成邮票发行。《刘海粟书法集》《刘海粟艺术文选》《刘海粟艺术集评》《刘海粟诗词选》《黄山谈艺录》《齐鲁谈艺录》《花溪语丝》《刘海粟画语》《刘海粟存天阁谈艺录》和《刘海粟传》相继出版，介绍他绘画艺术的电影艺术片和以他的身世为题材的电视连续剧也与观众见了面，获世界大奖 17 项，他的传略被收入 20 多种世界名人传集。

他的影响早已飞越了国界，已是名满寰宇的艺术大家，马来西亚的李家耀撰文称他为“东方的毕加索”，锡吾称他的画为“创新的艺术”！自由和欢乐使人恢复青春，谁也难以相信，这位依窗而坐的鹤发童颜的老人已在人生年历上翻过了 94 个春秋，仍然精神矍铄，充满了人生信念。

飞机像鱼翔浅水般在几绺淡淡的云絮上平稳地航行着。他从丽日、蓝天间收回目光，转向伊乔，问：“怎么样？吃得消吗？”

伊乔虽已年过古稀，仍然像秋花一般美艳。水洗丝的紫红连衣裙，把她那如凝脂般的面庞映衬得格外细腻光洁。细如柳叶的秀眉，挺拔的鼻梁，那双溢满柔情的凤眼，仍然很美丽。她对丈夫妩媚一笑：“没啥，你躺一会儿吧！”便帮他放下椅背。

他安详地靠了下去，微合起眼睛。

伊乔也放下椅背，让飞机带着他们的梦，漫游蓝天。

他仿佛又看到了使他梦魂缭绕的黄山。黄山，是他的艺术之山，生命之山！他对它有着特别的感情，他已十次登临它，他对黄山的情感一次比一次深。它是天下第一山，千峰竞秀，万壑横奇，集雄、奇、幻、险于一身，胜景天成，百看不厌。他每上一次，都有新的感受，它是他的精神支柱。他的诸多作品中，最杰出的都是黄山赠予他的。它的奇松怪石、云海瀑布、四时景色，源源流入他的笔下。黄山在他的速写、素描、油画、国画中无处不在。他为黄山画的大泼墨、大泼彩，中西技法互相渗透，集古今精华于一体。评论家谓之气吞山河，登峰造极。黄山，此刻又滚滚奔来他的眼底，他仿佛又身临其中了。

去年 7 月 12 日上午 9 时，他从南京乘汽车出发，中午在泾县略微休息了一会儿，就向黄山进发了。

车到汤口，红日西下。他留恋地望着那些被晚照映成橘红色的皖南民居的风火墙，感受着那色彩的美韵，心里流淌起一条幸福的河。

这次启程前，有人劝阻他："刘老，这么大热的天，冒着酷暑上黄山，您毕竟是老人了，万一中暑，怎么办？"

他风趣地说："我才 93 嘛，身体很好，走路不用拐棍，我最了解自己，前年我在大风大雨中登上了巴黎埃菲尔铁塔，你们不用担忧。"他粲然一笑，"这次我要用我的全部激情去拥抱黄山，去吞吐黄山。只有这样，我的艺术才有生命和青春。"

晚上 8 时半他们一行才抵达黄山云谷山庄。他豪情满怀地口占一绝：

年方九三何尝老，劫历三千亦自豪。

贾勇绝顶今十上，黄山白发看争高。

第二天一早，他就起来了，对伊乔说："今天我要出去作画。"

伊乔连忙去转告随行工作人员，要他们做准备。他们听说他一早就要上山，都跑来劝阻："刘老，您昨天坐了一天汽车，我们都感到很累，您休整两三天，再去画吧！"

他急起来了，说："我不是来玩的，是来工作的！不能浪费时间呀！"

他们没法，只好打开行李，取出画具、墨汁、颜料、画板和画架，问："您先去哪里？"

"我想画人字瀑。"

"那我们就到温泉观瀑楼。"

黄山已有一个月没下雨了，又正值炎夏。人字瀑已经干涸，八上黄山时，他就画过它。那天，大雨滂沱，下了半天，中午时分，雨过天晴，他来到观瀑楼。一个银液写的"人"字从悬岩上泻下来，犹似银河从天而降，又在岩壁上分作了两股。那气势震撼了他，他作了幅油画。银练一泻千里的磅礴气势透过油彩，仿佛都能听到银河倾泻的轰鸣。

他望着无水的山岩，和经年累月被瀑布冲刷得发白的瀑痕，不觉有种怅然之感。他又望了望长空，夏阳正灿，奇迹不会立即出现，便说："雨总会下的，下次再来吧！"就走在前面。

他的学生们连忙上前扶着他。他们步行来到桃花溪上的白龙桥。

他的视线立即被溪畔一株古树吸引了。树下有块巨石，树上缠绕着碧绿的藤萝。立刻，他心里画出一只屈蹴着的猛虎，古树青藤化成一条舞动的龙。一幅龙腾虎啸的画面浮现了，他用激动得发抖的声音吩咐工作人员："铺上四尺宣！"

画架撑起来了，画板架上了，画毡铺上了，宣纸铺好了，用镇纸压着。

他脸上红光溢泛，挥笔蘸墨，笔底响起了虎踞龙盘的格斗声响，时而疾风狂旋，时而春蛇入草。他用浪漫的笔墨，很快挥就了一幅写意画，题上"戊辰夏刘海粟十上黄山写龙虎斗"。

7 月 14 日一早，他就坐缆车到达白鹅岭缆车站，转乘竹椅小轿去北海。哟，沿途游客都止步向他欢呼、鼓掌，表示敬意。许多准备下山的游客又折转回来，跟在他们一行的后面，回到北海，一直把他送到北海散花精舍。正在附近游览的数百名游客，听说是刘海粟上山来了，一齐涌到散花精舍楼下的路上，要求和他见面。他听到那一片欢腾之声，心里也腾起了烈焰，走上阳台，微笑着向他们扬手致意。

楼下欢声雷动。有人高喊："刘先生，我们敬佩您！"有人喊："刘老，向您学习！我们要学习您勇于攀登的精神！""祝刘老健康长寿！"……

他眼里升起了一缕潮雾，激动地扬起手，频频挥舞，大声说："祝大家健康长寿！"

人群依依不肯散去。

他只休息了一会儿，就对伊乔说："请他们帮我准备一下，我要去画'梦笔生花'。"

伊乔望望天，外面烈日当空，游人们挥汗如雨，想劝他下午再出去。可她了解他，没敢说，就去对门房间对他学生们说："老先生现在就要去画'梦笔生花'呢！"

"天太热，这太阳晒得人头发昏，师母，等太阳稍软和一点儿去不好吗？不要让他中暑了！"他的一位学生第一个反对。

伊乔无可奈何地一笑："我有什么办法？"

他们只好把画具、椅子等往外面搬。

游人们听说老人要去作画，都兴奋起来，忘了饥饿和疲劳，纷纷来帮忙，搬椅子的，抬画架的，扛画板的……浩浩荡荡簇拥着他们一行来到散花坞云巅。

哇！往日这里云蒸雾袅，波滚浪翻，可天旱和酷热，改变了它的容貌，'梦笔生花'脱去了缥缈的婚纱，朴朴素素裸露出它的皱纹和筋脉。

他望着一览无余的谷底，心里倏地涌起了千奇百幻、云霞蒸腾的壮美云涛。他笔下'梦笔生花'烟涛滚滚，浪花沸腾，紫气袅绕……

"海老，"不知是谁唤了他一声，"您把烟雾云霞给了黄山，她要感谢您呢！"

"哈哈……"他笑了起来，没回头，也没停笔，说："山不变化我变化，我画的是我心中的黄山，是她的神，不是一时的形。我与黄山至交70年，我了解这位老朋友的性格，她在我心中是变幻不息的活泼泼的生命，我用爱滋养着我心中的黄山呢！"他遂在画的左上方题了一绝：

年方九三上黄山，绝壁天梯信笔攀。
梦笔生花无定态，心泉涌现墨潺潺。

7月19日，吃过早饭，他们一行就往始信峰腰去。他要再次与石笋矼做一较量。

每次上黄山，他都要到那里去作画。那是一个神秘莫测的地方，千峰万嶂，形态各异，诡谲神奇，被称为：丞相观棋、仙人对弈、仙人背包、三娘教子、观音渡海、达摩面壁……他第一次见到这些景象时，就曾惊呼：

“瑰诡耸拔，奇幻百出，吾虽善绘，妙处不传也！”

他伫立在始信峰腰，凝望着神秘莫测、有如春笋般的峰群。良久之后，他才对随行的学生说：“先作张油画。”

他挤了些赭石在调色板上，又兑了点儿大红，勾出了群峰的轮廓，再铺上大色块。他一手持刮刀，一手握画笔，仿佛跃马扬鞭的勇士，驰骋在沙场上，心与山会，心与神会，忘了世间一切，乐在色彩的飞动间。不一会儿，山、石、云、树就郁郁勃勃出现在画布上了。他后退一步，坐到椅上，自我陶醉起来：“你们到这儿来看呀！我又变了！这线条，这笔墨似国画，这层叠的色块，又是油画。在这幅画上，一样的气势苍莽磅礴，高远壮阔，一扫人间俗气，溢出了浪漫热烈的童心和简洁无华之美。”

伊乔站在他身边，脸上流溢着快乐和幸福。她说：“老头子，我们应该在这画前合张影，作为‘我又变了’的纪念！”

“好！”他快活地欢叫起来，“来，我们大家一起照。”

回到下榻的散花精舍，他让学生把画陈放在卧室里。午休的时候，他仍然不能平静，坐在床上，久久凝视着画面，不由又心驰神往到石笋矼那奇妙的世界中去了。

“老先生，”伊乔轻轻走到他身边，把一瓶盖红红绿绿的药片递给他，“吃了药，休息吧！今天你已累得够呛了！”

他回头一笑：“好，我听你的。”他只得躺在床上。伊乔也上床躺下了。不一会儿，她就发出了轻微的鼾声。他却怎么也睡不着。他心里又出现了一个美丽奇幻的画面。

他悄悄溜下床，轻手轻脚进了暂作画室的外间，在画案上铺了一张五尺宣。他要用瑰丽的泼彩，把心中的石笋矼留在宣纸上。

顷刻间，宣纸上山岚氤氲，万峰如林似海，湿云粉白如烟，铁松塔立。

三两峰端映着几抹赭红，令人惊心动魄，光怪陆离，美不可言。

“太美了！太美了！”伊乔早就站在他身后了。她不敢惊扰他。这时她忍不住喝起彩来了：“先生，你腕下的黄山，比真实的黄山更美！祝贺你！”她把一杯黄山茶递给他。

他非常得意，兴奋得说话都有些打战了：“伊乔，书画凭气，这是难得的一幅。”他接过茶，喝了一口，就坐了下去。

伊乔知道，他在构思题跋。她也在沙发上默默地坐了下去。

茶才喝了几口，他就站起来了。他放下茶杯，提笔在画面左上处题道：

人世沧桑大变迁，黟山郁律自巍然。师生几共游山日，桃李春风又六年。横翠嶂，起白烟，冥搜物象近日边。争高千仞山皆浪，裂壁云岚石笋寒。一九八八年七月十九日石笋矼泼彩画，刘海粟十上黄山，九十三岁。

忘不了的8月7日。昨夜黄山下了喜雨，晨起天又晴了，山景全变了样。他激动不已，拿出珍藏的金笺纸，他要到白鹅岭去画晨光晴岚。

他踏着湿溜溜的石阶，登上了白鹅岭，凝神眺望着天都、莲花、佛掌诸峰。

他的学生们为他在画板上展开了金笺，用镇纸镇住，站到他身后。“自古金笺破墨难。”他们只知道祖先留下的这条经验之谈，可谁也没画过金笺。他们揣着惊奇，凝神屏息看他调墨、运笔。

他几笔勾勒出凝重的远远近近的山影、峻秀的林壑。墨泼上去了，水泼上去了。远山层层叠叠，近山巍峨挺拔。冷翠泼上去了，绀蓝润染着青峰。金笺不渗不滞，任画笔时纵时收，胆气激发，光华四射，似云似幻，似油画又不似油画，是国画又不似国画。

“金笺泼彩泼墨成功了！”学生们欢跳起来。

“校长——！您在哪里？”

他正在升仙台作中国画《始信峰石壁》，听到一个熟悉的声音在呼唤他。他伫笔倾听。

那个声音越来越近。他已辨出来了，不由兴奋起来，大声回应着：“我在这里——！”又补充了一声，“我在升仙台——！”他抑制不住内心的欢悦，“伊乔，是刘抗，刘抗来了！”又吩咐学生，“新加坡著名画家刘抗先生来了，你们快去迎一下。”他放下笔等待着。

在海粟还未获得自由时，他们就曾到上海来看望过他，并和周颖南、李家耀一起将他们的藏画出版了一本《海粟老人近作选》。去年6月，新加坡国家博物馆和新加坡艺术协会联合为他举办了九上黄山画展，出版了《刘海粟画册》，刘抗为之写了序。海粟应邀访问了新加坡，受到了热烈欢迎，重逢了现任新加坡财政部长的胡赐道博士，还有友人、学生。

“校长。”刘抗也已年逾古稀，他摆脱海粟学生们的搀扶，快步向他走来。

“刘抗兄！”海粟迎上去，紧紧拥抱着刘抗，“你好！”

“您好！”刘抗激动地说，“我们听到您十上黄山的消息，都激动不已，蔡斯民先生和陈人滨先生（即刘抗之妻）也来了！”

他放开刘抗，去和走上来的他们握手，“欢迎你们！”

“刘大师，”蔡斯民说，“去年您在我们那里说，要十上黄山，当时我们心里还有疑惑，您九十多岁了，还能爬得上，您还真的上来了，这是奇迹！”他再次把手伸给他，“祝贺您！”

“刘大师，我们就是专程来向您表示祝贺的，也是来向您学习的！”

陈人滨握住他另一只手。

“我们回宾馆去吧！”他提议说。

饭后，他们一齐来到他的画室。

刘抗看到他十上黄山画了如许油画、国画，惊呼起来：“这么多？哟，比九上的作品更奇瑰了！”

蔡斯民走过来，惊叹道：“我仿佛置身在一个奇幻的世界啊！”

陈人滨啧啧称颂，惊羡不已。

他说：“人的感情是随着年龄的增长而变化的！我对黄山的情感随着日月的延伸也在变深变阔。特别经历了十年浩劫，我对人生有了更深沉的认识。八上之后，就有了一种告别和惜别的依依之感。过去我在清凉台作画，一攀就上去了，八上黄山，我就要人扶一把了，但我毕竟是自己上去了。这靠的是一个‘敢’字，世上无难事，只要敢攀登。我在 93 岁还能上黄山，就是因为我热恋着黄山，爱，使我有了力量和勇敢的攀登精神。爱也使我画里的黄山更奇、更瑰、更美了。你们多看看，多画画，就能品味出黄山的佳趣。黄山奇，奇在云岩里；黄山险，险在松壑间；黄山妙，妙在有无间；黄山趣，趣在微雨里；黄山瀑，瀑在飞溅处。”

他走到那张题为《松涛呼啸》的泼墨淡彩国画前吟诵起画面的题诗：

泼墨淋漓笔一枝，松涛呼啸乱云飞。
黄山万壑奔腾出，何似老夫笔底奇。

刘抗带头鼓起掌来。

他又说：“你们发现没有，我不是用一种笔墨、一种手法在写黄山。这幅松，有草篆的味道，显得飘逸。这幅，我用的是古籀的笔法，显得极凝重。这莲花峰像不像巨鹫蹲夷？‘梦笔生花’像不像天马行空？这幅的山峰几乎都是线条，没有一株同态的松。”他转向刘抗，“你是看过人民大会堂上海厅那幅巨画《黄山狮子林》的。气象雄伟，笔法苍劲，大面积的泼墨泼彩，笔力千钧，真乃杰作！”

大家各自回房休息后，刘抗一人又来到他的卧室里，师生促膝又聊了起来。他们说得最多的还是艺术。突然，刘抗沉吟了，似有话说，又似不好开口。他笑了起来：“你听到了什么话吧？”

刘抗点点头：“我从上海来时，碰到一位见过面的画家，我说我是专程来黄山拜望您的。我们就谈起了您。他对我说了您第一次在中国美术馆举办画展，有位夫人散发传单攻击您。我心里很不是滋味。”

“嗬！”他淡然一笑，念起了陈眉公所辑《幽窗小记》里的一联：“‘宠辱不惊，看庭前花开花落；去留无意，望天上云卷云舒。’‘四人帮’就是那么诬陷我的！日本人没杀我，是威慑于我的声望；用飞机押送我回来，是汪精卫想利用我。可我在高官厚禄的诱惑面前坚定不移！大难没死，倒成了某些人用以诽谤我的口实。我刘海粟有叛逆精神，但我热爱我伟大的祖国，深爱我伟大的民族，我这颗赤子之心是不容玷污的！个别别有用心的人，是深知用什么样的箭矢才能击伤我的！就用了这样一支毒箭。我明白这一点，也就淡然处之。我这人啊！一生大起大落，阅尽了人间光怪陆离，放得下，想得开，我在别人没法活下去的时候，明知活着比死还痛苦，我还是活下来了。何惧造谣诽谤？又何在乎不公正、不承认？你刚才看到我在《文光亭泼墨》一画上的题诗吧？

浇尽平生块垒胸，衰颜今喜发春红。

更携苕水无双笔，十上黄山写奇峰。

“校长，我佩服您登高望远又忘忧的境界和胸怀！”

这期间，海粟夫妇还和学生们一道去游览了九华山，在观音峰下用泼墨作了《凤凰松》，刚一回到黄山，一位著名作家就给他带来了位日本客人，他介绍说：“刘老，这是日本著名作家开高健先生，他是芥川龙之介文学奖的得主。”

“认识您很高兴！”海粟向日本客人伸出了手，热情地握着。

“刘先生，”开高健向他连鞠三个躬，“我在北京听到您十上黄山的消息，兴奋不已，就产生了要上黄山来拜访您的念头。我已在黄山等您两天了！”

他被日本朋友的友情深深感动了，欢快地打开了他四次访问日本的话匣。

开高健说道：“刘先生，1985 年 5 月，我看过中日友好协会和朝日新闻社在东京高岛画廊为您举办的中国画展览。”

“哦？”他兴奋得脸放红光，“您有何高见？”

“我非常喜欢您的作品，还写过一篇观画有感呢！”

“原来您还是我的艺术知音！今日相见，真乃相见恨晚呢！”他站起来，拿出一幅国画，提笔在上面写了一则跋，记述他们相见的趣事，对他说，“好画赠知音，开高健先生，留个纪念。”

开高健兴奋不已，连连鞠躬致谢。

“坐，坐！”他率先坐下。

“我从报道中得知，中曾根康弘首相在首相官邸会见了您和夫人。”

“他很客气，亲自把我扶进客厅，扶我坐下，他才落座，用中国话对我说‘您好！’问我可习惯日本的生活，有什么需要他做的事。”

“我记得他对您说过一段话：‘您是当代中国画的巨匠，我们的水墨画是受中国画影响而发展的。因此，您也是我们日中两国水墨画的宗师。’”

“你们的首相不仅懂艺术，也深知中国人民的艺术情趣。他的谈话洋溢着日本对中国友好的情谊，这位日本政府要员身上所表达的真切感情，使我这个近一个世纪来饱尝外国侵略之害，尤其备受日本军国主义侵略之苦的中国老人来说，心里有种难画难描的欣慰和自豪。使我深深地感到，祖国的强大和稳定，是赢得周边近邻友谊、信任和尊敬的保证。我是一个老人了，我热切希望我们的国家更加繁荣富强。我之所以在 93 岁还要来上黄山，就是为了表达一个信念，‘世上无难事，只要肯攀登’。”

他们对他热烈鼓掌。

就要告别黄山了，也许还能来，也许是永诀。海粟心里漾起了千般情感，万种色彩。他要作幅抒发像那日出一般激动、日落那般壮美的画。

下午，他就在一张六尺宣上开始了，已泼了几次彩，午夜，他又偷偷披衣起来了。他不让伊乔知道，也不让工作人员和学生们知道。他们看到他的脚站肿了，就要劝他休息；下雨了，怕路滑，也不让他出去。起早了，也受到干涉。有一天，他画完了一幅表现黄山日出的绚丽油画，他们才起来看日出，见状又大惊小怪叫起来：“这不行，我们有照顾好您的使命，你不能这样硬拼！”因此他不得不悄悄行事。

他轻轻掩上了画室的门，调好颜料，添起彩来。他越画越兴奋，心里涌起了明丽的晨曦、白絮样的云海，回荡在山涧和壑谷间的朝阳，抹红了面东的山峦。青黛色的松，翠蓝的林涛，钢灰色的峭壁，朦胧的远山……组成了生命的赞歌，天籁的乐章。他忘情地哼起一支来自内心的歌。

芥子须弥，偏钟爱，黄山秀色。游人仰望，楚天清澈。点点苔花飞壁上，层层雪气浸诗页，温吾怀。翠海啸，松涛声宏烈。

十番上，难言别，情缕缕，抽不绝。纵挥毫万次，丝丝遥接。砚上落红吹不尽，纸边醉蝶添彩墨。梦悠悠，常怀众峰峦，云千叠。

他没去斟酌声韵律格、字数，这是一首无格律的歌，从他心中奔腾而泻的歌！他自己也醉了，他握起笔，题到画上，把它题作《满江红》。

他的身后早已围上了半圈人，他没发觉。突然，他听到了抽泣之声，才回过头去，大惊："你们这是干什么？怎么不去睡觉？"

"刘老，"负责全程照顾他的学生说，"我睡了一觉起来，发现这里的灯光还亮着。推门一看，您披衣在画画，师母远远站在您身后，她向我摆摆手，阻止我惊动您，其他同学不知为何也陆续起来了！"他呜咽起来，"您不该这样不分日夜地画！明天我们就要回去了，要乘一天的车呀！今晚您该好好休息！"

"你们不了解一个老人的心。"海粟的眼睛也湿了，"我怎么可以放松自己？人民期待着我的新作，我多画一幅画，就多为祖国和世界增加一份艺术财富。这是很有意义的事。我不能使对我寄托厚望的人民失望，不能辜负各方面的重托和厚爱……"

"老先生，香港就要到了！"伊乔轻轻推了下他。

海粟坐起身子，向舷窗外望去。飞机减低了速度，正在下降。像垒起的积木般的高楼大厦渐渐高大起来了。他想起了1981年的香港之行和画展，不由激动起来。

海粟和伊乔刚一出现在启德机场闸口，已在香港成家立业的儿女们就欢叫起来，“阿爸！阿妈！”响成一片，像潮水涌向海滩一般迎了上去，紧紧拥抱着两位老人，争相问候。刘蟾、刘虹、刘虬、刘麟他们每人挽着父母的一只手，刘蟾对她夫婿说：“你先去取行李，我们先陪爹妈回家休息。”

海粟突然停住脚步问：“飞法兰克福的机票是几时的？”

刘蟾从挎在肩上的小皮包里取出两张机票递到他眼前说：“明天上午十时的，还早呢！”

海粟又问：“寄到新华社的展品取来没有？”

“您放心，两位哥哥昨天就取回来了，也办好了保险托运手续。”刘蟾挽起他的手，“走吧，明天上午我们送您上飞机。”

他们坐进了汽车。汽车上，海粟问儿子：“新华社的同志说什么没有？”

“他们问您的班机几时到，需要他们做些什么。我见他们好像很忙，气氛有些特别，就没告诉他们。”刘虬回过头回答说他，“明天上飞机前，给他们打个电话，表示个谢意，就不要去打扰他们了。”

“你处理得很好，我不想给他们添麻烦，也不愿在这种时候招摇过市，引起新闻界的关注。”

汽车流动起来，一个小时以后他们才到达刘蟾家。

午饭后，伊乔就对儿女们说：“你们各自请回吧！忙你们的事去。我们休息一会儿。”

刘蟾把空调的声音调低了：“阿爸阿妈，你们休息吧！”就轻轻带上了卧室的门。

伊乔伺候海粟躺下，自己也上了床。她很快就出了均匀的鼾声。

二

1989年6月5日，海粟夫妇飞法兰克福，当天抵达科隆。6月9日，他的画展在科隆市德累斯顿银行大厦举行。展出了他十上黄山的优秀作品100多幅。德国有句谚语："不到科隆，就等于没去过德国。"他曾两度到德国举办画展和讲学，也曾游览过莱茵河西岸这座美丽的古城。重游故地的梦想，一直魂牵梦绕着他。

海粟的画展于7月4日闭幕。8月5日，他重访瑞士。他应邀在日内瓦举行的华人学会第五届年会上讲演《中国绘画上的六法论》，参观了日内瓦国际核能中心，重游洛桑、孟脱未、莱梦湖。

五六十年来，莱梦湖的绿漪常常在他的记忆中荡漾。如今在他临近黄昏的时期重来湖畔，他的心中仿佛插上了双桨，搅起了往事的波澜。

他第一次来，是应傅雷的朋友之邀来避暑的。他一家和傅雷、刘抗、陈人浩住在莱梦湖畔的小村圣扬乔而夫，傅雷友人的别墅。从一排落地长窗眺望绿的山、绿的水，白朗峰袅绕着浓浓淡淡的白云。万山环绕的莱梦湖，山色空蒙，水光潋滟，可谓人间仙境。他们一群人，每日背着画具，穿山走谷，画呀画，画飞瀑、画危峰、画湖光山色。饿了，他们从枝头摘下一只苹果，用手抹抹，就啃起来；渴了，他们捧一掬清泉，清凉爽口，暑气全消。他们在那儿画了50多天，收获多多，回到别墅还是画。他把它称作"白峰寥天画室"，伫立在窗口，画山画水，《多变的莱梦湖》《流不尽的源泉》《圣扬乔而夫》……几天里，他偕着伊乔在湖畔荡来逛去。累了，他们就坐下来，凝望着像软缎一般的湖水。他们谈傅雷、谈刘抗、谈人浩、谈韵士，谈得更多的还是成家和。

"伊乔，我三次来游莱梦湖，陪我的是三位女性。我自己也觉得很有趣呢！”

“哼，是很有趣！”伊乔讪笑着他，“恐怕下次来，还得换一个吧！”

“那敢情好！”他快活起来，“只怕你要气得淌泪呢！”

“我才高兴呢！”

“我若能在 100 岁还来旧地重游，我还是要你陪我来。”他们在一株橡树下的石椅上坐下来，“伊乔，你猜我又想起了什么？”

“傅雷？”

“我突然想起上海博物馆展出的《傅雷家书》。”

“那天，你回到家就躺在椅上不动了，我也不敢打扰你，我知道你心里难过。”

“我刚才好像又听到了他的声音：‘海粟，我们到欧洲不易，中国有上亿人一生没有到过县城。我们要多学些东西回去，改变中国的落后。’”

“唉——！他这人太刚正了，经受不了屈辱，太遗憾了！”

“可他在我心里是永远不死的！他那些闪耀着文采和智慧光华的译作，就是生命延续的石碑，他永远活在读者心中。”

伊乔又挽起了他，环湖缓缓而行。湖上的游艇，像天鹅般掠过湖面，传来阵阵笑语喧声。

“人生有限天无限哪，如今游侣云散，人浩、韵士、家和皆作古了！”他感叹起来，“家和还是给过我很多幸福的。她是个很有才华的人，她和我到瑞士避过暑。”他抬手指着一座山峰，“她画了许多画，那些画也都参加了我在日内瓦举办的中国美展。我那幅中国画《瑞士烟霭》就是那时作的。”伊乔不喜欢他念念不忘成家和，不高兴地从他臂上抽回了手，往旁边走去。

“人都死了，你还吃什么醋！”海粟微笑着走近她，挽起她的手臂，“人老了，总喜欢忆旧，我老觉得，造成她后来的沉沦，我有责任，不过一种自谴而已。我跟你谈起过她，她若不和我结婚，就很可能在艺术上有出息。我以为是我扼杀了她的艺术生命。后来我听说她和萧乃震移居香港，又离异了。他们的女儿萧芳芳，成了香港著名的影星，她晚景很凄凉。"他喟然一声长叹，"唉——！路是人走出来的，每个人走出来的路，都是自己选择的！别人只能指引和提醒，无法代替的，更无法强迫啊！"

伊乔少女般殷红了脸。

他们只在莱梦湖住了一周，就返回到德国汉堡，出席佩特拉夫人在她创办的东西画廊为他举办的画展和演讲。画展结束，他们访问了西柏林，乘船游览了美丽的莱茵河，结束了访德的行程。

1989 年 12 月 27 日，海粟偕夫人从美国洛杉矶乘华航班机，于晚 6 时飞抵台北桃园中正机场。

他和伊乔一出现在飞机的舷梯口，专从香港赶来迎接他的小女儿刘蟾就欢呼着"阿爸！阿妈！"跑上舷梯，扶着他往下走。欢迎人群中爆发起热烈掌声。台湾财团法人董氏基金会董事长严道先生、台湾历史博物馆陈癸淼馆长迎上前去，将用鲜花串成的花环挂到海粟和伊乔脖子上，和他们热烈握手，说："欢迎您重访台湾！"举着写有"欢迎刘校长海粟伉俪"横幅的上海美专校友代表和台湾美协代表依次走上前去，把欢迎的花束献给他。有的说："欢迎您，恩师！"有的说："欢迎您，校长、师母！"

海粟非常高兴，连连道谢。虽然坐了十几个小时的飞机，但他精神仍然很好，在欢迎人群的簇拥下，走进了机场记者室。早就等候在那里的记者，一齐站了起来，鼓掌欢迎他。摄像机、摄影机一齐朝着他夫妇开动起来，闪光灯像雷暴雨中的闪电一样，闪个不停。

他兴奋地连声说："我很高兴！我很高兴！"落座后他又接上说："我

1948年2月曾在我太太和侄儿的陪同下，来过一次台湾。在台北中山堂举行个人画展，一别40多年过去了，非常希望重访台湾，举办画展。这次董氏基金会邀请我访台，并开画展，了却了我多年的夙愿！严道先生为这次画展进行了坚韧不拔的工作，经历了很多曲折，花费了许多时间和精力，克服了重重困难，我终于得以以首位大陆杰出人士身份访台，实现了我赴台举办画展的愿望。我非常感激严道先生，在此，向严道先生深表谢忱。我还感谢为我实现赴台举办画展的所有朋友，特别是台湾历史博物馆的陈癸淼馆长和上海美专的老校友们！”

他结束了简短的讲话，就在女儿和侄儿的扶持下，坐进了汽车，往市内下榻。

海粟作为第一个大陆杰出人士访台，举世瞩目。他成了报界追踪报道的热点。他走到哪里，哪里都有摄影机、摄像机在等着他。

第三天上午，他在历史博物馆举行记者招待会。他晚到了40分钟。记者们谁也没有因他的姗姗来迟而离去，却急坏了严道和陈癸淼。他们焦急地等候在门口。

他的车子一到，他们就立即迎上去，问："是否身体不适？"

"我很好呀！"

"我们是按时出门的。"伊乔知道他们等急了，"没想到路这么远，一个小时还不能到，在车上我就急煞了。"

"哈哈……"大家不由笑起来，陈癸淼说："从您下榻的地方到这儿，25分钟足够了，刘大师，这是司机欺生哪，故意绕远道，您让他'斩'了一刀哟！"他用上海话对海粟说。

海粟和伊乔对司机的恶劣行为也只好一笑了之。

记者招待会设在楼下遵彭厅。海粟在严道、陈癸淼的陪同下和各界人士代表在主席台就座。

他首先说："我以九五高龄还能来台湾，真是万分荣幸的事，我并非什么成功的画家，我此次来台，是来向同胞们学习的。我游览名山大川，我去过世界上许多的地方，但我最喜欢的还是我们中国的黄山，我最爱画的也是黄山，我在70年间，十次上黄山，去年夏天，我在各方面的支持下，实现了十上黄山的梦想。我虽脚力不好，在他人的帮助下，还是上去了，到了光明顶、始信峰，画了国画、油画共50多幅。为了到台湾举办画展，我从中选出20多幅，我把它们呈献给台湾的朋友和观众。拥抱黄山，吞吐黄山，是此次画展的重点。"他向记者们展开了那幅题为《满江红》的黄山图，继续说："黄山是世界上最美的山，最奇的山。我见过欧洲的阿尔卑斯山、日本的富士山，它们都比不上黄山。黄山的烟云吞吐，千变万化，光是一个天都峰就不得了。欢迎大家也去看看黄山。"

严道将他的茶杯掀开盖。海粟礼貌地向他点头致谢，呷了口茶说："我特别希望大家看看我近年的泼墨泼彩作品。'师自然'，这还不够，更要'胜自然'！艺术的生命在于创新，但创新要在深厚的传统基础上进行，研究传统，是为了吞吐传统；学习西洋艺术，也应是为了吞吐西洋艺术，以达到融汇古今中西的境界。唯有能古到极点，才能新到极点。此次展品中，大家可以看到我的追求。"

有人提问："众所周知，张大千大师画泼墨荷花，刘大师您也画泼墨荷花。请问您对张大千大师的看法？"

他高兴地回答道："大千是我的朋友，他曾在上海美专任教。他的画很漂亮。但我们个性不同，他曾到敦煌进行研究，传统基础深厚，晚年也泼墨泼彩；而我去的欧洲，学的是素描基础。我已说过，创新没有深厚的基础不行，泼墨泼彩不可乱泼。前年，我在日本示范泼墨，有位日本画家也跟着泼起来，结果把画泼得一塌糊涂。泼墨墨该用多少，水该用多少才适合，是个功力啊！”

他接着说：“我十次上黄山，画了上千张黄山图，我孜孜以求理想之作。过去我是‘师法自然’，近几年我已过渡到‘欺自然’‘胜自然’。去年黄山久旱，我给它‘水’，泼墨泼彩齐上阵，黄山在我的画上是活的。”

他向大家展示他携来的书法长卷《狂草归去来辞》，简单介绍了定于1990年元旦举行的画展内容：“此次参展作品都是我亲手选定的，共105件，其中国画7件，油画21件，书法5件。”他在结束时谦虚地说：“我到90岁的时候，才感悟到自己学问不够，愈懂愈难。浮生有限，学海无涯，学习是没有止境的。我觉得自己才刚刚起步呢！”

1989年除夕，台湾某时报在他们的贵宾室安排了一次别开生面的聚会。

海粟是晚宴的主宾之一，其他主宾还有99岁的摄影大师郎静山，94岁的绘画大师黄君璧。三位大师的年龄加在一起是288岁。他们在艺坛上各领风骚，相识在20世纪之初，相逢在世纪之末，被誉为世纪之会。

他们的谈话引发了阵阵掌声。

画展将海粟访台的热浪掀到了新的巅峰。

元旦这天，台湾历史博物馆有两项大展开幕。其一就是“上海美专师生联展”。由于台湾教育部门规定：以大陆杰出人士访台者，作品不得公开展出。严道和陈癸森只得另想办法，来展出海粟之作。

海粟的作品陈列在二楼、三楼，学生20人每人一件作品陈列在地下室遵彭厅。出席开幕式的文艺界、绘画界人士和民众，如潮水般涌来。开幕典礼隆重热烈。陈癸森代表历史博物馆赠他荣誉金章一枚，推崇他对美术教育和绘画创作与创新的贡献。严道代表董氏基金会赠他镌有“中华之光”双凤奖座一座。美专校友 30 人赠他奖牌一座，感谢恩师的教诲。海粟致答词说：“我要继续努力作画，到世界各地去展出，为中国人扬眉吐气。”

台湾大小报纸都作了追踪报道。《青年报》以《美展揭幕掀热潮，大师吃不消》为题云：“……观赏联展的民众相当多，把画廊挤得水泄不通，刘海粟面对热情人潮，有些招架不住。陈癸淼请民众给大师留出一点空间来，才使他稍有活动的空间。……”

台湾某时报以《刘海粟画展人潮汹涌，大师作品见真章，画界评价有高低》为题报道画展揭幕盛况，在一片赞美声中，列举了不同的评价：“水彩名家李焜培，则对刘海粟晚年用色难以吃入画面，表示不解。并表明，从用水调色的观点来看，林风眠的用色较能令人折服。阿波罗画廊负责人张金星笑嘻嘻地说：‘教育家嘛！刘海粟功在教育，而非画作。’”

《民生报》在一篇特稿中说：“刘海粟是现代中国画坛上备受争议的人物。十七岁起在上海画坛崭露头角，获得‘艺术叛徒’之名；七十年代被打成‘反革命分子’，一九七七年复出，到各地画展，又引起议论。一九八九年来台，也引发了不同话题，谈论刘海粟的更是为数不少。徐志摩说：‘你尽可以不喜欢他（刘海粟）的作品，你尽可以从各方面批评他的作品，但在现代作家中，你不能忽略他的独占地位。他是在那里，不论是粗是细。他不仅在那里，他并且强迫你的注意。’倪贻德则说：‘世人对于刘海粟先生的为人及其艺术之毁誉各半。誉之者说他有过人的才能，坚强的毅力，热烈的情感，敏捷的手腕，是艺术家，同时也是个事业家。毁之者说他刚愎固执，好大喜功，其艺术亦如其人。’”

《书画家》为他出了专集，刊了十幅作品和《中国第一位模特儿和艺术叛徒刘海粟》《艺术叛徒刘海粟》两篇长文，在全面介绍他的艺术同时，也使用了这样的词语："充任中共宣传御用画家""但愿他不再为中共充作'统战'的'马前卒'。"

海粟读了这些报道和文章，一笑置之。最了解自己的还是自己。他一向不鼠肚鸡肠，什么都听得下去。他得抓紧时间，去了却另外的心愿——到博物院观赏《富春山居图》和参观张大千故居摩耶精舍。

那天，天气很好。他在严道和黄君璧陪同下，兴致勃勃来到坐落在外双溪的中山博物院，受到博物院秦孝仪院长和工作人员的欢迎。他们被请进了贵宾室。刚一落座，海粟就说："我知道，这里藏着很多闻名世界的珍品，但我最想看的是《富春山居图》，欣赏这幅画，也是我平生一愿，能让我一了此愿吗？"

"当然，当然！"秦院长一口答应，"刘大师不远万里寻访《富春山居图》，岂有不给您看之理。"便令人取来，他亲手把两轴画卷展开在海粟面前的长桌上，"您请欣赏，这是真迹，这是仿作。"

海粟顿时兴奋得眼睛发亮了说："此画是元代黄公望绘制的杰作！"便说起了它坎坷凄婉的传奇故事，"画家非常喜爱富春江的山水，晚岁尤甚。便在江边建一小屋，春秋佳日，就住在小屋里来，观赏真山真水，历经多年绘成了这幅长卷。你们看，这画面上画的是初秋丽景，起伏的山峦、坡石、云树苍苍，疏密有致。这平坡、亭台、渔舟、小桥、飞泉……表现了一片平和宁静的自然胜景，达到了最佳艺术境界。此图是他为无用禅师作的，后人遂把它称作'无用卷'。后来又有人仿作了此画，款题'子明隐居所作'，人称为'子明卷'，引出了'双胞胎案'。"海粟指着仿作之'子明卷'："乾隆皇帝见了'子明卷'，以为是真迹，不断地在画上题词，整整题了48年。"他指着乾隆的那些题词，"这就是他题的，把画面都题坏了。'无用卷'历经沧桑，落入明代吴洪裕之手，他钟爱异常，临死前还要把它带到阴曹地府去，拿来火殉。幸得他的侄儿吴静庵从火中抢出，但已烧成了两截了。前段仅尺余，后人把它裱成《剩山图》，现藏浙江省图书馆，我见过。”他兴奋地用手点点铺展在面前的约两丈（约 6.67 米）长的“无用卷”，“后段就是此卷了！这是全图的主要部分。今天我太高兴了，一下看了真、伪两个卷子。”他又重复了两次，“我太高兴了！太高兴了！”又连连向院长道谢。

接着，秦院长陪同他去探访张大千故居摩耶精舍。

摩耶精舍距台湾历史博物馆很近，就在内、外双溪的合流处，几分钟后，他们的汽车就停在了园后的小广场上了。

这是一所改造了的二层楼式的四合院，大门向西。以院子为中心，每间房子都面对院子。院内有假山，栽有上百株广玉兰和奇松怪柏，以及数不清的热带、亚热带奇花异草盆景和数十缸荷莲。外双溪的流水从小木桥下潺潺流过。一楼是大画室、客厅、餐厅、电视间，画室旁边是贮画间，备有现代化的防虫、防潮、调温装备。

海粟一行从大门走进院子。他对院子别具一格的设计很是赞赏，对外双溪的明澈流水经过假山，穿过小木桥很感兴趣。他也很喜欢那些盆景。又看了画室后，就通过乳白色的自动门，进入电梯间，上到二楼屋顶。

屋顶上摆满了盆栽花木，陪同的秦先生告诉他：“大千先生把它称作空中花园。”

二楼是卧室。他们从空中花园乘电梯下来就去后园。

他们踏着白石铺就的小径，穿过南国观赏木组成的花木长廊和精巧的竹篱茅舍，来到一个竹棚前。

秦先生指着里面的石桌、石椅和一个安了水龙头的陶土缸介绍说：“这是大千先生用来过滤溪水泡茶的。”

海粟笑着说："真是故园难忘哪！四川的许多茶馆都用这种方法滤水。"

"是的是的！"

沿着竹棚前的曲径而上，来到内、外溪分界线上的双莲亭。陪同的人说："这是摩耶精舍风景最好的所在。"

两座亭子，用茅草、棕皮、木头搭成的长廊相连。

海粟仰头看上面的题字，一曰"分寒亭"，一曰"翼然亭"。他扶栏观赏，青山环绕，双溪涌流，山色水光，花香鸟语。他不禁赞道："大千真会享受呀！"

"大千先生常对客人说，这里是他卧月看荷，听风声雨声的人境桃园！"

海粟一行又转回到前面的院子中。有位记者问他："刘大师，您有何感想？"

"很美。"

记者又问："张大师有这么美的别墅，您在大陆有吗？"

"有！"海粟不假思索就回答他，"有很多，大陆上所有的高级宾馆都是我的别墅。我愿意往到哪里就住到哪里。"

伊乔补充说："各地都争着要我们去住呢！"

他们说的是实话。

海粟来台湾，除了举办画展、会晤亲朋，就是想到处看看。严道很理解他的心情。日程被安排得满满的。两个多月很快就过去了。在海粟就要告别的前夕，电视台安排了一个别具情趣的告别活动，请海粟在摄像机下当众挥毫，向台湾同胞告别。很多社会名流都来给他送行。

海粟在严道和家人陪伴下来到华视大楼演播厅时，先他到来的名流们为他热烈鼓掌。新知旧友迎上去问好道别。台湾省主席谢东闵先生迎到他面前，紧紧握住他的手说："刘大师，我从日本到上海求学时，才 20 岁左右，就已闻您的大名，很想与您结识，可一直没有机会。没想到在60多年后的今天，实现了我这个心愿。不仅能面对面地向您讨教，还能多次观看您现场作画！”他兴奋地慨叹着，“人生真是莫测啊！可是刚刚相识，您又要告别而去了！”

海粟也被这些惜别的话语牵动了离愁，他说：“只要老天假我以年，我还会再来台湾举办画展的！我们还会相见的！您也可以到大陆看看，去观赏观赏美丽的黄山呀！”

他的手又被另一个朋友握住了：“刘老，听说美国加州余江月桂女士要来接您去加州举办画展？”

海粟点点头说：“前天，余江女士给我打来了电话，她告诉我，拟议中的刘海粟国际文化基金会筹备工作已经完成，就等我参加成立大会。”许多人围了过来，他补充说：“这个基金会纯属文化性质，没有任何政治色彩。它将努力推展海峡两岸文化艺术的交流，重点是弘扬中华文化。余江女士说，基金会成立后的首项工作，就是筹设刘海粟奖学金，并将把我的生日3月16日定为‘南加州刘海粟日’，每年这一天颁发奖学金。”

又是一阵掌声，许多人把手伸向他：“祝您的美国之行顺利、成功！”

“到洛杉矶，您可准备去游览大峡谷？”

“要去的！”

“西来寺去过吗？”

“去过，我和我太太同去的。与那里的主持星云大师研讨禅道是一大乐事呢！我准备再去，满足他的要求，为母亲节题几个字。我都想好了，写‘精忠报国’四字。”

又有人问：“刘大师，您对美国画坛有何看法？”

“啊，”他笑了起来，“太商业化了！”他复又严肃地说，“我绝不为商业而画，我要保持我的名节！”

“您对台湾的印象如何？”

“恕我直言，”他脱口而出，“台湾经济有成绩，给我印象很深。”他有些激动，“不过，文化似乎还没赶上来，精神层面建设也不够，要知道，不是经济便可办到一切的！”

“台湾当今的文化被声色之娱占领了，我们是需要改进。”

“我希望再来时，台湾文化有个新面貌。”

……

就在他们自由而热烈交谈话别的时候，大长桌上铺上了红毡，摆好了文房四宝。伊乔把他扶到桌边，刘蟾铺上了宣纸。摄像机对准了他。

他拿起笔，在砚台上舔了几下，激动的心情才复平静，手里的笔在宣纸上舞动起来。不一会儿，《苍松图》就画好了，一株老龙般的苍松，虬曲的躯干上，勃发出青春焕发的松针，从墨色中漾出一派生命的绿意。他在右下角题道："虬角龙鳞气屈蟠，长风天末座生寒。分明艺海无双笔，劲质贞心纸上看。"又在画面的左上方写道“纵横郁勃”四字。

观者中爆发出热烈的掌声。

海粟放下笔，向着镜头扬了扬手，在心里默默地说："宝岛，再见了！同胞们，再见了！”

三

昨夜刚刚下了一场细雨，洛杉矶蒙特娄公园的空气显得特别清新，花木像沐浴了爱雨的少女一般，特别可人。草坪上像撒了一把细小珍珠，莹莹的露水在初上的春阳爱抚下，闪耀出水晶般熠熠的光芒。

海粟一向严守伊乔为他制定的作息时间。今天他却早早地醒了。昨天，幼女刘蟾从香港打来电话，说香港大学将于 3 月 26 日颁授他荣誉文学博士学位。她已购好机票，来接他去港。

港大颁授他学位的决定，早就通知他了，虽说他享有很多世界性荣誉，但他仍然很高兴。他就要回到祖国的土地上去了，就要见到相别一年的女儿了，就要和在港的儿女们团聚了，离故土越来越近了，回上海就非常容易了！他的心不由热烈地跳了起来。

来美快一年了。他受到了侨胞们和美国朋友的热情接待：为他举办了盛大的欢迎会；余江女士赠予他加州荣誉市民证书；河滨市市长赠他该市钥匙和荣誉市民证书；泛太平洋艺术表演协会颁给他特别贡献奖；以他名字命名的基金会成立了。并宣布 3 月 16 日为“南加州刘海粟日”。为弘扬中华民族文化，为了让世界理解和认识中国的文化艺术，耄耋之年的他仍然孜孜不倦地宣传着、工作着，志在报国。可他的报国之心常常被人曲解。特别是他的台湾之行。有些人总戴着变色眼镜，以自己主观的想象，去吹毛求疵，没事生事，津津乐道，纠缠不休。

对于流言，他本可以像鲁迅先生说的那样，连眼珠子都不转过去，不予理睬。可在听到时，还是让人生气。

“阿叔！”从台湾送他到美，一直伺候在身边的侄儿夫妇，从朋友们那儿回来，就急急忙忙拿着一张报纸走进他的画室。

“你们回来了，国内有人来吗？听到什么新闻没有？”他向他们热切地转过头去。

他们有些慌张，把要脱口而出的话又吞回去了，把报纸往身后藏去。

侄媳童建人搪塞地说：“我去换衣服。”就转身离去了。

他是怎样的人？能一眼看不出他们的内心？他笑了下说："你阿叔一生备受争议，是个集毁誉于一身的人。什么没有经受过？说吧！"

刘狮仍然忧心忡忡，但他知道，他刚才的表情，要想在阿叔面前打马虎眼，是不行的。就把手里的报纸递给他："您看，是这儿刚刚出版的一份英文报，上面刊了您在慈湖谒蒋先生陵墓时的照片。"便把边上一行说明用中文译了出来，"艺术大师刘海粟祭奠'中华民国先总统'时，悲恸欲绝，号啕大哭。"刘狮气愤地说："真是无耻！"

照片正是他用毛巾帕子捂住鼻子、阻止喷嚏时拍下的。

他淡然一笑说："造谣也是一种逼人走险的阴谋！我不会上当的！"

"可……可是，"刘狮还是不敢把听到的谣传告诉他。

"狮儿，听到什么，统统说出来，不要这么吞吞吐吐的，反使我心里七上八下的不好受呢！"

刘狮用牙签戳了块雪梨递给他："阿叔，我一直不敢跟您说，有人之前造谣您要留在台湾了，现在又说您要留在美国不回去了！"

"这是胡扯，我是经政府批准并得到支持出国举办画展和游览的。我到世界各处走走看看，旨在弘扬中华文化，纯属文化活动，我所到之处，都受到我国使馆的接待和欢迎。我就是我，我不是因政治原因出来避难的！岂有此理！"他的手哆嗦着，他已戒烟20年了，突然想找烟抽。"阿狮，给我一支烟。"

"我也戒了多年了，您忘了？"

"哈哈！"他自嘲地笑了起来，"我这是怎么啦，又激动起来了！自我创办上海美专起，我从没被社会真正理解过。外界对我的评价，始终是毁誉参半的。倪贻德总结过，徐志摩为我呼喊过，傅雷为我鸣过不平。可是，我从不后悔我在每一个人生十字路口的选择。我是封建主义的叛逆，我是世俗的叛逆！我鞭笞社会的假、丑、恶，但我对我们伟大的祖国、伟大的民族，我的心是忠的，我的胆是赤的，我的爱是深沉的。我所有的努力，都是志在报效我的祖国。这是不容诬谤的！……”他哽咽了，两颗混浊的老泪滚落下来。

“阿叔，别这样，我们理解您！”

“阿爸！”他在美国认的干女儿慕慧君不知何时进来了，“您不要回去了！您爱祖国爱得要死要活的，得到的却是这样那样的流言！我替您申请绿卡去！”

“慧君！”他严肃地喝住了她，“我不准你这样说我们的祖国！我是祖国的儿子，她并没有抛弃我这个儿子，祖国的报纸上也没说过我半个不字。至于谣传，是出自某些别有用心人之口，也许，就是谣言制造者不欢迎我回去呢！也许，是一种推测。你别生气，这些于你阿爸，不过一把沙子撒进了沧海，于我是掀不起微澜的。我不会上当的。”

“阿爸——！”慧君眼里衔着晶莹的泪水。

“对于谣言，千万不要发脾气，要争气，谣言就不攻自破了！一个人不但要经受得起失意，失意时，泰然处之，也要经受得起得意，得意时要淡然处之。……”

“啊，阿虎！”他紧紧拥抱着从纽约来看他的刘虎，“我本要去看你一家的。一来到这里，就活动接着活动。”他放开儿子，搂抱起孙儿刘璞、孙女儿刘英，“我很想你们！”

“爷爷，我们是来接您和奶奶的！”

“好，谢谢！”

他忽然忆起刘虎偕全家第三次回国探亲的情景，孙儿、孙女也是这样搂抱着他，说的也是这句话。他的心热热的了："虎儿，你还记得你第三次回国时我乘兴绘赠你的《万古常青图》吗？"

"我一直挂在家里的客厅中呢！"

"你们谁能背出我在上面题的那阕《水龙吟》？"

"我！"

"我！"

孙儿孙女抢着说。

刘虎背了起来："擎天矗立苍茫，九州生气乾坤换。飞砂皴裂，惊雷夭矫，几番寒暖。错节盘根，虬枝针密，新机流转。喜今朝佳境，凌空横绝，掀髯笑，春来腕。"

刘璞用他那别别扭扭的汉语抢着接背下阕："犹恨欃枪未灭，舞鸡鸣，志坚胸胆。缚龙射虎，斩荆锄棘，乔松独健。云海翻澜，玉山争翠，万方光灿。映红旗一色，风神日异，遂千年愿。"

海粟给刘璞鼓掌，伊乔、刘狮夫妇、慧君也跟着鼓起掌来。

"璞儿汉语大有进步！"海粟把他拉到跟前，"要记住，你是中国人，可不能说不来中国话！"

"嗯！"他应着。

"哈哈……"

大家开心地笑了起来。

夜很静，大家都休息了。

刘虎悄悄来到海粟的床前。海粟也没睡，拉他坐床边："虎儿，你有话说？"

"嗯。"刘虎应着，"西欧某些国家中的一些人，嚷嚷要制裁中国。"

“我听说了。中国的事为什么要他们外国人来指手画脚？这是干涉中国的内政！”

“阿爸，我是担心那些谣传对您不利呀！加之，您出来快两年了，您已老了，再也经不起误会和打击了，我怕您又要遭灾祸呢！”刘虎紧紧握住他的手，“我是长子，我有义务敬奉您和阿妈的晚年，办个居留证，您乐意住在纽约更好，愿意住在洛杉矶也行。”

“谢谢。”他把儿子的手紧攥了一下，“我不想固定住在一个地方。我是中国公民，持的是中华人民共和国护照。我想回家就回家。既然美国给了我荣誉市民称号，我想往来，你处理当没有问题，无须绿卡。我很思念上海家中院内的蜡梅、红梅、棕榈和翠竹呢！”

“房子还给我们没有？”

“还了，1985年全部归还给我了，政府还拨款把它装修一新了呢！我的根在那里，我很快就要回去了。那里也是你的根之所在，你想它时就回去。”

“阿爸！”刘虎拥抱着他，“我为您骄傲！您一点儿没老！”

“我才年方……”

“老先生，”伊乔端进来一只托盘，里面盛着两份早餐。她把两块面包、两只溏心蛋、一碗麦皮粥和一杯菠萝汁放到海粟面前，“你今天违反了纪律哟！”伊乔用玩笑的口吻责备着他，“你是老人，可下不为例啊！”

海粟却没被她的幽默逗乐，他答非所问地说：“刘狮他们呢？”

“他们一早就去机场了。”

“阿蟾乘坐的班机几时到？”

“快了。”伊乔在他对面坐下来。海粟的食量一直很好，她却不及他的

刘海粟与夫人夏伊乔

刘海粟（右）与夫人夏伊乔（左）、女儿刘蟾（中）在复兴公园合影

对于谣言，

千万不要发脾气，

要争气，

谣言就不攻自破了！

一半，早餐她只需一碗麦片粥就行了。她喝了一口粥说："慧君在酒店订了三桌酒席，提前在今天晚上给你暖寿。余江月桂和她的助手周立玮先生也来出席祝寿晚宴。慧君还请了你的新知旧友，又订做了一只三层大蛋糕。"

海粟正用面包蘸着蛋黄往嘴里送，他的耳朵有些失聪，停住手竖起耳朵听着。伊乔又重复了一回。

"啊，难得慧君如此孝心。"他快活起来，"既可算是暖寿，也可算是饯行吧！我也好利用这个机会，向侨胞们的热情照护和接待说几句感谢的话。一年多没回去了，很想家的。我也好告诉大家，我就要回上海去了，还要到北京看看。"

伊乔领悟了他的意思，他要用事实击破那些谣言。她对他嫣然一笑。

"只是，还有个心愿没有了。"他喝了口麦皮粥，"在美国举办一个像样的大型画展，这将对我很重要。我一直非常慎重，没有轻易、随便去开这个画展。你知道，我有意在西木区附近去年落成的汉默尔博物馆举办。汉默尔先生是我的老朋友，他故世了，在他创始的这家博物馆举办我的个人画展，算是对我好友的一份怀念之情。这件事迟迟未办，一是博物馆把展览的时间排到了一年后，另外，我一些重要的作品还在上海家里。"

"这里的筹备工作，慧君会催办的。你这个愿望一定会实现的。"

他笑了。

海粟夫妇告别了洛杉矶的旧友新朋，在女儿的陪护下，于 3 月 24 日晚 6 时抵达了香港。26 日在香港大学陆佑堂接受了港大校监、港督卫奕信颁授的荣誉文学博士学位。同时，港大决定在港大的冯平山博物馆附近兴建"刘海粟中国现代美术馆"，长期陈列刘海粟的作品。他捐赠了各个时期的代表作 80 幅，包括中国画 60 幅、书法 1 幅、油画 19 幅，其中 40 幅为伊乔借出。这座美术馆将是世界第一流的现代化美术馆，拟于 1994 年建成。海粟的家乡常州也建立了他的美术馆。在江泽民主席的关怀下，一座现代化的“刘海粟美术馆”正在上海虹桥开发区兴建。海粟从 20 多份招标设计图中挑中了一位 20 多岁的青年建筑师的作品。

这一晃，他就在女儿处度过了两个生日。

九七华诞，中国华润集团为他举办了盛大的生日庆祝宴会；九八华诞，香港各界人士和来自海内外嘉宾、学生、亲朋好友 300 多人，聚集在湾仔君悦酒店，为他举行了“九秩晋八华诞寿筵”。

1994 年 2 月 28 日，海粟夫妇飞抵上海，回到了阔别五年的家。

尾章　百年人生犹未老

蜡梅，刚刚跟踪风雪而去，春风闻讯而来，在江南梅园中掀起了热烈的雪海香涛。

野花、野草，从封冻的泥土里，倔强地抬起了头，吐出了绿，吐出了红，吐出了紫，吐出了白，吐出了黄，喧闹了田野和山岗。

阳光金黄，裹着蜜蜂色的光泽，仿佛透明的细雨，明媚暖和。

春天来了。

位于虹桥的刘海粟美术馆已经竣工，这座建筑面积3500平方米、周身以玻璃装点、金字塔形的现代化建筑，将永久性陈列海粟不同时期的杰作。春阳下，有似一座银色的高山，熠熠生辉！

1994年3月16日这天，虹桥宾馆，披红挂彩，祝寿的花篮在门外叠得像花山一般，春风舞弄着缎带，鲜花漾开了笑脸。嘉庆堂中，欢聚了来自海内外的600多位祝寿嘉宾。两面大屏幕上，交相放映海粟的作品、江泽民总书记观看他十上黄山画展和寿堂庆典的录像。

海粟来了，他坐着轮椅，大红羊毛衫，外套西服，容光焕发。伊乔夫人身着玫瑰红上衣，雪白的披肩，光彩照人。美术馆落成和百年华诞，双喜降临，他怎能不激动?

他过来了。他从19世纪走来，横跨了一个世纪，正在进入第三个世纪，他在跨越一个世纪的生涯中，胆识独具，他站在世界的巅峰，俯视东方艺术，博集众美，融汇古今东西。他是一颗巨星，光耀了中国画坛，也为世界艺坛添了异彩。百年人生，载誉天下，荣膺30多项国际荣誉。他属于中国，也属于世界!

他的轮椅在缓缓滚动。

黄山向他走来，日出的辉煌，日落的壮美，奇妙变幻的云海，呼啸的松涛，奇幻的危崖、峭壁，飞瀑流泉……

阿尔卑斯山向他走来，莱梦湖的绿波、白朗峰的晨曦、洛桑的红树、瑞山的雾霭、圣扬乔而夫的月色……

巴黎向他走来，玫瑰村向他张开了双臂，塞纳河的游船，圣母院的晚照，凡·高墓地向日葵金黄炽烈！啊，但丁和维吉尔驾着小舟在和恶水奋战！……

雪！我钟爱你！卢森堡之雪、卢浮宫之雪、圣母院之雪、复兴公园之雪、佛子岭之雪、太湖之雪……

大峡谷向他走来，风沙和那派生命之绿。

黄河、长江、太湖、西湖、前门、天坛、长城、颐和园、漓江……美和顽强结合，就不可摧毁!

他心里涌起了一条色彩的河，他是这条河中勇敢的漂夫!

他爱这条河：

请让我叫你相信，

我只盼望一件事情。

给你献上我的心灵，

和这心灵中蕴藏的全部情感！

马克思献给燕妮的诗句，恐怕也表达不了他对艺术的笃诚和挚爱。他献给艺术的不仅是心灵，全部情感，还有他的百年人生。

艺术就是他人格和生命的表白。

尽管他的人生毁誉参半，尽管误解和诽谤没有离开过他，可他觉得无愧人生！

一百支红烛点燃了，映红了寿堂，映红了老寿星的脸。在《祝你生日快乐》的歌声中，他像孩童那般，鼓起气力吹灭了搭成三层的百支红烛，亲自切开了由60个精美的小蛋糕组成的三层直径和高度足有1.5米的大蛋糕。京剧表演艺术家为他清唱了《将相和》选段，上海戏校学生为他表演了《白雪公主和七个小矮人》的祝寿歌舞，送给他这位属猴的爷爷一只长毛绒猴子。上海市的领导送给他一柄红木雕的如意。104岁的著名画家朱屺瞻大师也来贺寿了，两位百岁画师的手紧紧相握，互道“长寿”，一百朵红玫瑰围着他欢笑，一种勃勃生机在他心中欢跃，他自感年轻了。

十几架摄像机在转，百十架照相机在打着闪电，酒杯高高举起来了。寿堂沸腾了，欢声雷动了！他的眼睛湿了。

荣誉算什么，它只代表过去，事业才是最重要的！我的人生传奇还在延伸发展，我的旖旎故事正在编织，我的前路还很遥远，在我的人生还未走到尽头时，我要继续努力奋斗。他用力撑着轮椅扶手，颤巍巍地挺立起来了，用洪钟般的声音致辞：“同志们，我到家了，感到温暖、愉快、高兴！（热烈掌声）五年来，我遍游欧美各地，展览、讲学，受到欢迎，影响很大，我一生孜孜不倦，志在报国！（热烈掌声）志在弘扬中国文化！（热烈掌声）为中华儿女扬眉吐气！（热烈掌声）然而，我觉得最好、最留恋的还是我的祖国！（热烈掌声）今天，大家为我祝寿，建筑刘海粟美术馆，使我感动。我虽百岁了，但还刚刚开始，我还要十一上黄山，我要去三峡、去四川、去西北、去东北壮游，描绘新图画，创造新艺术，这是我终生奋斗的目标，我还一点儿没觉得老，我要继续为这个目标奋斗，直至走到人生的尽头！”

掌声雷动。

“祝刘老健康长寿！天保九如！”

“祝刘老青春永驻！”

……

祝福之声和春雷般的掌声响彻云天，久久回荡在虹桥的上空。

1994 年 1 月 9 日下午 3 时一稿

1994 年 5 月 28 日二稿

1994 年 11 月 28 日三稿

后记

苦难造就伟大

1990年春，上海文艺出版社社长、总编辑江曾培先生写信给我，说他们计划出版系列名人传记，正在出版中的有《巴金传》《冰心传》《贺绿汀传》，美术界拟出版《刘海粟传》，问我可有兴趣撰写。我深感江先生对我的厚爱，感到十分荣幸，同时我又觉出了这个重托的重量。我迟迟不敢回复，还有另一层原因是，因为海翁是一位伟人，中国新美术的一代宗师，他的一生就是一部中国现代美术史。而且，已有人给他写过两本传记。若不能突破，我写又有何意义？我虽五次会晤过海翁，我们也有过倾心的长谈，但这对于认识了解一个人，只是雾中观花，还很不够，我信心不足。我想，若能得到海翁的支持，或许我有可能完成任务。但此时海翁正在世界各国游历，弘扬中华民族文化。江先生又来信询问，并说，希望我把刘传写成一部纯文学性的传记，并给我选了位经验丰富的老编辑王聿祥先生担任这本书的责编。这使我激动又感动。我复信给江先生，说我很有兴趣，但信心不足，我请他们社给海翁写封信，征求他的意见，看看他是否同意我来写。

我一面等待海翁的意见，一面着手搜集资料。在搜集资料的过程中，

1994 年，石楠采访刘海粟

石楠听夏伊乔说海老

有很多人给我泼冷水，劝我放弃这个创作计划。其间说什么的都有，一位我很崇敬的文坛前辈关切地对我说：“你在《潘玉良传》中歌颂了刘海粟，因此引起了争议，你吃了棍棒，还不吸取教训。刘海粟是一个敏感人物，有争议的人物。这个人物不好写呀！”

忽然间，海翁已不是我要研究的对象，而是和我融合了，我心里猛然生起一丛反抗之火，把我的心烧得好疼好疼，也烧得我坚定了信心和勇气。我激动得心都发颤了，过去我笔下的人物，无不是被误解的苦难者。为苦难者立传，早就成为我终生的选择，这不正是我为之痛苦并要寻觅的写《刘海粟传》的契机和角度吗？我提笔给海翁写信，想把我的想法告诉他。信未写出，海翁在洛杉矶委托其义女慕慧君给我写来了热情洋溢的信，说得知我为他写传，非常高兴，他全家都将全力支持我，并说他相信我写的传记一定有新的突破。同时还赠寄我台湾历史博物馆刚刚出版的大型画册《刘海粟书画集》和他在美国弘扬民族文化活动的剪报资料，并告诉我他回沪的日程，

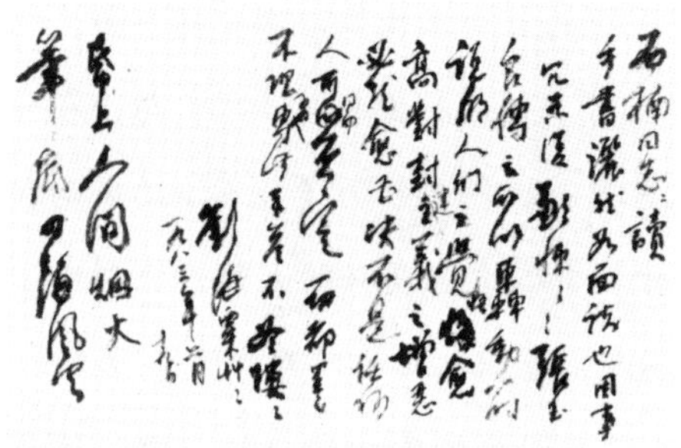

刘海粟致石楠信

约我作竟日之谈。这无疑给我心里蓬生的那簇火添了油。我的信心更足了。

以后，海翁的家人又陆续给我寄来了他近年的全部著作，谈艺录、年谱、传记等。海翁无不亲自题字签名。还有他们搜集的报刊资料的复印件。我的许多朋友都对我伸出了援助之手，福建人民出版社老社长鲁岩先生给我寄来了他们社出版的《海粟艺术集评》《海粟黄山谈艺录》《海粟诗词选》。山东作家高梦龄为了给我寻找一本山东出版的海翁著作，跑遍了济南的大小书店，终于在一家书店的库房里找到了唯一的一本。

我阅读了一切能够找到的书刊资料，其中有沈祖安先生整理的刘海粟《存天阁谈艺录》，柯文辉先生整理的刘海粟《齐鲁谈艺录》《黄山谈艺录》，柯文辉先生撰写的《艺术大师刘海粟传》，张欣、许全华等写的《刘海粟传》，袁志煌、陈祖恩先生编著的《刘海粟年谱》，刘海粟《艺术论文集》，《世界美术史》《西方美术史》《西欧近代画家》《印象派》《欧洲艺术》《米开朗基罗传》《梵高传》《达尔文传》，《申报》《辛报》《“中央”日报》，以及历代画史、画论，各种美术书刊，数千万字。海翁的百年人生像沧海一样浩瀚，他17岁创办上海美专，获得“艺术叛徒”称号。他为捍卫新兴美术，与杀人如割韭的军阀孙传芳论战，为了中国的文艺复兴，一生经历了数不清的风雨和苦难。他30多岁就被法国艺术评论家称作中国文艺复兴的大师，他创造了无数的艺术珍品，享誉世界。可艺术家的超前意识总是难以为普通人所接受，误会像影子一般不肯离开他。他成了现代中国画坛备受争议的人物。他却爱写陈眉公辑录《小窗幽记》中的一联：“宠辱不惊，看庭前花开花落；去留无意，望天上云卷云舒。”还爱写陈独秀在南京狱中书赠他的联语：“人无愧怍心常坦，身处艰难气若虹。”一个人，不管他是谁，不被理解，总是痛苦的。可海翁从没因误会而气馁、而沉沦。地狱之火把他冶炼得更坚强。他不止一次地说过：“何谓丈夫？丈夫就是在别人活不下去的环境中活着，又不丧失人生信念和高尚气节，能忍人所不能忍，方能为人所不能为。”

苦难，造就了他的伟大，也造就了他的辉煌。

是书能得以完成，得助于一切支持我、帮助我的师友们。伊乔夫人和刘蟾小姐不断把整理出来的珍贵资料寄给我，慕慧君小姐还约我到上海相见，为我提供了海翁近年到世界各地弘扬中华文化活动的宝贵资料。

在我撰写这本传记的过程中，上海文艺出版社的诸位师长，给予我多方支持和关怀，特别是江曾培、丁景唐和王聿祥先生。

我向所有支持我、帮助我、关怀我，为我提供研究资料的师友们表示崇高的敬意和谢忱。特别是向为海翁整理书稿，先我研究他的诸位师友致以诚挚的感谢。正是你们的劳动成果和营养，开阔了我对海翁百年人生的视野，我特别感谢你们。

在这里，我还要再次重申我的艺术观。我写的是纯文学的传记，我把它称作传记小说，它不同于史传。我追求的是史实与艺术的统一。虽然是书传主的所有人生经历都是真实的，但我仍希望读者诸君不要把它当作史传来苛求。

这本书能写成，更得助于海翁。他同苦难不懈搏斗的人生始终给了我震颤心灵的激励。我不想多说，只想用书中一句话来结束这篇后记："任何不朽都是以生命为代价的哟！"

是书即将付梓时，噩耗传来，海翁于1994年8月7日0：38分仙逝于上海华东医院。一位跨世纪的艺术界巨人逝去了。我悲痛万分，我也为他未能看到他寄厚望的一本传记的出版而深深遗憾，可以告慰他的是，上海有6000多人为他送行，泪雨倾龙华，痛悼他的归去。

昔日鹏翼扶摇，刘郎年少，丹青染出新天地；
而今斗柄折损，海翁已去，江山顿失老画魂。

百岁画家朱屺瞻的挽联道出了我和成千成万人的心声。海翁的业绩如日月经天，江河行地，是任何人都不能否定的。

海粟不朽！

1994年11月28日于安庆